Von der Idee zur Serie

Ursel Pekholz
Dorothea Läer

Dr. Felix Büchner • Handwerk und Technik

Umschlaggestaltung: Susanne Kleiber
Illustrationen: Joanna Hegemann
Susanne Kleiber
Harald Kontny
Kerstin Peters

ISBN 3.582.0**5115**.3

Dr. Felix Büchner – Handwerk und Technik G.m.b.H.
Lademannbogen 135, 22339 Hamburg
Postfach 63 05 00, 22331 Hamburg – 1995
Computersatz: COMSET Helmut Ploß, 21031 Hamburg
Herstellung: Graphischer Betrieb Friedrich Pustet, 93051 Regensburg

Vorwort

Von der Idee zur Serie ist ein Fachbuch für Auszubildende und Schüler in den verschiedenen Ausbildungsberufen des Bekleidungshandwerks und der Bekleidungsindustrie. Es orientiert sich an den Ausbildungsordnungen und den jeweils gültigen Lehrplänen der einzelnen Bundesländer für die Fachtheorie. Sein Konzept folgt der Idee, das Fachwissen der beruflichen Ausbildung handlungsorientiert, in der Gesamtheit der betrieblichen Abläufe und der Entscheidungen darzustellen. Dabei steht die Entwicklung, Planung und Fertigung des Blusenmodells **Jeany** im Mittelpunkt des Buches. An ihrem Beispiel erfahren die Schüler, welche Aufgaben und Informationen zu einem bestimmten Zeitpunkt der Produktion von Bedeutung sind, welche Entscheidungen für den weiteren Produktionsablauf getroffen werden müssen, und welche Fertigungsmittel für die Ausführung des jeweiligen Arbeitsablaufes zur Verfügung stehen. Am Ende des Buches ist aus der Idee eines Blusenmodells ein fertiges Kleidungsstück entstanden, das als Einzelstück im Handwerk oder als Serie in der Industrie an den Kunden ausgeliefert werden kann.

In der Konzeption des Buches ist der Produktionsablauf in sechs Kapitel aufgeteilt. Dabei wurde zur Unterstützung der Übersichtlichkeit eine einheitliche Struktur für jedes Kapitel gewählt. Die **Kapiteleinleitungen** verdeutlichen die Aufgaben und Arbeitsabläufe für Jeany. Wichtige Begriffe, die in diesem Zusammenhang genannt werden bzw. in den folgenden Kapiteln auftauchen, sind unter der Rubrik **Schlüsselbegriffe** zusammengefaßt und kurz erläutert. Die Unterkapitel orientieren sich am Fertigungsprozeß. Durch eine Reihe von **Fragen** wird jedes Kapitel beendet.

Die inhaltliche Gestaltung des Buches knüpft an die Thematik des Buches **Von der Faser zum Stoff** an. Der Aspekt der Arbeitssicherheit ist in die Kapitel integriert. Zwei- und mehrfarbige Abbildungen unterstützen die Verständlichkeit der komplexen Sachverhalte.

Danken möchten wir an dieser Stelle den Verbänden und Firmen für ihre Unterstützung und Überlassung von Bildmaterial. Ein besonderer Dank gilt der Bekleidungsfirma Jobis KG, Bielefeld für ihre Ideen zur Blusenfertigung von Jeany.

Ursel Pekholz
Dorothea Läer

Inhaltsverzeichnis

Mode und Wirtschaft

Kollektionsgestaltung

Schnittentwicklung

Arbeitsorganisation

Zuschnitt

Fertigung

1 Marketingkonzept der Kollektion

Mit der Produktion von Bekleidung will ein Unternehmen aus der Damen-, Herren-, Wäscheindustrie oder einem anderen Branchenbereich Gewinn erzielen. Nach Untersuchungen der Märkte und Käuferschichten legt es sich auf bestimmte Produktgruppen und Zielgruppen fest. In unserem Beispiel entsteht **Jeany** in einem Unternehmen, das Damenoberbekleidung fertigt, und zwar qualitativ hochwertige Kleidung. Es fertigt Blusen, Jacken, Kostüme, Röcke, Hosen und Mäntel für Damen.

Jeany ist ein Blusenmodell der Frühjahr-Sommer-Kollektion, die eine sportliche und anspruchsvolle Frau ab 30 Jahren kleiden soll. Das Unternehmen plant Jeany so zu gestalten, daß sie mit anderen Teilen der Kollektion kombinierbar ist und der Handel entsprechend den Kundenwünschen ordern kann.
Etwa ein Jahr nach den ersten Planungsschritten wird Jeany im Einzelhandel – unter anderem in einer Boutique – dem Kunden zum Kauf angeboten.

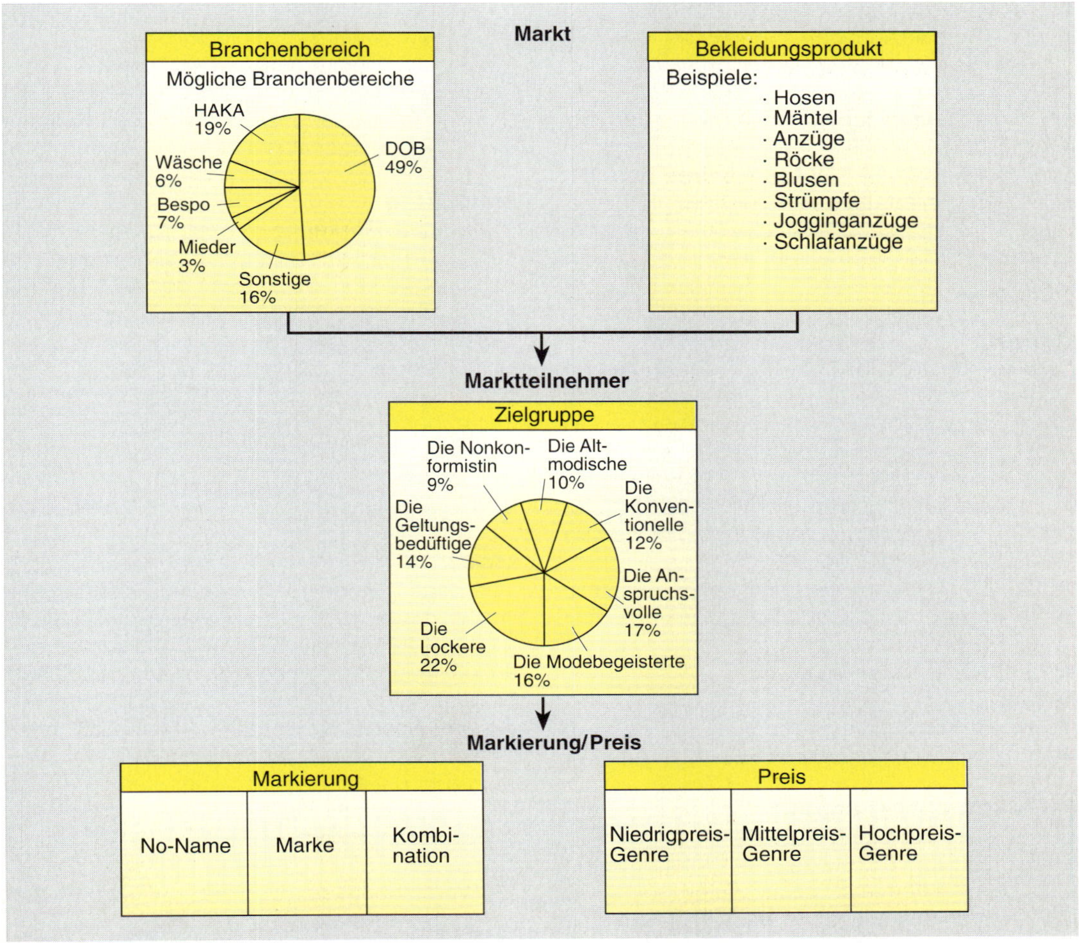

Typisches Konzept im Marketing

Schlüsselbegriffe

Bekleidung
Dies ist der Oberbegriff für Gebrauchsgüter, die am Körper getragen werden. Sie erfüllen eine schützende und / oder schmückende Hüllfunktion und dienen der Repräsentation eines Menschen.

Der Begriff umfaßt
- die rumpfbezogene Bekleidung, die als Kleidung bezeichnet wird.
  Dazu gehören die Oberkleidung, die sichtbar getragen wird, und die Unterkleidung, die auch als **Dessous** bezeichnet wird.
- die Gliedmaßenbekleidung, zu der Strümpfe, Schuhe, Handschuhe u.a. gehören.
- die Halsbekleidung mit Schal, Tuch u.a.
- die Kopfbekleidung mit Perücken, Mützen, Hüten etc.

Wenn die Zutaten der Ausschmückung und modischen Zwecken dienen, die die Kleidung ergänzen, werden sie als **Accessoires** bezeichnet. Dazu zählen auch Handtaschen, Schirme, Gürtel, Schärpen, Ansteckblumen, Modeschmuck, Brillen und Uhren, wenn sie zum Erscheinungsbild gehören.

Genre
Darunter versteht man die Güte der Stoffe, die Sicherheit der Paßform und der Verarbeitung eines Bekleidungsstückes. Ebenso werden die Ausstattung, die modische Einstellung, der Geschmack und die Exklusivität, „das Einmalige", mit einbezogen. Auch für eine Kollektion und für den Qualitätsstandard eines Unternehmens wird dieser Begriff verwendet.
In bis zu fünf Ebenen wird das Genre aufgeteilt:
- gehobenes, hochwertiges Genre (Modellgenre)
- gehobenes Mittelgenre
- Mittelgenre
- unteres Mittelgenre
- unteres, niedriges Genre (Stapelgenre)

Kollektionsrahmenplan
Dieser Plan steht am Anfang einer neuen Kollektion. Er enthält notwendige Informationen über den Käufermarkt, seine Zielgruppen und den Lieferantenmarkt. Mit diesem Plan wird eine ziel- und fristgerechte Bearbeitung aller Aufgaben zur Entwicklung einer Kollektion festgelegt. Zusätzlich enthält er Informationen für Planungen des Verkaufs, der Materialwirtschaft und der Produktion.
Aus diesem umfassenden Rahmenplan werden für die weitere Arbeit einzelne Teilpläne für die Modelle, Materialien, Preise, Termine usw. aufgestellt. Sie enthalten die konkreten Daten einer Kollektion und werden mit aktuellen Informationen aus der laufenden Arbeit immer auf den neuesten Stand gebracht.

Kostüm
Der Begriff **Kostüm** wird einerseits für die Kombination von Jacke und Rock verwendet. Andererseits steht er für die gesamte Kleidung eines Menschen, seine „Kostümierung".
Ebenso wird er für Bekleidung benutzt, die – historische betrachtet –, in der jeweiligen Epoche Mode war und in Büchern der Kostümgeschichte festgehalten ist.

Marketing
Der Begriff **Marketing** kommt aus dem Englischen und bedeutet Handel treiben. Er entstand nach dem ersten Weltkrieg in den USA und hat sich in den 50er Jahren auch in Europa durchgesetzt. Zugrunde liegt ein unternehmerischer Grundgedanke, der beinhaltet, daß ein Produktprogramm an die Bedürfnisse bestimmter Zielgruppen anzupassen ist. Alle Anstrengungen und Entscheidungen des Unternehmens für Produktentwicklungen, Produktion und Absatz sind darauf ausgerichtet, Gewinn zu erzielen.

Mode
Der Begriff **Mode** leitet sich aus dem lateinischen „modus" ab, was übersetzt soviel bedeutet wie Sitte, Gebrauch, Art und Weise und sich auf alle Bereiche des Lebens bezieht. In diesem Sinn ist Mode ein Produkt des schöpferischen Geistes einer Gesellschaft in einer bestimmten Zeit. Sie ist dauernden Veränderungen unterworfen und wandelt sich daher ständig. Heute verändert sich der Zeitgeist zunehmend schneller, und damit werden die Modezyklen immer kürzer.
Die Verbindung des Begriffes „Mode" mit Bekleidung wurde erstmals in Frankreich geprägt. Dort bezeichnete man Bekleidung, die die je-

weils herrschende Schicht trug, als „à la mode“. Sie wurde gern übernommen und nachgeahmt, um sich selbst das Gefühl zu vermitteln, der gleichen Schicht anzugehören. In der Kostümgeschichte finden sich eine Vielzahl von Beispielen, wo Mode die Standeszugehörigkeit ausdrückt, Rangunterschiede und Milieu kenntlich macht oder Reichtum und Macht demonstriert.

Stil

Er ist eine besondere Ausdrucksform einer Lebens- und Kulturerscheinung. Mode wird in ihrer Erscheinungsform – dazu zählen Farbe, Form oder Material – durch Einzelpersonen, Gruppen, Epochen usw. in charakteristischer Weise geprägt und ist damit stilbildend: „Mode im Stil von Marlene Dietrich“, „Mode im Stil der 20er Jahre“ oder „Mode im Stil der neuen Zeit“.

Tracht

Die Mode einer bestimmten Zeit und Gesellschaft, die über lange Zeit fast unverändert erhalten geblieben ist, wird als **Tracht** bezeichnet. Dazu gehört die Bekleidung bestimmter Gruppen, deren traditionsgebundener Form ein symbolischer Inhalt nachgewiesen werden kann, so z. B. der Volks- und Berufstracht (Richter, Geistliche, Ordensleute, Zimmermannstracht).

Zielgruppe

Sie besteht aus Menschen mit gleichen Merkmalen, die durch Werbung oder andere Verkaufsaktivitäten angesprochen werden sollen. Möglich ist eine Einteilung nach Alter, Geschlecht, Einkommen, Beruf, Schulbildung, Familienstand, Umweltbewußtsein, Modebewußtsein, Qualitätsbewußtsein, Markenbewußtsein und Lebenseinstellung. Es können aber auch Angaben über das Kaufverhalten eines bestimmten Personenkreises miteinbezogen werden. Die Auswahl der Zielgruppe beeinflußt die Kollektionsgestaltung.

Verschiedene Marktforschungsinstitute und Faserhersteller haben durch Auswertung umfangreicher Befragungen beispielsweise der oben genannten Merkmale und weiterer Gesichtspunkte Kleidungstypologien für Frauen und Männer festgelegt. In einer Kurzcharakteristik sowie seinem Anteil in der Bevölkerung kann der interessierte Leser der jeweiligen Studie erfahren, daß zum Beispiel in der Spiegel-Studie „Outfit“ jede sechste Frau zu den „erfolgsorientierten Modebewußten“ zählt. Dieser Kleidungstyp geht auf jede Mode sofort ein. Er versteht sich als Voreiter neuer Trends und orientiert sich an aktuellen Marken. Ihre Bekleidung kauft sie häfig in Boutiquen.

In der folgenden Übersicht sind die unterschiedliche Kleidungstypen einer Untersuchung gegenüber gestellt.

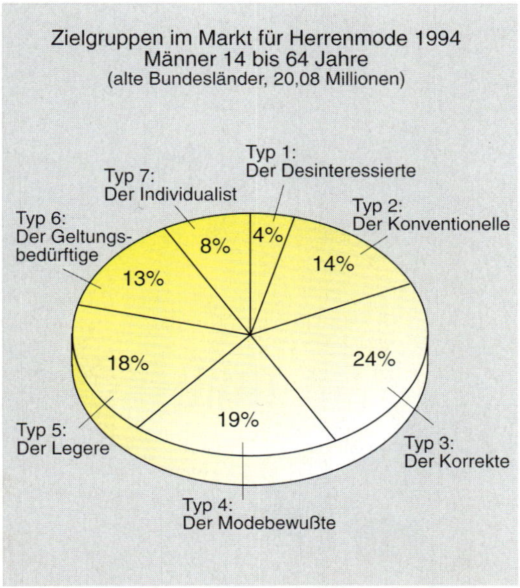

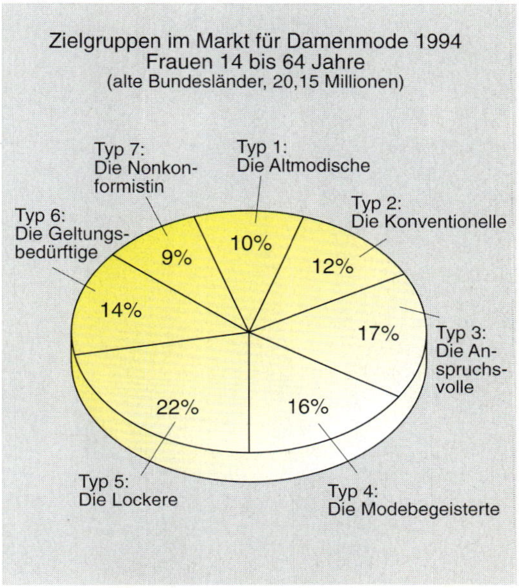

Übersicht über verschiedene Zielgruppentypologien

1.1 Entstehung der Mode

Über Jahrhunderte sorgten Schneider dafür, daß sich Frauen und Männer von Stand à la mode kleideten. Heute sind es die Kreateure, **Modeschöpfer,** Faser- und Garnhersteller aber auch internationale Mode-Institute, die ihre Ideen für eine Vielzahl von Frauen in Mode umsetzen. Dieser Entstehungsprozeß eines modischen Kleidungsstückes ist über die vergangenen Jahrhunderte bis heute immer anonymer geworden. Heute entsteht zuerst die Kollektion, dann entscheidet das Publikum durch den Kauf oder den Nichtkauf der Modelle, was Mode werden könnte.

Der konkrete zeitliche Ablauf der Entwicklung einer Kollektion beginnt für die Bekleidungsindustrie ca. 2 Jahre vor der eigentlichen Saison mit der Entwicklung einer internationalen Farbkarte, die als Grundlage für die nationalen Farbkarten dient. Auf der „Première Vision" werden diese dann vorgestellt und zu einer Farbkarte zusammengefaßt, die für den Handel und die Bekleidungsfabrikanten die erste wichtige Information für die geplante Saison ist. Parallel dazu entwickelt das Deutsche Mode-Institut (DMI) eine Order-Farbkarte, die schon wichtige Schwerpunkte setzt.

Bilder einer Haute Couture-Schau

Auf den folgenden **Stoffmessen,** beispielsweise der „Première Vision“ in Paris und der „Interstoff“ in Frankfurt, werden ungefähr eindreiviertel Jahr im voraus Trends, Farben und Stoffe nicht nur für eine Saison in eigens dafür veranstalteten Modenschauen gezeigt. Diese Entwicklungen werden wieder vom DMI zusammengefaßt. In Gesprächskreisen mit Stoffherstellern, Druckern und Dessinateuren (Stoffmusterentwickler) bilden sich nun schon konkrete Stoffmusterungen, Dessins und Modethemen heraus.
Ein halbes Jahr vor der Saison präsentieren die Mode-Institute, die Stilbüros und die Ateliers der Faserproduzenten auf der „Interstoff“ die endgültigen Modethemen und Stylings. Parallel zu dieser Entwicklung haben die großen **Modeschöpfer,** die Couturiers, die **Haute Couture** (hohe Schneiderkunst) entworfen und setzen damit noch einmal neue modische Akzente, die von den Designern, dem Handel und der Industrie aufgegriffen werden.

Diese von „Modekünstlern“ vor allem in Paris aber auch Rom und Florenz **(Alta Moda)** geschaffene Mode ist sehr exzentrisch (ausgefallen) und exclusiv. Die entworfenen Modelle dieser Kollektionen, die zweimal im Jahr präsentiert werden sind meistens Einzelstücke, die von einem ausgewählten Kundenkreis, der weltweit noch ca. 1500 Personen umfaßt, gekauft werden. Der Couturier kennt oft seine Kunden noch persönlich. Der Einfluß der Haute Couture auf das allgemeine Modegeschehen ist heute nur noch begrenzt. Eine zunehmend größere Bedeutung hat die **Pret-á-Porter,** eine Luxus-Konfektionsmode, die von **Kreateuren** oder **Designern** geschaffen wird. Der Begriff Pret-á-Porter kommt aus dem Französischen und bedeutet fertig zum Tragen. Große Modeschöpfer entwerfen sowohl eine Haute Couture Kollektion als auch eine Pret-á-Porter Kollektion. Karl Lagerfeld beispielsweise entwickelt seine Haute Couture für das Haus Chanel und seine Pret-à-Porter läuft unter seinem Namen. Andere beschäftigen sich in der Pret-à Porter nur mit Konfektionskleidung. Hier werden die Leitlinien für eine längerfristige modische Entwicklung gesetzt. Die Wahl der Farben und Stoffe, die Linienführung und Länge der verschiedenen Kleidungsstücke beeinflußt die internationale Modewelt.
Diese Kollektionen der verschiedenen Modemacher werden auf Veranstaltungen in den typischen Modestädten präsentiert. Auf jeder Messe sind nur bestimmte Branchenbereiche vertreten. Beispielsweise in Frankreich finden alle Messen der **Prêt-à-Porter** in Paris statt. In Italien wird die wichtigste Messe der Damenoberbekleidung, die **Moda a Milano,** in Mailand veranstaltet. Die vergleichbaren Branchenbereiche werden in Deutschland auf der **IGEDO Internationale Modemesse** in Düsseldorf gezeigt. Die Herrenkollektionen werden regelmäßig in Köln auf der **Herren-Mode-Woche** präsentiert, und in Berlin findet die **ModaBerlin** statt. Namhafte Modemessen werden auch in den Modestädten Japan's, den USA und in weiteren Ländern veranstaltet.

Diese Modenschauen bilden neben den Stoffmessen die wichtigsten Orientierungspunkte für die vielen **Modedesigner** (Absolventen der Modeschulen), **Directricen** und **Modelleure** (den Entwerfern in der Damenober- und Herrenbekleidung) und **Stylisten** (Gestalter des modischen Gesamterscheinungsbildes). Sie müssen für die Modehäuser und Konfektionsbetriebe die **Modetrends** richtig einschätzen und daraus **Konfektionsmode** für die verschiedenen Verbrauchergruppen kreieren (entwerfen). Neben diesen Orientierungspunkten greifen sie auch Trends aus Filmen, Videoclips oder Auftritten berühmter Stars auf, um für Industrie und Handel kurzfristige modische Höhepunkte zu sichern.
Eine weitere Informationsquelle ist das Deutsche Mode-Institut (DMI), dessen Aufgabe es ist, Modeinformationen für alle am modischen Prozeß Beteiligten zur Verfügung zu stellen.
Aus den Ideen, den Fotos, Farbkarten und Stoffmustern, die die Designer während ihrer Reisen im In- und Ausland gesammelt haben, skizzieren sie in den folgenden drei Monaten einzeln oder in einem Team Modellentwürfe zu den verschiedenen Modethemen.
Von diesen Entwürfen werden einige ausgesucht und als Muster gefertigt. Aus den Mustern werden schließlich einige ausgewählt und zu einer Kollektion zusammengestellt. Die Modelle der Kollektionen, wie **Jeany** eines ist, können auf Modemessen zwei- bis viermal im Jahr, z. B. im Herbst für Frühjahr-Sommer und im Frühjahr für Herbst-Winter, vom Handel geordert, das heißt bestellt werden, oder es werden Vertreterkollektionen zusammengestellt, aus denen der Handel direkt ordern kann.
Der größte Teil der Bevölkerung in Westeuropa

trägt modische **Konfektionskleidung.** Zum einen ist die Herstellung wesentlich günstiger geworden, denn die Preise sind z. B. durch die Herstellung künstlicher Fasern, die Erweiterung der Naturfaseranbaufläche sowie die industrielle Fertigung von Bekleidung und deren fortschreitende Verlagerung in Niedriglohnländer gesunken.
Zum anderen bestimmt der Wunsch nach Veränderung, Abwechslung oder Anpassung das Verhalten der Menschen. Durch die Wahl und Kombination der Bekleidungsstücke kann ausgedrückt werden, ob man sich dem Zeitgeist der Gemeinschaft anpassen will oder ihn ablehnt. Manche Menschen möchten durch das Tragen einer bestimmten Bekleidung, beispielsweise der **„Anti-Mode“**, ihre Zugehörigkeit zu einer bestimmten Gruppe und deren Gesinnung dokumentieren. Beispiele hierfür sind die Hippies, die Punks, die Skins und die Grufties. Die Modemacher haben auch diese Interessen der Gesellschaft aufgegriffen und sie in Mode umgesetzt.
Der Wechsel von Bekleidung kann das Aussehen schnell verändern, so kann je nach Anlaß, ob Diskothek oder Vorstellungsgespräch, eine entsprechende „Rolle gespielt“ werden.

Die heutige sehr schnellebige Zeit führt zu einem immer häufigeren Modewechsel. Der internationale Wettbewerb veranlaßt die Unternehmen, den Wünschen der Kunden durch kürzere **Modezyklen,** also durch immer schneller aufeinanderfolgende Kollektionen, nachzukommen. Auf diese Weise wollen die Unternehmen den Absatz halten oder steigern. Das Kaufverhalten des Kunden ist ebenso wie die Bekleidung Veränderungen unterworfen. Unter den Faktoren, die das Käuferverhalten beeinflussen, spielt neben finanziellen und geschmacklichen Gesichtspunkten zunehmend die Frage des Umweltschutzes eine Rolle.

Damit die modische Kleidung auch vom Handel und den Verbrauchern gekauft wird, muß sie bekannt gemacht werden. Dabei spielen **Modeführer** wie Avantgardisten (modische Vorkämpfer) eine große Rolle. Dies können Personen oder Personengruppen sein, sowie Modejournale oder andere Massenmedien. Sie tragen als erste die neue Mode bzw. stellen sie dem Verbraucher vor. Gleichzeitig wird mit der Art der Darstellung ein bestimmtes Image verbunden, um so die Geschmacksbildung zu beeinflussen. Die Ansteckwirkung dieser Modell-Personen oder Modell-Gruppen soll die abwartenden oder zögernden Verbraucher zum Kauf der neuen modischen Kleidung anregen. Nur so kann sich ein Trend durchsetzen und zur Mode für eine breite Masse werden.

1.2 Vermarktung von Kleidung

Bekleidungsunternehmen bieten in der Regel ihre Produkte aus bestimmten Produktgruppen an, die ein oder mehreren Branchenbereichen zugeordnet werden können. So gehört **Jeany** der Produktgruppe Blusen und damit dem Branchenbereich Damenoberbekleidung an.

Üblicherweise werden die **Branchenbereiche** und die **Produktgruppen** der Bekleidungsindustrie wie in der folgenden Aufstellung eingeteilt:

Branchenbereich	**Produktgruppe (Erzeugnisgruppe)**
Damenoberbekleidung (DOB)	Blusen Kleider Röcke Hosen, -anzüge, Mäntel Jacken Kostüme Brautkleider Abendkleider Trachtenkleidung u. a.
Herren- und Knabenbekleidung (HAKA bzw. HOB)	Sakkos Hosen Anzüge Westen Mäntel Uniformen Trachtenanzüge u. a.
Berufs- und Sportbekleidung (BESPO)	Arbeitskleidung Sportbekleidung Freizeitbekleidung Skibekleidung Jeansbekleidung u. a.
Kinderbekleidung (KIKO)	Kinderkleider Kinderjacken Kinderhosen Kindermäntel Anoraks Overalls Kinderblusen u. a.

Branchenbereich	Produktgruppe (Erzeugnisgruppe)
Wäsche	Oberhemden Sportblusen Babywäsche Nachtwäsche Unterwäsche u. a.
Miederwaren und Badebekleidung	Büstenhalter Miederhosen Stützstrümpfe Badeanzüge Bikinis Badehosen u. a.
Trikotagen	Unterkleider Babykleider T-Shirts Bodystockings u. a.
Strickwaren	Pullover Pullunder Strickwesten -jacken Strickkleider Strümpfe Socken Schals Mützen u. a.

Branchenbereich und Produktgruppen der Bekleidungsindustrie

Mit der Wahl des Branchenbereiches und der Produktgruppen legen sich die Unternehmen fest, da die Ausstattung der Fertigungsbetriebe auf die gewählten Produktgruppen abgestimmt wird.

Die Phasen des modischen Wandels in der Bekleidungsindustrie werden immer kürzer, und damit steigen auch ihre wirtschaftlichen Risiken. Insbesondere hochmodische Artikel werden vom Verbraucher nur wenige Monate getragen. Haben Industrie und Handel den Modetrend nicht rechtzeitig erkannt und entsprechende Modelle in die Kollektion oder das Sortiment aufgenommen, finden unter Umständen einige Teile ihrer Kollektion keine Abnehmer.
Deshalb ist eine intensive **Marktforschung** besonders wichtig. Dazu gehören alle Maßnahmen der Beobachtung und Analyse von Verbraucherbedürfnissen, -wünschen und -gewohnheiten, modischen Entwicklungen sowie das Verhalten der Konkurrenz und des Handels.

Durch die Bestimmung der **Zielgruppe** können die Bekleidungshersteller beim Entwurf der Kollektion das Kaufverhalten des Handels und damit indirekt die Verbraucherwünsche einschätzen. So entscheidet sich z. B. das Unternehmen, das **Jeany** produziert, für eine Zielgruppe, deren Alter über 30 Jahre liegt, die weiblich ist, über ein gutes Einkommen verfügt und anspruchsvolle modische Bekleidung bevorzugt.

Das **Genre** hat Einfluß auf die Anzahl der Teile, die Qualität und das Preisniveau der Kollektion. Wenn bekannt ist, daß z. B. eine bestimmte Zielgruppe über ein gutes Einkommen verfügt, kann eine umfangreiche Kollektion im gehobenen Genre zu einem entsprechend hohen Preis angeboten werden.

Für die **Absatzplanung** ist außerdem die Festlegung erforderlich, ob ein Markenprodukt, ein No-Name-Produkt oder eine Kombination von beiden zum Verkauf angeboten werden soll.
Die Ergebnisse der Marktforschung, die im einzelnen die Produktgruppe, die Zielgruppe, die Marke und das Genre umfassen, bilden die Grundlage für die Marketingstrategien des Unternehmens. Diese Strategien beeinflussen die Kollektionsentscheidungen. Sie werden in einem **Kollektionsrahmenplan** festgehalten.

Die Untersuchungen der Marktforschungsabteilung haben ergeben, daß es für Modelle wie **Jeany** zahlreiche potentielle Kundinnen gibt, die über ausreichend finanzielle Mittel verfügen und darüber hinaus bereit sind, für qualitativ hochwertige Kleidung mehr auszugeben.

Die **Werbung** für ein einzelnes Produkt einer Produktgruppe ist in der Bekleidungsindustrie selten. Große Markenhersteller werben mit ihrem guten Namen in der Öffentlichkeit für ihr Image.

Zu dieser Art der Öffentlichkeitsarbeit gehören:
- **Sponsoring** z. B. Sportförderung mit Firmenwerbung auf Trikots,
- **Produkt Placement** z. B. Verwendung von Markennamen oder Firmen in Spielfilmen und
- **Produkt Publicity** z. B. Erscheinung des Produktes oder des Unternehmens als Thema eines Artikels in einem Massenmedium. So kann z. B. ein Bericht über Umweltschutzmaßnahmen in einem Unternehmen eines Bekleidungsherstellers in einer Tageszeitung oder Wochenzeitschrift erscheinen und indirekt für die darin erwähnte Marke werben.

Die Betriebe der Bekleidungsindustrie verkaufen ihre Ware über Handelsvertreter an den Groß- oder Einzelhandel oder haben eigene Verkaufsläden. Ein wichtiges Mittel der **Absatzförderung** sind die Messen. Dort werden nicht nur die Produkte gezeigt und verkauft, sondern es wird auch Öffentlichkeitsarbeit betrieben. Die Messen dienen der Kontaktaufnahme und -pflege mit dem Handel. Auch in Modezentren, das sind dauerhafte Institutionen mit zusätzlichen Musterschauen, kann der Handel die Ware ordern.

Jeany und die anderen Teile der Kollektion werden im Rahmen der IGEDO (Internationale Modemesse in Düsseldorf), auf der Modewoche in München und auch auf Messen anderer Länder im Herbst von einem durch seine Marke bekannten Unternehmen vorgestellt.

? ?

1. Wie werden Modemacher auch genannt, und welche Aufgaben haben sie?

2. Welche Faktoren beeinflussen die Mode?

3. Nennen Sie verschiedene Modeführer.

4. Was versteht man unter „Marktforschung"?

5. Zu welchen Branchenbereichen gehören die folgenden Produktgruppen ?
Blusen
Pullover
Anzüge
Arbeitskleidung

6. Ordnen Sie sich einer Zielgruppe zu, und begründen Sie Ihre Entscheidung.

7. Erläutern Sie den Begriff „Genre".

8. Welche Vertriebswege sind in der Bekleidungsindustrie üblich?

Vertriebswege

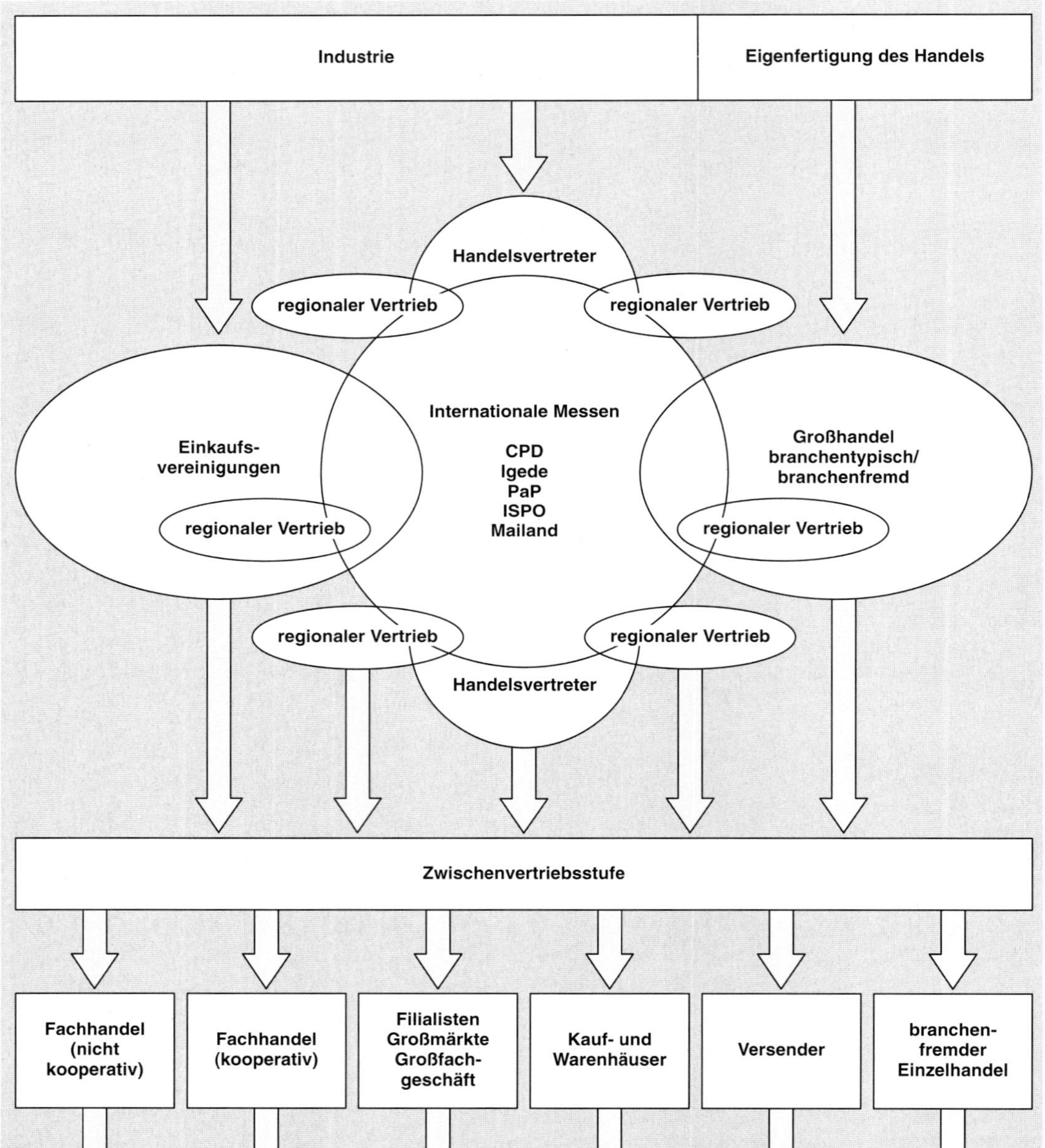

Vertriebswege der Bekleidungsindustrie

2 Gestaltung der Kollektion

Kreative, kaufmännische und technische Führungskräfte erstellen einen Rahmenplan für den Ablauf der Kollektionsentwicklung, in der **Jeany** ein Modell sein wird.
Auf nationalen und internationalen Mode- und Stoffmessen haben Jeanys Designer die aktuellen Trends für Farben, Muster und Formen aufgespürt. Jetzt werden alle Modelle mit schnitttechnischen Details gezeichnet. Jeanys Modellentwurf zeigt eine kragenlose und gerade geschnittene Bluse mit halbem Arm, abgerundeten Taschen mit Stickereien, einer sichtbaren Knopfleiste, einem Aufschlagärmel und abgesteppten Nähten. Sie soll aus einer feinen Baumwollqualität in hellen Tönen, uni oder mit Blockstreifen gearbeitet werden.
Designer, Vertreter der Geschäftsführung und der technischen Produktionsleitung, die mehrere Kollektionen erstellen, geben dem Kollektionsthema den Namen „Jeans". Dazu gehört Jeany, die aus einer Vielzahl von Entwürfen ausgesucht wurde und diesem Kollektionsthema zugeordnet wird. Sie ist mit Jeansrock oder Hose gut zu kombinieren. Ein Blouson und einige Accessoires runden das Angebot für diese Saison ab.

Modellentwurf

Schlüsselbegriffe

Bekleidungsformen

An den Bekleidungsstücken aller Jahrhunderte, aber auch in den verschiedenen Kulturkreisen lassen sich immer wieder Bekleidungsformen wie der Rock, die Bluse, das Kleid, die Hose, die Jacke und Kombinationen aus diesen Formen erkennen. Im Laufe der Zeit wurde ihre Gestalt zwar häufig verändert, dennoch blieb die jeweilige Grundform der Bekleidung erkennbar.

Jede dieser Formen läßt sich anhand bestimmter konstruktiver Merkmale oder der verwendeten textilen Flächen und ihren Eigenschaften unterscheiden.

Die Bekleidungsform Bluse ist z. B. gekennzeichnet durch ein hüftlanges Oberteil mit Ärmeln – meistens mit einem Kragen. Es ist ein Kleidungsstück der Damenoberbekleidung bzw. der Kinderbekleidung, das aus einem weichen und fließenden Material gefertigt und zu Röcken oder Hosen getragen wird. Die Variante in der Herren- bzw. Knabenbekleidung ist das Herrenhemd.

Die Bekleidungsform ist eine modisch neutrale Basisform und gleichzeitig der Ausgangspunkt für die weitere Gestaltung eines modischen Bekleidungsstückes.

Design

Der Begriff kommt aus dem Englischen und bedeutet Entwurf, Zeichnung, Muster. In der Bekleidungsindustrie ist es eine gebräuchliche Bezeichnung für Form- und Schnittgestaltung eines Kleidungsstückes.

Gestaltungsprozeß

Der Vorgang beinhaltet eine kreative, schöpferische Aufgabe, die von einem Designer oder einer Designerin ausgeführt wird. Die Designidee, die z. B. aus den unterschiedlichen Eindrücken auf den Messen gewachsen ist, wird in einer oder mehreren Entwurfsskizzen festgehalten. Damit später eine paßformgerechte Schnittentwicklung erfolgen kann, werden zusätzlich auf einem Formblatt Hinweise für die Konstruktion gegeben und die passenden Oberstoffmaterialien ausgewählt.

Sowohl das Skizzieren als auch das Dokumentieren ist mit technischen Hilfsmitteln, z. B. mit Computerprogrammen für den Modellentwurf, möglich.

Kollektion

Der Begriff „Kollektion" ist die allgemeine Bezeichnung für eine Mustersammlung von Waren. In der Bekleidungs-, Wäsche- und Maschenindustrie wird dieser Begriff für die Zusammenfassung der entworfenen Modelle verwendet. Nach dem Anlaß der Kollektionszusammenstellung sind z. B. die Begriffe „Messekollektion", „Vertreterkollektion" oder „Versenderkollektion" gebräuchlich.

Kollektionsnetzplan

In diesem Netzplan sind alle Arbeitsschritte der Kollektionserstellung in logischer Reihenfolge aufgeführt. Daraus ergibt sich ein Netz von zeitlich nacheinander oder parallel ablaufenden Arbeitsvorgängen. Die Anzahl der Arbeitsgänge ist abhängig von dem Umfang des betrachteten Gesamtgeschehens.

Produktgestaltung

Nach den Vorgaben des Kollektionsrahmenplanes und unter Beobachtung der Markttendenzen werden die Modelle einer Kollektion in der Designabteilung entwickelt.

Um ein markt- und zielgruppengerechtes Produkt zu gestalten, müssen die modischen Tendenzen, die verschiedenen Aspekte des Designs (z. B. Silhouette – auch Schattenriß genannt –, Ausschmückung, Material, Ausstattung und Verarbeitung) und der Gebrauchswert (z. B. Verwendungszweck und Pflege) des Kleidungsstückes berücksichtigt werden.

2.1 Produktentwicklung

Nachdem die Aufgaben und Zielsetzungen der Unternehmensplanung und des Marketings beschrieben wurden, beschäftigt sich dieser Abschnitt mit den verschiedenen Fragestellungen der **Kollektionsplanung** und **-erstellung** in der Bekleidungsindustrie.
Ein hoher Wettbewerbsdruck zwingt die Bekleidungsunternehmen, dem Kunden zwischen den eigentlichen Saisonrhythmen von Frühjahr/Sommer und Herbst/Winter auch kleinere Kollektionen anzubieten. Dadurch wird die Zeit für die Erstellung einer Erstkollektion und einer Vertreterkollektion immer kürzer. Die Folge daraus ist, daß noch gründlicher organisiert und zeitlich präziser geplant und gesteuert werden muß.
Neben den kürzeren Musterungszeiten erfordert auch die häufig gestiegene Kollektionsgröße, die Anzahl der Modelle pro Kollektion, einen größeren organisatorischen Aufwand.

Kollektionsplanung

Das Ziel der Kollektionsplanung ist es, in einem vorgegebenen Zeitrahmen eine Kollektion zu planen, zu entwerfen und schnitt- und nähtechnisch umzusetzen. Diese Aufgabe wird mit Hilfe von Rahmenplänen, in denen alle Daten und Informationen festgehalten werden, organisiert. In der folgenden Darstellung ist zu erkennen, wie sich der **Kollektionsrahmenplan** zusammensetzt und welche **Teilpläne** für die nachfolgenden Aufgaben daraus abgeleitet werden:

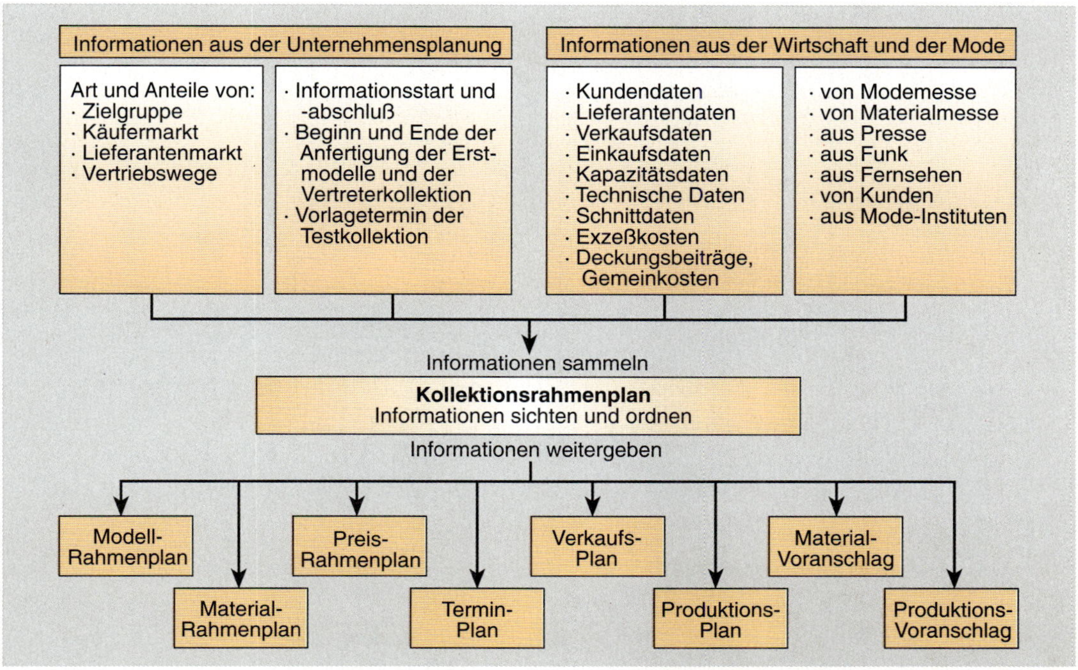

Informationssammlung und Informationsweitergabe in den Rahmenplänen für die Produktentwicklung

Für die Terminplanung der einzelnen Bearbeitungsstufen wird die Netzplantechnik eingesetzt. In einem solchen **Netzplan** für die Kollektion erhält jeder Aufgabenbereich eine Zeitvorgabe, die in Tagen angegeben wird. Wenn alle Bereiche mit den richtigen Zeitvorgaben versehen sind, wird festgelegt, wann die einzelnen Aufgaben der Modellentwicklung frühestens bzw. spätestens beginnen müssen, um einen festgesetzten Fertigstellungstermin zu erreichen. In diese reinen Bearbeitungszeiten werden auch auftretende Störungen, wie Erkrankung von Mitarbeitern, Ausfall eines wichtigen Betriebsmittels, Lieferschwierigkeiten von Material oder Accessoires u. a., zeitlich aufgenommen.
In der folgenden Abbildung ist ein Ausschnitt eines Kollektionsnetzplanes dargestellt. Er zeigt die wesentlichen Hauptaufgaben der Kollektionsentwicklung. Die eingezeichneten Linien verbinden die Aufgabenbereiche und verdeutlichen ihre Ablauffolge.
Termine für die Kollektionsbesprechungen zwischen den beteiligten Unternehmensbereichen bzw. deren verantwortlichen Leitern über den aktuellen Stand der Produktentwicklung müssen in einem regelmäßigen Abstand festgesetzt werden. Die veränderten Termine werden in den Kollektionsnetzplan übertragen und führen dann wiederum zu veränderten Start- und Fertigstellungsterminen. Gleichzeitig wird bei diesen Besprechungen auch der Kollektionsrahmenplan aktualisiert, d. h. auf den neuesten Stand gebracht.

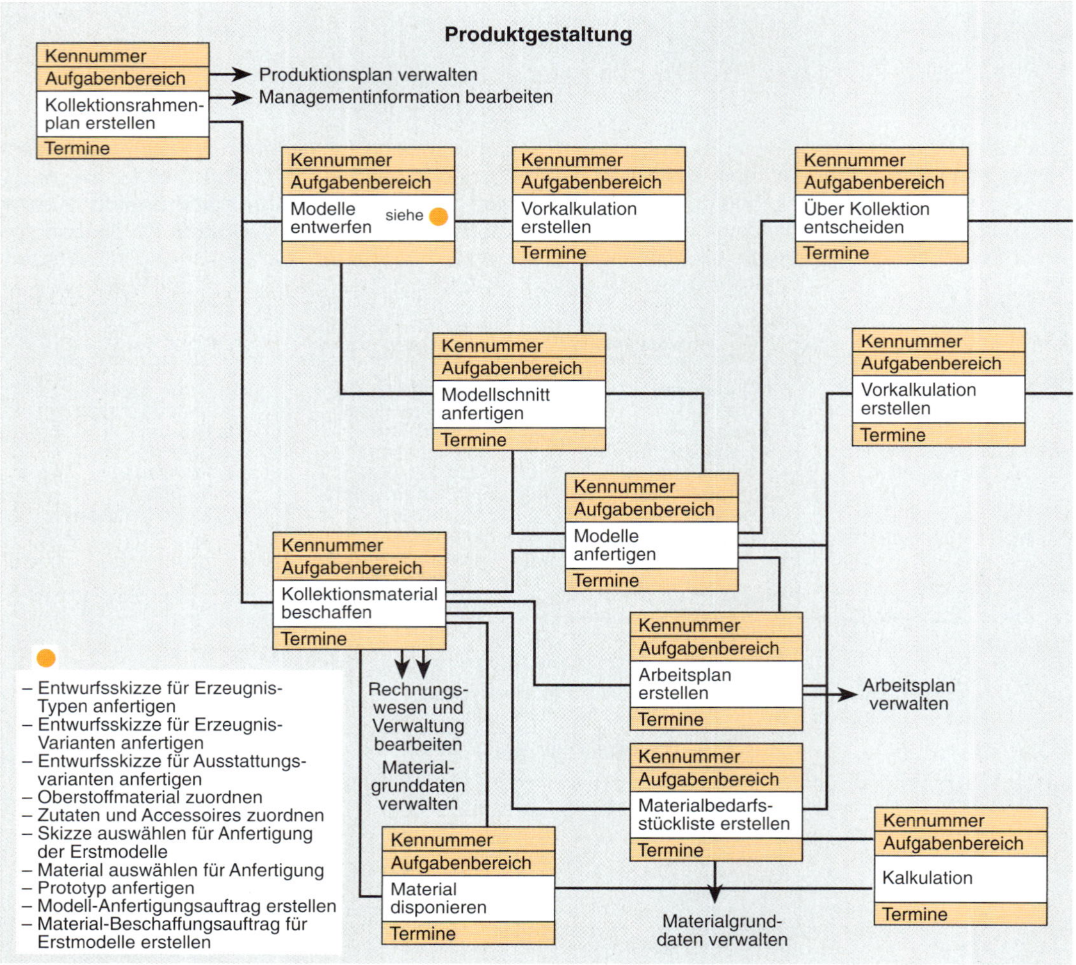

Kollektionsnetzplan für die Produktentwicklung

Kollektionserstellung

Der eigentliche Designprozeß, das Skizzieren von Entwürfen, ist nur ein Teil der Kollektionserstellung. Die Schnittkonstruktion, der Einkauf der Ober-, Futterstoffe, Zutaten und Accessoires, das Nähen der entworfenen Musterteile und der Verkauf durch die Vertreter oder auf den Modemessen sind weitere Teilbereiche, die bei der Erstellung einer Kollektion durchlaufen werden müssen. Die **Prototypen** einer Kollektion, auch Erstmuster genannt, durchlaufen die einzelnen Stationen oft mehrmals, bis sie bei der **Kollektionsvorlage** als ausgereifte Produkte dem Handel vorgeführt werden. Von der georderten Stückzahl je Modell hängt es dann ab, welche Modelle letztendlich bis zur Serienreife weiterentwickelt und gefertigt werden, da eine Fertigung erst ab einer gewissen Stückzahl gewinnbringend ist. Die Entscheidung wird von der Unternehmensleitung gemeinsam mit den Leitern der übrigen Entwicklungsabteilungen getroffen. Dieser Vorgang wird als **Kollektionsbereinigung** bezeichnet.
Dieser organisatorische Ablauf, also die Weitergabe von Informationen und die Terminplanung, ist wiederum in den einzelnen **Rahmen- und Netzplänen** festgehalten.

Neben den organisatorischen Gesichtspunkten der Kollektionsgestaltung spielen Aspekte des Umweltschutzes eine immer größere Rolle. Insbesondere bei der Auswahl des Materials für die Kollektion, zu der **Jeany** gehört, sowie bei der Planung der Verarbeitung der einzelnen Modelle wird dieser Gesichtspunkt berücksichtigt.
Die Ausführung der verschiedenen kreativen, technischen und planerischen Tätigkeiten ist mit unterschiedlichen **Betriebsmitteln** möglich, angefangen von Bleistift und Papier bis hin zu den speziellen Computersystemen.

Technische Methoden der Entwurfsgestaltung und Entwurfsdokumentation

Bei den traditionell manuellen Techniken verwenden Designer für diese Tätigkeit Bleistifte, Buntstifte oder Filzstifte und Papier. Figurinen (Modellbilder), die vereinfachte Körperdarstellungen wiedergeben, dienen als Vorlage für die Entwürfe. Stoffmusterungen, Applikationen und Accessoires werden originalgetreu abgezeichnet oder als reale Objekte der fertigen Zeichnung hinzugefügt. Korrekturen oder Neuzeichnungen sind mit dieser Technik sehr zeitaufwendig.

Die heute schon vielfach verwendete Computertechnik mit ihren speziellen Ein- und Ausgabemedien bietet für diese Aufgabe ganz neue Möglichkeiten.

Mit dieser Technologie soll auch die Handskizze von **Jeany** bearbeitet werden, da seit kurzer Zeit ein entsprechender Computerarbeitsplatz eingerichtet wurde. Figurinen, Modefotografien und Stoffmuster für **Jeany** und die anderen Modellskizzen werden über ein **Eingabe**gerät eingelesen und direkt mit einem **Design**programm bearbeitet. Die **Ausgabe** über einen geeigneten Drucker gibt die eingesetzten Farben wirklichkeitsgetreu wieder. So ist schon anhand der Zeichnung frühzeitig zu sehen, ob der Entwurf in das Kollektionsthema paßt.
Das Erscheinungsbild des Entwurfs ist im Bedarfsfall dann mit wenigen Arbeitsschritten zu verändern. Zusätzlich können mit geringem Zeitaufwand die verschiedenen Modellentwürfe vervielfältigt werden. Sie können dem Verkauf als Originalentwürfe dienen und damit schon in einigen Fällen das Fertigen von Musterteilen ersetzen, was auch unter dem Aspekt des Umweltschutzes sinnvoll sein kann. Sind mehrere Designarbeitsplätze innerhalb eines Unternehmens über ein Computersystem miteinander verbunden, können Informationen untereinander ausgetauscht werden.

Möglich ist es, an einem Arbeitsplatz die Wirkung eines Modells in verschiedenen Farbstellungen zu erproben, während an einem anderen Arbeitsplatz zur gleichen Zeit Details des Modells, wie z. B. Strickeinsätze, bearbeitet werden. Sind die Designarbeitsplätze mit Planungssystemen verbunden, können fertiggestellte Skizzen in eine Modellbeschreibung übernommen werden
Durch die **Vernetzung** auch weit entfernt liegender Unternehmen, z. B. eines Bekleidungsunternehmens und einer Weberei, können aktuelle Wünsche zu einem Webmuster leicht und schnell mitgeteilt werden.
Computersysteme für den Entwurf, aber auch für die Modellentwicklung werden allgemein als **CAD-Systeme** bezeichnet, wobei **CAD** eine Abkürzung der Begriffe „Computer Aided Design" ist und übersetzt „**computerunterstützter Entwurf**" bedeutet.

Die Unternehmen der Bekleidungsindustrie setzen solche CAD-Systeme für unterschiedliche Aufgaben ein. Manche skizzieren verschiedene Entwürfe zu einem Modell oder einem Thema direkt am Bildschirm. Andere erstellen diese manuell, das heißt, sie zeichnen sie mit Bleistift oder in Faserstift-Technik auf Papier und übergeben sie mit einem entsprechenden Eingabegerät an den Computer. Anschließend überarbeiten sie die Zeichnungen am Bildschirm mit verschiedenen Farb- und Musterkombinationen. Auch Labels (Etiketten) und Stickdessins werden häufig mit einem solchen System entworfen. Die nachfolgende Abbildung zeigt in drei Schritten, wie eine Skizze bzw. ein Foto mit einem Stoffmuster unterlegt wird.
Die Skizze bzw. das Foto und das Stoffmuster sind über ein Eingabegerät, den Scanner, eingelesen worden. Um die Stoffvorlage in die Flächen von Vorder- und Rückenteil, Ärmel und Kragen etc. einfügen zu können, müssen verschiedene Daten überprüft werden. Dazu gehören auch die Farben, die der Scanner in der Stoffvorlage erkannt hat und in einer Farbpalette anlegt. Die Anzahl der erkannten Farben ist in der Regel für die weitere Bearbeitung der Vorlage zu groß und muß daher mit Hilfe einiger Befehle verringert werden. Anschließend wird das Ergebnis überprüft und gegebenenfalls nochmals korrigiert. Bei karierten Stoffen ist es manchmal notwendig, die Größe der Karos den Modellproportionen anzupassen oder eine Abstimmung der Karos zwischen verschiedenen Schnitteilen vorzunehmen. Damit ist die Stoffvorlage für die weitere Verwendung vorbereitet. Auch gewünschte Farbwechsel im Stoff sind sehr einfach durchzuführen, um für die Entwicklung eines Dessins verschiedene Farbstellungen und ihre Wirkung in einem Modell darzustellen. Die eingelesene Zeichnung oder das Foto kann nicht ohne vorbereitende Tätigkeiten mit einer Stoffvorlage verknüpft werden. So müssen bei einer Handskizze durchbrochene Linien geschlossen und bei einem Farbfoto die farbigen Flächen durch eine helle Hintergrundfarbe ersetzt werden. Insbesondere bei der Bearbeitung von Fotos soll auch nach dem Auflegen der neuen Stoffvorlage der dreidimensionale Effekt erhalten bleiben. Dazu ist es notwendig, über jedes Schnitteil des Modells ein Netz von waagerechten und senkrechten Linien zu legen, um die Bewegungsfalten aufzugreifen. Die Verformungen des entstandenen Gitters dienen als Vorlage für neue Stoffmuster. Auf diese Weise kann jedes Dessin maßstabsgerecht auf ein Modellfoto, aber auch auf eine Skizze für die Präsentation aufgebracht werden. Die Entscheidungen über die Wirkung bestimmter Dessins oder Farbstellungen können somit schon zu einem frühen Zeitpunkt der Entwurfsphase getroffen werden.

1. Schritt:
Das Modellbild wird eingelesen oder gezeichnet.

Das Stoffmuster wird eingelesen oder gezeichnet.

2. Schritt:
Das Stoffmuster wird durch eine Fotomontagetechnik auf das T-Shirt oder die Jacke gelegt.

3. Schritt:
Die Farbkombinationen können passend zu den anderen Kleidungsstücken verändert werden.

Beispiel für die Arbeitsweise an einem Designsystem

Hard- und Software von Designsystemen

Schematische Darstellung des Arbeitsplatzes für den Modellentwurf

Die meisten der heutigen CAD-Systeme sind mit einem Personalcomputer (PC) zu betreiben. Andere Systeme arbeiten auf einer Workstation (Arbeitsstation). Zu einem solchen System gehören Geräte für die **Eingabe**, für die **Verarbeitung,** die **Ausgabe** und das **Speichern.** Eine solche typische Ausstattung eines Computersystems wird als Konfiguration bezeichnet.
Die Abbildung zeigt den Arbeitsplatz für einen Modellentwurf.

Der Computer

Ein Computersystem für Designprogramme erfordert einen leistungsfähigen Mikroprozessor. Diese Systeme sind mit großen Arbeitsspeichern und einer großen Festplatte ausgerüstet. Zusätzlich sind häufig externe Laufwerke für die Datensicherung angeschlossen. Schnittstellen verbinden ihn mit den verschiedenen Ein- und Ausgabegeräten.

Die Eingabegeräte

Zu den Eingabegeräten gehören standardmäßig eine alphanumerische Tastatur für die Eingabe von Zahlen und Texten und ein Grafiktablett mit einem Stift, das zum Aufrufen der verschiedenen Funktionen und für Freihandzeichnungen verwendet wird. Stoffmuster, Fotografien, Skizzen in Farbe und Schwarzweiß und andere zweidimensionale Objekte können über einen Scanner eingelesen werden, der nach dem Prinzip eines Fotokopierers die Zeichnungen zeilenweise abtastet und in **digitale** Werte übersetzt. Dies bedeutet, daß die einzelnen Zeichnungspunkte und ihre Farbwerte in Ziffern dargestellt werden, die die Zentraleinheit verarbeitet.
Die Eingabe über eine Videokamera ist von der Scannertechnik inzwischen fast ganz verdrängt.

Die Ausgabegeräte

Als Ausgabegeräte werden Bildschirme und Drucker mit einer hohen **Auflösung** – damit ist eine große Anzahl von Raster-/ oder Bildpunkten pro Fläche gemeint – verwendet, um die farbigen Details originalgetreu wiedergeben zu können.

Die Software

Die Software eines Designsystems ist eine Branchensoftware mit speziellen Anwendungsmöglichkeiten für die Bekleidungsindustrie. Entwürfe werden heute überwiegend noch zweidimensional (2D) dargestellt, also als Fläche mit den Dimensionen Länge und Breite. Die räumliche Darstellungsweise (3D) mit Länge, Breite und Tiefe, welche für die realistische Abbildung von Faltenwürfen wichtig ist, wird bei diesen Systemen durch Grauschattierungen erzeugt. Bei sogenannten „echten" 3D-Modellentwürfen können die Figurinen und Entwürfe im Raum gedreht werden. Damit erlauben sie dem Betrachter auch die Ansicht des Modells von der Seite und von hinten.

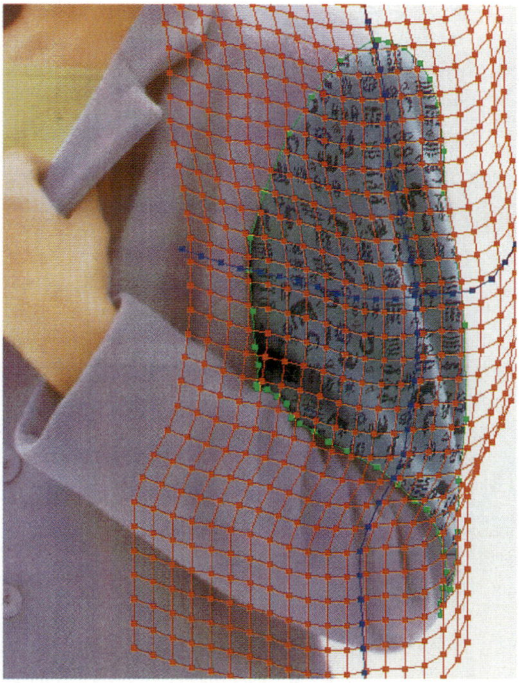

2D-Darstellung als quasi dreidimensionale Erscheinung

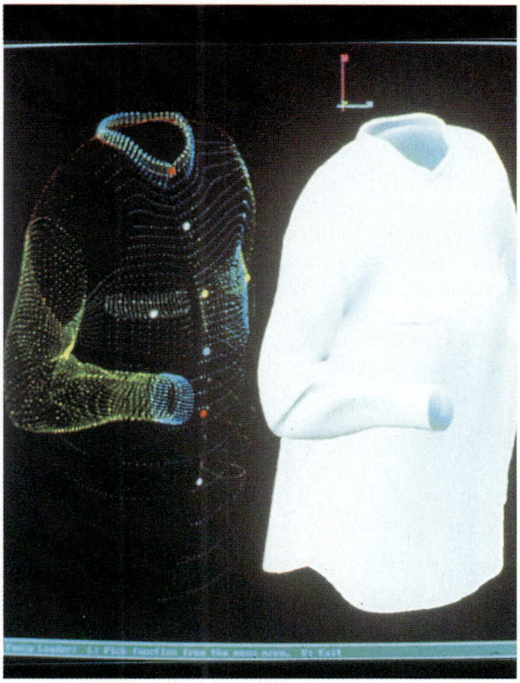

3D-Darstellung

2.2 Elemente der Produktgestaltung

Die Gestaltung von Bekleidungsstücken nach dem modischen Trend der Saison oder zu einem bestimmten Thema bezieht verschiedene Elemente mit ein. Zu ihnen gehören die **Bekleidungsform**, die sich in den Produktgruppen wiederfindet, die **Silhouette**, die **Schnittführung**, das **schnitt- und nähtechnische Detail** und das **Material**. Durch die Kombination dieser Elemente bei der Produktgestaltung erhält das Bekleidungsstück seinen modischen, zeitlosen oder funktionalen Charakter.
Ausgangspunkt der Gestaltungsarbeit ist die Formgestaltung eines Bekleidungsstückes. Sie wird häufig mit dem Begriff „**Styling**", was soviel wie Formgebung bedeutet, gekennzeichnet. Bei dieser Tätigkeit werden Längen- und Weitenverhältnisse, die Lage und der Verlauf von Längs- und Querteilungen, die Taillierung und die Details eines Kleidungsstückes bestimmt.
Besonders bei der Gestaltung der Teilungslinien ergeben sich unverkennbare Nahtführungen und Konturen, die mit dem französischen Wort „**Silhouette**", das etwa Schattenriß bedeutet, bezeichnet werden.

Allgemein wird diese charakteristische Linie eines Kleidungsstückes nach einem bestimmten Buchstaben, nach einer geometrischen Form oder einem Modestil und nach der Symmetrie oder Asymmetrie der Flächenaufteilung benannt.
Die folgenden Abbildungen zeigen einige Beispiele von Silhouetten.

Weitere Elemente der Gestaltung sind die **schnitt- oder nähtechnischen Aufmachungen**, die ein Bekleidungsstück in seiner **Stilrichtung** festlegen – ein Aspekt, der auch bei der Definition der Zielgruppe eine wichtige Rolle spielt.
Zu ihnen zählen Falten, Biesen, Rüschen, Volants, Blenden, Bortenbesätze, Ziersteppereien, Stickereien und Applikationen (aufgearbeitete Verzierung), beispielsweise auf Trachtenkleidung.

Auch das **Material** ist durch seinen Fall, seinen Griff, seine Farbigkeit, seine Musterung und seine Struktur ein Faktor der Gestaltung.

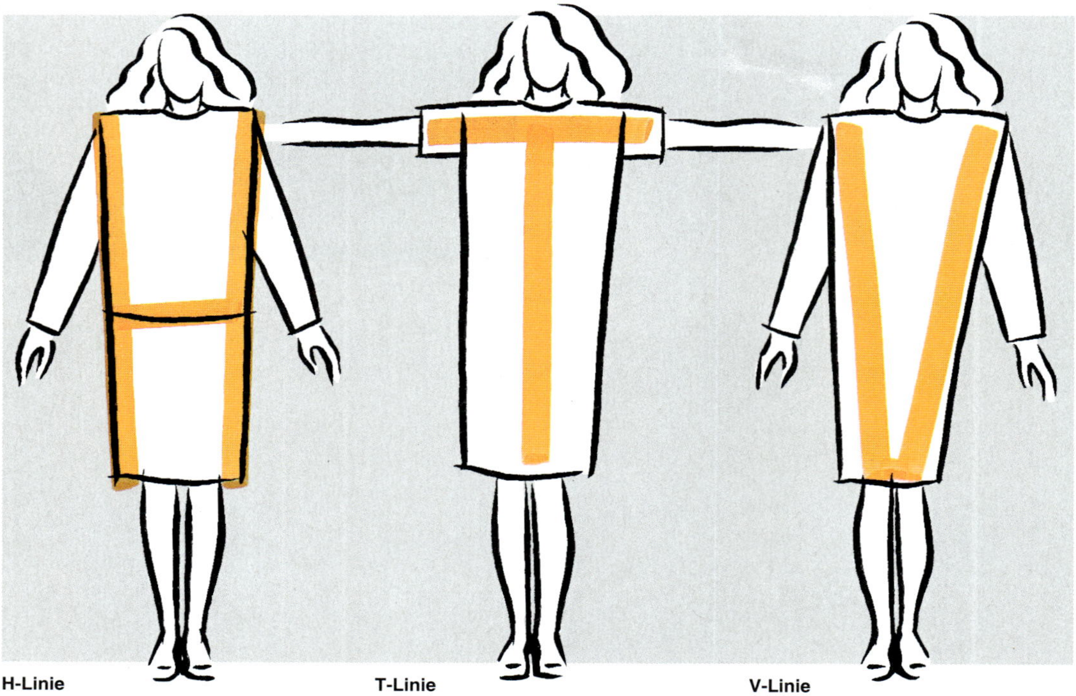

H-Linie T-Linie V-Linie

Symmetrie

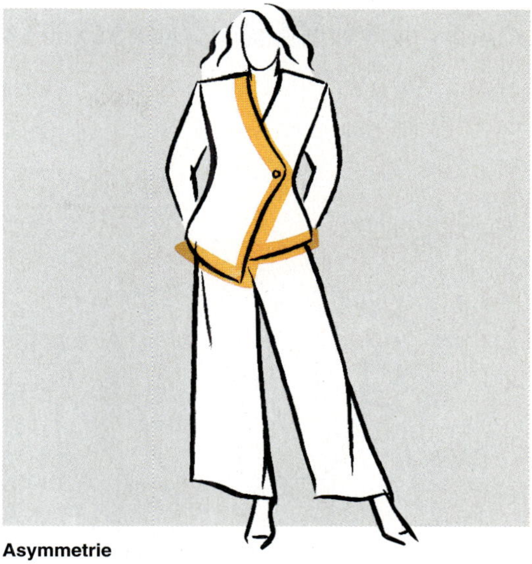

Asymmetrie

Es bestimmt den Charakter und den Verwendungszweck eines Bekleidungsstückes.

Die **Verarbeitung** und die **Ausstattung** sind gemeinsam mit dem Material ausschlaggebend für den Gebrauchswert und das Genre, die Qualitätsstufe.

Der Begriff „Ausstattung" umfaßt dabei die Abfütterung, die Einlagenverarbeitung und die Verschlußmittel wie Reißverschlüsse, Knöpfe, Haken usw. Die Verarbeitung bezieht sich hauptsächlich auf die verwendeten Naht- und Versäuberungsarten, die Kantenbefestigung, die Sicherung von Tascheneingriffen und Schlitzen.

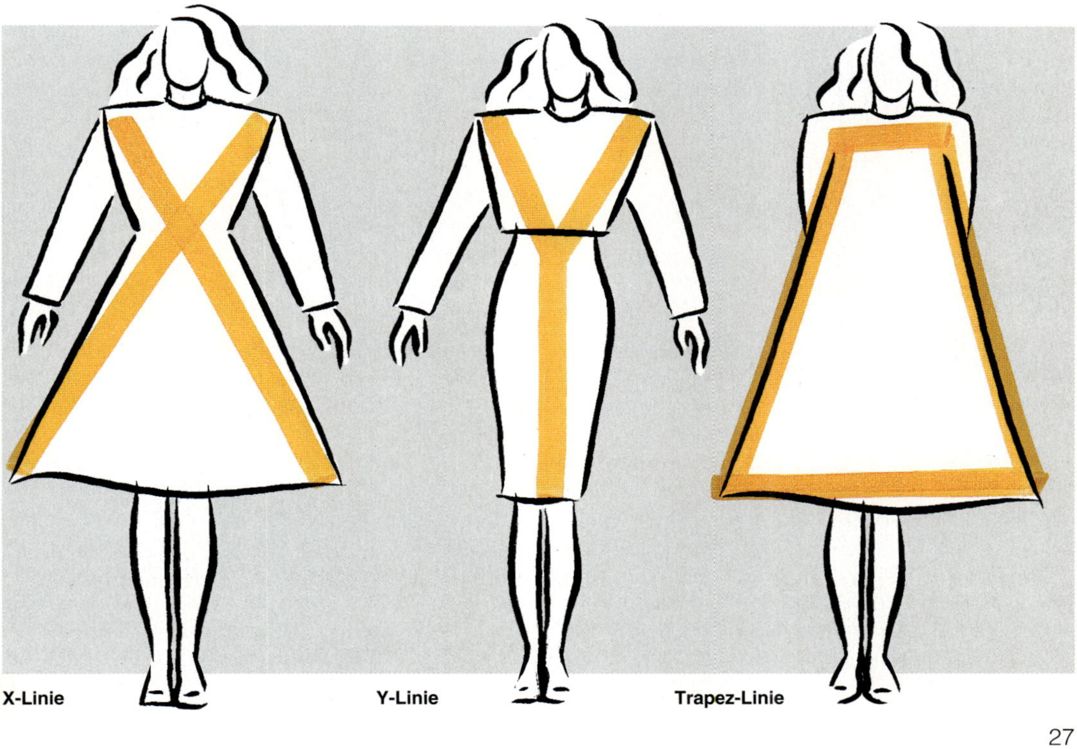

X-Linie Y-Linie Trapez-Linie

2.3 Bekleidungsformen

Die Bekleidungsformen beruhen auf wenigen Grundformen, die in der folgenden Abbildung dargestellt sind:

1. Bluse/Hemd

2. Rock

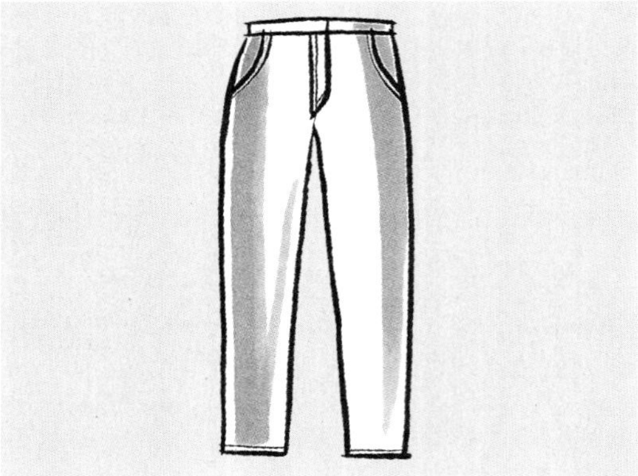

3. Hose

4. Jacke

Grundformen der Bekleidung

Das Kleid enthält die Grundform der Bluse und des Rockes, der Mantel ist aus der Grundform der Jacke mit einer veränderten Länge abgeleitet. Der Anzug ist eine Kombination aus den Grundformen Jacke und Hose. Sie werden als gestaltete Grundformen der Bluse, des Rockes, der Hose, der Jacke oder ihrer Kombination nach begrifflich unterschieden.

Dabei sind es meist ein oder zwei Gestaltungselemente, die Bekleidungsformen charakterisieren und ihnen den Namen geben. Einige dieser Formen sind nach der Silhouette (wie der Zeltmantel), einer bestimmten Stilrichtung (wie der Schottenrock oder die Folklorebluse), andere nach einem schnittechnischen Element (wie der Faltenrock, das Corsagenkleid, die Keilhose oder der Wickelmantel) benannt. Neben den schnittechnischen Merkmalen finden sich auch Unterscheidungen nach dem Trageanlaß, so z. B. bei den Anzügen die Bezeichnungen „Konferenzanzug" oder „Freizeitanzug". Diese Charakterisierung wird aber zunehmend durch die vielfältigen modischen Trends und die Veränderungen von Gewohnheiten aufgehoben.

Typische Bekleidungsformen im Überblick

Bekleidungsform Blusen / Hemden

Schnittechnische Details von Blusen können Kragen-, Ausschnitt-, Ärmel- und Verzierungsformen sein, die hier beispielhaft dargestellt werden. Weitere Details sind Bundabschluß- und Verschlußformen.

Zu dieser Bekleidungsform gehört **Jeany**. Einige ihrer schnittechnischen Merkmale, wie der Shirtkragen und der kurze Aufschlagärmel, sind in den folgenden Abbildungen dargestellt.

- **Kragen- und Ausschnittformen**

Hemdbluse mit zweiteiligem Kragen | **Stehkragenbluse** | **Shirtbluse mit Rund-Ausschnitt** | **mit U-Boot-Ausschnitt**

- **Ärmelformen**

Aufschlagärmel | **Puffärmel** | **Keulenärmel**

● **Verzierungen**

Plastron **Jabot** **Fichu**

Bekleidungsform Röcke

Typische Merkmale von Röcken können die Länge und die Silhouette sein. Diese kann gerade, unten enger werdend, erst enger, dann weiter werdend oder ausgestellt sein. Sie ergibt sich aus schnitttechnischen Details wie Teilungsnähten, Falten, Volants oder Drapierungen.

● **Länge**

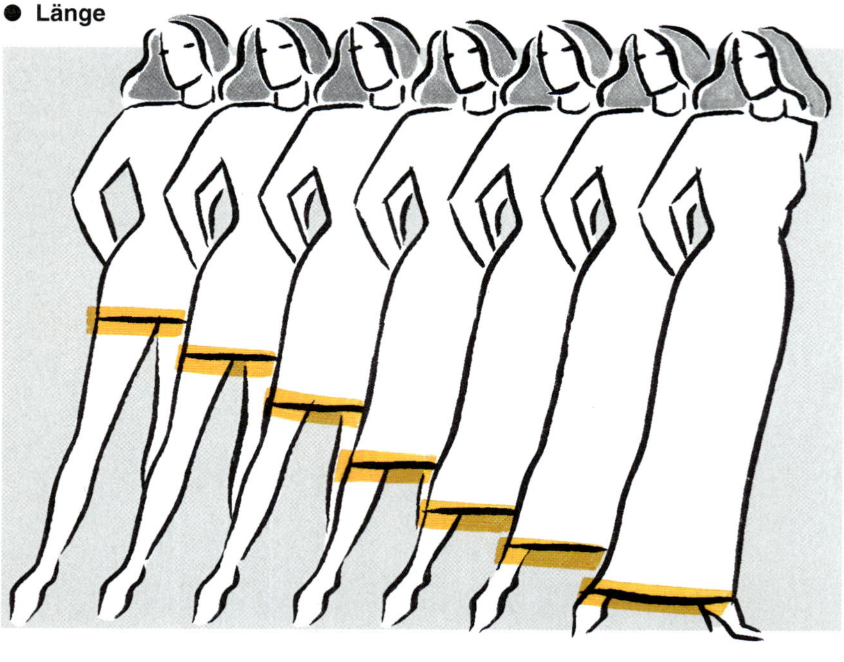

supermini
mini
knielang (ladymini)
mezzo (klassische Länge)
midi
maxi
bodenlang

● Silhouette

konvex-gerade (gewölbt – gerade)

gerader Rock

Kastenrock

Biesenrock

bikonvex (beiderseits nach innen gewölbt)

Tonnenrock

Ballonrock

Drapierter Rock

konvex-konkav (nach innen und nach außen gewölbt)

Godetrock

Torsorock

Tunika-Rock

konvex-konisch (gewölbt, dann kegelförmig auslaufend)

Golfrock

Schottenrock (Kilt)

Volantrock

Bekleidungsform Hosen

Typische Merkmale von Hosen können – ähnlich wie bei den Röcken – die Länge und die Silhouette sein. Diese kann einer H-, X-, V- oder A-Form gleichen.

- **Länge**

Shorts

Bermudas

Fischerhose

- **Silhouette**

H-Form

gerade Hose

Flatterhose (Slacks)

X-Form

Zunfthose

Schlaghose

V-Form

Keil- oder Steghose

Karottenhose

Sarouelhose

A-Form

Gauchohose ausgestellte Hose Caddy-Hose

Bekleidungsform Jacken

Typische schnittechnische Merkmale von Jacken können die Verschluß-, Ärmel- und Bundabschlußformen sein. Einige Beispiele sollen diese Merkmale verdeutlichen. Eine weitere Unterscheidung kann nach der Kragenform vorgenommen werden.

- **Verschluß**

Spenzer

Blazer einreihig oder zweireihig

Zipperjacke Reißverschluß

Bolero ohne Verschluß

● Bundabschluß

Blouson **Longblouson** **Anorak**

● Ärmel

Raglan **Kimono** **Blazer im Sakkostil**

Kombinationen und Abwandlungen

Bekleidungsform Mantel

- **Silhouette**

X-Linie

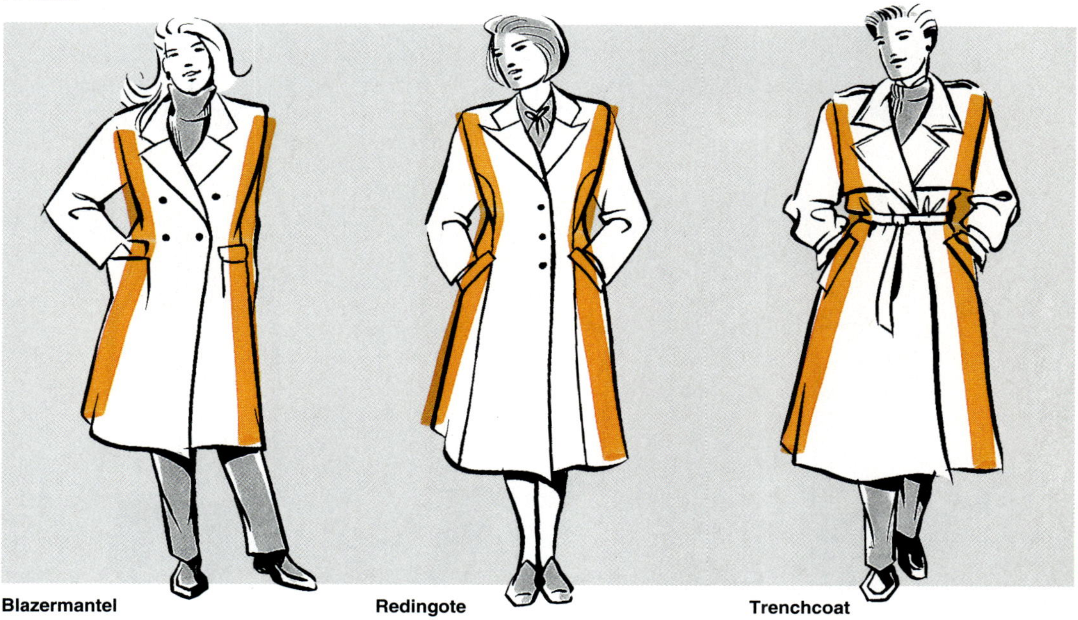

Blazermantel **Redingote** **Trenchcoat**

A-Linie

Zeltmantel **Cape** **Slipon**

Typische schnittechnische Merkmale von Mänteln können die Silhouette und die Fassonformen sein. Aber auch Ärmel- und Verschlußformen eignen sich als Unterscheidungsmerkmale.

H-Linie

Ulster

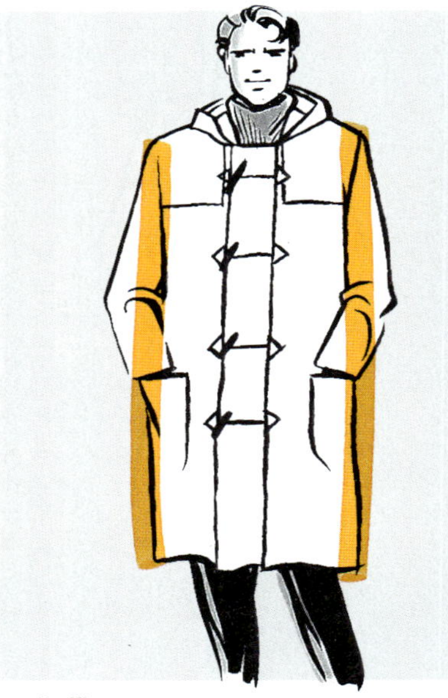

Dufflecoat

Sportcoat

● Kragenformen

Stehkragen

Hänger

Mantelfasson

Paletot

Schalkragen

Wickelmantel

Bekleidungsform Kleid

Die typischen Merkmale von Kleidern sind von den Blusen und Röcken zu übernehmen. Zusätzlich können schnittechnische Details, Trageanlaß und Stilrichtung unterschieden werden.

- **Schnittechnische Details**

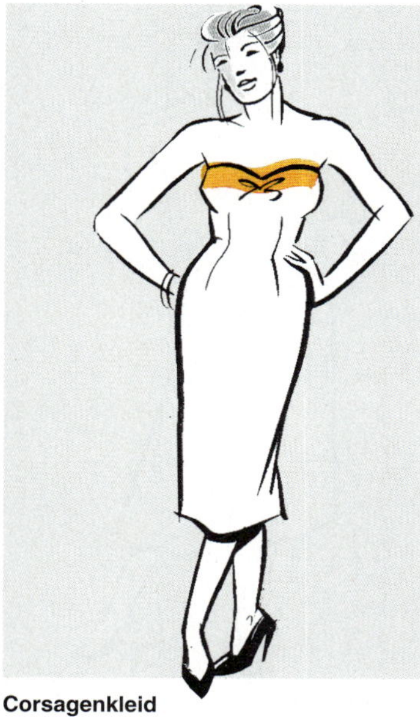

Corsagenkleid

Prinzeßkleid

Hängerkleid

Shiftkleid

Torsokleid

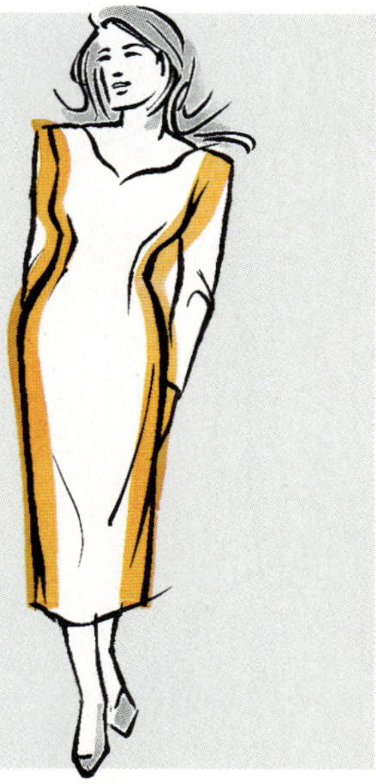

Etuikleid

● Stilrichtung

Empirekleid

Folklorekleid

Hemdblusenkleid

● Trageanlaß

Dinnerkleid

Brautkleid

Abendkleid

Bekleidungsform Kostüm

Typische Merkmale von Kostümen sind aus den Merkmalen der Jacken und Röcke abzuleiten. Zusätzlich können Stil- und Kombinationsformen unterschieden werden.

● Stil

Chanel-Kostüm

Trachtenkostüm

Schneiderkostüm

● Kombinationen

Composé

Deux-pièces

Coordinates

Bekleidungsform Anzug

Typische Merkmale von Anzügen sind aus den Merkmalen der Jacken und der Hosen abzuleiten. Zusätzlich kann nach dem Trageanlaß unterschieden werden.

- **Trageanlaß**

Stresemann **Smoking-Anzug** **Freizeitanzug**

???????????????????????????????

1. Welche Geräte gehören zu einer Konfiguration für ein Designsystem, und welche Aufgaben erfüllen sie?

2. Beschreiben Sie das Einsatzgebiet eines Designsystems.

3. Nennen Sie die verschiedenen Arbeitsschritte, die nach dem Einlesen einer Figurine und einer Stoffprobe durchgeführt werden müssen.

4. Erläutern Sie den Begriff „Kollektion“.

5. Nennen Sie die Pläne, die vor der Kollektionsentwicklung aufgestellt werden.

6. Was versteht man unter dem Begriff „Silhouette“?

7. Nennen Sie die wichtigsten Bekleidungsformen, und geben Sie Beispiele dazu an.

3 Schnittechnische Bearbeitung des Modells

Nachdem die Designer ihre Entwürfe für **Jeany** und die anderen Modelle der Kollektion gezeichnet und zusammengestellt haben, geben sie sie an die Schnittabteilung weiter. Es ist nun die Aufgabe des Schnittmachers, aus Jeanys Modellskizze einen Erstmusterschnitt zu konstruieren. Damit der Modellmacher die besonderen schnittechnischen Elemente in Jeanys Modellskizze richtig deutet, erhält er vom Designer neben der Modellskizze noch verschiedene andere Hinweise. Dazu gehört die Beschreibung des Oberstoffes, der Zutaten und der Verarbeitungsweise, die zusätzlich auf einem Formblatt festgehalten ist. Nach der Absprache mit dem Designer beginnt der Modellmacher die Konstruktionsarbeit mit der Wahl eines Grundschnittes. Für Jeany wählt er einen bewährten Hemdblusengrundschnitt in der Ausgangsgröße 38 aus. Mit verschiedenen Konstruktionsschritten entstehen nun aus diesem Grundschnitt durch das Verändern der Schnittlinien an den Rumpfteilen und den Ärmeln die Modellschnitteile für Jeany. Kleinteile wie die Taschen, die Aufschläge, die Belege und die Blenden müssen nach den Maßen von Vorder-, Rückenteil und Ärmel neu konstruiert werden. Nachdem Jeanys Schnitteile vom Modellmacher komplett gezeichnet sind, werden sie beschriftet, um Verwechslungen mit anderen Modellschnitteilen zu vermeiden.

Die Arbeit des Modellmachers ist damit beendet, und er übergibt Jeanys Schnittsatz an die technische Schnittabteilung. Hier wird an einem Computerarbeitsplatz mit diesem Schnittsatz ein Schnittbild gelegt, um Daten für die Ober-, Futterstoff- und Einlagekalkulation zu erhalten. Nach Abschluß der Arbeit wird Jeanys Schnittbild über einen Plotter gezeichnet und an den Zuschnitt der Musternäherei übergeben. Jeanys zugeschnittenen Oberstoff- und Einlageteile werden zusammen mit einem Auftrag der Musternäherin ausgehändigt. Die Kontrolle durch die Leiterin der Musternäherei und den Modellmacher ergibt, daß das Blusenmodell Jeany in Erscheinungsbild und Verarbeitung den Vorstellungen und Qualitätsanforderungen des Unternehmens entspricht.

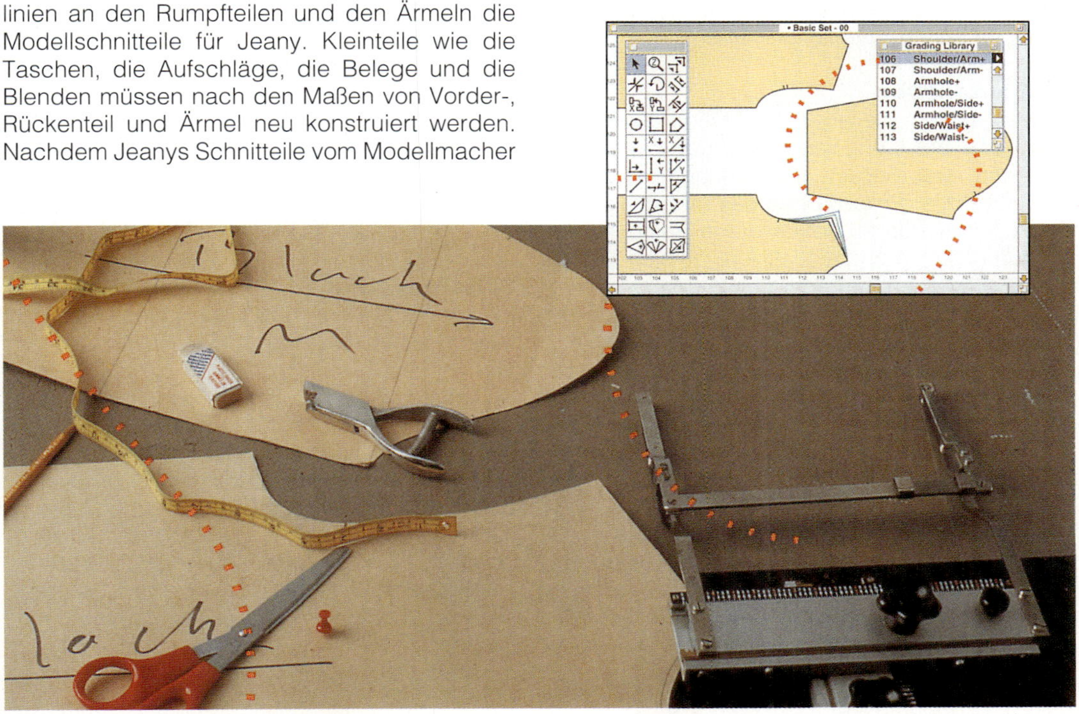

Arbeitsplatz in der Schnittentwicklung

Schlüsselbegriffe

Baukastensystem
Das Baukastensystem ist ein Ordnungsprinzip, das den Aufbau verschiedener zusammengesetzter Objekte durch die Kombination einer gewissen Anzahl vorhandener Bausteine aufgrund eines Baumusterplanes und einer bestimmten Anwendungsbereiches darstellt. Dafür müssen die Baugruppen in Typenklassen eingeteilt werden. Diese Arbeit ist in jedem Unternehmen mit Sorgfalt und Weitsicht auszuführen, um die Kreativität der Erzeugnisgestaltung nicht einzuengen.

Gradieren
Der Begriff leitet sich von dem lateinischen Wort gradus = Schritt ab. Gemeint ist die schrittweise Vergrößerung und Verkleinerung eines Schnittteiles von einer Ausgangs-, Muster- bzw. Grundgröße.
Dieser Vorgang kann manuell mit Schablonen, einem mechanischen Hilfsmittel wie dem Variator oder computerunterstützt mit einer Gradieranlage durchgeführt werden. Das Ergebnis ist ein Größensatz, der als Nestzeichnung oder in Form von Schnittschablonen vorliegt.

Größentabellen
Größentabellen stellen eine Standardisierung und Systematisierung von Körpermaßen dar. Sie basierten ursprünglich auf Erfahrungswerten hinsichtlich der Proportionen des menschlichen Körpers und wurden später durch Reihenmessungen bestätigt und aktualisiert. Da sich Maße und Proprotionen im Laufe der Zeit verändern, werden die Reihenmessungen ungefähr alle zehn Jahre auf den neuesten Stand gebracht.

Grundschnitt
Als Grundschnitt wird ein Schnitt bezeichnet, der nach einen Schnittsystem konstruiert wurde, paßformtechnisch ausgereift ist und sich in der Serienfertigung bewährt hat. Er enthält keinerlei modische Abwandlungen, keine Kleinteile und Nahtzugaben. Ein Grundschnitt ist auf eine Bekleidungsform bezogen und dient der Produktgruppe für mehrere verschiedene Modellschnitte als Schnittgrundlage.

Modellschnitt
Der Modellschnitt entsteht aus der Abwandlung des Grundschnittes und enthält alle modellspezifischen Schnitteile für Oberstoff, Futterstoff und Einlage.

Produktions- oder Industrieschnitt
Der Produktions- oder Industrieschnitt ist ein nach fertigungstechnischen Gesichtspunkten erstellter Modellschnitt. Das bedeutet, der überprüfte Erstschnitt ist mit Fadenlaufkennzeichnung, Nahtzugaben, Zusammensetzzeichen, Gradierpunkten und Anpaßpunkten versehen worden.

Proportionssystem
Proportionen sind Größenverhältnisse. Die Größen können Längen, Flächen, Gewichte, Zeiten oder andere Werte sein. Der „Goldenen Schnitt" oder die Aufteilung des menschlichen Körpers nach Kopflängen sind Beispiele für die Anwendung von Proportionssystemen in der Schnitttechnik.

Schnittbild
Das Schnittbild dient als Vorlage für den Zuschnitt. Es ist eine nach schnittechnischen Vorschriften durchgeführte Verteilung der Schnittschablonen auf einer vorgegebenen Materialfläche.
Ziel der Arbeit ist es, den Materialverbrauch so klein wie möglich zu halten.

Schnittsystem
Ein Schnittsystem beschreibt eine Methode, nach der heute Grundschnitte konstruiert werden.
In Abhängigkeit von dem Aufbau des Schnittsystems basieren die Berechnungen der Konstruktionsstrecken entweder auf einem Proportionssystem (Unicut), auf einer Körperlehre, also einer Einteilung des menschlichen Körpers nach Haltungen und Schulterformen (Müller & Sohn), oder auf einer Berechnung der Verteilung von Kennmaßkombinationen, die den Ergebnissen der Reihenmessungen entnommen sind (Hohenstein).

3.1 Körperproportionen und Proportionssysteme

Proportionssysteme

Proportionen, d. h. Maßverhältnisse von Strekken zueinander, waren den Ägyptern bereits ca. 2000 Jahre v. Chr. bekannt. Auch klassische Baustile weisen bestimmte Proportionen auf, und Künstler wie Leonardo da Vinci, Michelangelo und Dürer erkannten die natürlichen Gesetze der Proportionen des menschlichen Körpers und anderer Körper und setzten sie in ihren Arbeiten um.

Die **Proportionslehre** beschreibt die Verhältnisse von Teilstrecken untereinander und zu einer Gesamtstrecke. Auch die Strecken des menschlichen Körpers stehen in einem bestimmten Verhältnis zueinander, so steht die Länge des Kopfes in einem bestimmten Verhältnis zur Länge des ganzen Körpers und die Länge des Mittelfingers zur Länge der ganzen Hand.
Es gibt verschiedene **Proportionssysteme.** Zwei Systeme sind für die Schnittkonstruktion von besonderer Bedeutung. Mit ihrer Hilfe wird aus wenigen Körpermaßen – aus unmittelbar am Körper gemessenen Strecken – eine Vielzahl von Proportionsmaßen rechnerisch ermittelt.

Das System der „Achtelteilung“

Dieses System gibt das Verhältnis der **Kopflänge** zur gesamten **Körperlänge** an.
Die Proportionen der Kinder und Kleinkinder unterscheiden sich von denen der Erwachsenen. Ein zweijähriges Kind wird in fünf Segmente eingeteilt, das bedeutet, daß es bei einer Körpergröße von 85 cm eine Kopflänge von ungefähr 17 cm hat. Ein siebenjähriges Kind hat bei sechs Segmenten und einer Körpergröße von 114 cm eine Kopflänge von ca. 19 cm.
Die Körperhöhe eines normal proportionierten Erwachsenen läßt sich in acht gleich große Strecken einteilen, das heißt, bei einer Körperhöhe von 168 cm wird er demnach eine ungefähre Kopflänge von 21 cm haben.

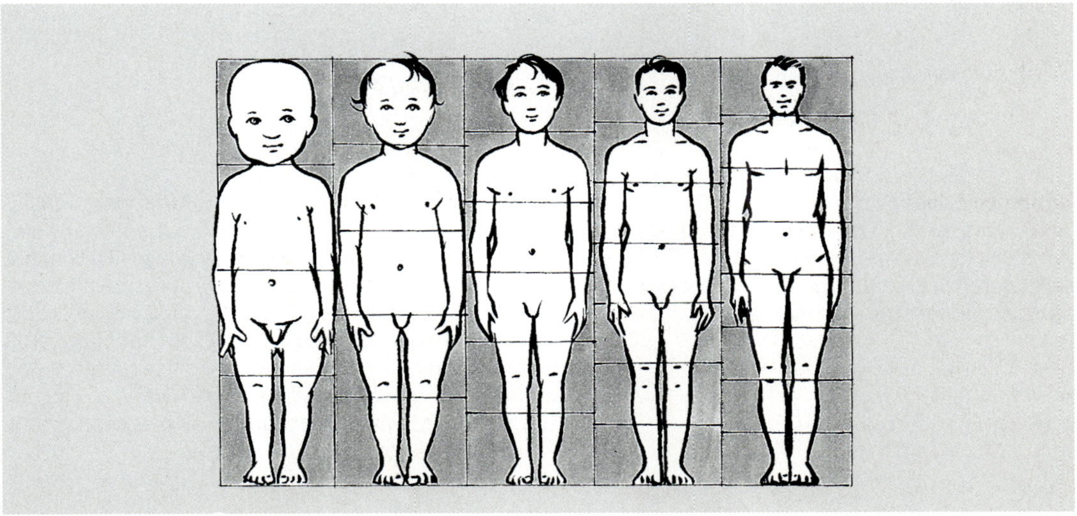

Altersabhängige Proportionen

Das System „der Goldene Schnitt“

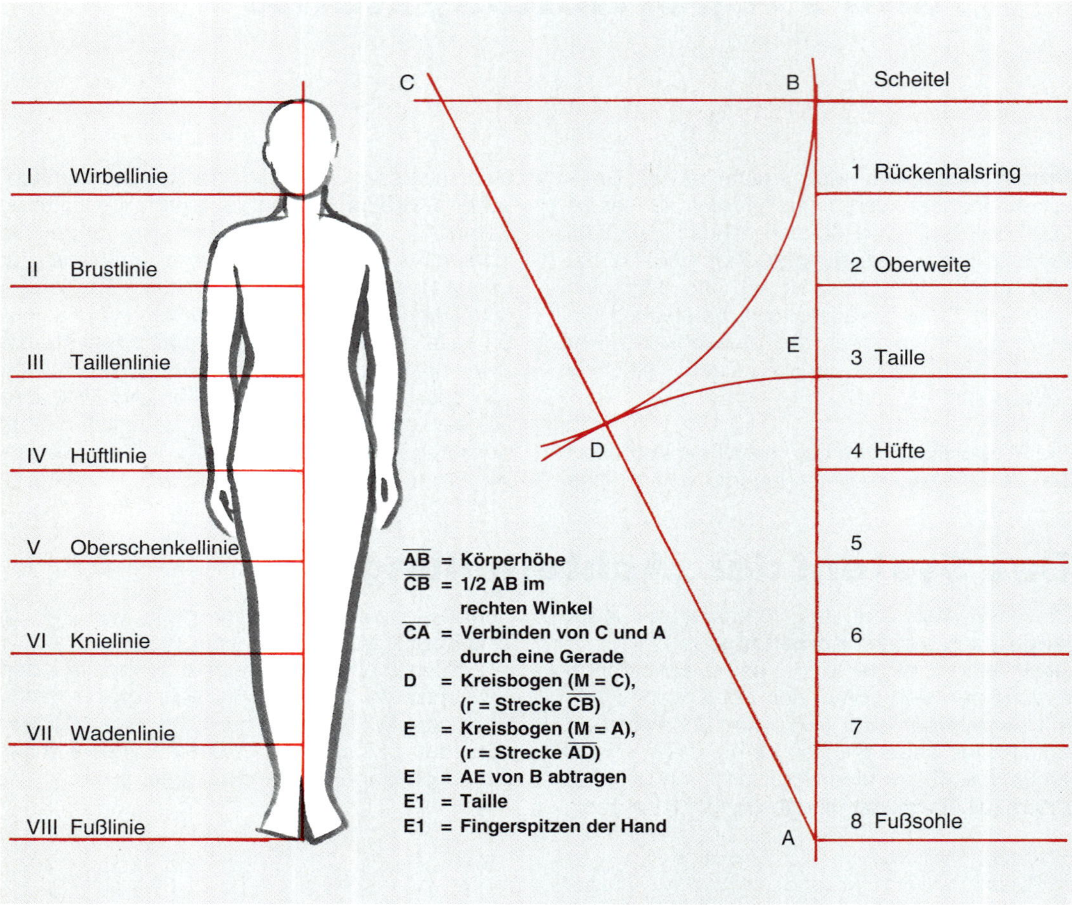

Achtelteilung eines Erwachsenen

Das System „der Goldene Schnitt“

Die Körperhöhe wird hier durch eine **geometrische Konstruktion** in harmonische Proportionen aufgeteilt. Dabei wird die Strecke der Körperhöhe in zwei ungleiche Abschnitte eingeteilt, deren kleinerer sich zum größeren verhält wie der größere zur ganzen Strecke.

Ein Beipsiel:
Schlägt man einen Kreisbogen mit dem Radius $\overline{AD}$ vom Punkt A (Fußsohle) aus, so ergibt sich Punkt E. Er markiert die Lage der Taillenlinie. Tragen wir einen Kreisbogen mit dem selben Radius nun von Punkt B (Scheitel) ab, so ergibt sich eine Linie, die die Mitte des Oberschenkels markiert.
Weitere Punktabstimmungen, wie die Halsansatzlinie, lassen sich durch eine entsprechend gewählte Strecke $\overline{AB}$ finden.
Die Strecke $\overline{AB}$ hat hier die Länge vom Scheitel bis zur Taille.

Abweichungen von der „Normalfigur“

Körperbaubedingte Abweichungen

Erwachsene können unterschiedlichen Körperbautypen zugeordnet werden. Prof. E. Kretschmer hat drei Typen beschrieben:.
Der **leptosome Typ (1)** ist langgliedrig und schmal, sein Skelett weist kaum einen Unterschied in Schulter- und Beckenbreite auf.
Der **athletische Typ (2)** hat ein kräftig entwickeltes Skelett und ausgeprägte Muskulatur mit breiten Schultern und einem schmalen Becken.
Der **pyknische Typ (3)** ist kurzgliedrig und untersetzt, mit schmalen Schultern und einem breiten Becken.

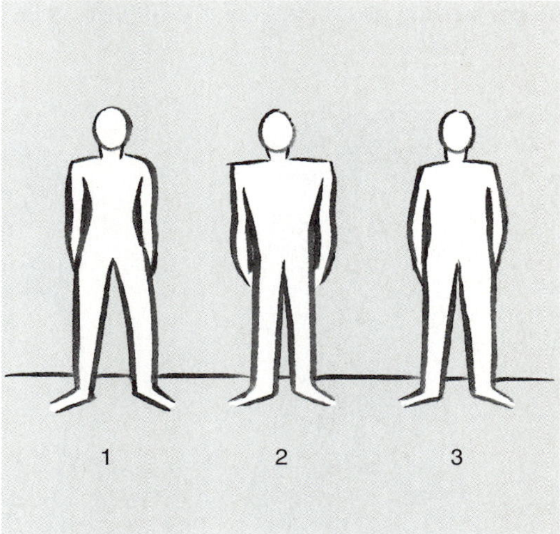

Konstitutionstypen

Größensysteme orientieren sich an diesen Körperformen, um die Mehrheit der Menschen mit industriell hergestellter Bekleidung versorgen zu können.

Individuelle Abweichungen

Besonders klein- oder großwüchsige Personen und Menschen mit Verwachsungen oder starken Haltungsschäden sowie solche, deren altersbedingte Proportionsabweichungen zur Veränderung der Symmetrie führen, können von den Größensystemen nicht erfaßt werden. Sind die Abweichungen so stark, daß sie auch von den Sondergrößen nicht erfaßt werden können, erhalten sie eine genaue Paßform nur durch Änderung, durch die individuelle Anfertigung in einem Handwerksbetrieb oder durch die sogenannte Maßkonfektion.

Regionale Abweichungen

Mit Öffnung des Europäischen Binnenmarktes 1993 sowie des weltweiten Handels ist die Untersuchung der unterschiedlichen Proportionen der Menschen in den einzelnen Ländern noch wichtiger geworden. So sind die Körperproportionen z. B. der süd-, west-, ost- und nordeuropäischen sowie der asiatischen Bevölkerung untereinander nicht völlig identisch und damit die Größensysteme der einzelnen Länder nicht direkt übertragbar. **Jeany** ist für eine nordwesteuropäische Frau konstruiert, für eine asiatische Frau müßte der Schnitt geändert werden.

Modebedingte Abweichungen

Eine „Normalfigur" ist definiert als eine durch Reihenmessungen am häufigsten ermittelte Maßkombination. Diese Normalfigur entspricht in ihrem Aussehen nicht der „Idealfigur" einer bestimmten Epoche, die im wesentlichen durch den Einfluß der Mode geprägt wird.
In der Kostümgeschichte sind Beispiele unterschiedlich proportionierter Idealfiguren zu finden, z. B. die hohe Taille im Empire und die tiefe Taille in den 60er Jahren dieses Jahrhunderts. Später wurden die Schultern ausgepolstert oder hohe Beinausschnitte für Badebekleidung und Dessous entworfen, damit die Beine länger wirkten.

Ideale einer Normalfigur in verschiedenen Zeiten

3.2 Körpermaße und Bekleidungsgrößen

Körpermaße sind am Körper gemessene Maße. Aus ihnen soll ein Kleidungsschnitt konstruiert werden, der optisch ansprechend und bequem zu tragen ist. Um aus den Maßen einen Kleidungsschnitt in optimaler Paßform zu erstellen, müssen die Proportionsmaße errechnet und Bequemlichkeitsweiten zugegeben werden. Wenn modische Belange und Zugaben entsprechend einem bestimmten Modell berücksichtigt werden, entstehen aus den Maßen **Fertigmaße.**
Im Handwerk werden die Körpermaße individuell anhand bestimmter Körpermeßpunkte ermittelt.
Für die Industrie hat der DOB-Verband **Reihenmessungen** durchführen lassen, um festzustellen, wieviel Prozent der weiblichen Bevölkerung welche Körpermaße haben. Daraus ergeben sich **Normal- bzw. Sondergrößen.**

Ermittlung der Körpermaße

Die Ermittlung der Körpermaße erfolgt nach den Richtlinien des Maßnehmens an bestimmten, für die Konstruktion wichtigen Meßstrecken des Körpers. Alle in den Körpermaßtabellen für Damen- und Herrenoberbekleidung verwendeten Meßstrecken für die Kenn- und Sekundärmaße sind für Bekleidungszwecke international, national oder regional genormt oder vereinbart.

Damenoberbekleidung (DOB)

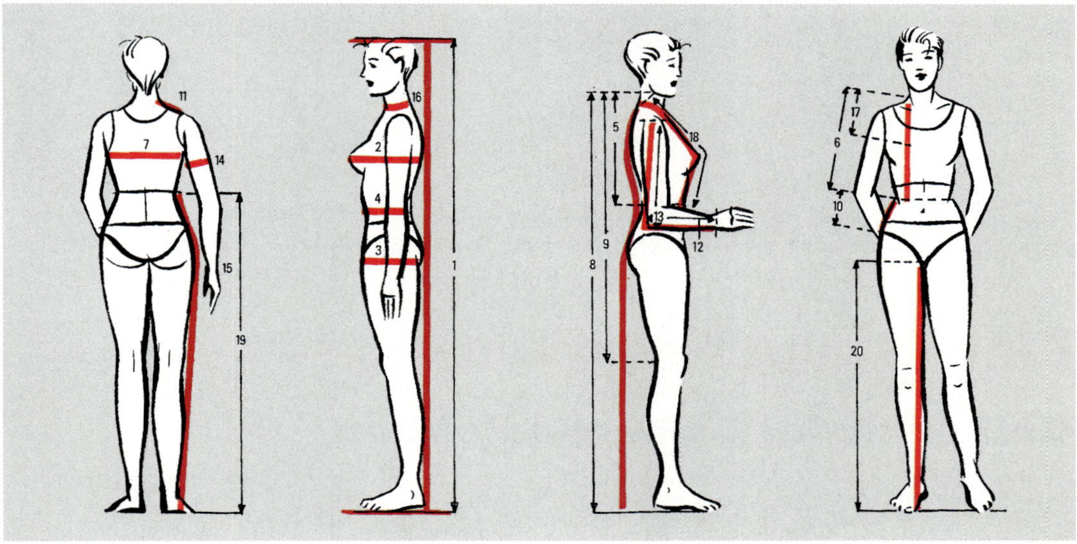

Meßanleitung DOB
Kennmaße: **1** Die Körperhöhe, **2** der Brustumfang **3** der Hüftumfang.
Sekundärmaße: **4** Taillenumfang, **5** Rückenlänge, **6** vordere Länge, **7** Rückenbreite, **8** Siebenter Halswirbel bis Fußsohle, **9** siebenter Halswirbel bis Kniekehle, **10** Hüfttiefe, **11** Schulterbreite, **12** Ellbogenlänge, **13** Armlänge außen, **14** Oberarmumfang, **15** Handgelenkumfang, **16** Halsansatzumfang, **17** Halsansatz Schulter bis Brustpunkt, **18** Siebenter Halswirbel – Brust – Taille, **19** Taille bis Fußsohle (Seitenlänge), **20** innere Beinlänge und das **Körpergewicht.**

Herrenoberbekleidung (Haka, HOB)

Meßanleitung Haka
Kennmaße: **1** Körperhöhe, **2** Brustumfang und **3** Gesäßumfang
Sekundärmaße: **4** Bundumfang, **5** innere Armlänge, **6** Rückenlänge, **7** äußere Beinlänge und **8** innere Beinlänge.

Einteilung der Größensysteme

Größen in der Damenkonfektion

Normalgrößen der DOB reichen von Größe 32 bis Größe 60. Zusätzlich gibt es kurze und lange Größen, Größen für Schmal- und für Starkhüftige, jeweils als kleine und große Größen. Mit 80 Damengrößen können ca. 80% der Frauen in Deutschland mit passender Kleidung versorgt werden.
Die Größennummern haben sich aus dem ursprünglich in Zoll gemessenen Hüftumfang ergeben.
Kennmaße der DOB sind die **Körperhöhe,** der **Brust-** und der **Hüftumfang.**
Kurze Größen und lange Größen unterscheiden sich von der Normalgröße durch die Körperhöhe. Brustumfang- und Hüftumfang bleiben gleich.

Größenbezeichnung: Kurze Größen – Körperhöhe ohne Schuhe 160 cm	Normale Größen – 168 cm	Lange Größen – 176 cm	Brustumfang (cm)	Hüftumfang (cm)
16	**32**		76	84
17	**34**		80	87,5
18	**36**	**72**	84	91
19	**38**	**76**	88	94,5
20	**40**	**80**	92	98
21	**42**	**84**	96	101,5
22	**44**	**88**	100	105
23	**46**	**92**	104	108,5
24	**48**	**96**	110	114
25	**50**	**100**	116	119,5
26	**52**		122	125
	54		128	130,5
	56		134	136,5
	58		140	142,5
	60		146	148,5

Normale, kurze und lange Größen

Größenbezeichnung starkhüftige Größe: kleine – Körperhöhe ohne Schuhe 160 cm	normale – 168 cm	große – 176 cm	Brustumfang (cm)	Hüftumfang (cm)
518	**536**	**572**	84	97
519	**538**	**576**	88	100,5
520	**540**	**580**	92	104
521	**542**	**584**	96	107,5
522	**544**	**588**	100	111
523	**546**	**592**	104	114,5
524	**548**	**596**	110	120
525	**550**		116	125,5
	552		122	125,5
	554		128	136,5

Starkhüftige Größen

Die Hüftweite beträgt jeweils 6 cm mehr als bei den Normalgrößen, entsprechend auch bei den kleinen und großen starkhüftigen Größen. Den Größenbezeichnungen wird jeweils eine „5" vorangestellt.

Größenbezeichnung schmalhüftige Größen: kleine – Körperhöhe ohne Schuhe 160 cm	normale – 168 cm	große – 176 cm	Brustumfang (cm)	Hüftumfang (cm)
018	**036**		84	85
019	**038**	**076**	88	88,5
020	**040**	**080**	92	92
021	**042**	**084**	96	95,5
022	**044**	**088**	100	99
023	**046**	**092**	104	102,5
024	**048**	**096**	110	108
025	**050**		116	113,5
	052		122	119
	054		128	124,5

Schmalhüftige Größen

Die Hüftweite ist jeweils 6 cm geringer als die der Normalgröße. Gleiches gilt auch bei den kleinen und großen schmalhüftigen Größen. Zur Kennzeichnung wird den Größen eine „0" vorangestellt.

Größenbezeichnung	Unterbrustumfang in cm	Brustumfang für Brustschale: klein **A**	normal **B**	groß **C**	sehr groß **D**
65	63 – 67	77 – 79	79 – 81	81 – 83	83 – 85
70	68 – 72	82 – 84	84 – 86	86 – 88	88 – 90
75	73 – 77	87 – 89	89 – 91	91 – 93	93 – 95
80	78 – 82	92 – 94	94 – 96	96 – 98	98 – 100
85	83 – 87	97 – 99	99 – 101	101 – 103	103 – 105
90	88 – 92	102 – 104	104 – 106	106 – 108	108 – 110

Größen für Miederwaren

Die Kennmaße für Miederwaren sind der Brustumfang, der Unterbrustumfang und der Taillenumfang.

Größen in der Herrenkonfektion

Normalgrößen der Haka/HOB reichen von Größe 44 bis Größe 58. Zusätzlich gibt es schlanke, untersetzte, kurze untersetzte und starke Größen, sowie Sportgrößen, Bauchgrößen und kurze Bauchgrößen. Untersuchungen zeigen, daß bei einer Anzahl von 64 Größen 67,4% der Herren mit industriell gefertigter Kleidung versorgt werden können. Die Größenbezeichnung bezieht sich auf den **Brustumfang.** Kennmaße sind **Körperhöhe, Brust-** und **Bundumfang.**

Die Größenbezeichnung für normale Männergrößen leitet sich aus dem halben Brustumfang ab. Der Bundumfang ist bei den Größen 44–52 12 cm geringer als der Brustumfang. Bei den Größen 54–58 sind es nur 10 cm.

Größenbezeichnung	Körpergröße cm	Brustumfang cm	Bundumfang cm
44	168	88	76
46	171	92	80
48	174	96	84
50	177	100	88
52	180	104	92
54	182	108	98
56	184	112	102
58	186	116	108

Normale Männergrößen

Die Bezeichnungen für die schlanken Herrengrößen beziehen sich auf den Brustumfang plus 2 cm. Die Körperhöhe beträgt 9 bzw. 8 cm mehr im Vergleich zu den Normalgrößen. Die anderen Kennmaße bleiben unverändert.

Größenbezeichnung	Körpergröße cm	Brustumfang cm	Bundumfang cm
90	177	88	76
94	180	92	80
98	183	96	84
102	186	100	88
106	188	104	92
110	190	108	96

Schlanke Größen

Die Größenbezeichnungen der untersetzten Größen für den Mann mit einer pyknischen Gestalt ergeben sich aus einem Viertel des Brustumfangs. Die Körpergröße ist 6 cm geringer als bei einer Normalgröße. Auch der Bundumfang ist, bezogen auf die Normalgröße, zwischen den Größen 22–26 4 cm und zwischen den Größen 27–29 2 cm größer.

Größenbezeichnung	Körpergröße cm	Brustumfang cm	Bundumfang cm
22	162	88	80
23	165	92	84
24	168	96	88
25	171	100	92
26	174	104	96
27	176	108	100
28	178	112	106
29	180	116	110

Untersetzte Größen

Zur Unterscheidung der **kurzen untersetzten Größen** von den kurzen Größen enden diese mit einer „5".
Der Bundumfang beträgt 2 cm mehr als bei den untersetzten Größen und 6 bzw. 4 cm mehr als bei den Normalgrößen. Die Körperhöhe ist 12 cm geringer als bei der vergleichbaren Normalgröße.

Größenbezeichnung	Körpergröße cm	Brustumfang cm	Bundumfang cm
225	156	88	82
235	159	92	86
245	162	96	90
255	165	100	94
265	168	104	98
275	170	108	102
285	172	112	106
295	174	116	112

Kurze untersetzte Größen

Starke Größen beginnen mit einer „1".
Der Bundumfang beträgt 4 cm mehr als bei der Normalgröße.

Größen-bezeich-nung	Körper-größe cm	Brust-umfang cm	Bund-umfang cm
144	168	88	80
146	171	92	84
148	174	96	88
150	177	100	92
152	180	104	96
154	182	108	102
156	184	112	106

Starke Größen

Die Größenbezeichnung der **Bauchgrößen** werden als Normalgrößen plus „1" angegeben.
Der Bundumfang beträgt 16 bzw. 17 cm mehr als bei der Normalgröße.
Die Körperhöhe ist 5, 6, 7 bzw. 8 cm kleiner als bei der Normalgröße. Der Brustumfang verändert sich gegenüber der Normalgröße nicht.

Größen-bezeich-nung	Körper-größe cm	Brust-umfang cm	Bund-umfang cm
47	166	92	96
49	168	96	100
51	170	100	104
53	172	104	110
55	174	108	114
57	176	112	120
59	178	116	124

Bauchgrößen

Kurze Bauchgrößen werden als Normalgrößen plus „1" angegeben und enden mit einer „5". Der Bundumfang beträgt 16 bzw. 17 cm mehr als bei der Normalgröße. Die Körperhöhe ist 11, 12, 13, bzw. 14 cm kleiner als bei der Normalgröße.

Größen-bezeich-nung	Körper-größe cm	Brust-umfang cm	Bund-umfang cm
495	162	96	100
515	164	100	104
535	166	104	110
555	168	108	114
575	170	112	120

Kurze Bauchgrößen

Alle 5 Sportgrößen enden mit einer „0".
Der Bundumfang beträgt 4 cm weniger als bei den Normalgrößen. Bei **schlanken Sportgrößen** beträgt die Körperhöhe zusätzlich 12 cm mehr.

Größen-bezeich-nung	Körper-größe cm	Brust-umfang cm	Bund-umfang cm
440	168	88	72
460	171	92	76
480	174	96	80
500	177	100	84
520	180	104	88
540	182	108	92
900	184	88	72
940	177	92	76
980	180	96	80
1020	182	100	84
1060	184	104	88

Sportgrößen bzw. schlanke Sportgrößen

Größenbezeichnungen für **Herrenhemden** erfolgen nach dem Kennmaß Halsumfang.

Größen-bezeich-nung	Schnittform **normal**	
	Brustumfang cm	Taillenumfang cm
36	108	96
37–38	114	106
39–40	120	114
41–42	128	124
43–44	134	134
45–46	142	142

Größenbezeichnung	Schnittform **körpernah**	
	Brustumfang cm	Taillenumfang cm
36	98	84
37–38	104	88
39–40	112	94
41–42	120	104

Größen für Herrenhemden

Größenbezeichnung	Schnittform **tailliert**	
	Brustumfang cm	Taillenumfang cm
36	104	92
37–38	110	96
39–40	116	104
41–42	124	114
43–44	130	124

Größen für Kinderbekleidung

Die Größen für Kinderbekleidung gelten für die **Kleinkinderbekleidung** und die **Mädchen-** und **Knabenbekleidung.** Das Kennmaß der Kinderbekleidung ist die **Körperhöhe.** Die Größenreihe für Kleinkinder reicht bis 86 cm. Die Größenreihe für Mädchen beginnt bei 92 cm und endet bei 182 cm. Der Sprung zwischen den Größen beträgt 6 cm. Dabei entspricht z. B. die Mädchengröße 152 der Damengröße 32. Zusätzlich können diese Größen nach Figurtypen unterteilt werden.

Bei den Knabengrößen umfaßt die Größenreihe den Bereich zwischen 80 und 188 cm. Auch hier beträgt der Sprung 6 cm. In Anlehnung an die Herrengrößen finden sich noch Größenbezeichnungen für Knabengrößen mit Überweiten. Sie beginnen bei 1285 und springen jeweils um 60 bis zur Größe 1585.
Die Burschengrößen normal (38, 40, 42, 43), schlank (84) und untersetzt (20, 21) sind dem Schemata der Herrengrößen entnommen.

Europäisches Größensystem

Der Europäische Verband der Bekleidungsindustrie hat 1990 „Körpermaßtabellen für Bekleidung" entwickeln lassen, die die nationalen Größensysteme ablösen sollen.
Die Tabellen enthalten Größen für Damen-, Herren-, Mädchen-, Knaben-, Kinder- und Babybekleidung. Die Größen bestehen aus bis zu sieben Körpermaßen: **Körperhöhe, Brustumfang, Taillenumfang, Hüftumfang, Ärmellänge außen, innere Beinlänge** und für Damen und Herren **Taille bis Fußsohle.**

Bei den Damen- und Herrengrößen bilden gleiche Körperhöhe und gleicher Figurtyp, aber unterschiedlicher Brustumfang eine Größenreihe. Der Brustumfang ist das Kennmaß für die Größenbezeichnung.

Sollen Körperhöhe oder Figurtyp zusätzlich in die Bezeichnung aufgenommen werden, so wird für die Körperhöhe ein Farbcode und für den Figurtyp ein Symbol verwendet.
Bei den Mädchen-, Knaben-, Kinder- und Babygrößen erfolgt die Bezeichnung nach der Körperhöhe. Auch hier ist eine Unterscheidung nach Figurtypen vorgesehen. Sie wird in der Größenbezeichnung aber nicht durch einen Farbcode oder ein Symbol wiedergegeben.

Damengrößen	Körperhöhe	152	160	168	176	184
	(Farbcode)	grün	gelb	blau	rot	grau

	Figurtyp	schmalhüftig	normal	breithüftig
	(Symbol)			

Größenbezeichnung	Brustumfang in cm	Taillenumfang in cm			Hüftumfang in cm		
84	84	63	66	69	86	92	98
88	88	67	70	73	89	95	101
92	92	71	74	77	92	98	104
96	96	75	78	81	96	102	108
100	100	79	82	85	100	106	112
104	104	83	86	89	104	110	116

Körperhöhe	Armlänge	Innere Beinlänge	Taille – Fußsohle
152	56,0	70	96
160	58,5	74	101
168	61,0	78	106
176	63,5	82	111
184	66,0	86	116

Herrengrößen	Körperhöhe	158	164	170	176	182	188	194
	(Farbcode)	gelb	rot	blau	rot	grau	rot	hellblau

	Figurtyp	sportlich	normal	stark	korpulent	Bauch
	(Symbol)					

Größenbezeichnung	Brustumfang in cm	Taillenumfang in cm					Hüftumfang in cm				
88	88	67	73	79	85	91	86	89	92	95	98
92	92	72	78	84	90	96	90	93	96	99	102
96	96	77	83	89	95	101	94	97	100	103	106
100	100	82	88	94	100	106	98	101	104	107	110
104	104	87	93	99	105	111	102	105	108	111	114
108	108	92	98	104	110	116	106	109	112	115	118

Körperhöhe	Armlänge	Innere Beinlänge	Taille – Fußsohle
158	59	73	98
164	61	76	102
170	63	79	106
176	65	82	110
182	67	85	114
188	69	88	118
194	71	91	122

Die EG-Größenreihen für Mädchen

Körperhöhe = Größen-bezeichn.	Brustumfang in cm			Taillenumfang in cm			Hüftumfang in cm			Armlänge außen cm	Innere Beinlänge cm
	schlank	normal	stark	schlank	normal	stark	schlank	normal	stark		
140	63,5	67,5	71,5	56,5	60,0	63,5	70,5	74,5	78,5	50,7	65,8
146	67,0	71,0	75,0	58,5	62,0	65,5	74,0	78,0	82,0	52,9	68,7
152	70,5	74,5	78,5	60,5	64,0	67,5	77,5	81,5	85,5	55,1	71,6
158	74,0	78,0	82,0	62,5	66,0	69,5	81,0	85,0	89,0	57,3	74,5
164	77,5	85,0	85,5	64,5	68,0	71,5	84,5	88,5	92,5	59,5	77,4
170	81,0	81,5	89,0	66,5	70,0	73,5	88,0	92,0	96,0	61,7	80,3
176	84,5	88,5		68,5	72,0		91,5	95,5		63,9	83,2
182	88,0	92,0		70,5	74,0		95,0	99,0		66,1	86,1

Die EG-Größenreihen für Knaben

Körperhöhe = Größen-bezeichn.	Brustumfang in cm			Taillenumfang in cm			Hüftumfang in cm			Armlänge außen cm	Innere Beinlänge cm
	schlank	normal	stark	schlank	normal	stark	schlank	normal	stark		
140	63,5	67,5	71,5	56,5	60,5	64,5	69,5	74,0	78,5	50,7	65,1
146	67,0	71,0	75,0	59,0	63,0	67,0	72,5	77,0	81,5	53,0	68,0
152	70,5	74,5	78,5	61,5	65,5	69,5	75,5	80,0	84,5	55,3	70,9
158	74,0	78,0	82,0	64,0	68,0	72,0	78,5	83,0	87,5	57,6	73,8
164	77,5	85,0	85,5	66,5	70,5	74,5	81,5	86,0	90,5	59,9	76,7
170	81,0	81,5	89,0	69,0	73,0	77,0	84,5	89,0	93,5	62,2	79,6
176	84,5	88,5		71,5	75,5		87,5	92,0		64,5	82,5
182	88,0	92,0		74,0	78,0		90,5	95,0		66,8	85,4
188	91,5	95,5		76,5	80,5		93,5	98,0		69,1	88,3
194	95,0	99,0		79,0	83,0		96,5	101,0		71,4	91,2

Die EG-Größenreihen für Kinder (Mädchen und Knaben)

Körperhöhe = Größen-bezeichn.	Brustumfang in cm			Taillenumfang in cm			Hüftumfang in cm			Armlänge außen cm	Innere Beinlänge cm
92		54,0			51,0			55,0		32,3	37,0
98		55,0			52,0			57,0		34,6	40,6
104		56,0			53,0			59,0		36,9	44,2
110		57,0			54,0			61,0		39,2	47,8
116	54,0	58,0	62,0	51,5	55,0	58,5	59,0	63,0	67,0	41,5	51,4
122	56,0	60,0	64,0	52,2	56,0	59,5	61,0	65,0	69,0	43,8	55,0
128	58,0	62,0	66,0	53,5	57,0	60,5	64,0	68,0	72,0	46,1	58,6
134	60,0	64,0	68,0	54,5	58,0	61,5	67,0	71,0	75,0	48,4	62,2

Die EG-Größenreihen für Babys

Körperhöhe = Größen-bezeichn.	Brustumfang in cm	Taillenumfang in cm	Hüftumfang in cm	Arm-länge außen cm	Innere Bein-länge cm
50	40,0	40,0	41,0	18,0	16,0
56	42,0	42,0	43,0	20,0	19,0
62	44,0	44,0	45,0	22,0	22,0
68	46,0	46,0	47,0	24,0	25,0
74	48,0	48,0	49,0	26,0	28,0
80	50,0	49,0	51,0	28,0	31,0
86	52,0	50,0	53,0	30,0	34,0

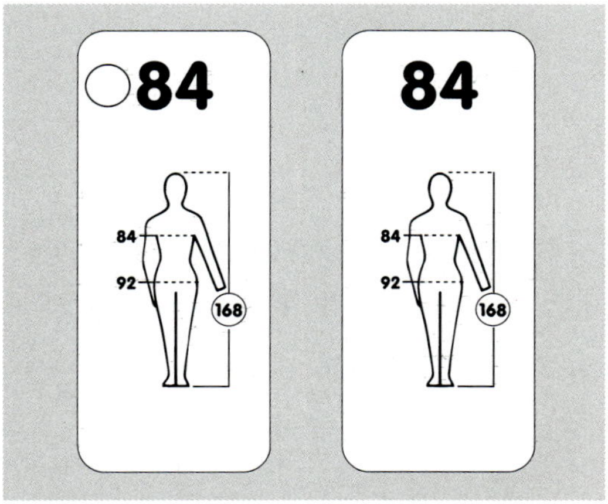

Etikett mit Größenbezeichnung und Piktogramm

Buchstaben für die Kennzeichnung von Größen werden vom Europäischen Verband der Bekleidungsindustrie nicht empfohlen. In Ausnahmen können sie aber für Bekleidungsartikel verwendet werden, für deren Paßform die Körperhöhe oder andere Längenmaße ohne Bedeutung sind. Die Bezeichnungen beziehen sich auf die Maße des Brustumfanges.

Bezeichnung	Brustumfang bei Männern und Frauen
XXS	70 cm bis unter 78 cm
XS	78 cm bis unter 86 cm
S	86 cm bis unter 94 cm
M	94 cm bis unter 102 cm
L	102 cm bis unter 110 cm
XL	110 cm bis unter 118 cm
XXL	118 cm bis unter 126 cm

Buchstabengrößen

Sie reichen von XXS < 70 cm über XS (extra small), S (small), M (medium), L (large), Xl (extra large) bis XXL > 126 cm Brustumfang.

Amerikanische Größen

Auf dem amerikanischen Markt sind die Kennzeichnungen mit Buchstaben üblich.
Jeansgrößen werden in **„Inches"** angegeben und beinhalten Bundumfang und Schrittlänge. Sie reichen von Größe 26/32 bis Größe 40/34.

Größenvergleiche

Größenvergleiche			
Buch-staben-größen	Normale Frauen-größen	Normale Männer-größen	Jeans-größen
XS	34	38	26/32
(extra small)		40	27/32
S	36	42	28/32
(small)	38		29/32
		44	30/34
	40		31/34
M		46	32/34
(medium)	42	48	33/34
L	44		34/34
(large)		50	35/34
	46	52	36/34
XL	48	54	38/34
(extra large)	50	56	40/34

Größenvergleich

3.3 Schnittsysteme

Schnittsysteme, die auch Zuschneidesysteme genannt werden, stellen ein bestimmtes Konstruktionsschema dar, das es erlaubt, nach bestimmten Regeln ein Gitter von Konstruktionslinien in waagerechter, senkrechter oder schräger Richtung zu zeichnen. Diese Konstruktionstechnik wird an Fach- bzw. Zuschneideschulen mit Unterstützung einschlägiger Fachliteratur gelehrt.

Die Lehre der Konstruktionstechnik hat sich von den Anfängen der Zuschneidetechnik, die in den sogenannten Meisterstückbüchern oder Riß- bzw. Schnittbüchern festgehalten ist, immer weiterentwickelt. Vor allem neue Methoden der Vermessung des Menschen, die Berechnung und Zeichnung von Schnitten und ihre Abstimmung auf eine bestimmte Materialverarbeitung und die wachsende Industrialisierung, aber auch die im Betrieb gesammelten Erfahrungen haben dazu beigetragen, daß heute die Schnitte mit einer großen Paßform- und Schnittsicherheit erstellt werden.

Entwicklung der Schnittsysteme

Die Quadrat- oder Netzzeichnungsmethode

Die ersten Anfänge eines Zuschneidesystems finden sich in einem Fachbuch von 1824.

F. Heyder berichtet dort von der Quadrat- oder Netzzeichnungsmethode. Die typischen Kleidungsstücke für Männer und Frauen dieser Zeit waren auf solchen Quadratzeichnungen im verkleinerten Maßstab festgehalten. Die Anzahl der Quadrate bestimmte die Streckenlänge einer Schnittlinie und der Verlauf der Linie durch diese Quadrate die Linienführung. Da die Streckenlängen dieser Schnittzeichnungen nur mit den Maßen weniger Kunden übereinstimmten, mußte der Meister beim Übertragen des Schnittes auf den Stoff diesen individuell vergrößern bzw. verkleinern.

Dabei veränderte er die Größe der Quadrate, jedoch nicht ihre Anzahl – eine Methode, die auf sehr viel Erfahrung beruhte und damit ein streng gehütetes Geheimnis war.

Heute findet sich diese Methode der Schnittentwicklung und -übertragung noch in Handarbeitsbüchern und Nähzeitschriften.

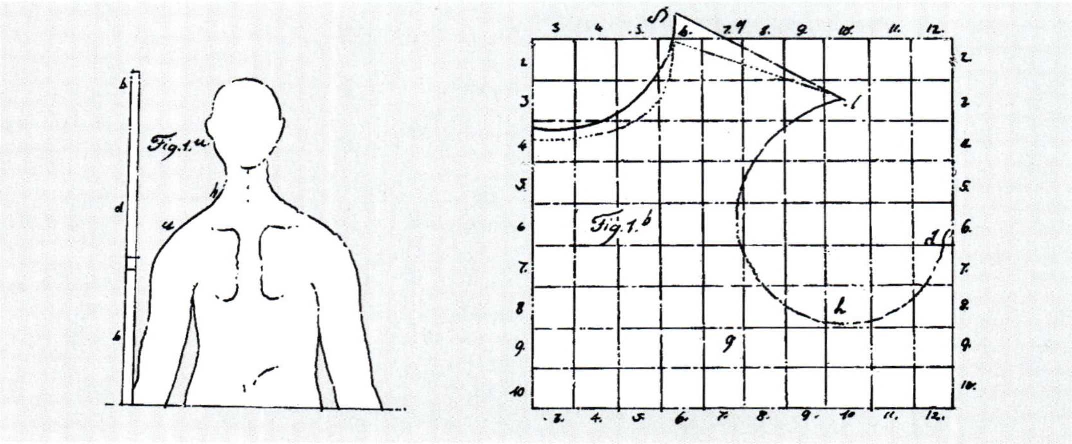

Quadrat- und Netzzeichnung

Die Proportionalmethode

Anfang des 19. Jahrhunderts entwickelte der deutsche Schneider J. H. Michel in London die **Drittelmethode.** Die Oberleibweite diente dabei als Basismaß für die **Verhältnisberechnung** der Partien eines Schnittes. Michel verwendete für seine Drittelmethode das Maß der halben Oberleibweite und teilte diese Strecke in drei gleich große Abschnitte ein. Der erste Abschnitt entsprach der Brustbreite, der zweite Abschnitt der Armlochbreite und der dritte Abschnitt der Rückenbreite.
Diese Proportionalmethode, die die Oberweite in gleich große Streckenlängen einteilte, ist von den Schneidermeistern in den folgenden Jahren weiterentwickelt worden. Dabei wurde eine Einteilung in 1/4, 1/8, 1/10 oder 1/48 Abschnitte verwendet.

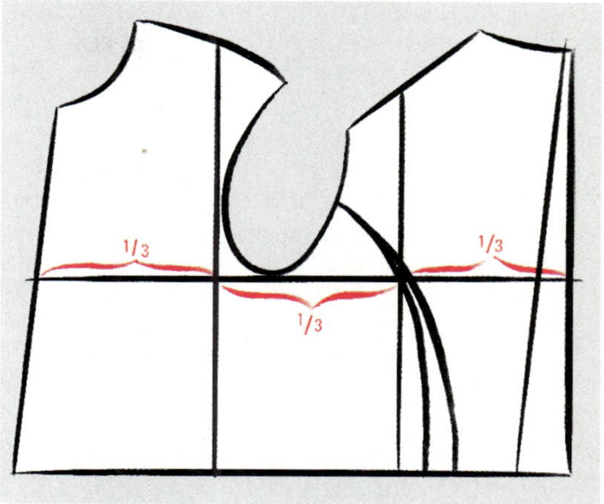

Drittelberechnung nach J. W. Michel

Die Corporismetrie (Die Lehre von den Körpermaßen)

Die Mode ab 1840 und die unterschiedlichen Figuren der Menschen stellen jedoch weitergehende Forderungen an die Schnitterstellung. Proportionalsysteme, die von einem ebenmäßig gebauten Körper ausgingen, führt zu vielen Irrtümern bei den schlanken und untersetzten Größen, daher empfahlen die Entwickler dieser Systeme, zusätzlich noch am Körper gemessene Maße hinzuzunehmen. Mit Meßinstrumenten ließen sich die Bauart und die Beschaffenheit z. B. des Rückens und der Schulter genau beschreiben

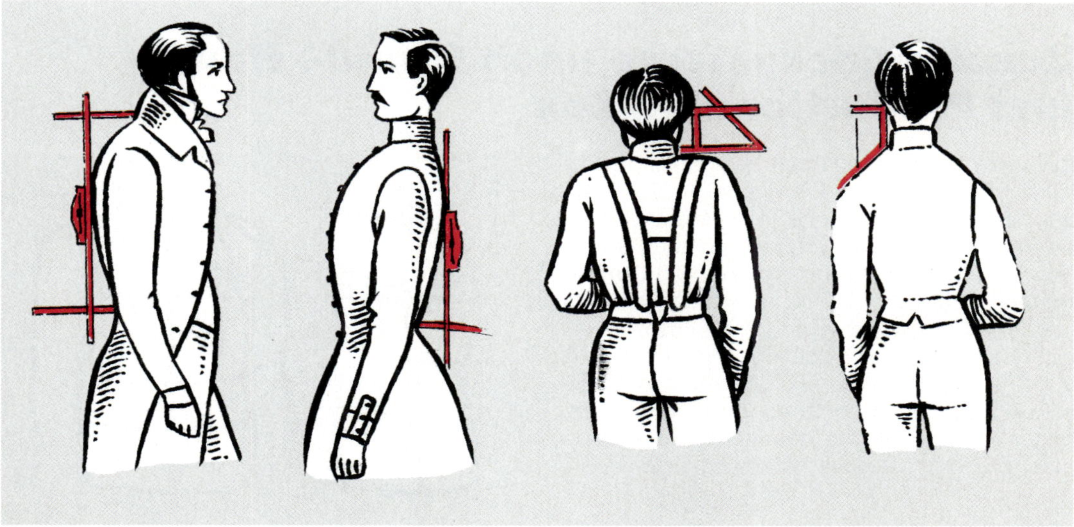
Meßinstrumente zur Erfassung der Haltung des Menschen nach F. A. Barde

Erst durch die Studien des französischen Schneidermeisters Fulerand Antoine Barce um 1800 über die **Körperformen** und **Körperhaltungen** konnten die Unterschiede in den Körperproportionen systematisch beschrieben werden. Auf diesen Ergebnissen baute er ein Schnittsystem auf, dem die gemessenen Körpermaße zugrunde lagen.
Eine weitere Neuerung von F. A. Barde war die Einführung des **Zentimetermaßes** zum Vermessen des Körpers. Bislang wurden dazu Maßstreifen verwendet, die individuell für jeden Kunden Auskunft über Länge, Breite und Weite seines Körpers gaben.
Der Versuch, die individuellen Maße und Körperhaltungen jedes Menschen so präzise wie möglich in der Schnittaufstellung zu berücksichtigen, führte bald zu komplizierten und zeitraubenden Meßverfahren, die für den Schneidermeister nicht mehr praktikabel waren. Daraus folgte, daß sie sich diese Meßverfahren in der Praxis nicht durchsetzten.

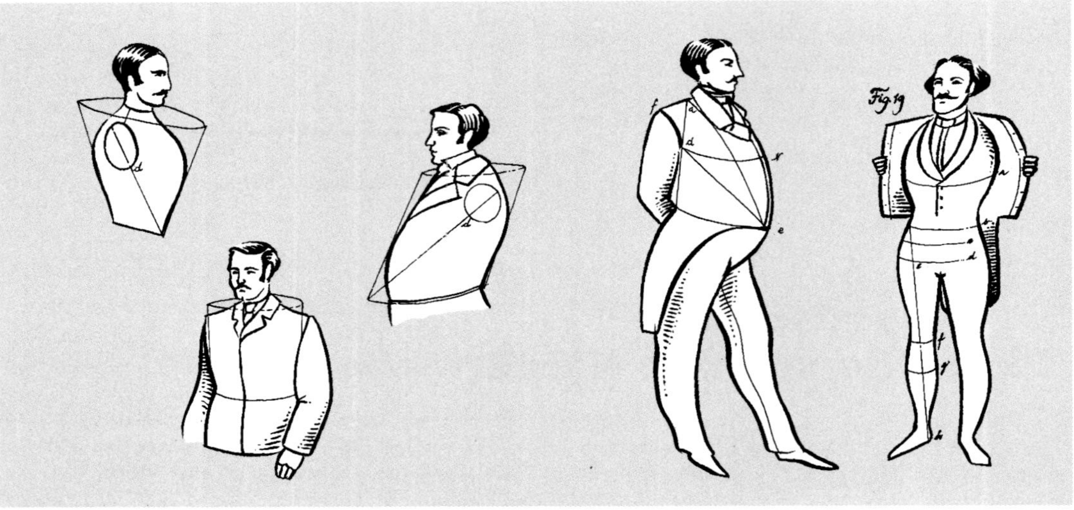

Grundformen und Maßnehmen des männlichen Rumpfes nach G. A. Müller

Zuschneidesysteme nach Grund-, Haupt- und Proportionalmaßen

Ein vereinfachtes Verfahren zur Ermittlung der Körpermaße ersann Pierre Rondel 1877. Er verwendete eine Gummijacke, in die Meßstreifen in senkrechter und waagerechte Richtung eingezogen waren. Diese Gummijacke, den **Conformateur,** streifte er den Kunden beim Maßnehmen über. Die Weiten- und Längenmaße ließen sich dann an den festgezogenen Meßstreifen auf einen Blick ablesen. Durch dieses mechanische Hilfsmittel erkannte er, daß die Längen- und Weitenverhältnisse des menschlichen Körpers proportionalen Verhältnissen unterliegen.

Conformateur nach Pierre Rondel

1879 greift E. Kuhn diese Erkenntnis auf und formuliert den folgenden Zusammenhang:

- Die Proportionen des menschlichen Körpers lassen sich mit dem Basismaß der Kopflänge beschreiben
- Bei einer normalen Länge des männlichen Körpers läßt sich die Körperlänge in acht Kopflängen einteilen, das bedeutet, daß auch umgekehrt von der Kopflänge auf die gesamte Körperlänge geschlossen werden kann.
- In den Weitenverhältnissen entspricht eine Kopflänge einem Viertel der Oberweite.

Mit der Beschreibung dieses Zusammenhangs gab er den Anstoß zu einem neuen allgemeinen **Proportional-Zuschneidesystem,** in dem schon wie bei Michel 1818 die Oberweite die Einheit für das Zuschneidesystem bildete.

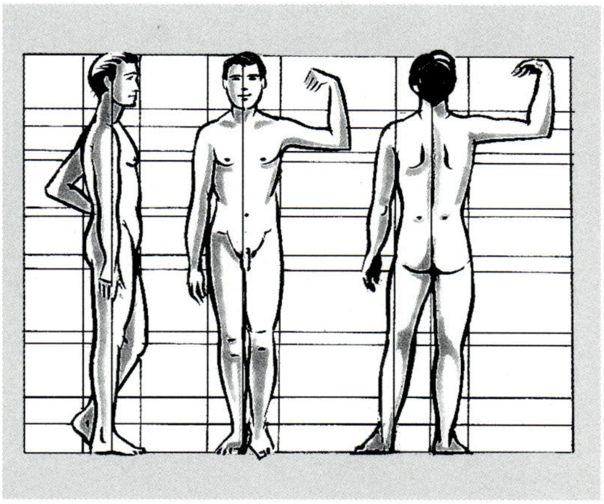

Einteilung des Körpers nach Kopflängen nach E. Kuhn

In der handwerklichen Praxis des Schneidermeisters wurden die gemessenen Längenmaße in die Zeichnung übertragen und die Weitenmaße nach Berechnung der Proportionen gezeichnet.
In den folgenden Jahren wurde die Richtigkeit der Theorie dieses Zuschneidesystems in ihrer praktischen Umsetzung bestätigt.
Zur besseren Einteilung der Maße wurden **Haupt-, Grund- bzw. Kennmaße** eingeführt und zur Ermittlung der Proportionsmaße die Berechnungsformeln aus dem Proportionalsystem benutzt. Wuchs und Körperhaltung wurden schon bei der Schnittaufstellung berücksichtigt, was die Paßform erheblich verbesserte.

1. von **Hauptmaßen,** die am Körper gemessen werden müssen:
Körpergröße – Oberweite – Taillen- oder Unterweite – Gesäßweite
2. von **Proportionalmaßen,** die wie nachfolgend errechnet werden:
Körpergröße für alle folgenden Berechnungen = 176 cm
Rückenhöhe = 1/8 Oberweite + 1/4 Taillenweite oder 1/8 der ganzen Oberweite + 11
Taillenlänge = 1/4 der ganzen Körpergröße
Armlochtiefe = Rückenhöhe + 1,5 cm oder 1/8 der ganzen Oberweite + 12,5 cm
Rückenbreite = 2/10 der ganzen Oberweite + 1
Armlochdurchmesser = 1/8 Oberweite + 3,5 cm
Halslochspiegel = 1/10 der 1/2 Oberweite + 3
Brustbreite = 1/4 der Oberweite _ 1
Bauchweite = 1/4 Unterweite + 1,5
Vordere Ärmellänge = 1/4 Körpergröße + 1

Maßnehmen und Rechnen nach dem Proportionalsystem von M. Müller

Am Ende des 19. Jahrhunderts und Anfang des 20. Jahrhunderts behielten zwei Zuschneidesysteme bzw. Zuschneideschulen bei den Schneidern größere Bedeutung: das **Carré-System (Normalsystem)** von Rudolf Maurer (1830–1894) aus Berlin und das **Müller-System** von Michael Müller (1852–1914) aus München. Er entwickelte das noch heute in Handwerk und Industrie bekannte „Müller-System", ein Proportionalsystem, welches die Körperhaltungen in die Berechnungsformeln einbezog. Aus drei bis vier Hauptmaßen wurden die weiteren Proportionsmaße berechnet.

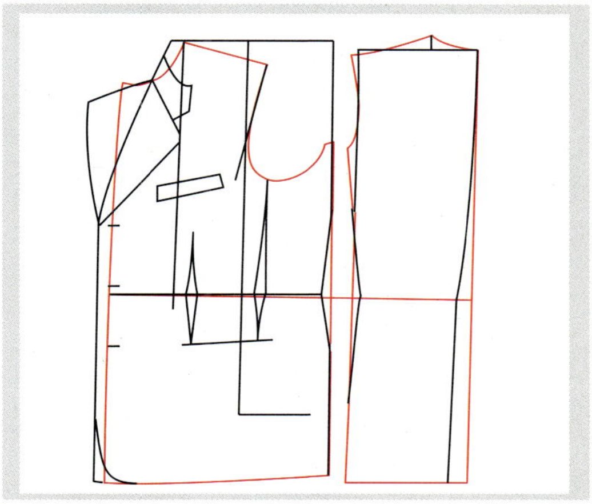

Grundschnitt einer Herrenjacke nach dem „Müller-System" (1949)

Schnittsysteme in der Industrie und im Handwerk

Schnittsysteme beinhalteten damals wie heute Methoden für das Maßnehmen, Formeln für die Berechnung der Konstruktionsmaße und Vorschriften für die Zeichnung eines Grundschnittes.
Die bekanntesten und in der Industrie am häufigsten verwendeten Schnittsysteme sind die Systeme **„Hohenstein“, „Müller & Sohn“** und **„UNICUT“.** Sie alle stützen sich auf die Umfangs- und Längenmaße des menschlichen Körpers. Diese Maße sind als **Körper-Kennmaße** für Bekleidungsstücke in der DIN 61 516 T1 und T2 und als **Körper-Sekundärmaße** in der DIN 61 517 in ihrer Lage und mit ihrer Meßmethode genormt.
Der Aufbau dieser Systeme ist unterschiedlich, so wird in die Berechnungsformeln der Grundschnittaufstellung die Körperhaltung des Menschen mit einbezogen (Müller & Sohn) oder werden aus Reihenmessungen Kennmaßkombinationen für 15 Paßformklassen (Hohenstein) definiert.
Neben dem Aufbau sind auch die Anzahl und Varianten der Grundschnitte und die Vorschriften für ihre Konstruktion unterschiedlich, ebenso ihre Gradierung.
Diese Unterschiede in der Berechnung der **Konstruktionsmaße** und in der Reihenfolge der abzutragenden **Konstruktionspunkte** und **-strecken** führen bei einem Vergleich der Schnittsysteme untereinander zu Konstruktionsabweichungen, die bei einer späteren Modellschnittentwicklung und Gradierung berücksichtigt werden müssen. Auf diese Weise bleiben die Qualität der Schnitterstellung und ihre Paßform erhalten.

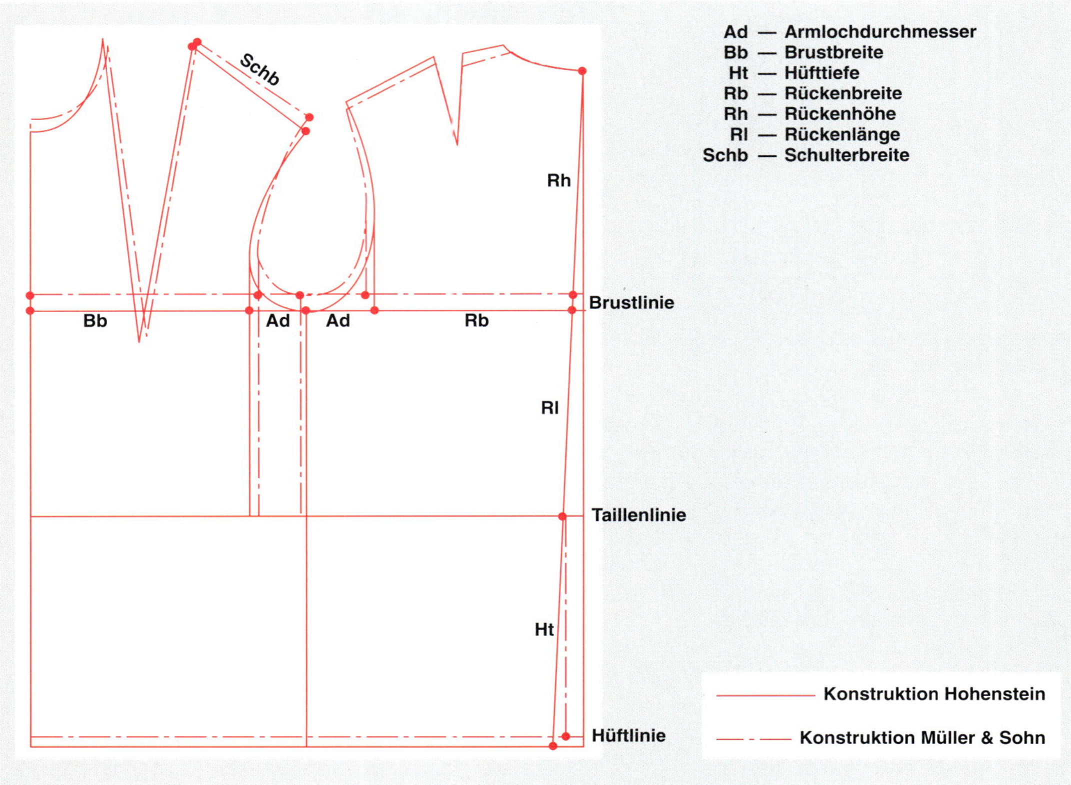

Konstruktionsvergleich der Schnittsysteme Hohenstein und Müller & Sohn

3.4 Schnittentwicklung

Die ausgewählten Entwurfszeichnungen werden gemeinsam mit einem Informationsblatt, das Hinweise zur Wahl des Grundschnittes, des geplanten Oberstoffmaterials und der nähtechnischen Verarbeitung enthält, an die Modelldirectrice oder den Modellmacher weitergegeben.
Ihre Aufgabe ist es nun, über verschiedene Stufen der **Schnittkonstruktion** ein **Schnittmuster** zu entwickeln, aus dem die **Schnittschablonen** sowohl für die Anfertigung eines Erstmodells als auch für die spätere Serienproduktion erstellt werden können. Mit welcher Technologie dieses Ziel erreicht wird, hängt von dem technischen Standard des betreffenden Unternehmens ab.

Werkzeuge der Schnittentwicklung

Meßwerkzeuge

● **Bandmaß**
Das Bandmaß ist zum Abmessen von Rundungen und zum Ermitteln von Körpermaßen geeignet. Es ist ein ca. 2 cm breites, dehnungsloses, biegsames Band aus Kunststoff oder Plastik mit Zentimetereinteilung. Seine Länge beträgt in der Regel 150 cm oder 200 cm.

● **Taillenmaßband**
Ein Taillenmaßband ist zusätzlich mit einem Haken und mehreren Ösen versehen, um es beim Maßnehmen in der Taille zu befestigen.

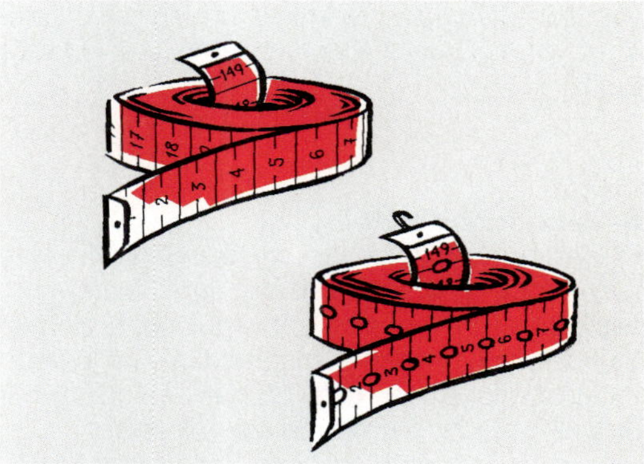

Bandmaß und Taillenmaßband

● **Saummaß**
Es ist 20 bis 30 cm lang und zum Abmessen kurzer gerader Strecken oder als Lineal zu verwenden. Es wird in Holz, Metall oder Kunststoff angeboten. Das Saummaß hat zusätzlich eine eingekerbte Kante in cm-Teilung, um Markierungen für Säume, Falten oder Knopfabstände anzubringen.

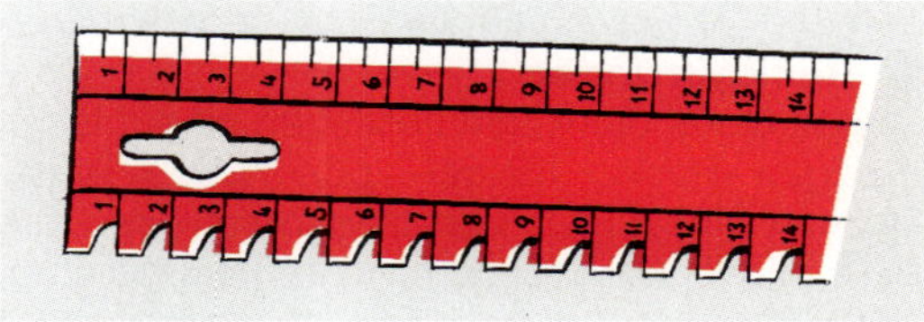

Saummaß

● **Meßstab**
Der Meßstab ist 1 m lang und dient zum Ausmessen von Stoffbahnen. Er besteht aus Holz, Metall oder Kunststoff.

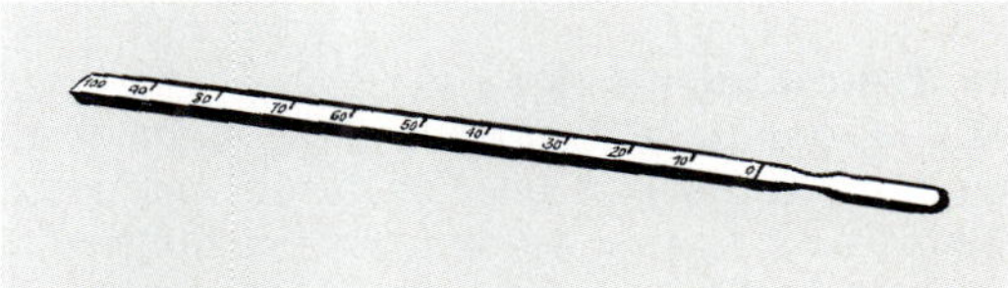

Meßstab

Markier- und Zeichenwerkzeuge

● **Schneiderkreide**

Schneiderkreide dient zum Zeichnen auf Oberstoffen und ist in verschiedenen Farben erhältlich. Sie ist auf Tonbasis gefertigt und läßt sich leicht wieder entfernen. Die abgenutzten Kanten der Kreidestücke können mit einem Kreideschärfer nachgeschärft werden.
Ein Kreiderad ist mit Kreidepulver gefüllt.
Wachskreide schmilzt durch Bügelhitze, und synthetische Kreide verflüchtigt sich nach einiger Zeit.

Schneiderkreide

● **Kopierrädchen**

Mit seinen gezahnten oder mit Nadeln versehenen Kopierrädchen dient es zum Lochmarkieren von Schnitt- und Konstruktionslinien auf Papier oder zum Druckstellenmarkieren auf festem Stoff.

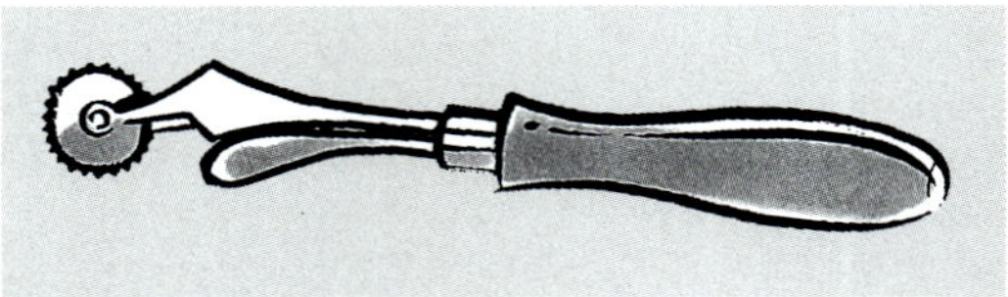

Kopierrädchen

● **Anzeichenstift**

Er wird zum Anzeichnen auf der Stoffoberseite verwendet, z. B. für Knöpfe und Taschenansetzstellen. Er löst sich entweder nach einigen Stunden oder Tagen selbst auf oder ist je nach Zusammensetzung und Stoffart sofort durch Bügelhitze oder mit Wasser zu entfernen.
Sie sind in unterschiedlichen Stiftstärken erhältlich.

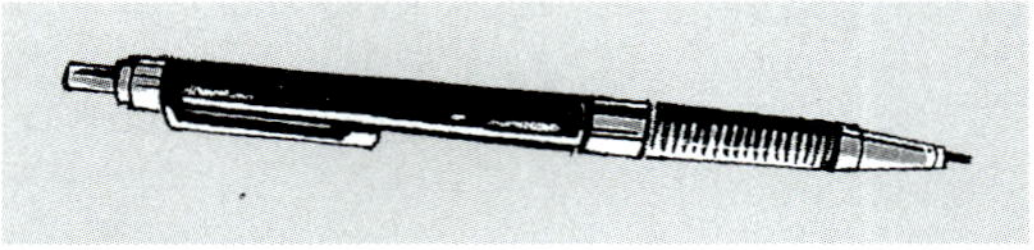

Anzeichenstift

● **Rockabrunder**

Dieses Gerät dient zum Festlegen einer gleichmäßigen Rock-, Kleider- oder Mantellänge. Markiert wird je nach Gerätetyp durch eine Linie aus Kreidestaub oder durch einen Fadeneinzug. Der Rockabrunder mit Fadenschlingen wird auch als Fadomat bezeichnet.

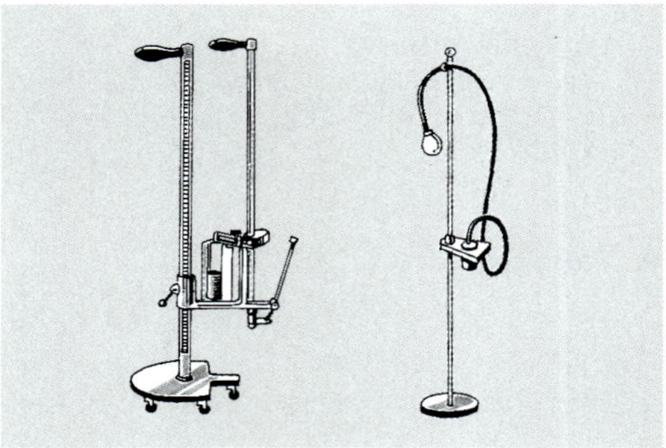

Rockabrunder

● **Zeichendreiecke**

Sie werden zum Zeichnen in der Schnittkonstruktion eingesetzt und bestehen aus Holz, Metall oder schwer zerbrechlichem Kunststoff. Zusätzlich können sie zum Abtragen von 30, 60, 90 und 45° Winkeln verwendet werden.

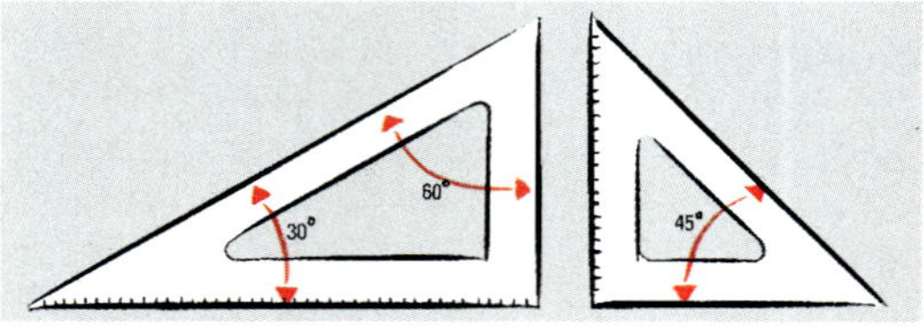

Zeichendreiecke

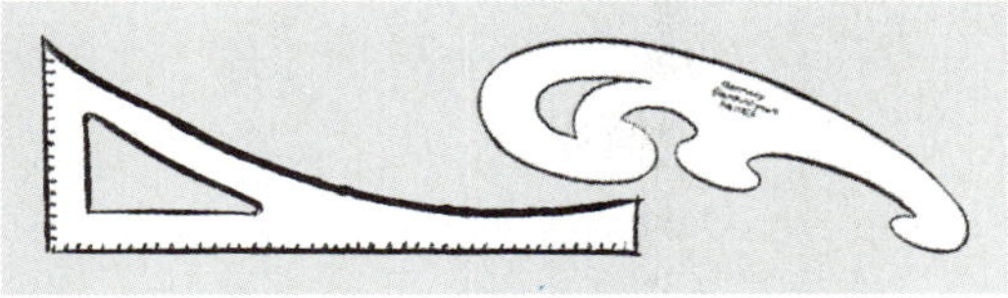

Zuschneidewinkel und Kurvenlineale

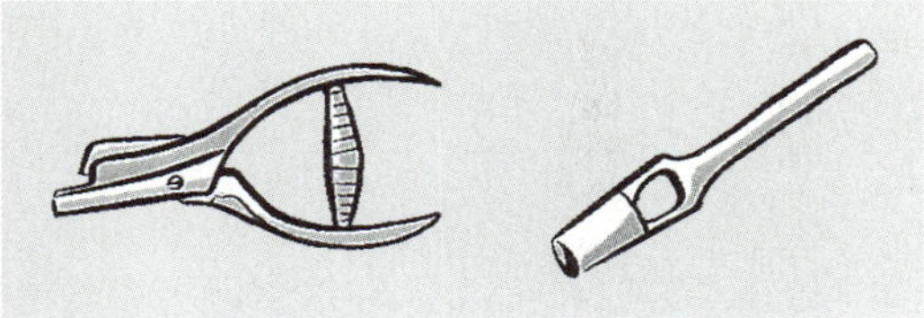

Einkerbzange und Stanzeisen

- **Zuschneidewinkel und Kurvenlineal**

Sie werden in der Schnittentwicklung zum Zeichnen gebogener Linien, z. B. von Hüftrundungen, Abnähern und Armlöchern, verwendet. Ihre Länge beträgt ca. 60 cm, und sie sind aus Holz, Metall oder schwer zerbrechlichem Kunststoff hergestellt.

- **Einkerbzangen und Stanzeisen**

Diese kleinen mechanischen Geräte werden in der Schnittechnik eingesetzt und dienen zum Markieren von Knipsen und Bohrlöchern in den Schnittschablonen. Form und Größe der Markierungen sind unterschiedlich.

Computerunterstützte Verfahren der Schnittentwicklung

Die traditionelle Schnittentwicklung an einem großen Schnittisch mit Papier, Karton, Lineal, Zirkel und Bleistift wird zunehmend durch computerunterstützte Verfahren ergänzt oder auch ersetzt. Ähnlich wie im Bereich des Entwurfs heißen die Computersysteme in der Schnittentwicklung **CAD-Systeme.** Ihre Abkürzung lautet in dieser Anwendung **Computer Aided Drafting** und bedeutet in der Übersetzung **computerunterstütztes Zeichnen.** Sie werden hauptsächlich in der Bekleidungsindustrie und selten im Handwerk angewendet.

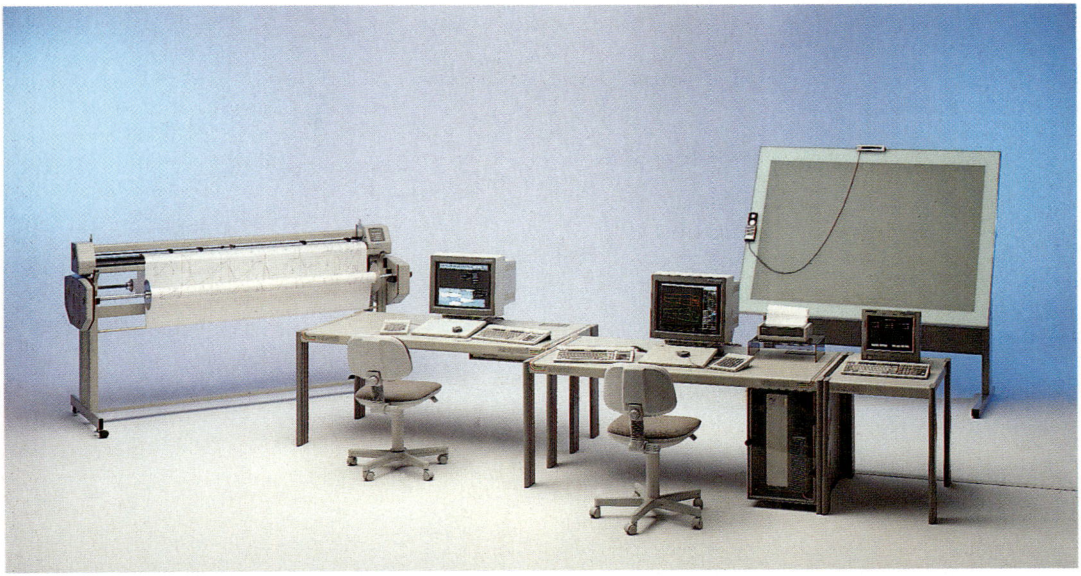

CAD-Arbeitsplatz für die Schnittentwicklung

Die Systeme enthalten eine Anzahl von Unterprogrammen, um die unterschiedlichen Aufgaben in der Modellabteilung bearbeiten zu können. Dabei ist es das Hauptziel der Unternehmen, durch den Einsatz dieser Technologie möglichst viel Zeit und damit Kosten für den Entwicklungsprozeß von der Idee bis zu den Verkaufs- und Produktionsunterlagen einzusparen. Durch die Einführung dieser neuen Technologien verändern sich die Anforderungen an die Mitarbeiter in diesen Arbeitsbereichen. Die neuen Arbeitsmittel erfordern Produktionsmethoden und Arbeitstechniken, für die sich die Mitarbeiter zusätzlich zu ihren fachlichen Fähigkeiten und Fertigkeiten weiterbilden müssen.

Die ersten Systeme, die in der Bekleidungsindustrie Anfang der siebziger Jahre eingesetzt wurden, dienten dazu, das Gradieren und Schnittbildlegen zu automatisieren. Funktionen für die Konstruktion waren nur in einem sehr beschränkten Umfang vorhanden und wurden für die Korrektur von Einlesefehlern oder kleineren Schnitteilveränderungen benutzt.
Die heutigen CAD-Systeme sind um Konstruktionsprogramme, Datenbanken für Schnitteile und Maßtabellen und um Steuerungsprogramme für Plotter und Cutter erweitert worden. Sie haben Schnittstellen zu anderen Programmen. So sind sie beispielsweise mit der Lagenoptimierung, der Kalkulation oder der Arbeitsvorbereitung verbunden. Damit ist die Übertragung wichtiger Informationen für den Produktionsprozeß per Computer gegeben.

Die **Programme** für das **Gradieren** und das **Schnittbildlegen** unterscheiden sich in ihrer Grundidee nicht, sondern eher in der Art der Benutzerführung und der Gestaltung der Bildschirmoberfläche. Bei den Programmen für die **Schnittkonstruktion** dagegen lassen sich zwei unterschiedliche Grundideen erkennen.

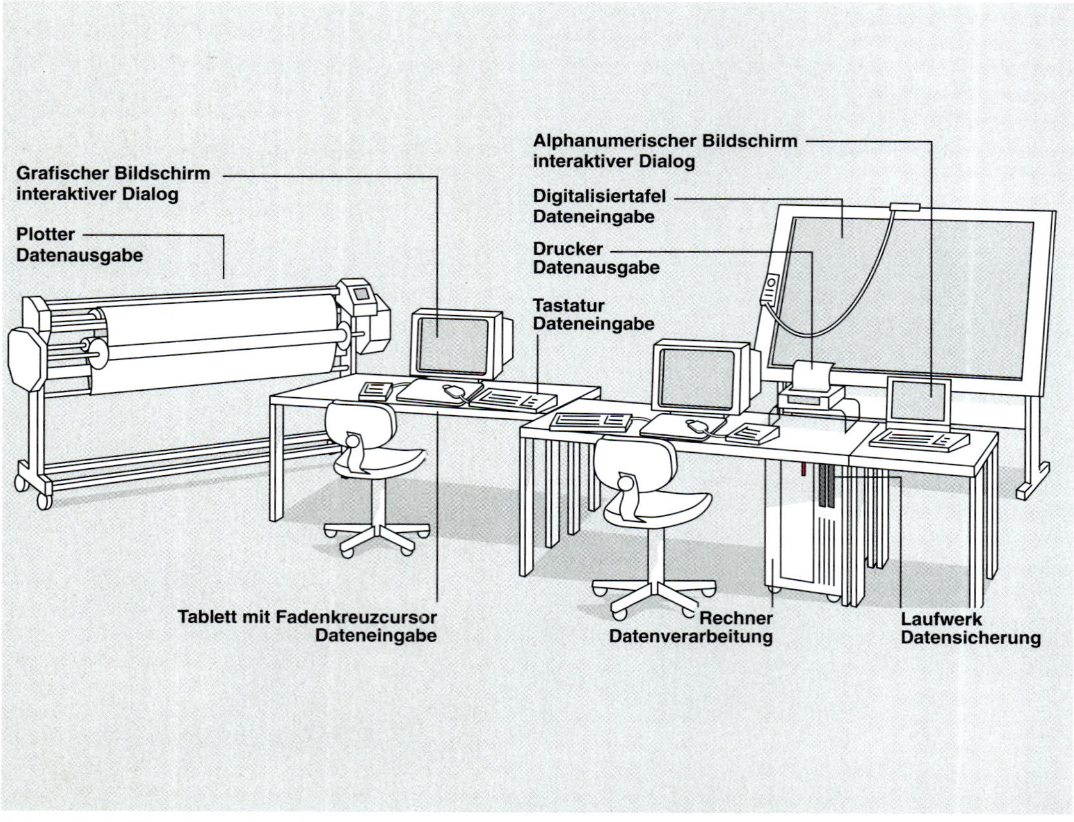

Schematische Darstellung eines CAD-Arbeitsplatz für die Schnittentwicklung und das Schnittbildlegen

Grundidee I

Dieser Programmtyp, mit dem auch **Jeany** konstruiert wurde, stellt ein Vielzahl von Funktionen für die **Punkt-, Linien-** und **Flächenkonstruktion** und **-bearbeitung** bereit. Die Arbeitsweise an diesem Programmtyp ist bei der Konstruktion eines Grundschnittes oder einer Modellvariante vergleichbar mit der manuellen Konstruktion. Die einzelnen Linien werden nacheinander erzeugt oder gezielt durch Bearbeitungsfunktionen verschoben, gedreht oder gespiegelt. Mit Spezialfunktionen, beispielsweise für die Abnäherbearbeitung oder die Erzeugung von Falten und Nahtzugaben, kann die Konstruktionsarbeit vereinfacht werden.

CAD-System für die interaktive Schnittkonstruktion am Bildschirm

Grundidee II

Dieser Programmtyp unterscheidet sich von dem ersten Typ in der Methode, wie der Grundschnitt mit Hilfe der Software erstellt wird. Der Anwender konstruiert hier nicht mehr die einzelnen Linien des Grundschnittes schrittweise im Dialog mit der Computersoftware, sondern er entwickelt zunächst eine vollständige Grundschnittbeschreibung in Form eines Programms. In diesem Programm sind die Anweisungen für den Computer enthalten, mit denen dieser anschließend automatisch die Strecken- und Kurvenverläufe des Grundschnittes berechnet und auf dem Bildschirm zeichnet.
Zur Programmierung steht dem Anwender eine **systemspezifische Programmiersprache** zur Verfügung.
Obwohl die Programmierung der Grundschnittbeschreibung einen hohen Aufwand erfordert, besteht der Vorteil dieser zweiten Grundidee darin, daß das für den Grundschnitt erstellte Programm auch für andere Größen benutzt werden kann. Hierfür werden zunächst bei der Programmierung Variablen verwendet, die der Computer bei der Ausführung der Schnittkonstruktion durch Werte einer Maßtabelle für die verschiedenen Größen ersetzt. Da der Modellschnitt auf dem Grundschnitt aufbaut, kann auch er in einer beliebigen Größe entwickelt werden.
Die Gradierung, die sich für jeden Modellschnitt aus dem Grundschnitt ableitet, erfolgt bei dieser Grundidee somit automatisch und stellt infolgedessen für jede Größe eine eigene Konstruktion dar.

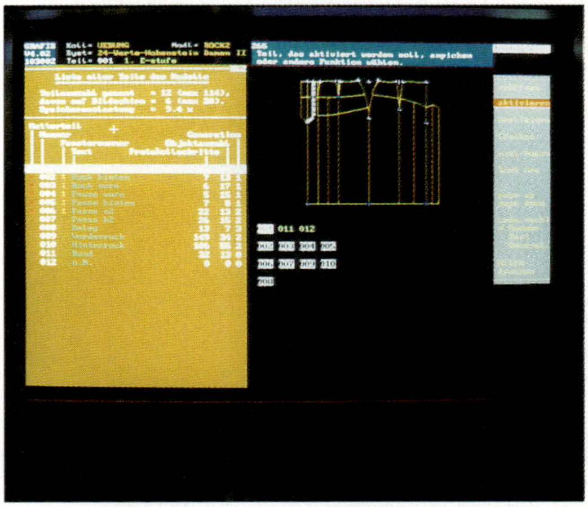

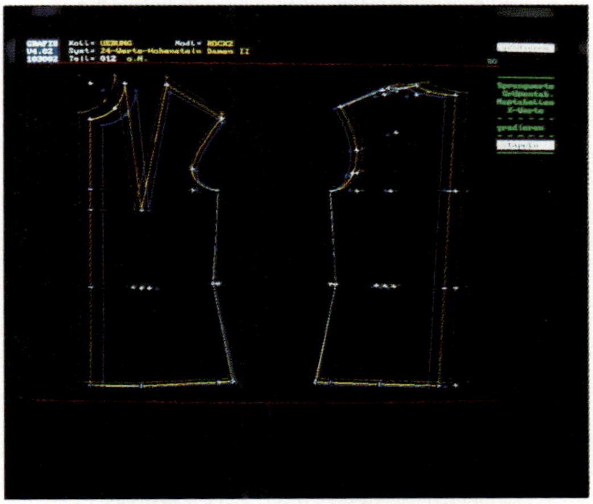

Modellschnittentwicklung nach Programmierung des Grundschnittes

Grundschnitt

Die Konstruktion eines entworfenen Modells beginnt im Handwerk wie auch in der Industrie mit der Aufstellung eines **Grundschnittes,** nach einem für das Produkt geeigneten **Schnittsystem.**
Das Unternehmen, in dem **Jeany** entwickelt wird, setzt bereits seit zwei Saisons für die Erstschnittentwicklung der Produktgruppe „Blusen" eine CAD-Anlage ein. Aus drei bzw. vier verschiedenen Grundformen, die im Computer gespeichert sind, lassen sich fast alle Modelle entwickeln. Die Modellmacherin wählt für die Entwicklung von Jeany aus der Datenbank die Grundform für Hemdblusen aus.
Diese Grundform ist ein bereits in Paßform und Verarbeitung ausgereifter Schnitt, zu dem Vorderteil, Rückenteil und Ärmel gehören. Er ist nach den Vorgaben eines betriebsinternen Schnittsystems mit zugehöriger Maßtabelle entwickelt worden.

Konstruktionsmaße • Größe 38

Paßformklasse			a ...	f	g	h	i	k	l	m	n	o	p	
Mehrweite Brustumfang in %			0	10	12	14	16	18	20	22	24	26	28	
Mehrweite Brustumfang in cm			0	8,80	10,56	12,32	14,08	15,84	17,60	19,36	21,12	22,88	24,64	
Strecke oder Winkel	Bezeichnung	Maßeinheit												Bezeichnung
7 – 10	D 0710	cm	44,0	48,40	49,28	50,16	51,04	51,92	52,80	53,68	54,56	55,44	56,32	D 0710
1 – 2	D 0102	cm	19,8	21,9	22,4	22,9	23,4	23,9	24,4	24,9	25,2	25,5	25,8	D 0102
1 – 3	D 0103	cm	41,2	41,2	41,2	41,2	41,2	41,2	41,2	41,2	41,2	41,2	41,2	D 0103
1 – 4	D 0104	cm	62,6	62,6	62,6	62,6	62,6	62,6	62,6	62,6	62,6	62,6	62,6	D 0104
3 – 6	D 0306	cm	2,0	2,0	2,0	2,0	2,0	2,0	2,0	2,0	2,0	2,0	2,0	D 0306
7 – 8	D 0708	cm	17,5	18,54										
8 – 9	D 0809	cm	8,17	10,33										
9 – 10	D 0910	cm	18,33	19,53										
9 – 12	D 0912	cm	3,2	3,7										
15 – 16	D 1516	cm	43,3	43,3										
15 – 21	D 1521	cm	7,8	7,9										
15 – 17	D 1517	cm	27,0	27,0										
15 – 18	D 1518	cm	6,5	6,8										
11 – 17	D 1117	°	9,0	9,3										
α (=α¹)	DW 11	cm	13,9	13,9										
18 – 20	D 1820	cm	6,6	6,6										

Körpermaße (cm) • Größe 38

Brustumfang	**88,0**	Armlänge außen	**60,2**
Hüftumfang	**94,5**	Oberarmumfang	**28,2**
Körperhöhe	**168,0**	Taille bis Fußsohle	**106,0**
Taillenumfang	**70,0**	Innere Beinlänge	**78,4**
Rückenlänge	**41,2**	Hüfttiefe	**21,4**
Vordere Länge	**43,3**	Schluterbreite	**12,5**
Rückenbreite	**35,5**	Ellenbogenlänge	**35,7**

Halswirbel - Fußsohle	**145,8**
Halswirbel - Kniekehle	**100,4**
Handgelenkumfang	**15,9**
Halsansatzumfang	**36,6**
Halsansatz Schulter bis Brustpunkt	**27,0**
Halswirbel - Brustpunkt - Taille	**50,6**

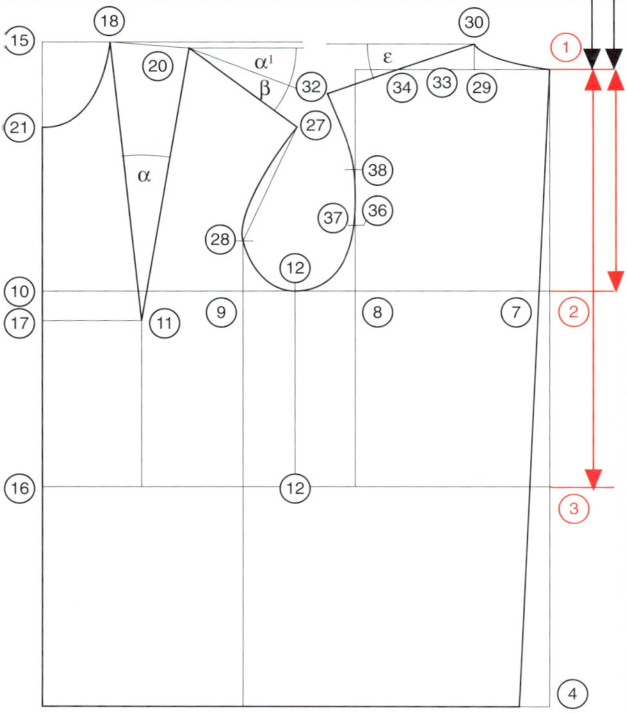

Grundschnitt nach dem Schnittsystem Hohenstein für Größe 38

Ein Meister im Handwerk, der seine Modelle kundenbezogen konstruiert und fertigt, berücksichtigt für die Aufstellung eines Grundschnittes die individuellen **Maße** und **Körperformen** des Kunden. Der Grundschnitt wird im Hinblick auf eine spätere **Maßanfertigung,** beispielsweise einer Bluse oder Kostümjacke, vorbereitet. Jeder Grundschnitt, der im Handwerk angefertigt wird, ist auf einen Kunden abgestimmt und kann nur in den seltensten Fällen für die Modellkonstruktion des Kleidungsstückes eines anderen Kunden verwendet werden.
In der Industrie ist eine kundenorientierte Grundschnittkonstruktion nicht möglich. Hier wird der Grundschnitt in einer **Ausgangsgröße** für ein Produkt und eine bestimmte Zielgruppe entwickelt. Die Körpermaße werden einer allgemeinen **Größentabelle,** beispielsweise der Tabelle für Damenoberbekleidung, entnommen. Die Formeln für die Berechnung der einzelnen **Konstruktionsmaße** und der **Weitenzugaben** für die richtige **Paßform** sind die Kombination aus einem **Schnittsystem** und einer langjährigen Erfahrung der Modellmacher des Unternehmens. Ein solcher Grundschnitt, der eine gute Paßform besitzt und produktionstechnisch ausgereift ist, stellt die Basis für die weitere Modellkonstruktion innerhalb einer bestimmten **Produktgruppe** dar und wird nach jeder Saison auf Veränderungen in der Silhouette oder der Paßform überprüft. Die Anzahl der Grundschnitte, die die Basis für die Modellentwicklung eines Unternehmens bildet, richtet sich zum einen nach den unterschiedlichen Produktgruppen und zum anderen nach den Modellformen innerhalb der einzelnen Produktgruppen.
In der Produktgruppe Blusen, zu der auch **Jeany** gehört, können beispielsweise Grundschnitte für Formen mit oder ohne Abnäher, aber auch für unterschiedliche Ärmelkonstruktionen existieren.
Sie bilden den Grundstock für den Aufbau eines **Baukastensystems,** in dem bewährte Grundformen, aber auch Ableitungen nach einem allgemeinen oder betriebsspezifischen **Ordnungsschema** zu **Baugruppen** zusammengefaßt sind. Für die kontinuierliche Benutzung eines solchen Baukastensystems muß eine ausführliche Modellbeschreibung vorliegen. Außerdem soll in der Bezeichnung der einzelnen Bauteile zu erkennen sein, welche Einzelteile kombinierbar sind.

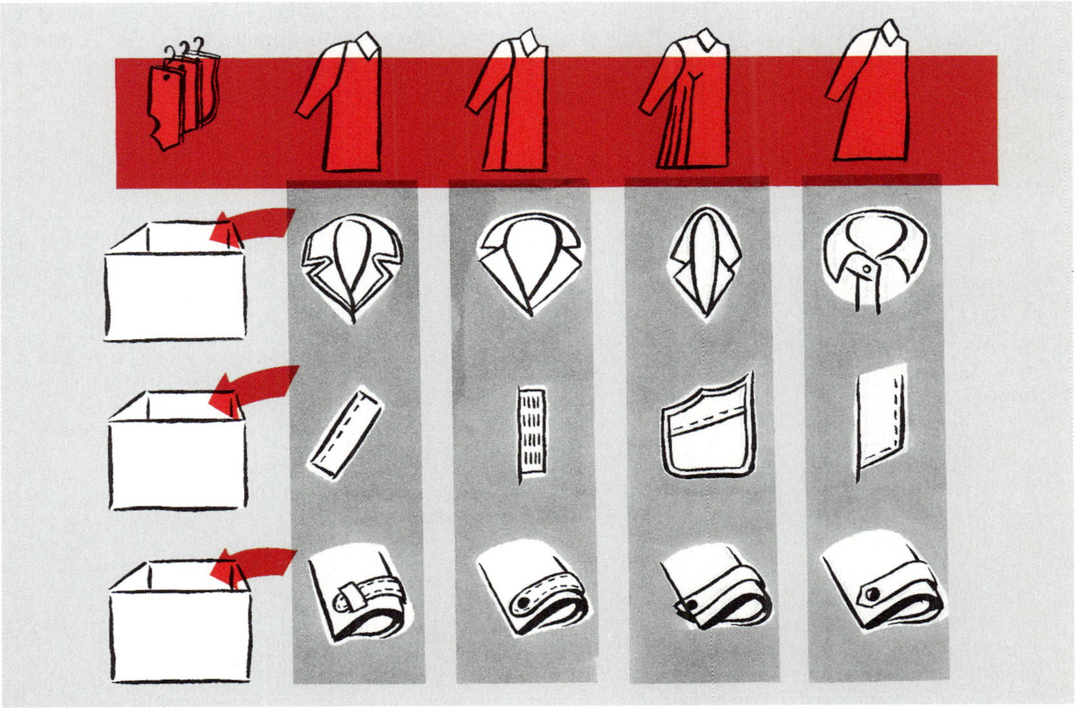

Beispiel für die Gestaltung eines Baukastensystems

Modellschnitt

Aus dem Grundschnitt wird die Form des **Modellschnittes** entwickelt. Je nach Modellentwurf und ausgewähltem Oberstoff werden zuerst die **Rumpfteile** konstruktiv verändert und anschließend die **Kleinteile** wie Kragen, Blenden, Taschen usw. entwickelt. Die Schnitteile für das Futter oder die Einlage bilden den Abschluß der Konstruktionstätigkeit.

Für die Bekleidungsform einer Hemdbluse existieren in der Datenbank des Computersystems bereits typische Kragen- und Manschettenlösungen. Daher muß die Modellmacherin für **Jeany** nicht alle Schnitteile ganz neu konstruieren, sie kann sie entsprechend der Skizze mit wenigen Schritten abwandeln. Die Taschenform ist als Standardschnitteil aus der Datenbank wählbar. Das reduziert den Konstruktionsaufwand, ohne **Jeanys** modische Qualität zu vermindern. Zur Kontrolle der Schnittmusterzeichnung bzw. der einzelnen Schnitteile läßt die Modellmacherin eine Probezeichnung auf dem Plotter anfertigen. Die Informationen für die Modellstückliste werden anschließend handschriftlich in ein Formular eingetragen. Sie begleiten **Jeany** durch die weiteren Abteilungen der Produktentwicklung.

Ähnlich der Grundschnittkonstruktion sind die elementaren Methoden und Handlungsabläufe der Modellschnittkonstruktion in Büchern des jeweiligen Schnittsystems detailliert beschrieben und können auch in Seminaren oder Kursen erlernt werden.

Darüber hinaus sind Erfahrungswerte, beispielsweise über die Einhaltebeträge für spezifische Artikel, über Schlitzlängen bei Rückenteilen und Ärmeln, Taschenhöhen und Faltentechniken wichtig, um die Paßform und die modischen Akzente optimal umzusetzen.

Kompliziertere **Modellentwicklungen,** wie sie beispielsweise in der Haute Couture oder in der Abendmode vorkommen, können nicht immer direkt am Zeichentisch konstruiert werden.

Techniken wie das **Abformen, Modellieren** oder **Drapieren** an einer Büste unterstützen die Findung der richtigen Linienführungen, Abnäherlagen oder Weitenverteilungen. Mit Einschnitten oder Stiftmarkierungen werden die Linienführungen und Konturen des jeweiligen Schnitteiles gekennzeichnet und anschließend auf Papier übertragen.

Das Ergebnis der Modellschnittkonstruktion bildet das **Schnittmuster.** Diese auf Papier vorliegende **Modellschnittzeichnung** steht nun zu einer weiteren Bearbeitung in der Schnitt- bzw. Gradierabteilung zur Verfügung.

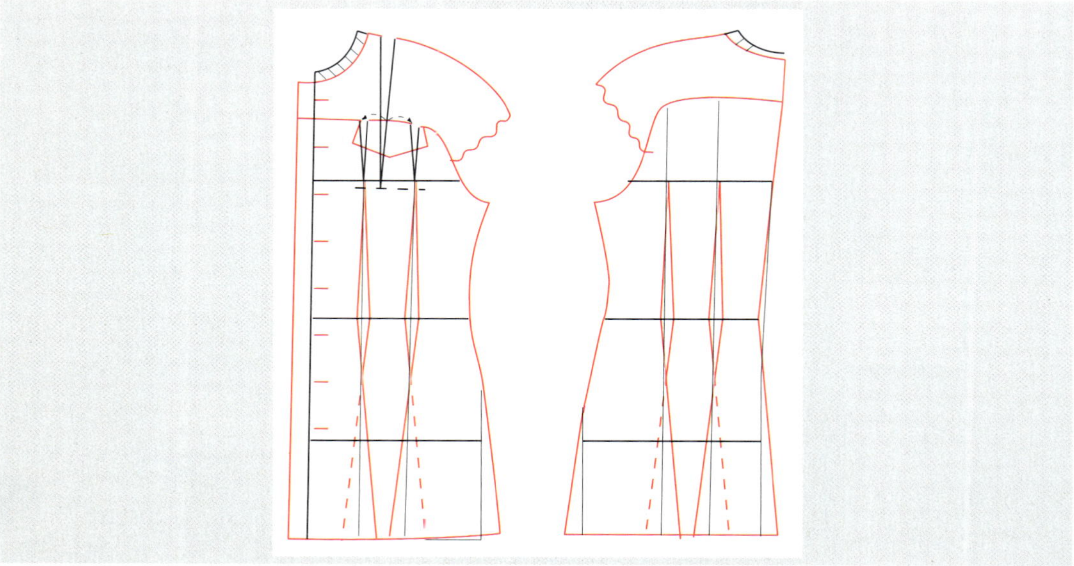

Beispiel für ein Schnittmuster eines Vorderteils und Rückenteils

Produktionsschnitt

Mit der Entwicklung des **Produktionsschnittes,** der auch als **Industrieschnitt** bezeichnet wird, entstehen aus den Schnittmustern **Schnittschablonen,** nach denen das **Erstmodell** in der **Musternäherei** zugeschnitten und gefertigt wird. Mit unterschiedlichen Bearbeitungsmethoden und entsprechend der betrieblichen Technologieausstattung werden aus dem Schnittmuster verarbeitungsreife Schnittschablonen erstellt.

Bei der Anwendung **manueller Verfahren** lassen sich drei Methoden unterscheiden:

- **Ausrädeln**

Bei diesem Verfahren wird ein neutraler Bogen unter das Schnittmuster gelegt. Mit einem Kopierrädchen lassen sich dann die Konturen eines Schnitteiles und seine Markierungen herausradeln.

- **Kopieren**

Hierbei wird zwischen Schnittmuster und Schablonenmaterial ein Pauspapier gelegt. Die Konturen und Markierungen eines Schnitteiles lassen sich durch das Nachfahren der Konturlinien auf das Schablonenmaterial kopieren.

- **Nachzeichnen**

Bei der Anwendung dieses Verfahrens wird auf das Schnittmusterpapier ein durchsichtiges Seidenpapier gelegt. Durch das Nachfahren der Konturen und Markierungen wird jedes einzelne Schnitteil herausgezeichnet.

Die gebräuchlichsten Methoden in der Praxis sind das **Ausrädeln** und das **Kopieren,** da bei diesen Verfahren stärkeres Papier oder Schnittmusterkarton verwendet werden kann.
Bei der Anwendung **computerunterstützter Verfahren** erfolgt das Herauskopieren und Beschriften im Programm des Computersystems. Über einen **Zeichen- oder Schneideplotter** werden anschließend die einzelnen Schnitteile auf stärkerem Papier oder Schablonenkarton aufgezeichnet oder direkt ausgeschnitten.
Für **Jeany** erfolgen in dieser Arbeitsphase alle Arbeiten am Computersystem. Durch die Vernetzung der einzelnen Arbeitsplätze in der Modellabteilung und der Schnittabteilung können die Daten aller Schnittschablonen, die zu **Jeany** gehören, on-line an die Schnittabteilung weitergegeben werden. Zusätzlich werden die Protokolle der Modelldaten für die einzelnen Materialien als Computerausdruck an die Schnittabteilung gegeben.
Jedes Schnitteil liegt nach diesem Arbeitsschritt als **Schnittschablone** vor. Es zeigt die wichtigen Gradierpunkte und Paßpunkte und ist mit **Nahtkonturen** und **Markierungen** für die Abnäher- und Taschenlagen versehen. Zusätzlich erhält jede Schnittschablone eine Schnitteilbezeichnung, die nach einer betriebsinternen Vereinbarung beispielsweise Angaben über den Namen des Unternehmens, die Saison, die Produktgruppe, den Grundschnitt, die Materialkennzeichnung und eine fortlaufende Numerierung enthalten kann.

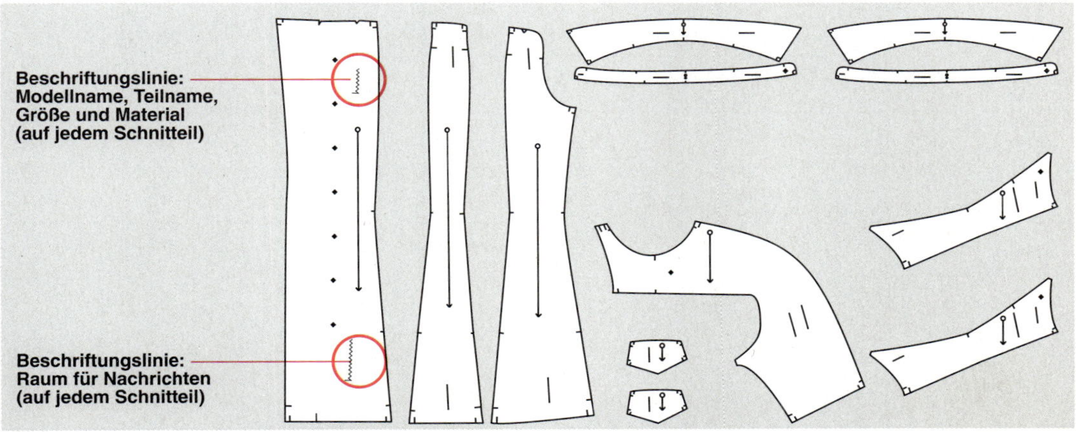

Beispiel für einen Produktionsschnitt

Modellbeschreibung

Modell: Jeany

Schnitt-Nr.: 95 BL 33

Blendenbreite:	3 cm
Steppnaht:	0,1 cm
Knopfabstand:	6 cm
Anzahl der Knöpfe:	6 + 1
Saum umlegen:	3 cm
Stickmotiv:	auf Brusttasche sticken
Ärmelaufschlag:	angeschnitten

Skizze:

Größen: 38,42

Stückliste

Nr.	Bezeichnung	Artikel-Nr.	Lieferant	Menge	Verbrauch pro Stück
1	Oberstoff	BW 031 - beige	Drehmann	310 m	1,25 m
2	Fixiereinlage	Fi 030 - weiß	am Lager	53 m	0,21 m
3	Knöpfe	weiß 001	Knopf AG	1740	6 + 1
4	Nähgarn 120	weiß	Garn AG	248	ca. 1 Rolle
5	Schulterpolster	weiß	Polster AG	250	1 Paar
6	Etikett	Firma XY	am Lager	248	1
7	Etikett	Pflegekenn-zeichnung	am Lager	248	1
8					
9					
10					

Bemerkungen:

Datum: xx.yy.zz

Bearbeiter: M. Schulz

Formbeschreibung mit Stückliste

Fertigung des Musterteiles und der Null-Serie

Im Handwerksbetrieb werden nach diesen Schnittschablonen der Oberstoff, der Futterstoff und die Einlage zugeschnitten und für eine erste Kundenanprobe gefertigt. Dabei werden besonders die Paßform, die Linienführung und die Verarbeitung des Modells begutachtet. Die Anzahl der Anproben bis zur Abnahme und Übergabe an den Kunden oder die Kundin ist von der richtigen Umsetzung des Modellschnittes unter Berücksichtigung der Paßform, der Materialeigenschaften und der Verarbeitung abhängig. In einem Industrieunternehmen wird jeder Modellschnitt mindestens einmal genäht und begutachtet, bevor die eigentliche Fertigung eines Auftrages für dieses Modell beginnen kann.

Bei der Anfertigung des **Erstmodells,** der auch als **Prototyp** bezeichnet wird, werden Schnittkonstruktion, Material und Verarbeitung zum ersten Mal überprüft. Dies geschieht in der Musternäherei. Anders als in der Näherei fertigt hier nur eine Mitarbeiterin ein komplettes Modell. Auch **Jeany** wird hier zum ersten Mal genäht und anschließend von der Designabteilung, dem Modellmacher und anderen für die Kollektion verantwortlichen Mitarbeitern auf schnitt- und nähtechnische Mängel hin überprüft. Die Korrekturen werden direkt in den Schnitt oder als Hinweis in die Unterlagen übertragen. Erst wenn alle Mängel behoben sind, kann der Prototyp zur weiteren Bearbeitung durch die Gradier- und Schnittabteilung und zur Kalkulation der Menge und der Kosten von Material, Zutaten und Fertigungsanteilen des Modells freigegeben werden.

Parallel zur Erstellung der Schnittschablonen durch den Mitarbeiter der Modellabteilung werden auch verschiedene Unterlagen als Information für die nachfolgenden Abteilungen zusammengestellt. Je nach Organisationsstruktur und Technologiestandard des Unternehmens gibt es unterschiedliche **Formulare,** die auf Papier oder als computergespeicherte Datenblätter das einzelne Modell begleiten. Die fertigen Schnittschablonen werden gemeinsam mit einer Skizze und einer **Modellstückliste** in den Musterzuschnitt gegeben.

Nach Vorstellung der Prototypen im Rahmen einer Kollektionspräsentation wird für die Vertreterkollektionen eine **Null-Serie** gefertigt, die häufig auch als **Verdopplungen** bezeichnet wird. Die Verdopplungen werden je nach Umfang des Größensatzes meistens in zwei oder drei Größen gefertigt. Die Anzahl der Verdopplungen pro Erstmuster und Größe ist abhängig von der Vertriebsstruktur. Die Verdopplungen der Kollektion werden in einer Kleinserie in der Fertigung erstellt.

Auch von **Jeany** werden in der Ausgangsgröße 38 und 42 Verdopplungen für alle Repräsen-

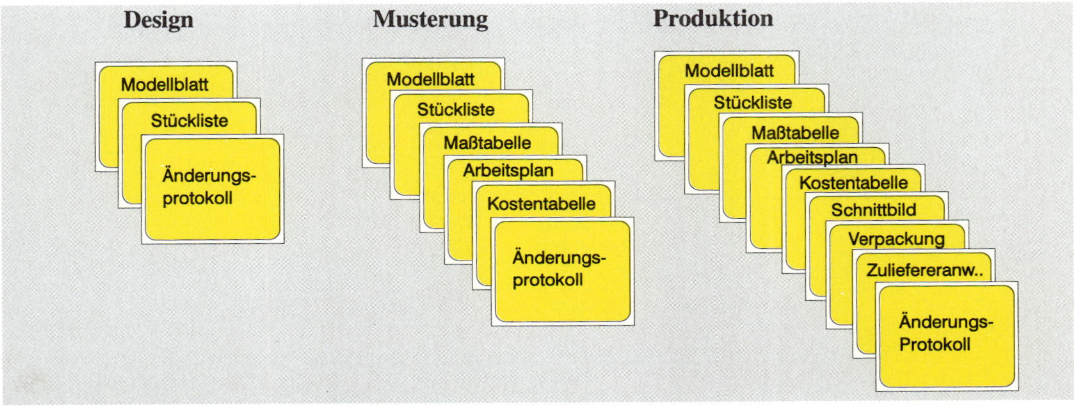

Begleitformulare der Schnittentwicklung

tanten in den Fashion-Häusern und für die Modemessen gefertigt.

Eine dritte Phase schließt sich an, wenn die Aufträge für die verschiedenen Modelle eingehen, denn nun läuft die Planung der eigentlichen Produktion an.

Für diese Fertigung werden sogenannte **Vorläufer** erstellt, wenn sie zum einen als Testserie vor dem Einlauf einer neuen Form in der Produktion, und zum anderen bei der Zusammenarbeit mit Lohnkonfektionären als Originalmuster für die Fertigungsqualität der Serie erforderlich sind.

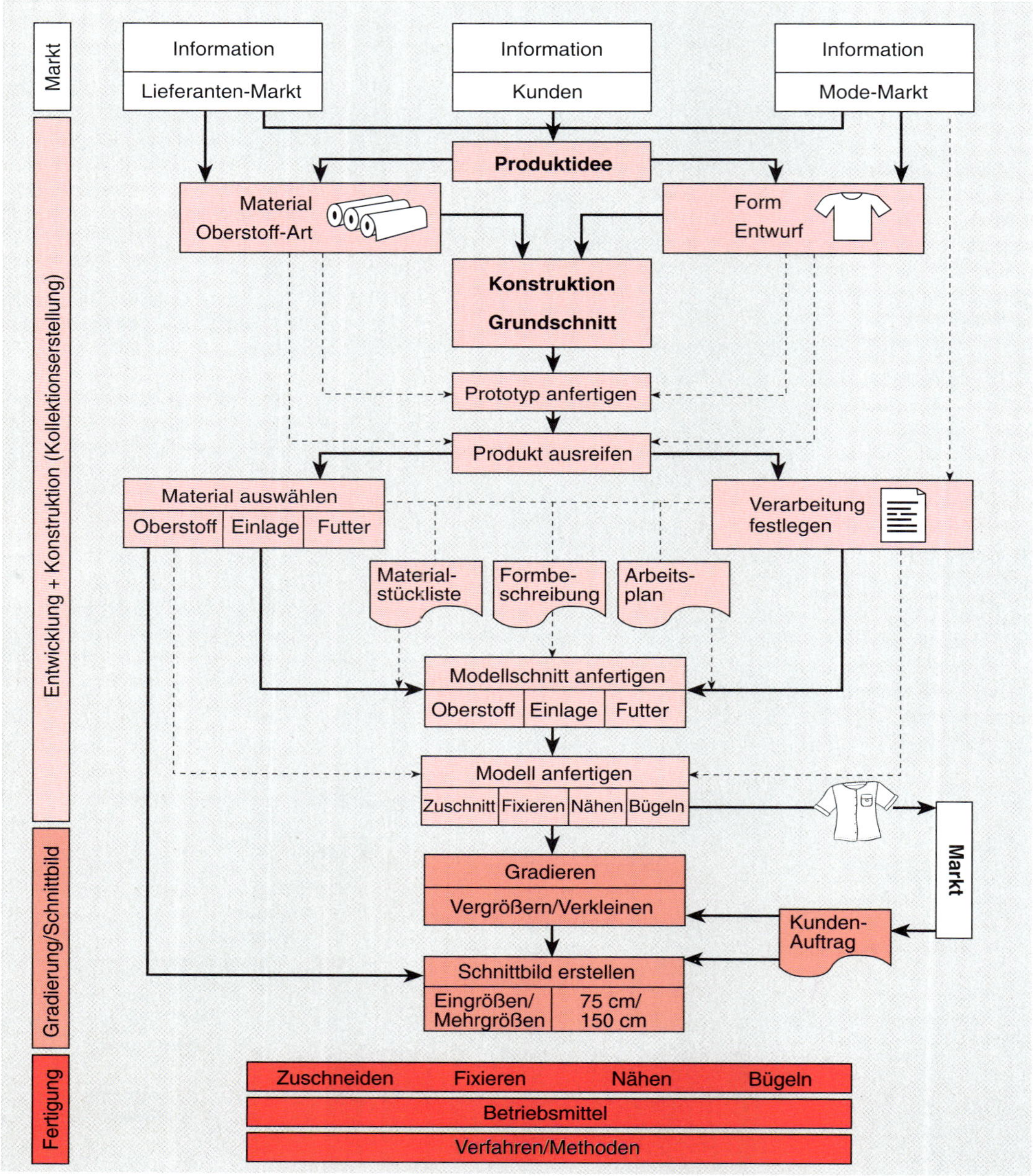

Ablaufschritte in der Produktplanung

3.5 Gradierung

Die **Gradierung** ist ein Verfahren, das hauptsächlich in der Bekleidungsindustrie für die **Vergrößerung** und **Verkleinerung** von Schnittschablonen eingesetzt wird. Die Grundlagen für die Anwendung dieses Verfahrens bilden die Schablonen des produktionsreifen Schnittes in einer bzw. zwei Ausgangsgrößen. Die Schnittschablonen der abzuleitenden Größen werden unter Berücksichtigung offizieller oder betrieblicher Größentabellen ermittelt und erstellt. Sie müssen in Linienführung, Nahtverlauf und Paßform mit der Ausgangsgröße übereinstimmen. Da sich bei der Gradierung nur das Größenverhältnis ändern darf und nicht das Gesamtbild des Modells, muß in der Gradiertabelle das Maßverhältnis der jeweiligen Größe dem der Ausgangsgröße gleichen.

Das Gradieren eines produktionsreifen Schnittes, wie beispielsweise für **Jeany,** erfolgt in den folgenden Schritten:

Ermitteln der Differenzbeträge in der Größentabelle

Zuerst müssen die Differenzbeträge zwischen den Größen der Größentabelle, z. B. für DOB, HAKA und KIKO oder wie bei **Jeany** nach betriebsinternen Größentabellen für jede Meßstrecke ermittelt werden. Die Ergebnisse werden in eine **Differenztabelle** übernommen.

Deutsche Größenbezeichnung	**34**	Diff.	**36**	Diff.	**38**	Diff.	**40**	Diff.	**42**	Diff.	**44**
Körperhöhe (Kh)	168	0	168	0	168	0	168	0	168	0	168
Brustumfang (Bu)	80	4	84	4	88	4	92	4	96	4	100
Taillenumfang (Tu)	64	2	66	4	70	4	74	4	76	4	80
Hüftumfang (Hu)	87	3	90	4	94	4	98	4	102	4	106
Halsansatzumfang (Hsu)	35,5	0,5	36	0,5	36,5	0,5	37	0,5	37,5	0,5	38
Halsspiegel (Hs)	6,5	1,0	6,6	1,0	6,7	1,0	6,8	1,0	6.9	1,0	7,0
Rückenhöhe (Rh)	18	0,5	18,5	0,5	19	0,5	19,5	0,5	20	0,5	20,5
Rückenlänge (Rl)	40,9	0,1	41	0,1	41,1	0,1	41,2	0,1	41,3	0,1	41,4
Hüfttiefe (Ht)	59,5	0,5	60	0,5	60,5	0,5	61	0,5	61,5	0,5	62
Brusttiefe ohne Hs (Bt II)	25,0	0,8	25,8	0,8	26,6	0,8	27,4	0,8	28,2	0,8	29
Vorderlänge ohne Hs (Vl II)	44,1	0,4	44,5	0,4	44,9	0,4	45,3	0,4	45,7	0,4	46,1
Rückenbreite (Rb)	15,5	0,5	16	0,5	16,5	0,5	17	0,5	17,5	0,5	18
Armlochdurchmesser (Ad)	8,5	0,5	9	0,5	9,5	0,5	10	0,5	10,5	0,5	11
Brustbreite (Bb)	16	1	17	1	18	1	19	1	20	1	21
Schulterbreite (Schb)	11,8	0,2	12	0,2	12,2	0,2	12,4	0,2	12,6	0,2	12,8
Ärmellänge ab Kugel (Älg)	59,9	0,1	60	0,1	60,1	0,1	60,2	0,1	60,3	0,1	60,4
Oberarmumfang (Obu)	26,5	1	27,5	1	28,5	1	29,5	1	30,5	1	31,5(
Handgelenkumfang (Hgu)	15,3	0,2	15,5	0,4	15,9	0,4	16,3	0,4	16,7	0,4	17,1
Seitenlänge (Stl)	106	0	106	0	106	0	106	0	106	0	106
Leibhöhe (Lbh)	25,5	0	25,5	0,5	26	0,5	26,5	0,5	27,	0,5	27,5
Schrittlänge (Schr)	80,5	0	80,5	0,5	80	0,5	79,5	0,5	79	0,5	78,5
Knöchelumfang (Knu)	23,5	0,5	24	,05	24,5	0,5	25	0,5	25,5	0,5	26

Differenztabelle in cm

Berechnen der Sprungbeträge

Die Differenztabelle bildet die Grundlage für die Berechnung der Sprungbeträge. Dazu werden die Differenzbeträge in die Berechnungsformeln, die auch für die Konstruktion des Grundschnittes herangezogen worden sind, eingesetzt. Das Ergebnis ist der **Sprungbetrag** an einem bestimmten Gradierpunkt eines Schnittteiles. Alle Sprungbeträge werden in einer **Sprungwerttabelle** zusammengefaßt. Für **Jeany** geschieht dies in Anlehnung an eine Tabelle für Hemdblusen, die im Unternehmen bereits vorhanden ist.

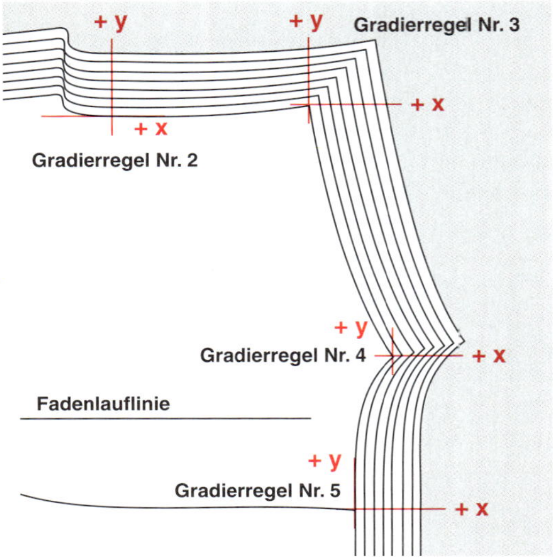

Nr. Gradier-regel		Größe 36	38	40	42
1	X	0	0	0	0
	Y	0	0	0	0
2	X	0	0	0	0
	Y	100	150	200	250
3	X	100	150	200	250
	Y	100	150	200	250
4	X	100	150	200	250
	Y	40	60	80	100
5	X	100	150	200	250
	Y	0	0	0	0

Sprungtabelle mit Gradierregeln

Aufstellen einer Gradiertabelle

In der Gradiertabelle werden die Sprungbeträge für ein Modell oder für Modelle mit vergleichbarer Grundform zusammengefaßt und nach einem Schema entweder **relativ** oder **inkremental** aufgeführt.

- Eine **relativ** aufgebaute Gradiertabelle bedeutet, daß die Sprungbeträge, bezogen auf die Ausgangsgröße, bei den größeren Größen ansteigende positive Werte und bei den kleineren Größen ansteigende negative Werte erhalten.

Größe	34	36	38	40	42	44
Sprungbetrag in mm	–20	–10	00	+10	+20	+30

Gradiertabelle mit einem relativen Schema

- Eine **inkremental,** also eine anwachsend aufgebaute Tabelle, bestimmt die jeweils kleinste Größe einer Produktgruppe zur Ausgangsgröße. Alle Gradierwerte erhalten bei jeder Größe einen ansteigenden positiven Wert.

Größe	34	36	38	40	42	44
Sprungbetrag in mm	0	+10	+20	+30	+40	+50

Gradiertabelle mit einem inkrementalen Schema

Bei der manuellen Gradierung werden nur Tabellen verwendet, die nach dem relativen Schema aufgebaut sind.
Bei der computerunterstützten Gradierung ist der Einsatz beider Varianten möglich.

Das Ausführen der Gradierung

Die Gradierung kann wahlweise manuell, mechanisch oder computerunterstützt ausgeführt werden.
Als **manuelles Gradierverfahren** bietet sich die Arbeit mit Hilfsschablonen an, die einige standardisierte Sprungbeträge als gelochte Markierungen enthalten. Nach Vorgabe der Schablone werden schrittweise die nächstgrößere oder kleinere Größe auf Modellkarton gezeichnet.

Ein **mechanisches Gradierverfahren** ist die Anwendung des **Variators,** eines Koordinatenzeichengerätes. Die Schnittschablone der Ausgangsgröße wird in eine Halterung eingespannt, die auf zwei rechtwinklig angeordneten Achsen die Einstellung der X- bzw. Y-Gradierwerte ermöglicht. Jede Größe wird durch das Abtragen der Gradierwerte an den Gradierpunkten ermittelt und mit einer Markierung gekennzeichnet. Die Schnittschablone der Ausgangsgröße dient anschließend zum Auszeichnen der neuen Kontur.

Sowohl bei dem mechanischen als auch bei dem manuellen Verfahren ist die Verwendung unterschiedlichen **Schablonenmaterials** für die Herstellung der neuen Schnittschablonen möglich. Die Wahl des Materials, ob Papier, Pappe, Spaltkarton, Preßspan, Kohlepapier, Heißsiegelpapier, Kunstoff, Spezialmaterial für den Einsatz bei Sprühverfahren, lichtempfindliches Papier oder Sperrholz, Aluminium und Stahlblech, hängt vom modischen Grad des Produktes, dem technischen Standard im Zuschnitt, der geforderten Dauerhaftigkeit der Schnittschablonen und der Art des Materials ab. Beispielsweise ist der Einsatz von Papier für die Herstellung kurzlebiger Schablonen geeignet und die Anfertigung aus Preßspan für langlebige Schablonen zu verwenden. Sie sind kantenfester und reißen nicht so schnell ein.

Bei den **computerunterstützten Gradierverfahren** müssen sowohl die Ausgangsgröße mit den Gradierpunkten und -regeln als auch die entsprechende Gradiertabelle in einer Datenbank gespeichert sein.

Für die Gradierung von **Jeany** sind sowohl alle Schnitteile als auch die Gradiertabelle für Blusen in einer Datenbank abgelegt. Für das Gradierprogramm ist eine Befehlsfolge festgelegt, die die automatische Berechnung der Gradierung an den vorgegebenen Gradierpunkten durchführt. Je nach Darstellungsmodus können einzelne oder alle Konturen des neuen Schnittteiles um die Ausgangsgröße herum gezeichnet werden. Bei **Jeany** sind alle Größen von 36 bis 42 gradiert worden. Die Darstellung eines gradierten Größensatzes wird **Nestzeichnung** genannt. Über ein Zeichengerät, den Plotter, kann das Schnitteil als Nestzeichnung oder als einzelne Größe ausgegeben werden. Die Ausgabe ist in einem beliebigen Maßstab auf Papier oder Karton möglich. Auch das Ausschneiden der Schnittschablonen ist wahlweise gegeben. Die Nestzeichnung für **Jeany** wird auf Plotterpapier gezeichnet, damit der Modellmacher noch einmal in Originalgröße die Richtigkeit der Sprungbeträge an den verschiedenen Teilen des Schnittsatzes überprüfen kann.

Je nach Organisation und Ausstattung der Abteilung können die beschriebenen Aufgaben von der Erstschnittentwicklung bis zur Erstellung des Schnittbildes sowohl manuell als auch computerunterstützt durchgeführt werden.

Einige Beispiele sollen den typischen Einsatz von manuellen oder computergestützten Werkzeugen für die Schnittentwicklung, Schnittgradierung und Schnittbilderstellung aufzeigen.

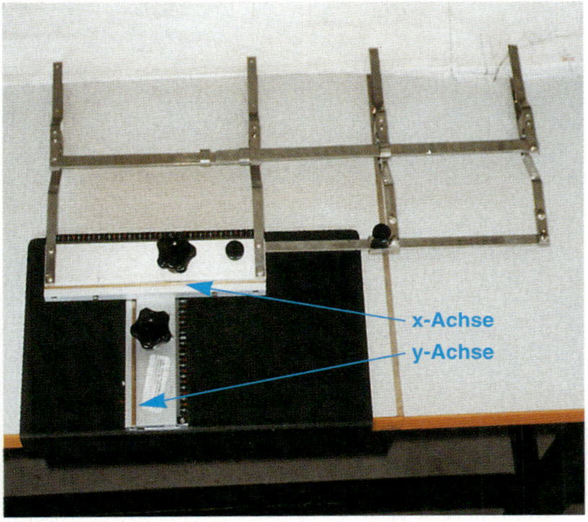

Variator

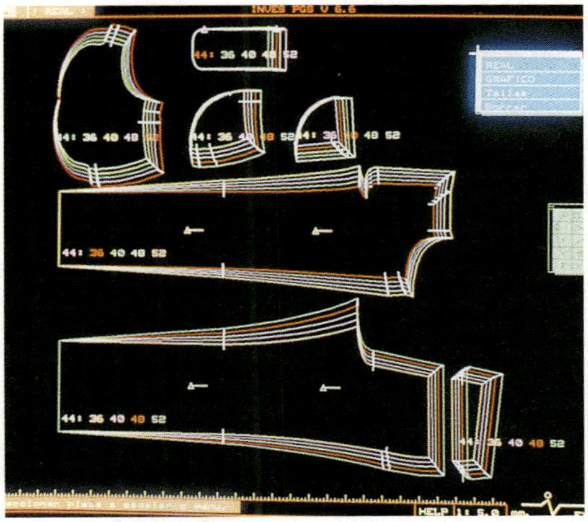

Nestzeichnung

Beispiel 1
In Betrieben, die die Schnittentwicklung manuell durchführen, wird erst für die Gradierung des Produktionsschnittes und die Erstellung des Schnittbildes ein CAD-System eingesetzt
Für die Eingabe der Schnittkonturen der Schnittteile des Produktionsschnittes in das Gradiersystem ist ein Digitalisierbrett erforderlich. Es wandelt die gezeichneten Gradierpunkte und Linien in digitale Daten um. Die Gradiertabelle wird über eine Tastatur in den Rechner eingegeben.
Durch die Gradierung sind für das jeweilige Produktionsmodell alle Größen im Rechner erzeugt worden. Sie stehen anschließend als Vorlage für das Schnittbildprogramm zur Verfügung.

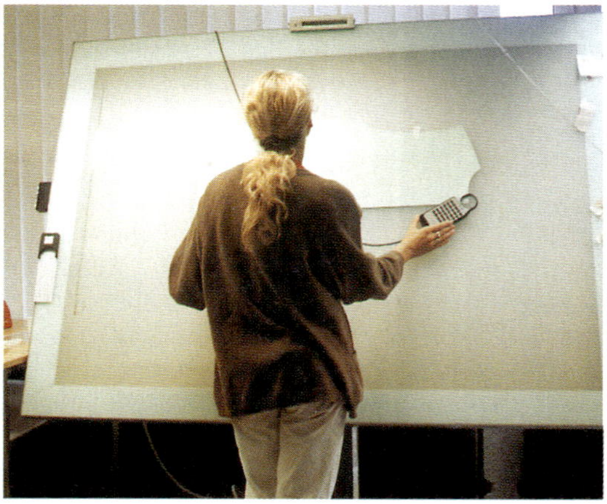

Digitalisieren

Beispiel 2
In Betrieben, in denen auch die Schnittkonstruktion für den Erst- und Produktionsschnitt computerunterstützt durchgeführt wird, beginnt die Arbeit am Computersystem mit der Aufstellung eines Grundschnittes bzw. einer paßformausgereiften Grundform. Das Unternehmen, in dem **Jeany** gefertigt wird, geht in der gleichen Weise vor. Der Grundschnitt bzw. die Grundform, aber auch verschiedene Kragenlösungen mit Vorder- und Rückenteilen, Ärmel- und Taschenformen, die in einer Datenbank nach einem betriebsinternen Baukastensystem abgespeichert sind, werden mit Hilfe von verschiedenen Konstruktionsfunktionen zu dem vorgegebenen Modell- und Produktionsschnitt weiterentwickelt. Jedes Modellschnitteil wird nach seiner kompletten Entwicklung, Beschriftung und Codierung in einer Datenbank abgespeichert. Auch bei Modellschnitteilen bietet sich je nach Genre und Produktgruppe die systematische Ablage der Schnitteile nach dem Baukastensystem an, um die Modellentwicklung rationeller zu gestalten.
Die fertigen Schnitteile des Modells können anschließend gradiert und zu einem Schnittbild gelegt werden, wie es auch bei **Jeany** geschehen ist.

Schnittbild legen

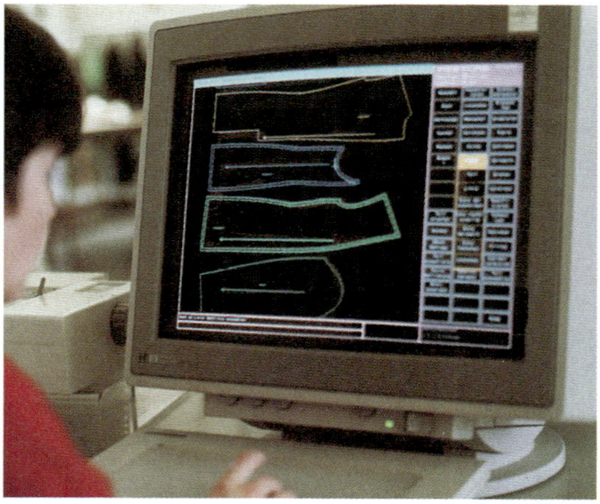

Konstruieren

3.6 Schnittbildlegen

Das Schnittbildlegen, sei es für das Kalkulationsschnittbild des Erstmodells oder für die Schnittbilder der Produktion, bildet den Abschluß der Schnittentwicklung.
Hier werden die Schnittschablonen einer oder mehrerer Größen nach allgemeinen oder betriebsinternen Vorgaben zu einem Schnittbild ausgelegt. Das Ziel ist es, den Materialverbrauch so gering wie möglich zu halten. Dabei entscheiden der Stand der Technologie des Unternehmens und die Art des Materials, welches Verfahren im einzeln angewendet wird. Zum einen besteht die Möglichkeit, die Schnittschablonen direkt am Zuschneidetisch auf dem Lagenstapel auszulegen. Zum anderen können die Schnittbilder mit verschiedenen Aufzeichnungsverfahren im Bereich des Zuschnitts oder einer vorgelagerten Abteilung erstellt werden. Für **Jeany** ist das Schnittbild in der Schnittabteilung entstanden. Diese ist seit der Einführung der computerunterstützten Gradierung und des computerunterstützten Schnittbildlegens ein Teilbereich der Modellabteilung und damit dem eigentlichen Zuschnitt vorgelagert.

Bedingungen für die Schnittbilderstellung

Die Bedingungen, die beim Schnittbildlegen sowohl im Handwerk als auch in der Industrie berücksichtigt werden müssen, leiten sich zum einen aus den Daten des **Materials,** wie Breite und Länge, Musterung und Richtungsorientierung, ab.
Zum anderen müssen beim Legen der Schnittteile Konstruktionsvorgaben berücksichtigt werden, die die spätere Verarbeitung beeinflussen könnten. Diese Vorgaben werden als **Legebeschränkungen** bezeichnet. Je nach Genre des Unternehmens oder der Kollektion werden sie betriebsbezogen festgelegt und müssen sowohl beim manuellen als auch beim computerunterstützten Verfahren der Schnittbilderstellung beachtet werden.
Die Daten über die Legebeschränkungen der Schnitteile stammen aus der Gradierabteilung.

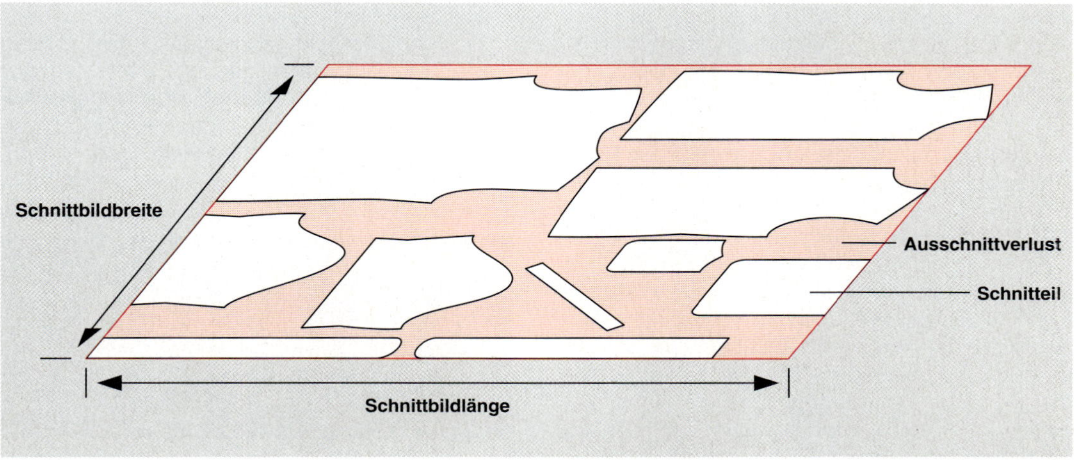

Das Schnittbild

Dort ist für jedes Schnitteil eines Modells und für bestimmte Materialgruppen festgelegt worden, ob zur besseren Materialausnutzung z. B. aus dem Fadenlauf gedreht, um die X- oder Y-Achse gespiegelt oder an einer vorgegebenen Schnittlinie geteilt werden darf. Eine genaue Festlegung der Legebeschränkungen für jede Schnittschablone bei einer bestimmten Materialgruppe eines Schnittbildes ist die Voraussetzung für die Qualität der zugeschnittenen Teile. Für **Jeany,** deren Oberstoff aus einer Baumwollqualität mit farbigen Blockstreifen besteht, lautet die Legebeschränkung, daß sie nicht aus dem Fadenlauf gedreht werden darf. Nur die nicht sichtbaren Schnitteile dürfen gegen den Fadenlauf gedreht werden, um eine bessere Stoffausnutzung zu erreichen.

Die Daten über das Material selbst kommen aus dem Musterstofflager. Anhand einer Stoffprobe sind die Richtungsorientierung und die Musterung bestimmt worden. Diese Informationen sind auf einem Formblatt für jeden Oberstoff-, Futter- oder Einlageartikel festgehalten. Jeder Artikel einer Saison ist einer bestimmten Materialgruppe zugeordnet, für die jedes Unternehmen eigene **Standardbreiten** festgelegt hat. Als Standardbreite wird die **Nutzbreite** bezeichnet, die sich aus der Warenbreite minus Randabfall, z. B. für die Webekante, ergibt. Dabei sollte es das Ziel sein, die größtmögliche Schnittbildbreite bei einem bestimmten Artikel oder einer Materialgruppe zu erhalten. Aus dem Verhältnis von Nutzbreite zur tatsächlich durch das Schnittbild bedeckten Fläche ergibt sich der Materialnutzungsgrad. Er wird in Prozent angegeben, wobei 70 bis 90% üblich sind. Die nicht durch Schnitteile im Schnittbild genutzten Flächen werden als Ausschnittverlust bezeichnet und ebenfalls in Prozent angegeben.

Die Schnittbildlänge ist ebenso wie der **Materialnutzungsgrad** ein kalkulatorischer Wert. Sie werden für jedes Modell unter Berücksichtigung eines bestimmten Artikels und für jede Größe ermittelt. Auf der Grundlage dieser Informationen und noch weiterer Daten, beispielsweise aus dem Rohwarenlager über die tatsächliche Mindestbreite der Ware, der Zuschneideaggregate in den Betriebsstätten, der Betriebsmittelauslastung oder bestehender Termine, kann eine Lagenoptimierung erfolgen. Das Ergebnis der **Lagenoptimierung** ist die Anweisung für die zu legenden **Produktionsschnittbilder.**

Richtungsorientierung und Musterung
Bei der **Richtungsorientierung** lassen sich die textilen Materialien in drei Kategorien einteilen:.

- Die textile Fläche kennt **keine Richtungsorientierung.** Die Schablonen können in allen Richtungen ausgelegt werden. Materialien dieser Kategorie sind z. B. Faservliese und Filze.

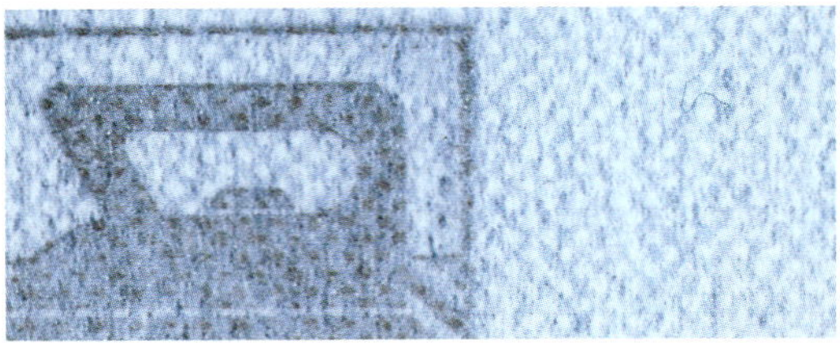

Vlies zum Aufbügeln

Feinstfaservliese als Ledererersatz

- Waren mit beidseitig gleicher Optik oder Waren ohne Strich, z. B. Futterstoffe, beschichtete Waren und einige Blusenstoffe. Auch der Stoff für **Jeany** gehört in diese Kategorie. Auf diesen textilen Flächen dürfen die Schablonen **in zwei Richtungen** parallel zur Kettrichtung gelegt werden.
  Die Entscheidung, welche Schnittschablonen in Richtung des Fadenlaufs gelegt werden müssen, hängt von der Einteilung des Schnittsatzes nach **Haupt- und Nebenschablonen** ab. Hauptschablonen sind alle sichtbaren Schnitteile des Modells und Nebenschablonen die verdeckt oder innenliegenden Schnitteile.

Materialien mit Richtungsorientierung parallel zur Kettrichtung

- Textile Flächen dieser Kategorie weisen eine Strichrichtung auf. Es sind Gewebe mit Strich oder Maschenstoffe. Bei diesen Materialien dürfen die Schablonen auf der textilen Fläche nur jeweils **in einer Richtung im Fadenlauf** ausgelegt werden.
  Bei Florgeweben wie Samt und Cord werden die Schablonen gegen die Strichrichtung gelegt. Maschenstoffe und Waren mit einem ausgeprägten Strich werden in Strichrichtung gelegt. Waren mit leichtem Strich können entweder mit oder gegen die Strichrichtung ausgelegt werden.

Materialien mit einer Richtungsorientierung

Neben der Richtungsorientierung ist die **Musterung** der textilen Fläche ausschlaggebend für die Ausnutzung des Materials. Soll die Wirkung eines bestimmten Musters im fertigen Bekleidungsstück aufgegriffen werden, so müssen die Schablonen im Schnittbild entsprechend ausgerichtet werden. Beim Zusammensetzen der Naht müssen bestimmte Anforderungen an eine mustergerechte Verarbeitung erfüllt werden. Typische Anforderungen lauten:

- Das Muster soll sich symmetrisch fortsetzen.
- Das Muster soll sich symmetrisch und rapportgerecht fortsetzen.
- Das Muster darf asymmetrisch, muß aber querabgestimmt sein.
- Das Muster darf asymmetrisch, muß aber im Rapport fortgesetzt sein.

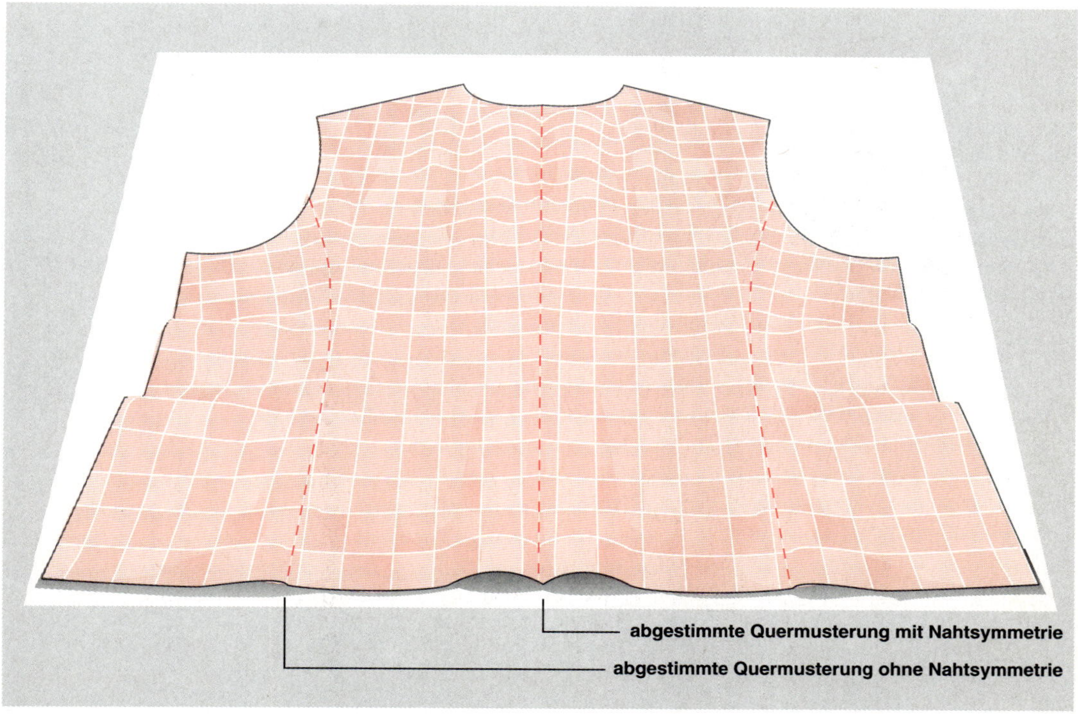

Anforderungen an Musterung und Symmetrie nach Schließen der Naht

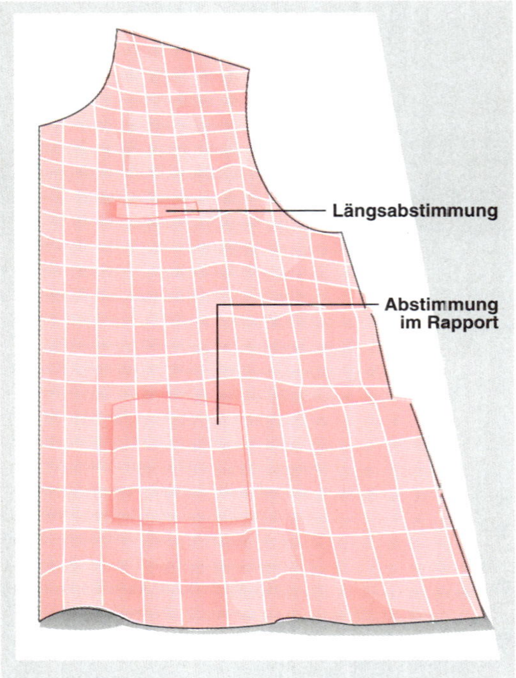

Mustergerechte Verarbeitung eines Vorderteiles

Materialien mit Musterung

Ein höherer Stoffverbrauch und ein größerer Zeitaufwand sind die Folge, je größer und auffälliger der **Rapport in Quer- und Längsrichtung** ist. Diese Verarbeitungsweise trifft für alle **symmetrischen** und **asymmetrischen** sowie **kopfgemusterten Waren** zu.
Die Richtlinien, nach denen Schnittbilder eines Schnittauftrages erstellt werden, sind prinzipiell festgelegt. Sie können aber auch je nach Genre, Auftragsgröße und verfügbarer Zuschneidetechnologie individuell auf die vorgegebenen Bedingungen abgestimmt werden.
Oberste Regel ist jedoch immer, die wirtschaftlichste Methode für das jeweilige Unternehmen zu finden.

Schnittbildarten

Werden Legebeschränkung, Strichrichtung und Musterung beim Schnittbildlegen berücksichtigt, steigt der Materialverbrauch. Auch die gewählte **Nutzbreite** der Stofflage und die **Anzahl der Größen und Modelle,** die in einem Schnittbild zusammengefaßt werden, beeinflussen den Materialnutzungsgrad.

Es lassen sich verschiedene Schnittbildarten unterscheiden:

Halbbild

Das Halbbild enthält die Hälfte der Schnitteile eines Modells. Es wird bei gedoppelter Ware oder bei Schlauchware verwendet.

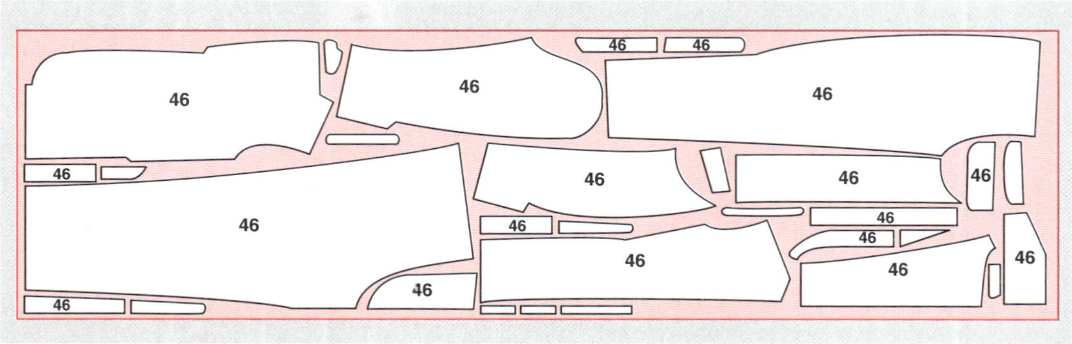

Halbbild eines Herrenanzuges

Ganzbild

Das Ganzbild enthält sowohl rechte als auch linke Schnitteile eines Modells. Es wird für breit gelegte Ware angewendet.
Wie bei allen Mehrgrößenbildern wird auch hier die Ware breit gelegt, nicht gedoppelt und nicht als Schlauchware gelegt.

Ganzbild als gespiegeltes Halbbild

Eine Kombination aus Halbbild und Ganzbild ist das gespiegelte Ganzbild. Bei dieser Schnittbildart wird die Hälfte der Schnitteile eines Modells ausgelegt und anschließend durch eine Spiegelung an der Längsachse zu einem Ganzbild ergänzt. Es kann nur für breit gelegte Ware verwendet werden.

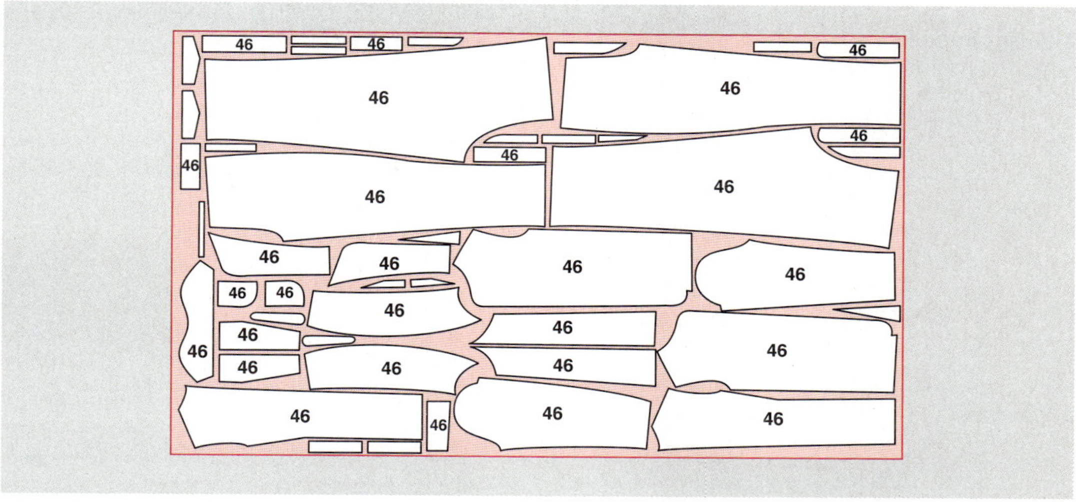

Ganzbild eines Herrenanzuges in Größe 46

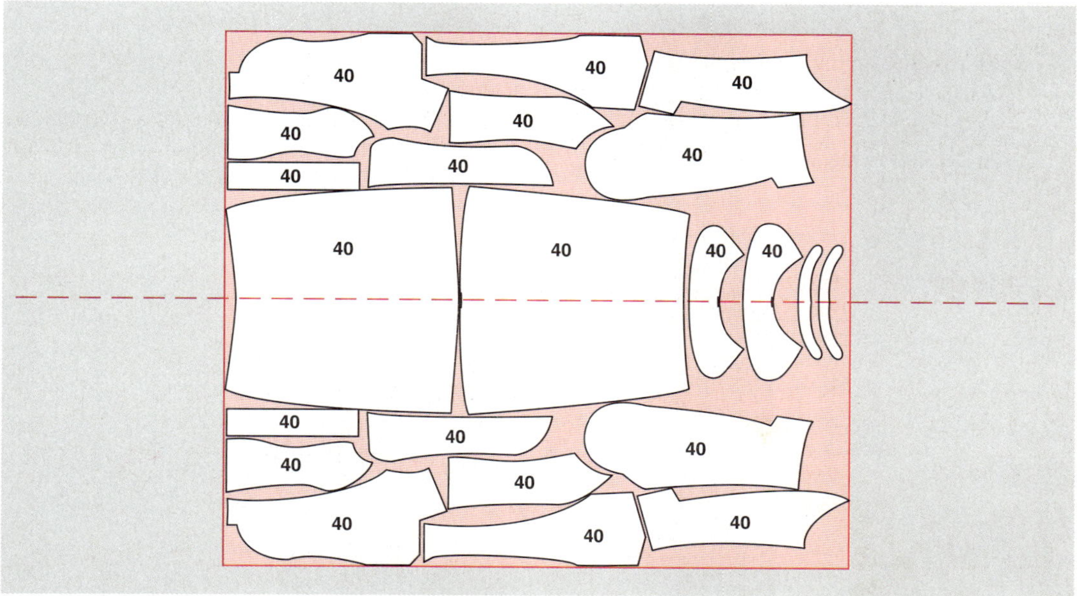

Gespiegeltes Halbbild eines Damenkostüms Größe 40

Die Kombination der Größen, hintereinander- oder ineinandergelegt, führt zu weiteren Schnittbildarten, die den Materialnutzungsgrad verbessern.

Eingrößenbild
Das Eingrößenbild, als Halb- oder Ganzbild gelegt, enthält nur eine Größe.

Mehrgrößenbild
Das Mehrgrößenbild kann ebenfalls als Halb- oder Ganzbild gelegt werden. Es enthält mehr als eine Größe, die gleich oder unterschiedlich sein können. Wie viele Größen in einem solchen Bild zusammengelgt werden, hängt von den zur Verfügung stehenden Betriebsmitteln und dem Genre ab. In jedem Fall wird beim Mehrgrößenbild gegenüber dem Eingrößenbild der Anschnitt gespart, was zu einer Verminderung des Materialbedarfs beiträgt.
Zusätzlich können in einem Mehrgrößenbild mehrere Legevarianten angewendet werden.

Mehrgrößenbildkette
Bei dieser Variante werden zwei oder mehrere gleiche oder unterschiedliche Größen hintereinander zu einem in sich abgeschlossenen rechteckigen Schnittbild gelegt.

Verzahntes Mehrgrößenbild
Die Größen werden zwar auch hintereinandergelegt, die Enden der Schnittbilder dürfen jedoch ineinander übergehen.

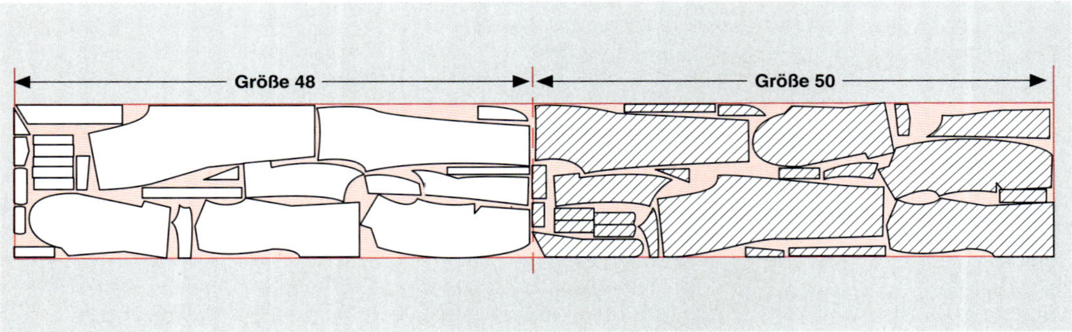

Ausschnitt aus einer Mehrgrößenbildkette

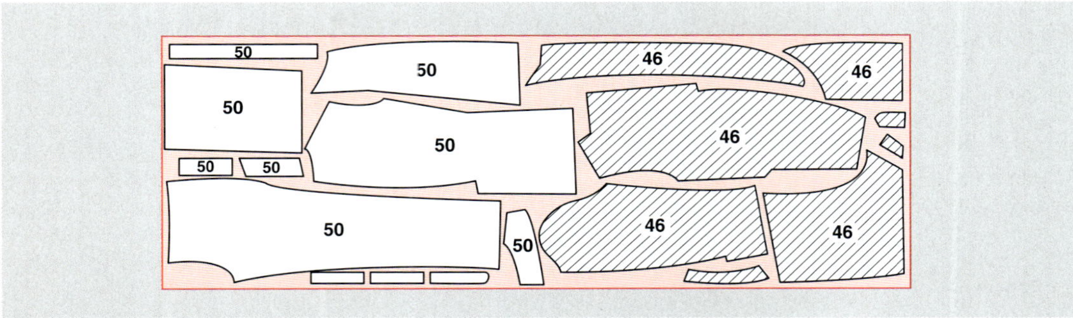

Ausschnitt aus einem verzahnten Mehrgrößenbild

Gemischtes Mehrgrößenbild

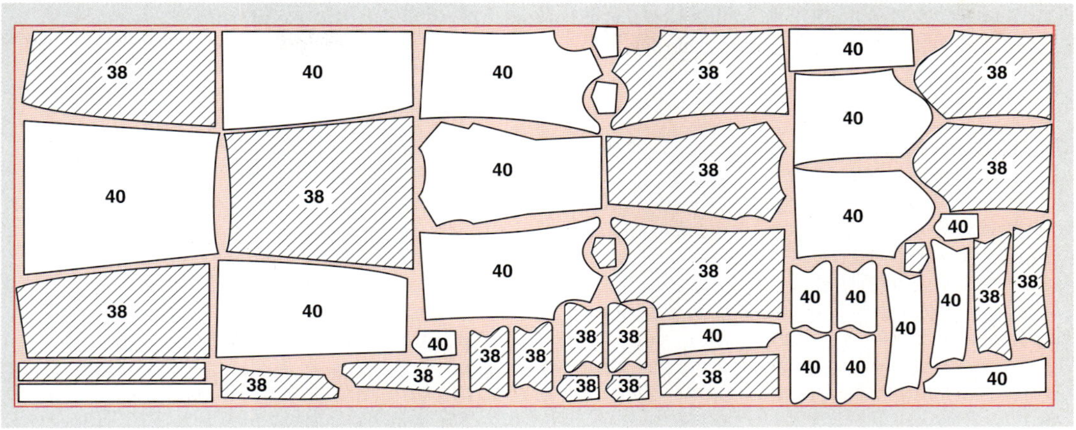

Ausschnitt aus einem gemischten Mehrgrößenbild

Die Schablonen für mehrere Größen liegen in einem Schnittbild vermischt ineinander und gewährleisten die größte Materialausnutzung.

Verfahren der Schnittbilderstellung

Mit dem Auslegen der Schnitteile zu einem Schnittbild ist die Schnittentwicklung abgeschlossen, und der Zuschnitt der eingegangenen Aufträge beginnt.
Viele Unternehmen lassen einen Anteil ihrer Fertigung im In- und / oder Ausland als Lohnkonfektion arbeiten. Ein solcher Betrieb erhält je nach vorhandener Produktionsstruktur entweder die für den Schnittauftrag notwendigen Schnittschablonen mit / oder ohne Oberstoff und Zutaten sowie mit / oder ohne Musterschnittbild im DIN A4-Format geliefert. Eine andere Form ist es, dem Betrieb gezeichnete Schnittbilder ebenfalls mit / oder ohne Oberstoff und Zutaten zu schicken. Einigen Unternehmen senden dem Betrieb die schon zugeschnittenen Teile und Zutaten eines kompletten Auftrages zu.
Gemäß den Betriebsmitteln im Zuschnitt des Fertigungsbetriebes müssen die Schnittbilder nach sehr unterschiedlichen Verfahren hergestellt werden.
Die am häufigsten vorkommenden Verfahren werden an dieser Stelle vorgestellt:

Handzeichenverfahren verwenden Schnittschablonen in Originalgröße. Sie werden entweder direkt auf die Stofflage oder auf die oberste Lage eines Stapels oder auf ein der Materialbreite entsprechendes Heißsiegelpapier aufgebracht. Die Konturen der Schnittschablonen werden anschließend mit Kreide, Blei- oder Farbstift umfahren.

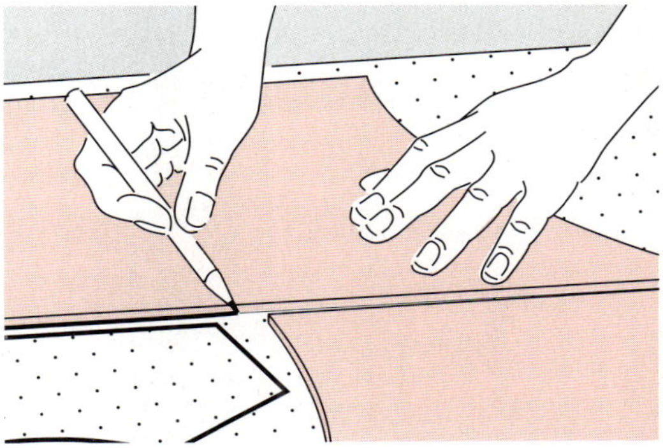

Handzeichenverfahren

Beim **Sprühverfahren** werden feuchtigkeitsbeständige Schablonen auf die oberste Stofflage aufgelegt und anschließend mit einer Sprüheinrichtung eingefärbt. Die Farbe befindet sich nach Abnahme der Schablonen im Ausschnittverlust, im Randabfall und im Anschnitt.

Lichtpausverfahren lassen sich unterscheiden nach Verfahren ohne Mutterschnittbild und mit Mutterschnittbild. Bei Verfahren ohne Mutterschnittbild werden die Schnittschablonen auf einem lichtempfindlichen Papier ausgelegt, mit einer Transparentfolie abgedeckt und belichtet. Wie beim Sprühverfahren markieren die belichteten Stellen den Ausschnittverlust.
Durch Lichtpausverfahren mit Mutterschnittbild können Kopien einmal gelegter Schnittbilder erzeugt werden.

Verfahren, bei denen die Schablonen in Originalgröße verwendet werden, haben oftmals zur Folge, daß die Übersichtlichkeit bei der Optimierung des Materialverbrauches eines Schnittbildes verlorengeht. Durch Verfahren der **Kleinschnittbilderstellung** wird dieses Problem verringert. Mit einem mechanischen Hilfsmittel, dem Texograph, werden die Originalschablonen auf einen Maßstab 1 : 5 verkleinert. Die verkleinerten Schablonen werden anschließend auf einer im Maßstab verkleinerten Schnittbildbreite ausgelegt und optimiert. Durch Fotografie oder Fotokopie können die fertigen Schnittbilder in den Originalmaßstab übertragen oder archiviert werden.

Computerunterstützte Verfahren zur Schnittbilderstellung werden an **CAD / CAM-Systemen** ausgeführt. Diese Doppelbezeichnung steht für **Computer Aided Drafting / Computer Aided Manufacturing,** heißt übersetzt computerunterstütztes Zeichnen / computerunterstützte Fertigung und kennzeichnet den Übergang zwischen Entwicklung und Produktion.
Übertragen auf das Verfahren der computerunterstützten Schnittbilderstellung, bedeutet es, daß die Daten aus dem Konstruktions- oder Gradierprogramm der CAD-Anlage so weit bearbeitet werden, daß ein Zuschneideautomat nach diesen Daten den Lagenstapel mit oder ohne Auflage eines Schnittbildes ausschneiden kann.
Mit diesem Verfahren können Schnittbilder für alle Materialien gelegt werden. Bei Waren mit einem Karo oder Streifen können die Rapportbreite und -länge, sofern erforderlich, eingegeben werden. Hilfslinien auf dem Bildschirm erleichtern danach die optische Ausrichtung. Über eine Festlegung von Paßpunkten an den Schnitteilen wird zusätzlich eine nicht rapportgerechte Lage der Schnitteile mit oder ohne **Nahtsymmetrie** verhindert. Außerdem können bei einem computerunterstützten Zuschnitt über ein Zusatzprogramm die optimalen Schneidwege bestimmt werden.
Diese Systeme arbeiten mit unterschiedlichen Verfahren.

Systeme mit **interaktiven Verfahren** erlauben es den Anwendern, sofort nach Eingabe der

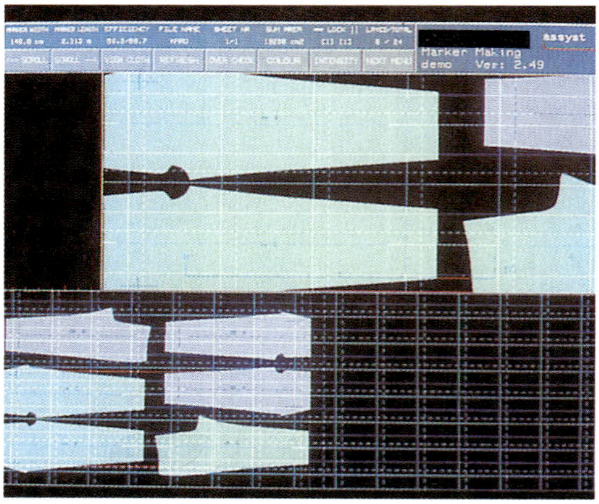

Rapportgerechtes Schnittbildlegen

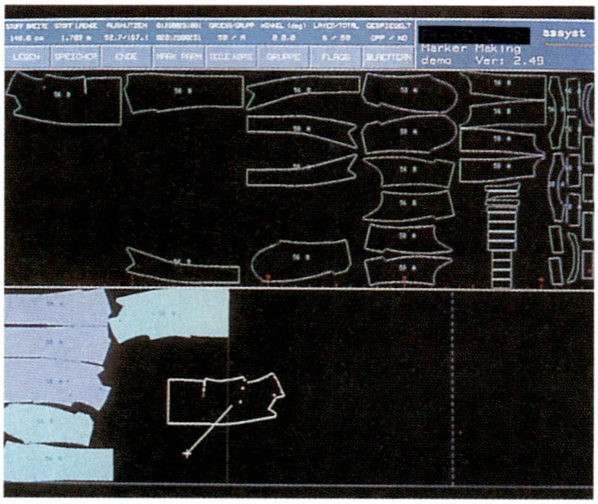

Plazierung der Schnittteile

Daten eine entsprechende Programmreaktion auf dem Bildschirm zu sehen, worauf sie wiederum mit einer erneuten Eingabe reagieren können.
Diese Systeme stellen nach der Vorbereitung des Schnittbildauftrages alle Schnittteile von einem oder mehreren Modellen in den gewählten Größen bereit. Über einen Lichtstift können nun die Anwender nach ihrem Fachwissen die Reihenfolge der Verteilung der Haupt- bzw. Nebenschablonen auf der vorgegebenen Schnittbildfläche ausführen. Als Hilfestellung dienen ihnen dabei die Richtlinien für die Schnittbilderstellung, die allgemein oder betriebsintern festgelegt sind, und die Angabe des Computers über die Schnittbildlänge und den aktuellen Materialnutzungsgrad.

Halbautomatische Verfahren werden häufig bei Schnittaufträgen verwendet, die mehrere Größen pro Modell enthalten. Die erste Größenkombination kann dann interaktiv gelegt werden.

Bei den weiteren Größenkombinationen dient dieses Schnittbild dem Computer als Vorlagemuster. Die hohe Ähnlichkeit der Schnitteilkonturen und -flächen und die gleiche Anzahl der Modelle und Größen sind die Voraussetzung für die Anwendung dieses Verfahrens. Überlappungen, die bei der Schnittbilderstellung entstehen, müssen im nachhinein interaktiv korrigiert werden.

Vollautomatische Verfahren greifen nicht auf archivierte Schnittbilder zurück.
Sie ermitteln den optimalen Materialnutzungsgrad auf der Grundlage der berechneten Flächen und Konturen der Schnitteile und der zur Verfügung stehenden Schnittbildfläche.
Diese Verfahren finden bisher in der Praxis nur selten Anwendung, da die Berechnung nur eines Schnittbildes oftmals mehrere Stunden in Anspruch nehmen kann und die Qualität aufgrund der noch nicht sehr ausgereiften Rechenprogramme nicht immer den betrieblichen und wirtschaftlichen Ansprüchen gerecht wird.

Schnittbilderstellung mit dem Computer

?

1. Teilen Sie den menschlichen Körper in acht Strecken ein, und benennen Sie die Proportionsbereiche.

2. Nennen Sie die Kennmaße, die in der DOB, der Haka, der Miederwaren- und der Kinderbekleidung vorkommen und das Kennmaß für Herrenhemden.

3. Ordnen Sie die unter a) bis l) aufgeführten Größennummern den nebenstehenden Bekleidungsbereichen zu:

a) 17, 18	normale Männergrößen
b) 38, 40	starkhüftige Größen, DOB
c) 28, 29	Größen für Miederwaren
d) 046, 048	schlanke Größen, Haka
e) 75, 80	Normalgrößen, DOB
f) M, L	Größen für Herrenhemden
g) 542, 544	kurze normalhüftige Größen, DOB
h) 56, 58	schmalhüftige Größen, DOB
i) 76, 80	untersetzte Größen, Haka
k) 106, 110	lange normalhüftige Größen, DOB
l) 39/40, 41/42	amerikanische Größen.

4. Erläutern Sie den Unterschied von Grund-, Modell- sowie Produktionsschnitt.

5. Was versteht man unter „Gradieren“?

6. Welche Folgen hat ein hoher Ausschnittverlust für ein Unternehmen?

7. Auf welcher textilen Fläche können die Schablonen in allen Richtungen ausgelegt werden?

8. Wie heißt dieses Schnittbild, und wie viele Größen beinhaltet es?

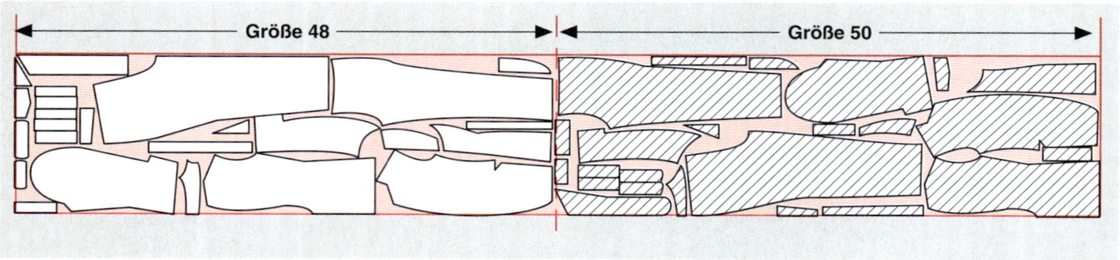

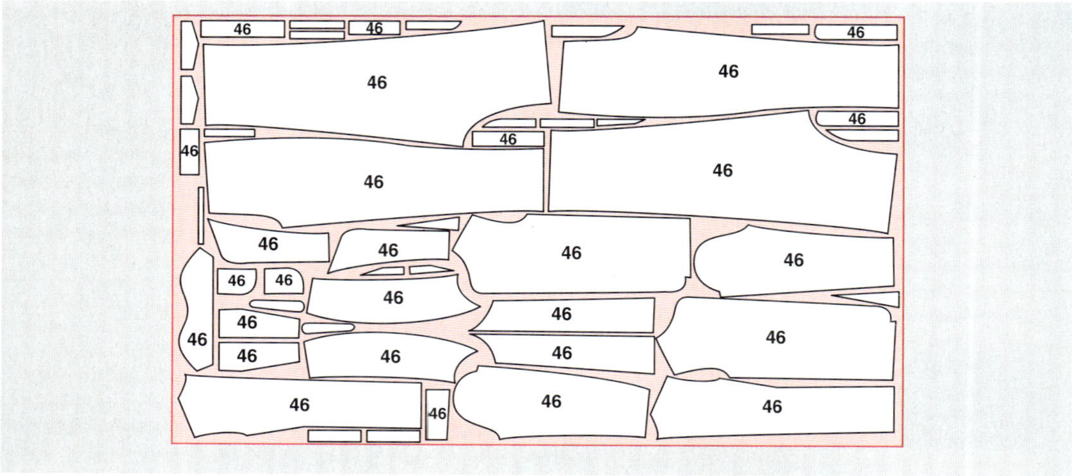

4 Planung, Steuerung und Kontrolle in der Fertigung

Schon während der Phase der Kollektionsentwicklung von **Jeany** werden Daten erstellt und gesammelt, die später eine Grundlage für die Fertigungsplanung sein werden. In der Modellbeschreibung sind alle Daten über Jeany selbst zusammengetragen: welche Form sie hat, aus welchen Materialien sie gefertigt werden soll und welche Schnitteile zu ihr gehören. Die Vorkalkulation berechnet die Kosten und legt einen Verkaufspreis fest. Durch die Herstellung eines Erstmusters ist eine vorläufige Arbeitsplanung entstanden. Schon zu diesem Zeitpunkt werden Qualitätsrichtlinien für Jeany festgelegt, anhand derer während und nach der Produktion die gefertigten Teile stichprobenartig begutachtet werden sollen.

Steht die Anzahl der georderten Kollektionsteile fest, beginnen die innerbetrieblichen Planungen für die Serienfertigung von Jeany, die in verschiedenen Stoffen, Farben und unterschiedlichen Größen geordert worden ist. Mit diesen Daten können der Materialeinkauf und die Arbeitsvorbereitung Materialmengen und Arbeitszeiten für die Auftragsbearbeitung im Zuschnitt und in der Fertigung kalkulieren. Damit Jeany's Serienfertigung ohne Probleme abläuft, stellt die Arbeitsvorbereitung für die entsprechenden Abteilungen Auftragsanweisungen aus und legt Fertigstellungstermine für die einzelnen Produktionsbereiche – Zuschnitt, Einrichtung, Fertigung, Bügelei, Endkontrolle – fest. Darüber hinaus werden Arbeits- und Maschinenpläne zusammengestellt, die Arbeitsplätze den Anforderungen der einzelnen Arbeitsgänge entsprechend gestaltet, und die Näherin wird in veränderte Arbeitsabläufe eingewiesen. Wenn das Material zum vorgesehenen Zeitpunkt im Warenlager bereitliegt, kann Jeany's Produktion beginnen.

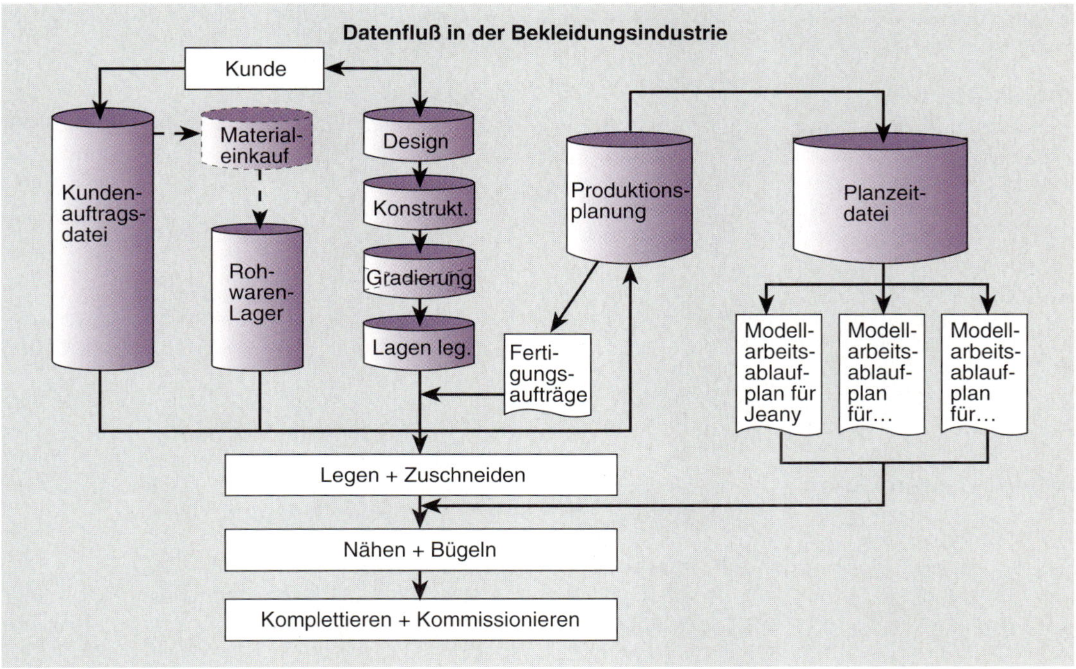

Datenfluß in der Bekleidungsindustrie

Schlüsselbegriffe

Ablauforganisation
Sie untersucht und steuert die betrieblichen Arbeiten und Arbeitsabläufe. Sie erforscht in erster Linie Arbeitsinhalt, Arbeitszeit, Arbeitsort und Arbeitszuordnung wiederkehrender Arbeitsabläufe.

Ablaufprinzipien der Fertigung
Ablaufprinzipien bestimmen Art und Umfang der Fertigung nach der die Betriebsmittel zu fertigungstechnischen Einheiten zusammengefaßt werden. In der Bekleidungsherstellung sind hauptsächlich die Werkstättenfertigung, die Fließfertigung und als eine Mischform aus beiden die Gruppenfertigung anzutreffen.

Arbeitsgestaltung
Die Arbeitsgestaltung wird auch als Systemgestaltung bezeichnet. Ihre Aufgabe besteht darin, die Arbeitsverfahren, die Arbeitsmethoden und die Arbeitsbedingungen, aber auch die Arbeitsplätze, Maschinen, Werkzeuge und Hilfsmittel zu verbessern oder neu zu entwickeln. Sie erstreckt sich auch auf die ablaufgerechte Gestaltung der Arbeitsgegenstände, beispielsweise der Schnitteile und Halbfertigfabrikate.

Arbeitsstudium
Das Arbeitsstudium umfaßt Methoden und Erfahrungen für die Gestaltung von Arbeitsplätzen und Arbeitsabläufen in der Fertigung und der Verwaltung. Ziel ist es, die Wirtschaftlichkeit des Betriebes zu verbessern und die Arbeit menschengerecht zu gestalten.
Das Arbeitsstudium bedient sich dabei der Erkenntnisse aus verschiedenen Fachdisziplinen wie der Arbeitswissenschaft, der Betriebswirtschaft, der Statistik, der Ingenieurwissenschaften, der Sozial- und Rechtswissenschaften, der Arbeitspädagogik, der Medizin u.a.

Arbeitsvorbereitung
Die Arbeitsvorbereitung ist eine Abteilung im Bekleidungsunternehmen, die zwischen der Kollektionsentwicklung und der eigentlichen Fertigung angesiedelt ist. Ihre Aufgabe ist es, die industrielle Fertigung planmäßig vorzubereiten, um einen störungsfreien, termingerechten und kostengünstigen Arbeitsablauf zu sichern. Zu ihren Hauptaufgaben zählen die Fertigungsplanung, die Fertigungssteuerung und die Fertigungskontrolle.

Aufbauorganisation
In der Aufbauorganisation werden die Aufgaben eines Unternehmens gegliedert, verschiedenen Stellen zugeordnet und es wird die Zusammenarbeit dieser Stellen geregelt.

CIM
Die Buchstaben **CIM** stehen als Abkürzungen für die Worte **C**omputer **I**ntegrated **M**anufacturing und bedeuten übersetzt rechnerintegrierte Bekleidungsfertigung. Auf den Betrieb bezogen, bedeutet CIM die umfassende und einbindende Anwendung der computerunterstützten Verfahren in allen Arbeitsbereichen des Betriebes.

Ergonomie
Diese Wissenschaft beschäftigt sich mit der Anpassung der Arbeit an den Menschen und seine Bedürfnisse. Wichtiger Schwerpunkt ist beispielsweise die Arbeitsplatzgestaltung, also die Konstruktion eines richtigen Arbeitsstuhles und Arbeitstisches.

Fertigungsverfahren
Das gewählte Fertigungsverfahren beeinflußt die Arbeitsgestaltung, also die Anordnung der Arbeitsplätze, ihre Verkettung und den Materialfluß. Es lassen sich die Fertigungsverfahren **Einzelfertigung** und **Serienfertigung** unterscheiden.
Die Wahl des Fertigungsverfahrens in einem Bekleidungsunternehmen ist abhängig von der Anzahl der Modelle und von der zu fertigenden Stückzahl je Modell.
Das Bekleidungshandwerk beispielsweise produziert meist nach dem Fertigungsverfahren der **Einzelfertigung** und ein Bekleidungsunternehmen überwiegend nach dem Fertigungsverfahren der **Serienfertigung.**

Just-in-time
„Just-in-time" bedeutet die Anlieferung einer Ware zum Zeitpunkt des Verbrauches. Es ist ein in den 70er Jahren in der japanischen Automobilinsdustrie entwickeltes Warenwirtschafts-

system. Der Vorteil dieses Systems liegt beim Empfänger der Ware, der die Lagerkosten spart. Im Zusammenhang mit den kurzen Entwicklungszeiten ist es auch für die Bekleidungshersteller interessant. Wenn die Hersteller von Ober- und Futterstoffen und Zutaten diese erst zum eigentlichen Fertigungszeitpunkt liefern, so werden hier Lagerkosten gespart, und die bestellten Mengen sind kurzfristig dem aktuellen Produktionsbedarf anzupassen. Ähnlich möchte sich der Handel verhalten, um seinen Kunden immer die aktuellen modischen Trends anzubieten. Dieses System funktioniert, solange keine Verzögerungen durch Maschinenausfall oder ähnliches auftreten.

Kalkulation
Unter Kalkulation wird die Berechnung der Kosten, beispielsweise für ein Modell, verstanden. Es werden die Vorkalkulation, Zwischenkalkulation und Nachkalkulation unterschieden.

Materialfluß
Im Zusammenhang mit der Bekleidungsfertigung wird der Materialfluß auf das Transportwesen von Rohstoffen, Betriebsmitteln und Halb- und Fertigfabrikaten bezogen. Der Materialfluß verbindet die einzelnen Bearbeitungsstationen, aber auch die Abteilungen in einem Unternehmen miteinander.

Organisation
Der Begriff der Organisation leitet sich vom griechischen Wort „organon" ab, das übersetzt Werkzeug bedeutet. Eine Organisation ist eine geschaffene Ordnung. Im Sinne der Betriebsorganisation umfaßt sie alle Maßnahmen, die für eine zweckmäßige Organisation des Betriebsgeschehens erforderlich sind, um Güter herzustellen oder Dienstleistungen bereitzustellen. Hierzu gehören die Aufbauorganisation und die Ablauforganisation im Betrieb mit den Teilbereichen Planung, Gestaltung und Steuerung und die zu diesem Zweck erforderliche Datenermittlung.

PPS-Systeme
Hinter dieser Abkürzung verbergen sich die Worte **P**roduktions**p**lanung und -**s**teuerung. Es sind computergesteuerte Systeme, die die Auftragsabwicklung vom Angebot bis zum Versand unterstützen. Die Produktionsplanung gliedert sich in Produktionsprogrammplanung und Mengenplanung. Die Produktionssteuerung unterteilt sich in Termin- und Kapazitätsplanung, Auftragsveranlassung und Auftragsüberwachung.

Qualität
Der Begriff Qualität kommt aus dem Lateinischen und bedeutet Beschaffenheit, Güte und Wert eines Produktes oder einer Dienstleistung. Die Gesamtqualität eines Kleidungsstückes setzt sich aus mehreren Merkmalen zusammen, wobei die wichtigsten sich auf Oberstoff, Futterstoff, Zutaten, Paßform, Gebrauchs- und Pflegeeigenschaften, Verarbeitung der Verbindungs, Versäuberungs- und Ziernähte beziehen.

Qualitätssicherung
Unter diesen Sammelbegriff fallen alle geplanten und festgelegten Tätigkeiten, die dazu dienen, die Qualitätsanforderungen an ein Produkt zu erfüllen. Die Qualitätsprüfung während und nach der Fertigung dient der Qualitätssicherung.

Quick Response
Der Begriff „Quick Response" kommt aus dem Englischen und bedeutet **„schnelle Antwort"**. Mit diesem Konzept soll der Informationsfluß und damit die Durchlaufzeit zwischen den einzelnen Stufen und Abteilungen verkürzt werden. Auf diese Weise sollen die Liegezeiten, die hohe Kapitalkosten binden, nachdrücklich verkürzt werden.
Durch die Nutzung des Produktionsfaktors Information soll sichergestellt werden, daß die richtige Ware zum richtigen Zeitpunkt am richtigen Ort ist.

REFA
REFA beschäftigt sich mit der Entwicklung des Arbeitsstudiums durch Auswertung arbeitswissenschaftlicher Erkenntnisse und mit der Systematisierung praktischer Erfahrungen. REFA ist die „Abkürzung für **Re**ichsausschuß **f**ür **A**rbeitsstudien". Er wurde 1924 gegründet, und seit 1951 ist sein Name „Verband für Arbeitsstudien – REFA – e. V." und hat seinen Hauptsitz in Darmstadt.

Weisungs- oder Organisationssysteme
Sie sind der Rahmen, der die verschiedenen Instanzen umfaßt und verbindet. Durch sie werden Verteilung von Aufgaben, Kompetenzen und Verantwortung geregelt.

4.1 Betriebsorganisation

Jedes Bekleidungsunternehmen ist bemüht, marktgerechte Bekleidungserzeugnisse zu entwickeln und diese nach wirtschaftlichen Gesichtspunkten herzustellen und zu vertreiben. Auch das Unternehmen, das **Jeany** produziert, hat sich dieses Ziel gesetzt. Wie wir in Kapitel 1 erfahren haben, produziert Jeany's Unternehmen verschiedene Erzeugnisse aus dem Branchenbereich der Damenoberbekleidung. Ein solches **Betriebsziel** stellt hohe Anforderungen an die **Planung der betrieblichen Organisation,** denn die Schnittentwicklung und die Fertigung einer Bluse unterscheiden sich erheblich von den Arbeitsvorgängen, die an einem Mantel auszuführen sind.

Wenn durch das Produktionsprogramm das Betriebsziel festgelegt ist, ist es zweckmäßig, dieses in Aufgaben zu gliedern, die schließlich von Mitarbeitern erfüllt werden können.

Eine solche Gliederung der Aufgaben vollzieht sich in zwei Stufen:

Stufe 1:	**Aufgabengliederung**	Zerlegung des Betriebszieles in Haupt-, Teil- und Einzelaufgaben
Stufe 2:	**Stellen- und Abteilungsbildung**	Zusammenfassen von Einzelaufgaben zu Stellenaufgaben

Hierbei ist zu berücksichtigen, daß in großen Unternehmen mit vielen Mitarbeitern die Fragen der Organisation bis ins Detail geklärt werden müssen. Daraus folgt, daß die Aufgaben genau beschrieben und die Zuständigkeiten und Verantwortungsbereiche klar abgegrenzt sein müssen.

Am Beispiel des Bekleidungsunternehmens, in dem **Jeany** produziert wird, sollen die zwei Stufen einer betrieblichen **Aufbauorganisation** verdeutlicht werden.

Die Organisation des Aufbaus

Stufe 1: Aufgabengliederung

Um den **Aufbau** einer Organisation festzulegen, wird das betriebliche Ziel zuerst in große Aufgabenbereiche, die **Hauptaufgaben,** gegliedert, die wiederum durch **Teilaufgaben** und zum Schluß durch **Einzelaufgaben** genau beschrieben werden. Auf diese Weise ergeben sich **technische, kaufmännische** und **verwaltende** Tätigkeiten.
Die Liste auf der folgenden Seite ist nur eine grobe Zusammenstellung derjenigen Aufgaben, die notwendig sind, um das Betriebsziel, eine Blusenkollektion in **Jeany's** Unternehmen zu fertigen, zu erreichen. Wenn dieser grobe Aufgabenplan noch weiter durch die Beschreibung von **Teil-** und **Einzelaufgaben** verfeinert wird, ergibt sich ein Gesamtbild aller auszuführenden Tätigkeiten.

Stufe 2: Stellen- und Abteilungsbildung

Durch die Zusammenfassung gleichartiger **Einzelaufgaben** ist ein erster Schritt zur Bildung einer Stelle getan. Hier sind verschiedene Arbeiten, die zur Fertigung eines Erstmusters von **Jeany** notwendig sind, zu einer **Stellenaufgabe** verbunden. Sie kann von einer Bekleidungsschneiderin in der Musternäherei ausgeführt werden. Die Zuordnung von Einzelaufgaben zu Stellenaufgaben sollte einen gleichmäßigen Arbeitsfluß ermöglichen.
Diese Stellen bilden die kleinsten **Organisationseinheiten** eines Betriebes und sind die Bausteine einer Abteilung.

In den folgenden Übersichten wird diese Aufgliederung am Beispiel der Hauptaufgabe **Produktentwicklung** gezeigt.

Verkaufssteigerung: Werbung, Verkauf, Kundenorientierung, Marktforschung, Konkurrenzsituation, Produktgestaltung, Absatzwege → alle Punkte aufeinander abstimmen ⇒ Kundenorientierung

Nr.	Hauptaufgaben	technisch	kaufmännisch	verwaltend
1	Marketing durchführen		●	
2	Unternehmensplanung durchführen			●
3	Produkt entwickeln	●		
4	Verkauf durchführen und Auftrag bearbeiten		●	
5	Materialwirtschaft bearbeiten	●		
6	Fertigung planen	●		

Nr.	Teilaufgaben	technisch	kaufmännisch	verwaltend
3.05	Produktentwicklung für eine Blusenkollektion vorbereiten	●	●	●
3.10	Daten der Blusenkollektion der vergangenen Saison ermitteln		●	
3.15	modische Informationen zum Thema Form und Material für Blusen ermitteln		●	
3.20	Kollektionsrahmenplan für die Kollektionen der Saison erstellen	●		
3.25	Kollektionsmaterial für Jeany beschaffen	●	●	
3.30	Erstmodellschnitt für Jeany anfertigen	●		
3.35	Erstmodell von Jeany anfertigen	●		
3.40	Materialbedarfsstückliste für Jeany erstellen		●	

Nr.	Einzelaufgaben	Einzelaufgaben für Jeany
3.35.1	Material zuschneiden	● nach Vorgabe des Schnittbildes den Oberstoff zuschneiden ● nach Vorgabe des Schnittbildes die Einlage zuschneiden
3.35.2	Material fixieren, nähen und bügeln	● die Einlage auf die gekennzeichneten Oberstoffteile fixieren ● Verarbeitungsschablonen anfertigen ● nach einem allgemeinen Arbeitsplan die Teile fertigen und bügeln
3.35.3	relative Fertigungszeiten ermitteln	● relative Fertigungszeiten notieren
3.35.4	Formbeschreibung erstellen	● Formbeschreibung notieren ● technische Zeichnung mit Angaben zur Verarbeitung erstellen
3.35.5	Qualitätsrichtlinien festlegen	● Qualitätsrichtlinien für die Verarbeitung festlegen ● für die Fertigmaße Toleranzen festlegen
3.35.6	Erstmodell prüfen	● Paßform des Modells prüfen ● Verarbeitung überprüfen ● eventuell Verbrauchsmaße ermitteln ● Protokoll der Prüfung anfertigen

Aufgaben der Erstmusterfertigung

Organisationsformen der Leitung

Wenn der Abteilung die Arbeiten zur Erledigung zugeteilt sind, muß die Zuständigkeit geregelt werden. Dies bedeutet, daß bestimmt werden muß, ob eine Person oder eine Personengruppe die Arbeit allein oder nur in Verbindung mit anderen ausführen darf. Weiterhin wird festgelegt, wer die Verantwortung für die zu leistende Arbeit übernimmt und wem eventuell Rechenschaft abzulegen ist.

In der Musternäherei werden die Einzelaufgaben zur Anfertigung des Erstmusters von **Jeany** von mehreren Mitarbeitern, meist ausgebildeten Damenschneiderinnen, ausgeführt. Die Prüfung des gefertigten Erstmusters erfolgt zuerst durch einen leitenden Mitarbeiter dieser Abteilung, den **Abteilungsleiter.** Er trägt die Verantwortung für die Verarbeitung und die Anwendung der Qualitätsrichtlinien bei Herstellung der Erstmuster.
Das Arbeitsergebnis seiner Abteilung hat er gegenüber den **Abteilungsleitern** der **Entwurfsabteilung** und der Schnittmusterabteilung zu verantworten.

Die Abteilungsleiter der verschiedenen Abteilungen, die an der Kollektionsentwicklung beteiligt sind, sind dem **technischen Betriebsleiter** bzw. der **Geschäftsleitung** verantwortlich. Sie treffen die endgültige Entscheidung über die Kollektion.
Das Zuordnen der Aufgaben zu Stellen und das anschließende Festlegen der Entscheidungs- und Anordnungsbefugnis einer Stelle machen sie zur Instanz. Eine solche Über- und Unterordnung der verschiedenen Instanzen wird nach der Tragweite der zu treffenden Entscheidungen festgelegt.

Die Gliederung der Instanzen nach einer Rangordnung führt zur **Hierarchie** des Industrieunternehmens, aber auch des Handwerksbetriebes.

Die Beziehungen zwischen den einzelnen Stellen bzw. Instanzen können nach verschiedenen Systemen geregelt sein. Diese Systeme werden allgemein als **Weisungssysteme** bezeichnet. Die Schemata auf der Seite 95 zeigen die Hierarchieebenen in einem Bekleidungsunternehmen und in einem Handwerksbetrieb.

Teilaufgabe	Rang	Stelle / Instanz	Rangordnungen
Anfertigen eines Erstmusters für Jeany	Herstellung: Fertigen des Erstmusters	**Bekleidungsschneider**	**Ebene der Produktion**
	Entscheiden über die Abnahme des Erstmusters	**Leiter der Musternäherei**	**mittlere Instanz**
	Entscheidung: Kollektionsabnahme, zu der Jeany gehört	**Team der Abteilungsleiter Kollektionserstellung Geschäftsleitung**	**obere Instanz**

Beispiel einer Rangordnung der Instanzen

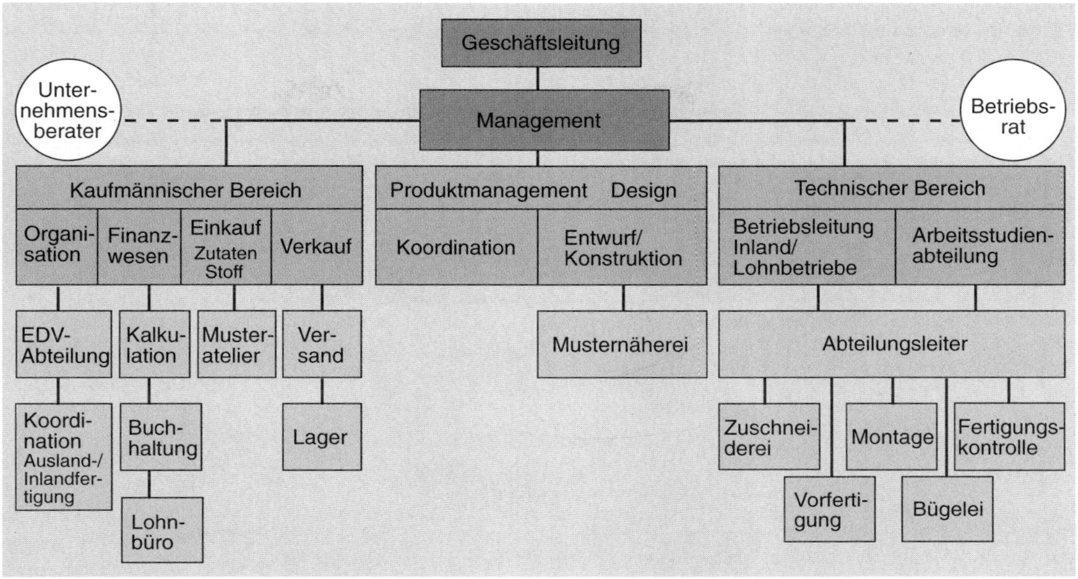

Weisungssystem eines Bekleidungsunternehmens

Wie an dem oberen Schema zu erkennen ist, führt der Aufbau einer Organisation in einem Bekleidungsbetrieb, wie es auch **Jeany's** Bekleidungsunternehmen ist, zu einer Verteilung von Zuständigkeiten zwischen den einzelnen Abteilungen. Die obere Führungsebene bildet die Unternehmensleitung, der verschiedene Abteilungen mit verwaltenden Tätigkeiten zuarbeiten. Alle weiteren Abteilungen sind technischen bzw. kaufmännischen Tätigkeiten zugeordnet.

In Handwerksbetrieben, die in der Regel Kleinbetriebe sind, schließt eine Hierarchie nur zwei Stufen, in einigen Fällen auch drei Stufen ein, wie das Schaubild zeigt.

Die wichtigsten Merkmale der Weisungssysteme sind noch einmal in der folgenden Tabelle zusammengefaßt.

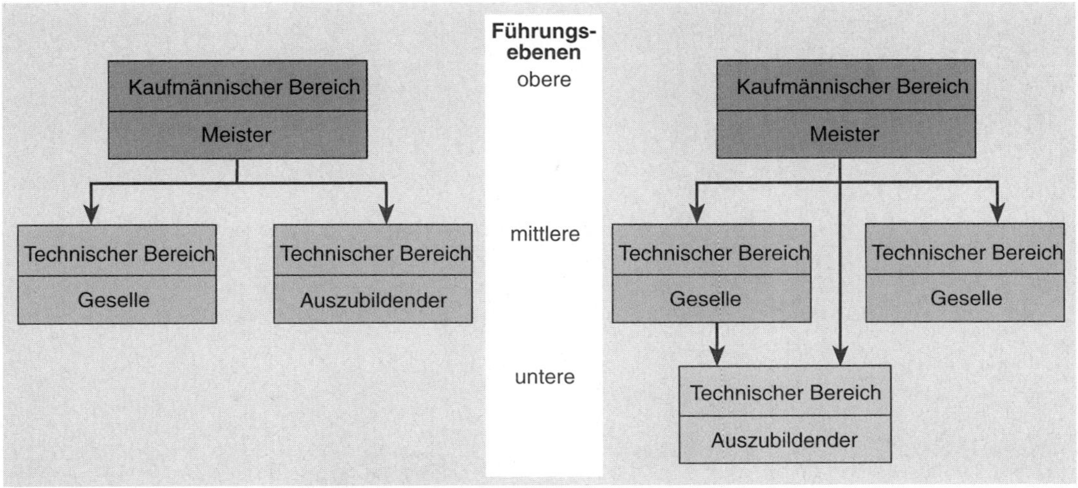

Weisungssysteme in Handwerksbetrieben

Merkmal	Autoritäres, patriarchalisches System = strenges Liniensystem	Liniensystem
Entwickler		H. Fayol (1841–1925)
Wesen des Systems	Mehrliniger Führungsaufbau ohne Kompetenzabgrenzung	Einliniger Führungsaufbau mit Kompetenzabgrenzung
Anwendung	Kleinbetriebe (Handwerk)	Kleinbetriebe
Prinzipdarstellung	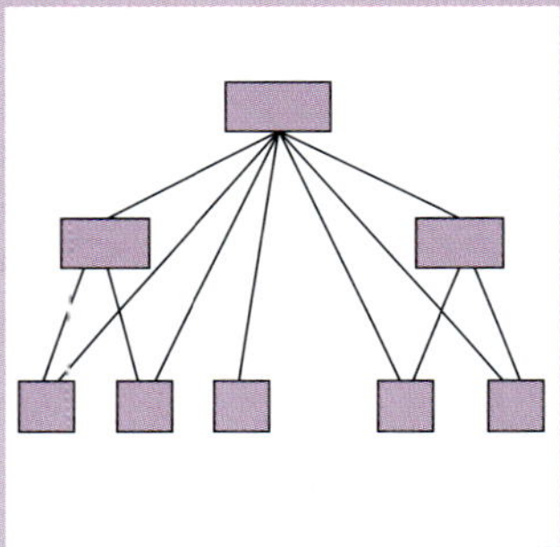	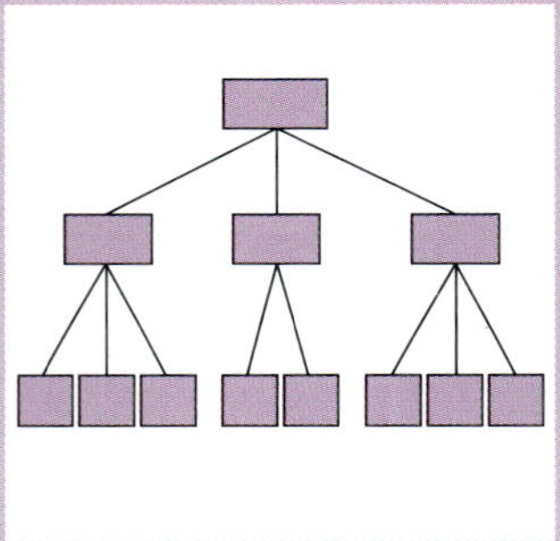
Vorteile	● klare Anweisungen	● klare Linie der Auftragserteilung und Verantwortung ● eindeutiger Befehlsweg bzw. Dienstweg
Nachteile	● unbeweglich ● undemokratisch	● starr ● schwerfällig
Beweglichkeit	gering	gering

Weisungssysteme

Mehrliniensystem bzw. Funktionssystem	**Stabliniensystem**	**Kooperatives System, Teamwork, Projektmanagement**
F. W. Taylor (1856–1915)		
Mehrliniger Führungsaufbau mit Kompetenzabgrenzung	Kombination aus Linien- und Funktionssystem mit einlinigem Führungsaufbau	Kann in Verbindung mit allen Führungssystemen angewendet werden
Bekleidungsindustrie	Großbetriebe	
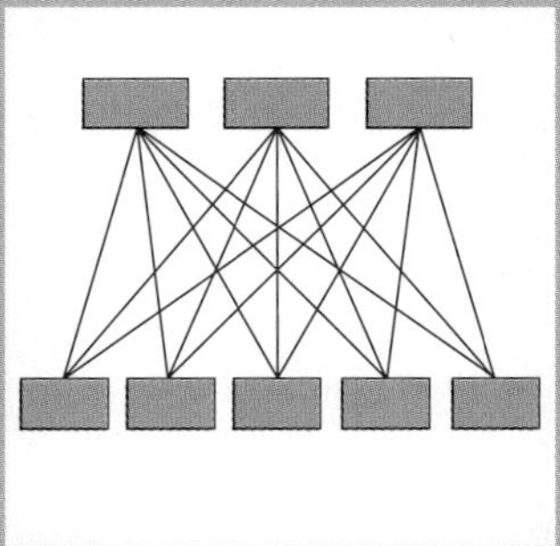	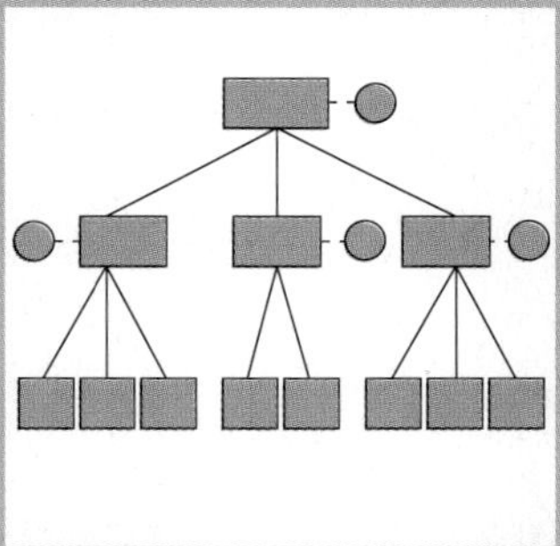	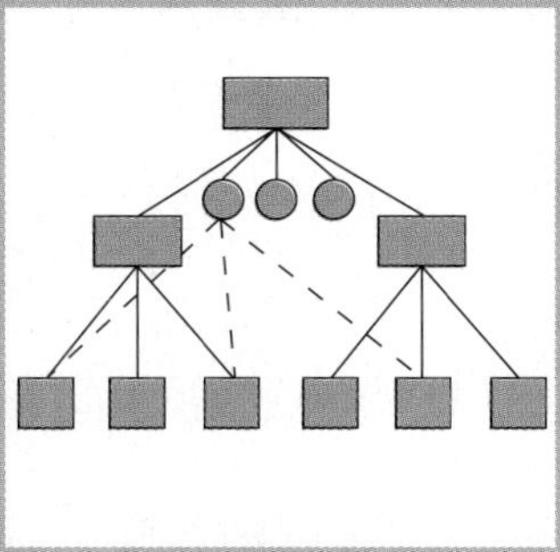
● Spezialisten für jeden Funktionsbereich (Aufgabenbereich)	● fachliche Beratung der Instanzen ● keine Anordnungsbefugnis	● Lösung bestimmter, zeitlich begrenzter Aufgaben
● keine klare Auftragserteilung ● Kompetenzüberschneidungen	● für Klein- und Mittelbetriebe zu teuer	● Zeitverlust durch zu lange Diskussionen
mittel	mittel	groß

Ablauforganisation

Der **Aufbau** des Bekleidungsunternehmens, in dem **Jeany** entsteht, ist mit den Methoden der Aufgabengliederung und der Zuweisung von Stellen festgelegt. Damit die Aufträge für das Modell „Jeany" zu einem vom Kunden gewünschten Zeitpunkt ausgeliefert werden können, müssen

- die Reihenfolge, der Zeitpunkt und die Verrichtungsweise der Arbeiten bestimmt werden,
- die Arbeiten und Arbeitsabläufe aufeinander abgestimmt werden,
- Material- und Arbeitsflüsse störungsfrei verlaufen und
- die Stellen gleichmäßig ausgelastet sein.

Dies wird durch die **Ablauforganisation** beeinflußt. Um dieses Ziel zu erreichen, müssen die betrieblichen Arbeiten und **Arbeitsabläufe** sorgfältig untersucht und gesteuert werden.
Die wichtigsten Merkmale zur Ordnung eines Arbeitsablaufes sind in der folgenden Abbildung zusammengefaßt:

Methoden und Hilfsmittel für die Untersuchung und Steuerung der betrieblichen Arbeitsabläufe bieten die Erkenntnisse, die in Arbeitsstudien der modernen Arbeitswissenschaft erforscht worden sind.
Auf die Zielsetzungen und Methoden des Arbeitsstudiums wird in einem späteren Kapitel eingegangen (siehe S. 115ff.).

Die Abteilung, die sich schwerpunktmäßig mit diesen Fragestellungen beschäftigt, ist die **Arbeitsvorbereitung.**
Aber auch in den **Entwicklungs-, Beschaffungs-** und **Vertriebsabteilungen** ist die Untersuchung der Arbeitsabläufe notwendig.

Der **Kollektionsnetzplan** in den Entwicklungsabteilungen ist ein Beispiel dafür. In ihm sind die Arbeitsabläufe der Kollektionserstellung in ihrer zeitlichen Abfolge und ihrer Zeitdauer festgehalten (siehe S. 20). Damit bietet er sowohl ein Planungs- als auch ein Steuerungsinstrument für die Kollektionserstellung.

Arbeitsinhalt	**Arbeitszeit**	**Arbeitsort**	**Arbeitszuordnung**
● Arbeitsgegenstand ● Teilarbeiten ● Arbeitsergebnis	● Zeitfolge ● Zeitdauer ● Zeitpunkt	● räumliche Entfernung zwischen den Teilarbeiten	● Zuordnung von Personen und Sachmitteln
Beispiel ● Schnitteile für Jeany ● Fixieren, Nähen und Bügeln ● Erstmuster von Jeany	**Beispiel** ● Arbeitsverteilungsplan ● Vorgabezeit	**Beispiel** ● Anordnung der Betriebsmittel in der Musternäherei	**Beispiel** ● Auswahl der Mitarbeiter ● Ausstattung des Arbeitsplatzes z. B. mit Zutaten, Nähapparaten

Merkmale der Ablauforganisation

4.2 Arbeitsvorbereitung oder Fertigungsvorbereitung

Die Begriffe **Arbeitsvorbereitung** und **Fertigungsvorbereitung** werden heute weitgehend bedeutungsgleich benutzt. Ihre Bestandteile sind die **Fertigungsplanung, Fertigungssteuerung** und **Fertigungskontrolle.**
Nach einer Definition des REFA-Verbandes für Arbeitsstudien e. V. umfaßt die Arbeitsvorbereitung „alle Maßnahmen der methodischen Arbeitsplanung und Arbeitssteuerung mit dem Ziel, ein Optimum aus Aufwand und Arbeitsergebnis zu erreichen“.

Sie stellt eine Verbindung zwischen der Modellentwicklung, Schnittkonstruktion und Erstmusterfertigung und den eigentlichen Fertigungsabteilungen dar.

In den größeren Unternehmen der Bekleidungsindustrie, zu denen auch **Jeany's** Unternehmen zählt, ist sie häufig eine **Stabstelle** der Technischen Leitung, die planende, steuernde und kontrollierende Aufgaben hat.

In den kleineren Unternehmen sind ihre Aufgaben den verschiedenen betrieblichen Abteilungen, beispielsweise der **Modellabteilung,** der **Schnittabteilung,** dem **Einkauf** oder der **Produktion,** zugeordnet.

planende Aufgaben	**steuernde Aufgaben**	**kontrollierende Aufgaben**
● die **Lege- und Zuschnittanweisungen** erarbeiten	● die **Aufträge** nach der optimalen Losgröße/ Auftragsgröße steuern	● die einlaufenden **Materialien** kontrollieren
● den **Fertigungsplan** erstellen ● den **Arbeitsplan** aufstellen ● den **Arbeitsverteilungsplan** entwickeln	● das **Material,** die **Betriebsmittel** und die **Betriebshilfsmittel,** wie beispielsweise Kantenlineale oder Arbeitsanweisungen, bereitstellen	● Die **Halbfertigprodukte** während der Fertigung kontrollieren
● die **Durchlaufzeiten** für ein Modell ermitteln und planen	● den **Terminplan** für die Fertigung aufstellen und laufend überprüfen	● den **Materialverbrauch** überwachen
● den **Transport** der Halb- und Fertigerzeugnisse durch die Fertigung planen	● die **Qualität** während und nach der Fertigung überprüfen	● die **Produktionszahlen** und **Liefertermine** überwachen ● die Leistungskontrollen durchführen
● die wichtigen **Arbeitsunterlagen,** wie Laufkarten und Lohnkarten, erstellen	● einen reibungslosen **Fertigungsablauf** durch den Einsatz von Springern und Methodentraining ermöglichen	● die fertigen Produkte vor und nach der **Fertigstellung** kontrollieren

Aufgaben der Arbeitsvorbereitung

Produktionsplanungs- und Produktionssteuerungssysteme – PPS –

Der Wandel der wirtschaftlichen und gesellschaftlichen Rahmenbedingungen in den vergangenen 20 Jahren stellt an die Organisationsformen und die Produktionsmethoden der Bekleidungsindustrie immer neue Anforderungen. Qualität, Flexibilität, Liefertreue und modische Aktualität führen zu einer steigenden Zahl von Varianten, zu immer kürzeren Produktzyklen und Lieferfristen. Die Zeit für die Erstellung von Arbeitsplänen und anderen Produktionsunterlagen wird immer kürzer und ist mit den herkömmlichen Methoden nicht mehr zu leisten. Der Einsatz des immer wichtiger werdenden **Produktionsfaktors Information** könnte dabei eine Zeitverkürzung für die Erstellung der Arbeitspläne, eine Verringerung der Kosten durch eine frühzeitige Bereitstellung der Produktionsunterlagen und eine Erhöhung der Datengenauigkeit bedeuten.
EDV-gestützte Produktionsplanungs- und -steuerungssysteme finden immer mehr Eingang in die industriellen Bekleidungsunternehmen. Auch das Unternehmen, das **Jeany** produziert, verwendet seit einiger Zeit eine entsprechende Software.
Mit ihr können die Daten aus der **Modellbeschreibung** für Jeany, wie Modellname, Material und Schnittnummer, entnommen werden. Aber auch Daten aus den **Schnittzeichnungen** selbst, wie die Fläche des Teiles, die Streckenbezeichnungen, -längen oder -formen, die Anzahl von Knipsen und Ecken und die Nahtbreite, die durch die Konstruktion mit einem CAD-System vorliegen, werden für die Planung übernommen. Ergänzt werden diese Informationen durch Daten zu **Nahttypen, Stichtypen, Betriebsmitteln** und **Zubehör** und durch Daten für die verschiedenen **Arbeitsgänge.**

Softwarepakete für diese Anwendung sind meist **modular,** also in Bausteinen aufgebaut. Das einzelne Unternehmen kann sich nach seinen Anforderungen ein Gesamtsystem oder einzelne Bausteine zusammenstellen.

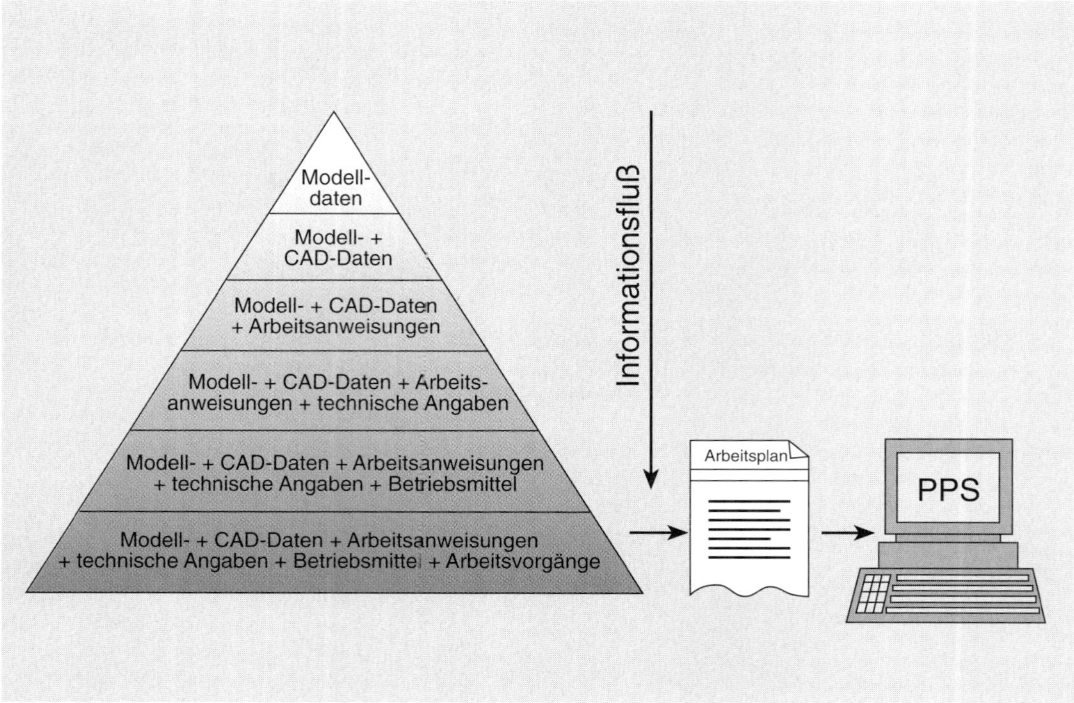

Informationspyramide der Arbeitsplanung

Fertigungsplanung

Die erste Phase in der Arbeitsvorbereitung bildet die **Fertigungsplanung.**
Ihr Ziel ist es, einmalig auftretende Planungsmaßnahmen, wie die Fertigung von **Jeany,** zu regeln. Auf der Grundlage der **Aufträge** und **Stücklisten** für die verschiedenen Modelle wird die Planung des Fertigungsablaufes begonnen.

Die Aufgaben der Fertigungsplanung beziehen sich auf den Arbeitsablauf, die Betriebsmittel und die Dokumentation der Planung.

Sie sind in dem folgenden Schema noch einmal zusammengestellt:

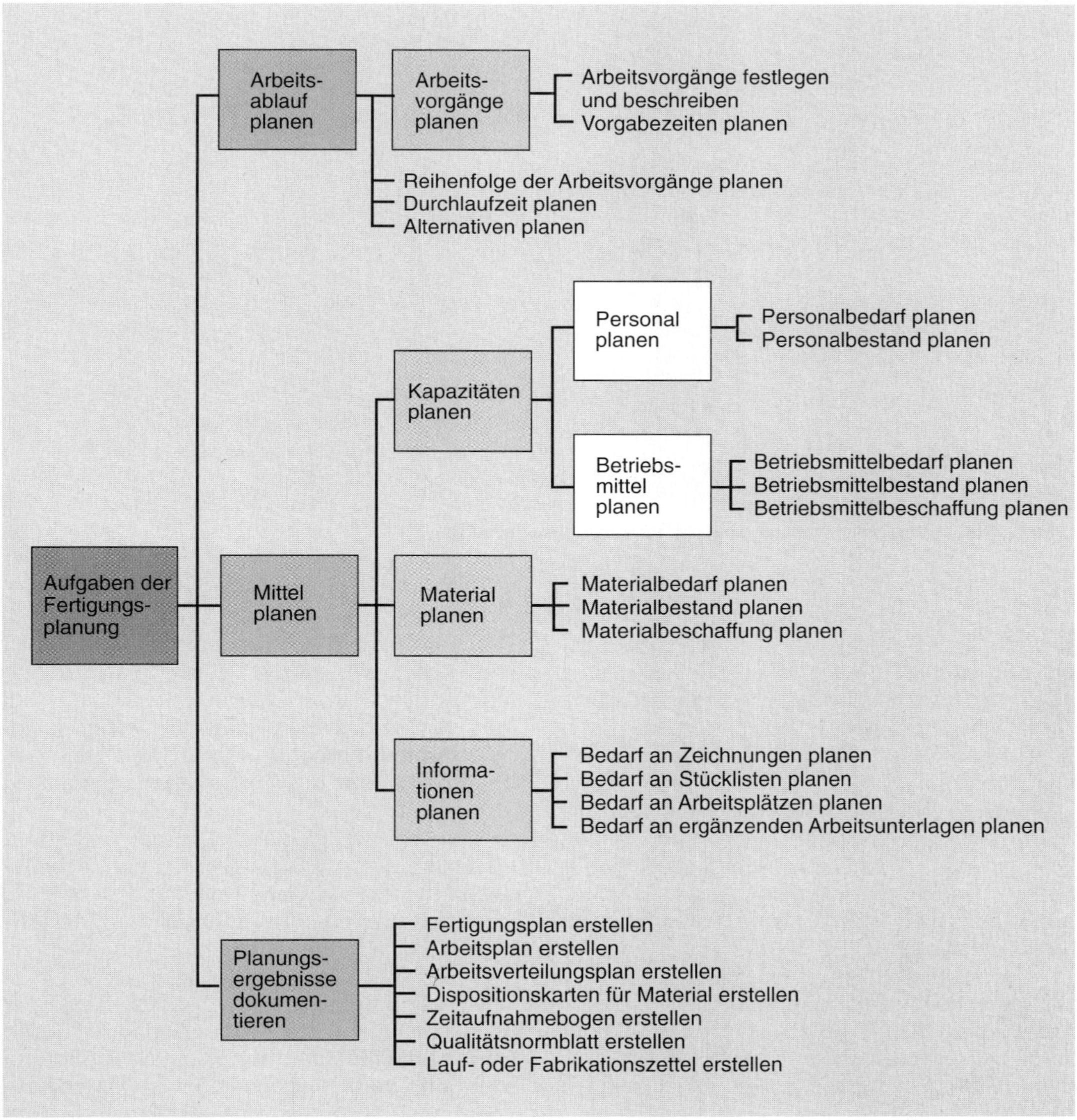

Aufgaben der Fertigungsplanung

Fragen zur **Konstruktion:**	• Basiert das Modell auf einem Grundmodell? • Ist das Modell bandreif, ohne besondere Verschneidearbeiten außerhalb der Zuschneiderei? • Sind Nahtverdickungen möglichst vermieden worden? • Ist die Konstruktion in allen Größen zu verwenden?
Fragen zur **Verarbeitung:**	• Ist die Verarbeitungsqualität des Genres beachtet? • Sind die Materialien verarbeitungsfähig? • Sind die Einlagequalitäten oberstoffgerecht ausgewählt? • Ist die Ausstattung, beispielsweise Knöpfe und ähnliches, dem Maschinenpark angepaßt? • Ist die Folge der Arbeitsgänge zeitsparend?
Fragen zum **Fertigungsablauf:**	• Sind besondere Lieferschwierigkeiten für Materialien und Zutaten zu erwarten? • Sind Ersatzmaterialien festgelegt? • Ist der Arbeitsplan grob festgelegt? • Ist der Maschinenpark ausreichend? • Ist eine große Umstellung von Arbeitsplätzen vermeidbar? • Ist eine besondere Schulung der Arbeitskräfte notwendig?
Fragen zur **Kontrolle:**	• Sind die Kontrollstellen festgelegt? • Sind Maße und Maßtoleranzen festgelegt? • Sind Farbtoleranzen für Litzen, Bänder und andere Zutaten festgelegt?

„Fragenliste" für die Zusammenarbeit mit den Entwicklungsabteilungen

Die Mitarbeiter versuchen in der Fertigungsplanung schon vor der konkreten Planung des Arbeitsablaufes für **Jeany** und andere Modelle verschiedene Fragen, die die Planung der Fertigung beeinflussen, mit der Modellschnittabteilung zu klären.
Die Fragen beziehen sich auf verschiedene Schwerpunkte des Entwicklungs- und Herstellungprozesses. Einige dieser Fragen sind in der oberen Abbildung zusammengestellt. Ein Fragenkatalog kann den Informationsaustausch unterstützen helfen.

Bei der **Arbeitsvorgangsplanung** überprüft die Arbeitsvorbereitung, ob alle geplanten Arbeitsvorgänge erforderlich sind oder ob Arbeitsgänge aufgrund maschineller Möglichkeiten zusammengefaßt werden können. Sie prüft aber auch, ob die einzelnen Arbeitsplätze für einen störungsfreien **Bewegungsablauf** des Menschen geeignet und die **Griffwege** so kurz wie möglich sind. Am Ende der Überprüfung liegt für jeden Arbeitsvorgang die am besten geeignete **Arbeitsmethode** fest. Diese Tätigkeiten sind ein Bestandteil der **Arbeitsgestaltung** (siehe S. 121f.)
Eine weitere wichtige Aufgabe der Arbeitsvorbereitung ist es, Unterlagen für den **Arbeitsablauf** und die **Disposition** zu erstellen. Zu ihnen gehören der **Fertigungs-** und der **Arbeitsplan.**

Der **Fertigungsplan** wird für jedes Modell der Kollektion, auch für Jeany, erstellt . In ihm sind eine **Modellbeschreibung,** eine **Auflistung** aller **Schnitteile,** Angaben über die **Materialzusammenstellung** und den **Materialverbrauch** aufgeführt.

		Modell: Jeany
Firma XY	**Fertigungsplan** **Nr.** 1333 aufgestellt am: xx.yy.zz von: H. Müller	Hierzu gehören: Arbeitsplan Nr. 34 Arbeitsverteilungs-plan Nr. 341 Schnitt Nr. 95 BL 33 Schnittlagebild Nr: S 1333
Erzeugnis	Fertigungsgruppe	Einzelteile
Damenbluse Jeany 	Rumpfteile	2 Vorderteile 1 Rückenteil 2 Vorderteil-Belege 1 Halsloch-Beleg 1 Brusttasche Ärmelteile
	Ärmelteile	2 Ärmel 2 Ärmel mit angeschnittenen Aufschlägen
	Fixierteile	2 Vorderteil-Belege 1 Halsloch-Beleg 1 Tasche

Gewebebedarf:

Stoff Nr. / Größen	
BW031-beige	1,25
F-030-weiß	0,21

Zutatenbedarf:

1 Firmen- und Größenetikett
1 Pflegekennzeichnungsetikett
Nähgarn 120 weiß
Schulterpolster
Knöpfe

Der **Arbeitsplan,** der auch **Arbeitsablaufplan** genannt wird, gibt der Fertigung vor, in welcher Reihenfolge die einzelnen Modelle bzw. Erzeugnisse zu fertigen sind. Er enthält im Kopf des Formulares Angaben über das **Produkt,** die **Formbezeichnung** und den zugehörigen **Fertigungsplan.**

Er informiert über die **Abfolge** der **Arbeitsgänge,** die zugehörigen **Arbeits-** und **Betriebsmittel** und die **Vorgabezeit,** in der der jeweilige Arbeitsgang durchgeführt werden soll. Je nach innerbetrieblicher Gestaltung des Formulares sind den Arbeitsgängen zusätzlich die entsprechenden **Lohngruppen** zugeordnet.

Modell: Jeany

Arbeitsplan Nr. 34

aufgestellt am: xx.yy.zz

von: H. Müller

Firma XY

Hierzu gehören:

Fertigungsplan Nr. 1333

Arbeitsverteilungsplan Nr. 341

Schnitt Nr. 95 BL 33

Schnittlagebild Nr: S 1333

Pos.	Arbeitsgang	Anz.	Betriebsmittel	Vorgabezeit (t_E)
01	re VT-Beleg mit Fixiereinlage fixieren	1	Presse	1.07
02	li VT-Beleg mit Fixiereinlage fixieren	1	Presse	1.07
03	Halsloch-Beleg mit Fixiereinlage fixieren	1	Presse	0.24
04	Tascheneingriff mit Fixiereinlage fixieren	1	Presse	0.17
05	Ärmelaufschlag mit Fixiereinlage fixieren	2	Presse	0.34
06	re VT: Vorderteil mit Beleg verstürzen	1	DST-KA	1.41
07	li VT: Vorderteil mit Beleg verstürzen	1	DST-KA	1.41
08	Vorderteil wenden und bügeln	2	Hand DBT	2,61

Fertigungsverfahren

Die Fertigungsverfahren können in **Einzelfertigung** und **Mehrfachfertigung** eingeteilt werden.

Die **Einzelfertigung** ist für das Bekleidungshandwerk typisch, aber auch das Erstmuster für **Jeany** wird in der Muster-Näherei als Einzelstück angefertigt.
Die Vorteile der Einzelfertigung im Handwerk liegen in der individuellen Gestaltung des Modells. Der Kunde oder die Kundin wählt das Modell, das Material und die Zutaten nach eigenen Vorstellungen oder den Vorschlägen des Meisters oder der Meisterin aus. Da die Entwicklungsarbeit, der Materialeinkauf und die Planung der Verarbeitung oft nur für dieses Einzelstück geleistet werden, benötigt die Fertigung mehr Zeit, und die Kosten für Arbeitszeit und Material sind hoch.
Jeany wird in einem Bekleidungsunternehmen in **Serie** gefertigt, das heißt, dieses Blusenmodell wird **mehrfach** in mehreren Einheiten nacheinander oder parallel hergestellt. Dies senkt die Kosten pro Stück und damit den Endpreis. Nachteilig wirkt sich die **Serienfertigung** auf die Paßform der Modelle und auf die Berücksichtigung individueller Verbraucherwünsche aus, denn trotz vieler Größen können immer nur die Maße aus standardisierten Tabellen (siehe S. 49ff.) bzw. betriebsinternen Maßtabellen verwendet werden. Eine Maßkonfektion ist nicht üblich.
Die Zielsetzung, dem Verbraucher mehrmals im Jahr modisch aktuelle Produkte anzubieten, führt in der Bekleidungsproduktion zu einer Vielzahl an Modellen, die nur in geringen Stückzahlen in einer **Kleinserie** produziert werden. **Großserien** sind selten und eher bei Standardprodukten, wie beispielsweise T-Shirts, anzutreffen.

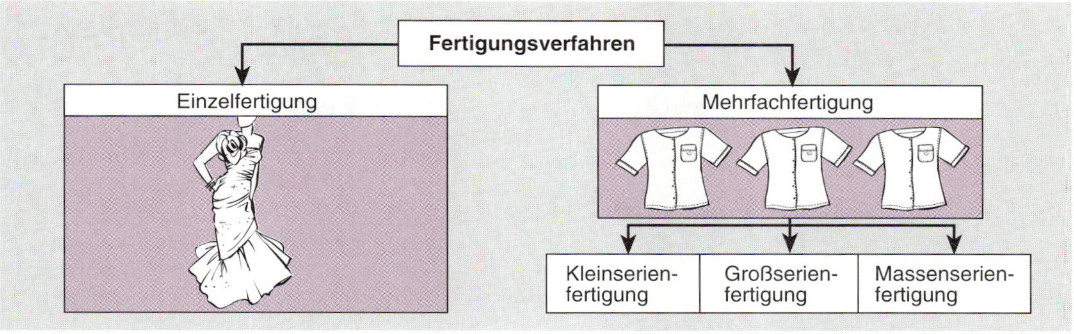

Einteilung der Fertigungsverfahren

Ablaufprinzipien in der Fertigung

Die Anordnung der Betriebsmittel und der Transport der Ware durch die Fertigung sind im Bekleidungshandwerk und in der Bekleidungsindustrie nach verschiedenen **Ablaufprinzipien** organisiert. Die Auswahl eines geeigneten Ablaufprinzipes ist von den verschiedenen Faktoren abhängig, die in der folgenden Tabelle den Ablaufprinzipien gegenübergestellt sind.

	Ablaufprinzipien			
Einflußfaktoren	**Werkstattfertigung**	**Fertigung nach dem Flußprinzip**		**Gruppenfertigung**
		Reihenfertigung	**Fließfertigung**	
Auftrags- bzw. Losgröße	Einzelstück	hohe	hohe	gering
Fertigungsverfahren	Einzelfertigung	Massenfertigung	Klein- und Großserien	Kleinserie
Produktvarianten	hoch	gering	gering	hoch
Vielseitigkeit der verfügbaren Betriebsmittel	hoch	gering	gering	hoch
Qualitätsanforderungen	hoch	genreabhängig	genreabhängig	hoch
Häufigkeit der notwendigen Umstellungen	hoch	gering	gering	hoch
Beispiel	Bekleidungshandwerk	Bekleidungsindustrie (Standards)	Bekleidungsindustrie	modische DOB **Jeany**

Einflußfaktoren der Ablaufprinzipien

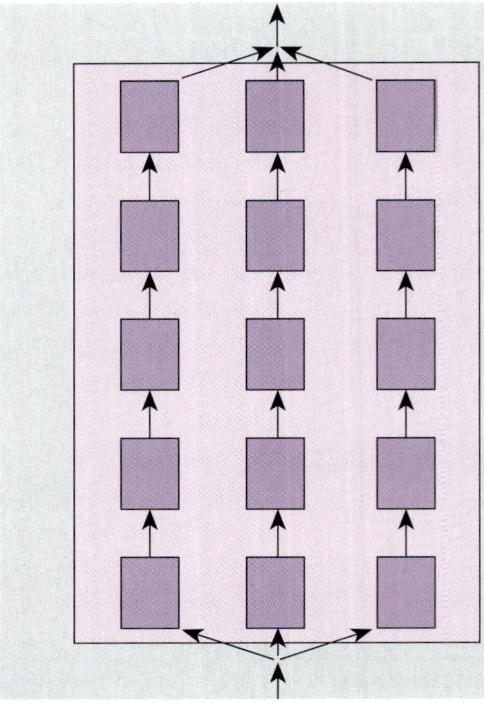

Fertigung nach dem Flußprinzip

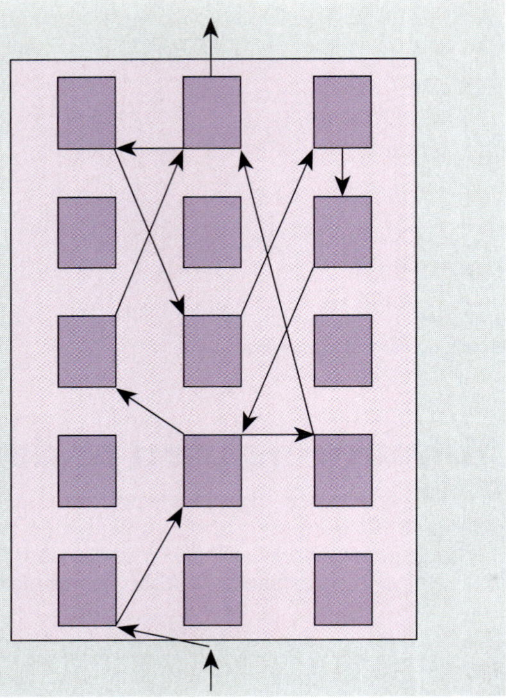

Werkstattfertigung

- Im **Bekleidungshandwerk,** aber auch in der **Muster-Näherei** wird in der Regel nach dem Prinzip der **Werkstattfertigung** gearbeitet. Es handelt sich dabei um **Einzel-** oder **Gruppenarbeit,** wobei die Arbeitsplätze nicht miteinander verbunden sind. Das Betriebsmittel, die Nähmaschine bzw. der Bügelarbeitsplatz, ist an einen Platz gebunden und kann als wenig spezialisiertes Arbeitsmittel bei verschiedenen Arbeitsgängen von verschiedenen Personen benutzt werden.
- Bei der Fertigung nach dem **Flußprinzip** sind die Arbeitsplätze in der Reihenfolge der Arbeitsgänge, die durch die Konstruktion des zu fertigenden Kleidungsstückes vorgegeben sind, angeordnet. Sie bilden die sogenannte **Fertigungslinie,** in der die einzelnen vor- und nachgelagerten Arbeitsplätze miteinander verkettet sind. Sie sind auf die Massenherstellung bzw. Montage bestimmter Modelle ausgerichtet und wenig flexibel. Der Materialfluß findet nur in einer Richtung statt, und die Wege zwischen den Arbeitsplätzen sind kurz.

Dieses hat die Installation von mechanischen bzw. automatischen Hängefördersystemen begünstigt.

- Eine Variante der Produktion nach dem Flußprinzip wird in **Jeany's** Betrieb angewandt. Die vorsortierten Nähgutbündel, die in die Fertigung einlaufen, passieren die einzelnen Arbeitsplätze in einer vorgegebenen Reihenfolge, die durch den Arbeitsplan festgelegt ist. Zwischen den einzelnen Arbeitsplätzen besteht keine direkte zeitliche Bindung. Diese Fertigung wird als **Reihenfertigung** bezeichnet. Durch die Anordnung der einzelnen Plätze sind Vorratspuffer möglich, die die Zwischenlagerung von Halbfertigprodukten erlauben.
- Bei dem Flußprinzip als **Fließfertigung** ist der Ablauf zeitlich gebunden. Puffer sind nicht möglich. Der Materialfluß erfolgt entsprechend den **Vorgabezeiten** und den Maschinenkapazitäten in bestimmten Taktzeiten. Dieses erfordert eine aufwendige Vorarbeit, hohe Kosten bei Modellumstellungen und Personalausfall.

Dieses Ablaufprinzip ist wegen der häufigen Fertigungsumstellungen durch Modelle, Materialien, Farben und Muster für die modische Damenoberbekleidung nicht flexibel genug.

Typische Auswirkungen der Fließarbeit auf die Arbeitskräfte sind eine geringe Arbeitsmotivation, ein erhöhter Krankenstand und eine überdurchschnittliche Fluktuation (Arbeitsplatzwechsel). Um die **Nachteile** der Fließfertigung auszugleichen, kann eine Gestaltung der Taktzeiten verbessert werden, beispielsweise durch die Einrichtung von Puffern, durch Leistungsabstimmungen und eine Vergrößerung der Taktzeiten.

Weitere Ausgleichsmöglichkeiten sind außerdem eine verbesserte Gestaltung und Vermehrung von Arbeitspausen und Erholzeiten sowie neue Formen der Arbeitsgestaltung durch **Gruppenarbeit.** Sie bietet die Möglichkeit, die Produktion flexibler zu gestalten, weil die starren Abläufe aufgehoben werden.

- Die **Gruppenarbeit** ist eine Mischung aus Fließfertigung und Werkstattfertigung. Sie ist eine Maßnahme der Arbeitsorganisation, wobei Arbeitskräfte und Maschinen zu Gruppen zusammengefaßt werden. Diese Gruppen bilden eine Produktionseinheit, die abgrenzbare Aufgaben übernimmt, z. B. Vorarbeiten, Ärmel, Taschen, Futter, Montage und ähnliches.

	Ablaufprinzipien			
Beurteilung	**Werkstattfertigung**	**Fertigung nach dem Flußprinzip**		**Gruppenfertigung**
		Reihenfertigung	**Fließfertigung**	
Vorteile	● leichter Ausgleich von Personalschwankungen ● geringer Aufwand bei Modellwechsel	● übersichtlicher Fertigungsablauf ● kurze Transportwege ● kurze Durchlaufzeiten ● **kein** Vorrat an Halb- und Fertigprodukten ● Einsatz angelernter Arbeitskräfte	● übersichtlicher Fertigungsablauf ● kurze Transportwege ● kurze Durchlaufzeiten ● Vorrat an Halb- und Fertigprodukten ● Einsatz angelernter Arbeitskräfte	● übersichtlicher Fertigungsablauf ● geringer Aufwand bei Modellwechsel ● kurze Durchlaufzeiten ● geringer Vorrat an Halb- und Fertigprodukten ● hohe Arbeitszufriedenheit
Nachteile	● geringe Übersichtlichkeit des Fertigungsablaufes ● lange Transportwege ● hohe Lagerkosten	● störungsanfällig ● großer Organisationsaufwand ● großer Aufwand bei Modellwechsel ● Bindung an Planzeiten ● Monotonie wirkt sich negativ auf die Mitarbeiter aus	● großer Organisationsaufwand ● großer Aufwand bei Modellwechsel ● Schwierigkeiten bei Personalschwankungen	● qualifizierte und motivierte Mitarbeiter notwendig

Gegenüberstellung der Vor- und Nachteile der Ablaufprinzipien

Mit diesem Konzept wird versucht, vielfältige **Teilarbeiten,** die bisher von unterschiedlich qualifizierten Personen ausgeführt wurden, zu dem Aufgabenbereich einer Gruppe zusammenzufassen. Diese Arbeit wird von der Gruppe dann in eigener Verantwortung erledigt. Damit entsteht eine umfassende Arbeitsaufgabe. Der Steuerungs- und Abstimmungsaufwand sinkt gegenüber der reinen Fließfertigung, da die Materialsteuerung gruppenorientiert geschieht.

Durch die Gruppenarbeit ist eine größere Beweglichkeit der Produktion zu erreichen.

So kann mit ihr schneller auf einen Modellwechsel und die Veränderung von Seriengrößen reagiert werden. Eilaufträge sind leichter einzuschieben, und Fehlzeiten innerhalb der Gruppe können leichter ausgeglichen werden.

Eine besondere Form der **Gruppenarbeit** ist das **„Quick-Response-Modell“** eines japanischen Nähmaschinenherstellers. Mit diesem Modell soll dem Hersteller hochwertiger DOB-Kollektionen ein Ablaufprinzip zur Verfügung gestellt werden, das bei dem schnellen Wechsel der Modelle in Kleinserien noch flexiblere Planung ermöglicht. Bekleidungsunternehmen, zu denen auch **Jeany's** Unternehmen zählt, könnten mit diesem Modell der Gruppenarbeit eine **schnelle Antwort** (quick response) auf die Anforderungen des Marktes geben.

In einer kleinen Gruppe von acht Personen wird ein komplettes Produkt gefertigt. Jeder Arbeitsplatz ist mit einer Doppelsteppstichmaschine, einer Überwendlichmaschine, einem Bügelarbeitsplatz und bei Bedarf noch mit einer Spezialmaschine ausgestattet. Durch diese Ausstattung der Arbeitsplätze kann die Näherin bis zu fünf aufeinanderfolgende Arbeitsgänge an ihrem Arbeitsplatz ausführen. Das Material wird hängend zu dem jeweiligen Arbeitsplatz geführt. Die Vorteile dieses Systems liegen in einem schnelleren Durchlauf der Produkte und einer geringeren Materialmenge im Arbeitssystem. Durch die verminderten Handhabungszeiten entstehen weniger Probleme bei der Ausbalancierung des Materialflusses. Die Voraussetzung für ein solches Konzept ist, daß die Näherin verschiedene (bis zu fünf) Arbeitsgänge gleich gut beherrscht.

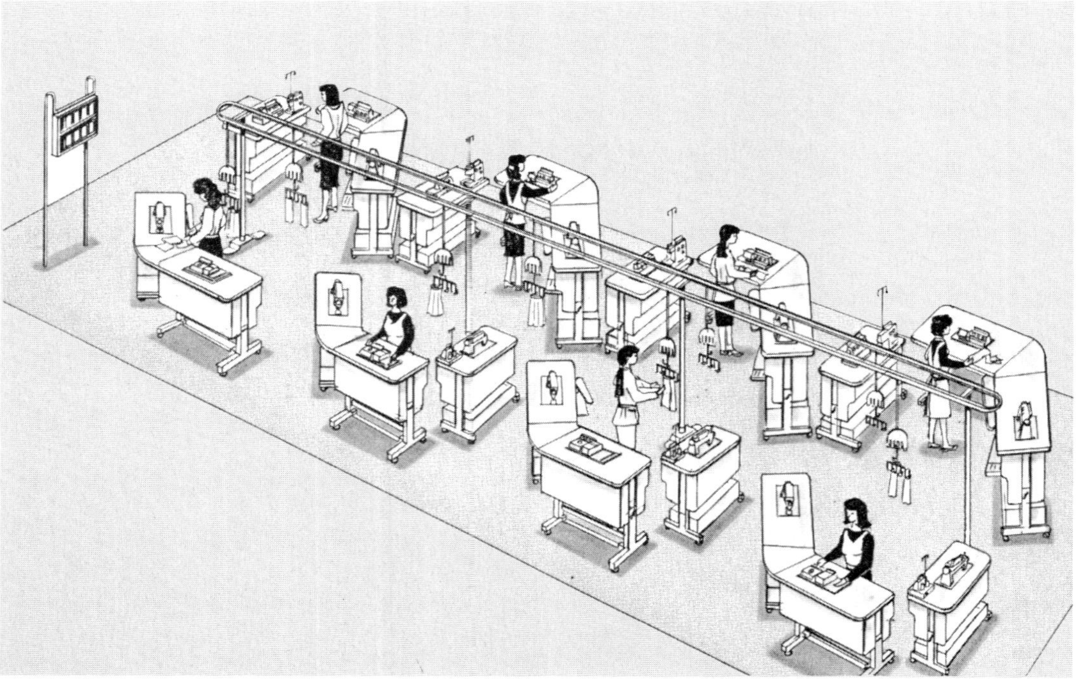

Quick-Response-Modell

Ein weiteres Modell der Gruppenarbeit ist im „Just-in-Time-Modell" einer anderen japanischen Nähmaschinenfirma umgesetzt. „Just-in-Time" bedeutet hier, daß die **Ware** – das Halbfertigteil – zum **richtigen Zeitpunkt** am **richtigen Ort** weiterbearbeitet oder an die nächste Näherin übergeben wird.
Auch hier muß die Näherin mehrere Arbeitsgänge beherrschen. Jedoch geht die Näherin mit dem Halbfertigteil von einer Nähmaschine zur nächsten, um den nachfolgenden Arbeitsgang auszuführen. An einer bestimmten Übergabestelle übernimmt eine weitere Näherin das Nähgut und führt ebenfalls mehrere Arbeitsgänge daran aus. An der Übergabestelle ist eine Überlappungszone eingerichtet, um Leistungsunterschiede zwischen den Näherinnen auszugleichen. Auch hier muß die Mitarbeiterin mindestens den halben Arbeitsumfang des zu fertigenden Modells beherrschen.

Material- und Informationsfluß

Der Material- und Informationsfluß ist der Weg, auf dem die zu fertigenden Modelle und die zugehörigen Informationen durch das Unternehmen gesteuert werden. Ziel ist es, die **Kosten,** beispielsweise für Personal, Betriebsmittel und Räume, niedrig zu halten und außerdem die **Durchlaufzeit** zu senken.

Bei der **Materialflußgestaltung** müssen die Voraussetzungen verschiedener Faktoren berücksichtigt werden. Die wichtigsten sind:

- **räumliche** Faktoren (Größe der Räume, Abmessung, Form und Anordnung der Fertigung auf einer oder mehrerer Etagen)
- **fertigungstechnische** Faktoren (Fertigungsart und Ablaufprinzip)
- **fördertechnische** Faktoren (Zustand der Fördergüter, Fördermenge, Ladeeinheiten und Lagerungsarten)

Die folgenden Abbildungen zeigen unterschiedliche Fördereinrichtungen in den Abteilungen Warenlager, Zuschnitt, Näherei und Fertigwarenlager.

1. Transportgondeln im Warenlager

2. Hängender Transport der Schnittstapel in der Zuschneiderei

3. Automatisches Steuersystem für hängende Fertigung in der Näherei

4. Elektronisch gesteuertes hängendes Fertigwarenlager

Arbeitsverteilungsplan

Abhängig vom Ablaufprinzip der Fertigung wird nach dem Arbeitsplan ein **Arbeitsverteilungsplan** aufgestellt. In ihm werden die einzelnen Arbeitsvorgänge den Arbeitsplätzen und Mitarbeitern zugeordnet. Er wird bestimmt durch die Fertigungsorganisation und die Maschinenaufstellung, aber auch durch den Stand der Mechanisierung und Automatisierung in der Fertigung der einzelnen Betriebe.
Auch für **Jeany** wird ein Arbeitsverteilungsplan aufgestellt, er ist in der folgenden Abbildung zu sehen:

Modell: Jeany

Arbeitsverteilungsplan Nr. 341

Hierzu gehören:
Arbeitsplan Nr. 34
Fertigungsplan Nr. 1333
Schnitt Nr. 95 BL 33

Firma XY

Gruppe	Pos.	Arbeitsgang	Anzahl der Arbeitsgänge	Vorgabezeit (t_E)	Betriebsmittel
01 Fixieren	01	re VT-Beleg mit Fixiereinlage fixieren	1	1.07	Presse
	02	li VT-Beleg mit Fixiereinlage fixieren	1	1.07	Presse
	03	Halslochbeleg mit Fixiereinlage fixieren	1	0.24	Presse
	04	Tascheneingriff mit Fixiereinlage fixieren	1	0.17	Presse
	05	Ärmelaufschlag mit Fixiereinlage fixieren	2	0.34	Presse
02	24	Knopflöcher anzeichnen	6	0.47	Hand
Einrichten	25	Knöpfe anzeichnen	6	0.47	Hand
03 Vorfertigung	06	re VT: Vorderteil mit Beleg verstürzen	1	1.41	DST-KA

Arbeitsverteilungsplan

Fertigungssteuerung

Die **Fertigungssteuerung** beginnt mit dem Eingang des Auftrages im Unternehmen. Für **Jeany** liegen Aufträge verschiedener Einzelhandelsgeschäfte, Boutiquen und von einem Warenhaus vor. Die Daten zum Modell, zum Material, zur georderten Stückzahl und zum Liefertermin werden jedem Auftrag entnommen und in einen Produktionsplan übertragen. Nach diesen Vorgaben werden die benötigten Materialien, Schnittbilder und Begleitformulare für den Zuschnitt, die Fertigung, den Versand und andere Bereiche zusammengestellt.

In der folgenden Abbildung sind die Aufgaben der Fertigungssteuerung aufgeführt:

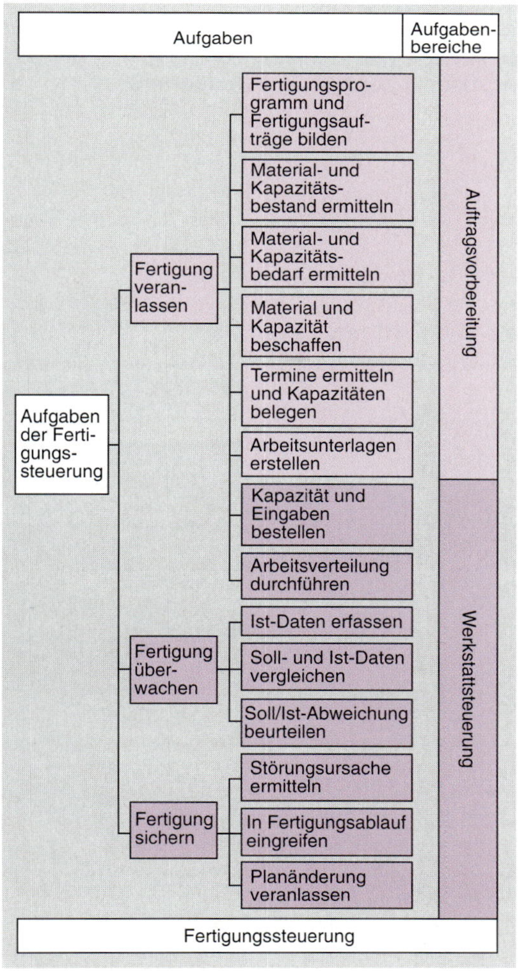

Aufgaben der Fertigungssteuerung

Ein Aufgabenbereich ist die Aufstellung des **Produktionsplanes.** In ihm sind die Termine der Aufträge und das Leistungsvermögen der verschiedenen Fertigungsgruppen aufgenommen. Da er direkt nach Eingang der Kundenaufträge erstellt wird, liefert er nur eine grobe Vorausplanung, die beständig aktualisiert und verfeinert werden muß.

Ein weiterer wichtiger Aufgabenbereich ist die **Materialdisposition,** die **Materialbestellung.** Hierfür müssen in der Einkaufsabteilung direkt nach Eingang der Aufträge die erforderlichen Materialmengen ermittelt und beim Lieferanten bestellt werden. Die grobe Vordisposition, wie sie schon während der Kollektionserstellung und Musterungsphase vorgenommen worden ist, muß nun anhand der konkreten Aufträge korrigiert werden. Die Materialmenge für den Kundenauftrag zum Modell **Jeany** wird hier ebenfalls ermittelt und bei einem Lieferanten im Inland zu einem bestimmten Produktionstermin bestellt. Nach der Disposition müssen von dieser Abteilung der **Materialeingang** und die **Lagerhaltung** überwacht werden (siehe S. 139ff.). Ebenso gehören das Erstellen von Belegen, beispielsweise der **Dispositionskarten** und **Etiketten,** und das Führen eines Wareneingangsbuches mit zu den Aufgaben in diesem Bereich.

Eine **Qualitätskontrolle** der Waren, beispielsweise auf Farbechtheit, Stoffverhalten beim Bügeln, Fixierfähigkeit und Vernähbarkeit, verhindert Störungen im Ablauf der Fertigung.

Ein weiterer Schwerpunkt ist die innerbetriebliche Regelung der Termine, die sogenannte **Terminierung.**

Ausgangspunkt für die richtige Terminierung ist der **Kundentermin.** Er gibt den Auslieferungstermin für den Auftrag an. Aufgrund der Vorgabezeiten aus dem Arbeitsverteilungsplan kann rückwärts gerechnet der Tag bestimmt werden, an dem der Kundenauftrag für **Jeany** zugeschnitten bzw. in die Fertigung einlaufen muß. Grundsätzlich müssen dabei **Material-** und **Fertigungskapazitäten** aufeinander abgestimmt werden. Der Kunde, der in seinem Auftrag auch 30 Blusen des Modells **Jeany** geordert hat, möchte den Auftrag nach dem **1/3-Termin-Verfahren** angeliefert bekommen. Das bedeutet für das Bekleidungsunternehmen, daß nicht zuerst die Blusen, dann die Röcke

oder Hosen gefertigt werden können, sondern die verschiedenen Produkte parallel durch die Fertigung gesteuert werden müssen. Nur so erhält der Kunde ein Drittel seines Auftrages zum ersten Liefertermin.
Parallel zur Terminplanung erfolgt eine Berechnung und Planung der betrieblichen Kapazität. Die **Kapazitätsplanung** kann auf unterschiedliche Weise berechnet werden.

Ein sicheres, aber aufwendiges Verfahren ist das Umrechnen der möglichen Leistung in Zeitwerte unter Berücksichtigung des durchschnittlichen Zeitgrades. Für die zu verplanenden Stückzahlen werden ebenfalls Zeiten errechnet. Der Zeitgrad berechnet sich nach der folgenden Formel:

$$\textbf{Zeitgrad} = \frac{\text{Vorgabezeit x 100}}{\text{tatsächlich gebrauchte Zeit}}$$

An die Kapazitätsplanung schließt sich die Berechnung der **Kapazitätsauslastung** an, um die **Mehr- und Minderauslastungen** während bestimmter Zeiträume festzustellen und zu verändern. Beispielsweise wird in **Jeany's** Betrieb die ermittelte Auslastung der Fertigung um 5 bis 10% vermindert, um Eilaufträge berücksichtigen zu können und Überstunden oder Terminüberschreitungen zu vermeiden.

Mit den Daten, die aus den verschiedenen **Planungsunterlagen** und **Auftragsunterlagen** herausgearbeitet werden, werden Arbeitspapiere erstellt, die zur Auftragserteilung und Abrechnung notwendig sind.
Zu ihnen gehören:
- **Betriebsauftrag,**
- **Schnittanweisung,**
- **Materialentnahmeschein** und
- **Akkord-, Lohn-** oder **Bonkarten.**

Qualitätssicherung

Der Endverbraucher mit seinen Wünschen und Erwartungen bestimmt heute, welche Bekleidungsprodukte sich am Markt durchsetzen oder abgelehnt werden. Die Qualität eines Produktes ist dabei ebenso ein Kaufkriterium, wie die modische Ausrichtung oder die Farbe und Musterung des Kleidungsstückes.
Durch verschiedene Maßnahmen in den Abtei-

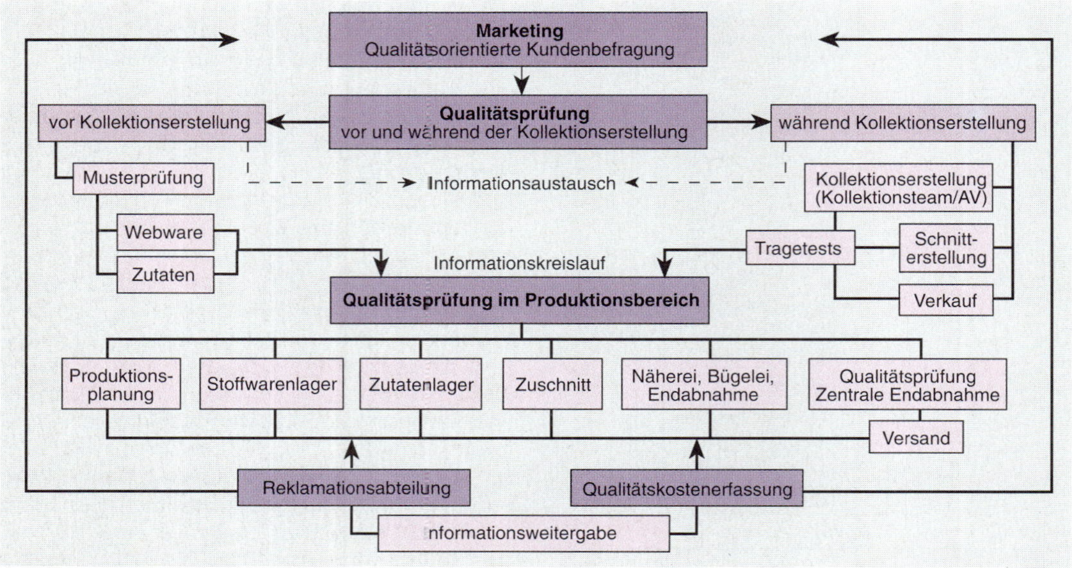

Qualitätssicherung in einem Bekleidungsunternehmen

Qualitätsbeschreibung

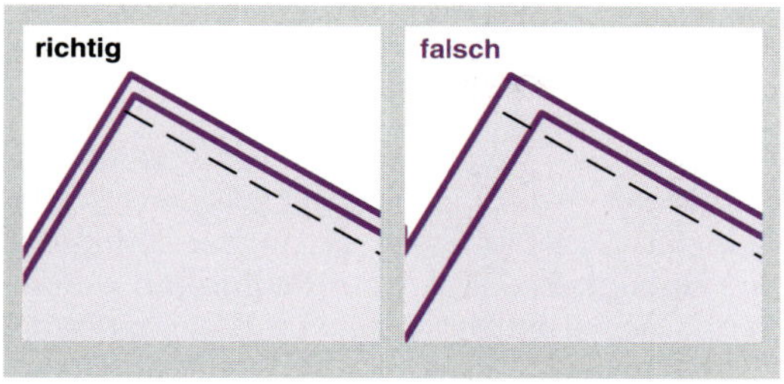

Stofflagen am Nahtanfang kantengleich positionieren

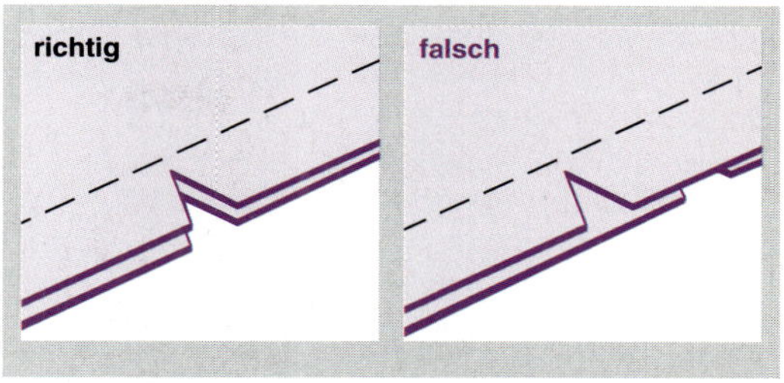

Stofflagen entsprechend den Paßzeichen zusammennähen

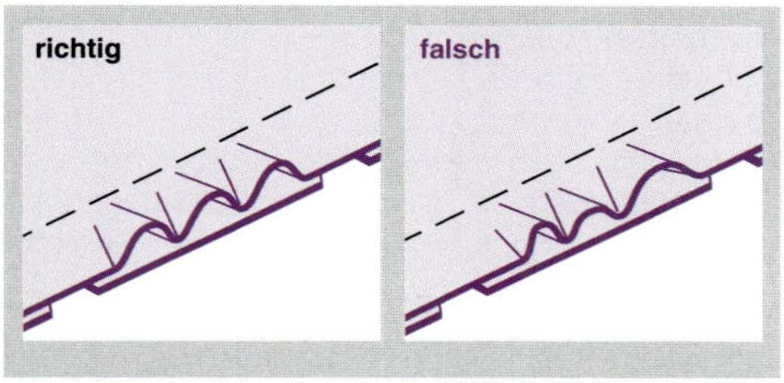

Mehrweite gleichmäßig zwischen zwei Paßzeichen verteilen

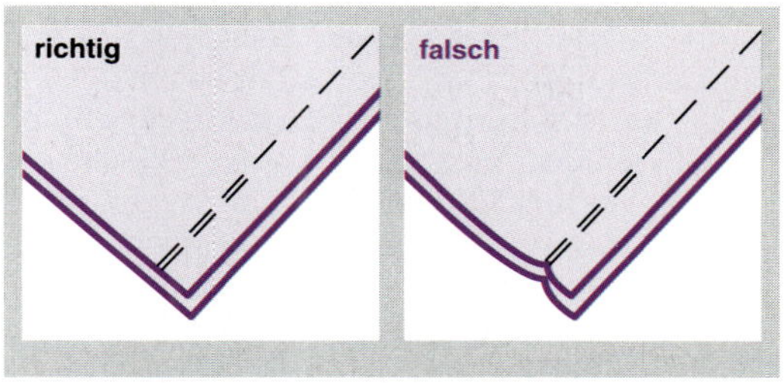

Bei Nahtverriegelung „Einziehen des Stoffes“ vermeiden

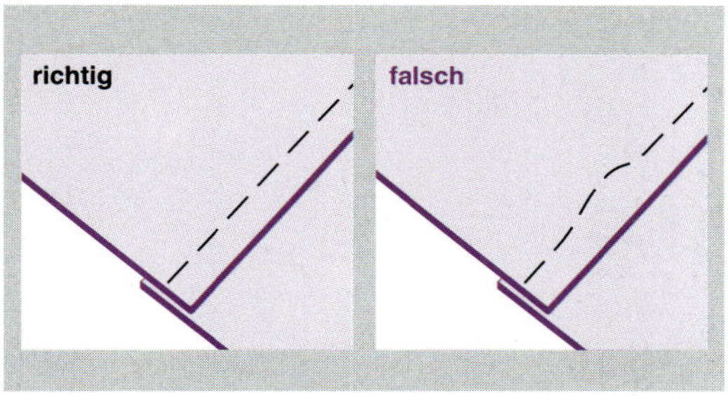

Übersteppen der Naht kantengleich zur Schließnaht

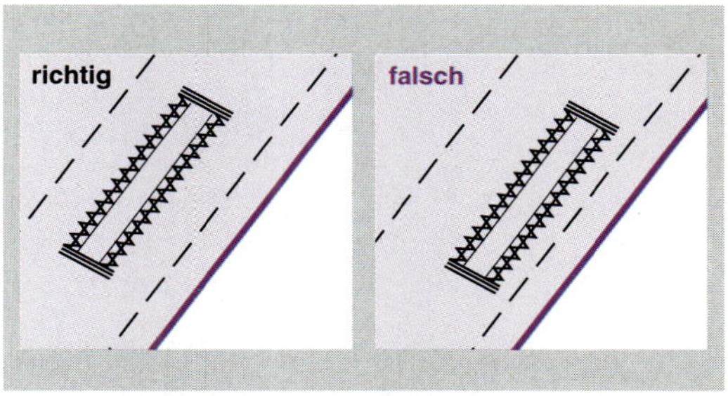

Hemdenknopfloch mittig auf die Blende setzen

lungen des Betriebes selbst, aber auch durch Vereinbarungen zwischen den Lieferanten und ihren Kunden kann die Produktqualität sichergestellt und Kosten für fehlerhafte Waren begrenzt werden.

Einige Maßnahmen, wie die **Kundenbefragung,** der **Informationsaustausch** zwischen den betreffenden Abteilungen, die **Qualitätsprüfung** und die Kostenerfassung sind in dem abgebildeten Bekleidungsbetrieb, wie es auch für **Jeany's** Betrieb zutrifft, als Kreislauf beispielhaft veranschaulicht.

Für den Aufbau einer solchen umfassenden **Qualitätssicherung** stehen verschiedene Konzepte und internationale Normen zur Verfügung. In Jeany's Betrieb hatte sich die Unternehmensleitung das Ziel gesetzt, die Kosten, die beispielsweise in der Produktentwicklung aber auch in der Fertigung durch die Beseitigung von Fehlern entstehen, zu verringern und die Kundenzufriedenheit durch pünktliche Lieferung fehlerfreier Ware zu erhöhen. Außerdem sollten die Mitarbeiter eine neue Einstellung zur Qualität ihrer Arbeit gewinnen.

In der Produkentwicklung sind die Kollektionsthemen zwar mit modisch aktuellen Entwürfen umgesetzt, aber für einige Modelle sind die Mindestanforderungen für die gewählten Oberstoffqualitäten nicht eingehalten worden, was zu erhöhten Kosten in der Fertigung führte.

Um diese Fehler zukünftig zu vermeiden, werden die Anforderungen an die Ware eindeutig festgelegt und in einem **Produkt-Info** aufgeführt. Während der Musterungsphase unterstützt dieser Warenpaß die Entscheidung der Wahl von Oberstoff, Futter und Einlage für jedes

Modell. Sollte dieses Modell in die Kollektion aufgenommen und mit einer Mindeststückzahl verkauft werden, dient er in der Wareneingangsprüfung zur Kontrolle der gelieferten Ware für die Serienfertigung.
Darüberhinaus sollen nach jeder Saison die Ergebnisse der Wareneingangsprüfung und die Kundenretouren durch die EDV-Abteilung ausgewertet werden, um eine Übersicht der Lieferanten mit qualitativ guter Ware zu erhalten.

Auch die Unterlagen für die Fertigung der einzelnen Modelle haben in der Vergangenheit immer wieder zu falschen Näh-, Fixier- und Bügelergebnissen geführt. Daher sollen zukünftig die **Verarbeitungs-** und **Qualitätsrichtlinien** für Standardarbeitsgänge in der Blusenfertigung auf einem DIN-A4-Blatt zusammengefaßt werden. Dazu gehört eine kurze Beschreibung des Arbeitsganges, des verwendeten Betriebsmittels, eine Auflistung der Kontrollpunkte, der Qualtitätsanforderungen und möglicher Toleranzen.

Damit die Qualitätsanforderungen auch in den ausländischen Betrieben eindeutig verstanden werden, ist der Text durch **Piktogramme** (Bilder) ergänzt worden, wie sie in der Abbildung Seite 113 dargestellt sind.
Diese neuen **Verarbeitungs-** und **Qualitätsrichtlinien** bilden auch gleichzeitig die Grundlage für Qualitätsprüfungen in der Fertigung. Die **Häufigkeit** und **Art** der **Prüfungen** werden in den Betrieben festgelegt. Sie sind vom Genre der Kollektion oder einzelner Modelle abhängig. Qualitätsprüfungen an Stichproben, die während der Fertigung erfolgen, werden als **Fertigungskontrollen** bezeichnet. In der Bekleidungsindustrie finden nach einzelnen Arbeitsgängen Stichprobenprüfungen statt. Abnahmen, das heißt Qualitätsprüfungen an allen Teilen, erfolgen als Zwischenkontrollen nach bestimmten Fertigungsstufen oder als Endkontrollen.
Das folgende Diagramm gibt noch einmal eine Übersicht über die Datenblätter, die in der Arbeitsvorbereitung notwendig sind:

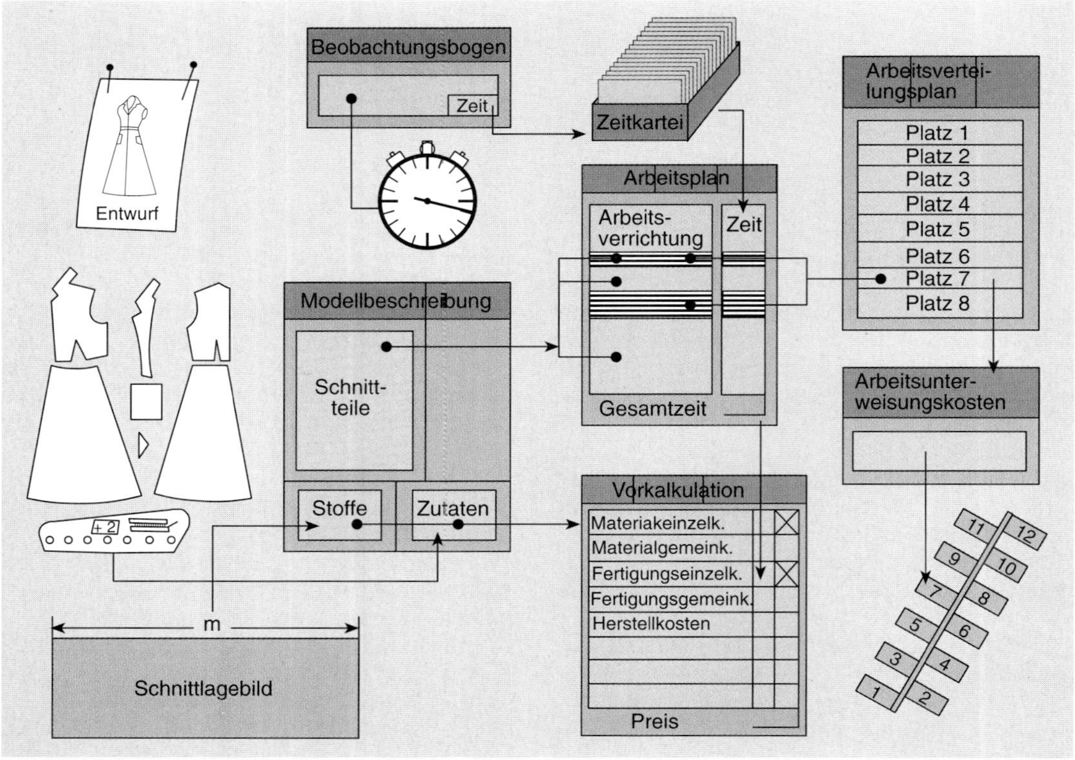

Einbindung eines Arbeitsplanes in die Fertigung

4.3 Arbeits- und Zeitstudium

Im Arbeitsstudium werden Arbeitsvorgänge untersucht, um zwei Ziele zu erreichen:
- die Arbeitsvorgänge und -plätze menschengerecht, humaner, zu gestalten
- die Wirtschaftlichkeit der Arbeit und damit des Betriebes zu verbessern.

Diese Ziele gleichzeitig zu erreichen gelingt nicht immer. Denn eine Fertigung, die nach rationellen Gesichtspunkten organisiert ist, stellt manchmal eine erhöhte Belastung dar, z. B. durch Monotonie für den Mitarbeiter.

Wichtige **Schwerpunkte** sind dabei
- **Datenermittlung,**
- **Arbeitsgestaltung,**
- **Kostenrechnung,**
- **Anforderungsermittlung,**
- **Entgeltdifferenzierung** und
- **Arbeitspädagogik** (Arbeitsunterweisung).

Als **Methoden** dienen hierzu die **Analyse,** also die Untersuchung von Arbeitsabläufen, und die **Synthese,** die Gestaltung von Arbeitssystemen.

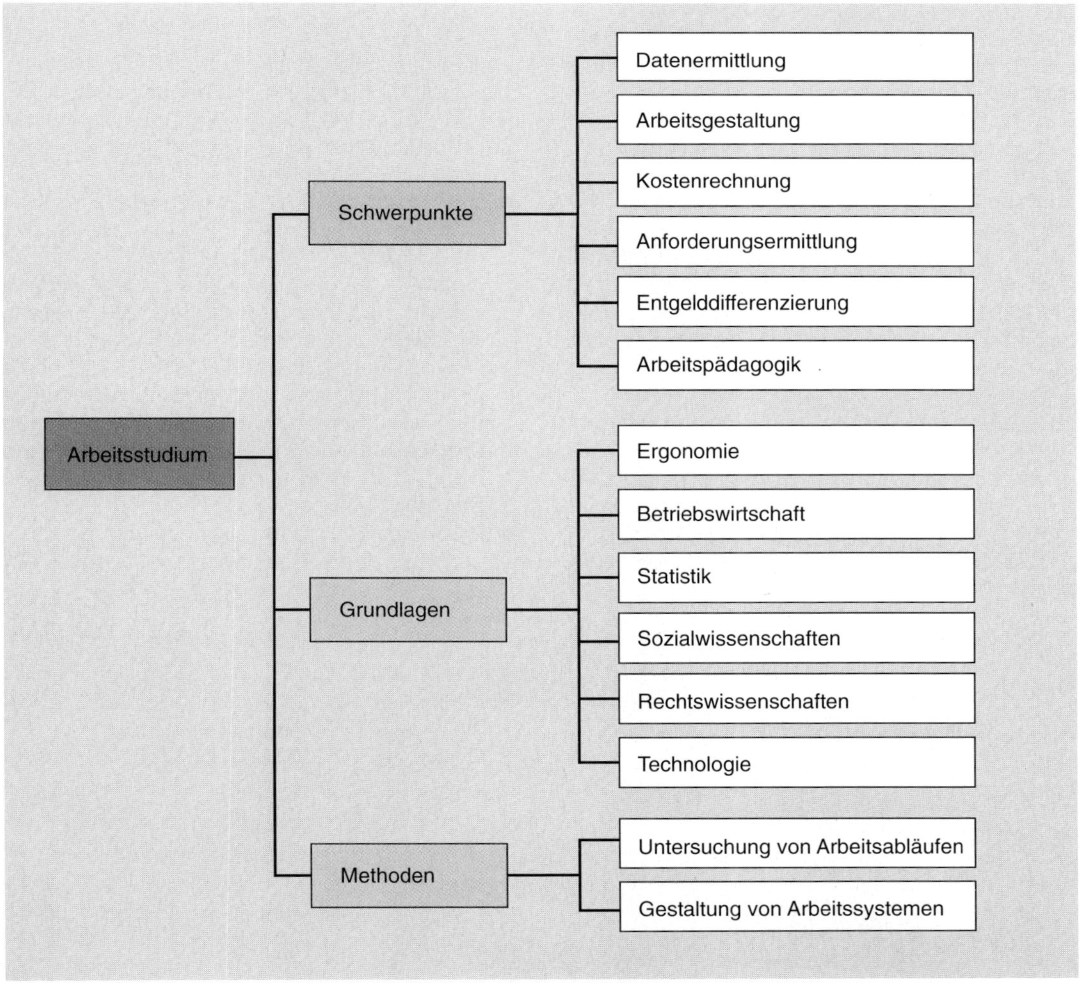

Arbeitsstudium

Arbeitszeitermittlung

Einer der Begründer des heutigen Arbeitsstudiums ist Frederick Winslow Taylor (1856–1915). Er forderte 1903, daß eine „wissenschaftliche Zeitstudie" die Grundlage für die moderne Betriebsführung sein sollte. Die **Vorgabezeit** sollte durch ein genaues Studium der **Arbeitsausführung** ermittelt werden. Als Bezugsleistung diente die Leistung des besten und schnellsten Arbeiters.

Frank Bunker Gilbreth (1868–1924) lehnte die Zeitmessung mit der Stoppuhr ab. Seine Methode beruhte darauf, Zeitwerte aus **Bewegungsanalysen** zu ermitteln. Als technisches Hilfsmittel dienten ihm dabei Filmaufnahmen und Lichtspuraufzeichnungen. Seine Methode war der Vorläufer der heutigen Systeme vorbestimmter Zeiten, beipielsweise des **MTM**-Verfahrens (**M**ethod-**T**ime **M**easurement) oder des **WF**-Verfahrens (**W**ork**f**actor = Arbeitsfaktor). Bei diesem Verfahren werden zuerst die Arbeitsvorgänge in genormte manuelle Bewegungselemente, wie **Hinlangen, Bringen, Greifen, Vorrichten, Fügen** und **Loslassen,** zerlegt. In einem zweiten Schritt wird diesen Elementen eine bestimmte Zeit, die in einer Bewegungszeittabelle aufgeführt ist, zugeordnet. Durch die Addition der einzelnen Zeitwerte ergibt sich die Vorgabezeit. Eine Leistungsgradbeurteilung ist nicht notwendig.

Dieses Verfahren bedarf keiner Zeitmessung am Arbeitsplatz und ist beliebig wiederholbar.

Es eignet sich besonders für Betriebe mit geringem Modellwechsel und größeren Serien, da die Ermittlung von Vorgabezeiten aufwendig ist.

Die **Zeitaufnahme** einzelner Arbeitsvorgänge dient in der betrieblichen Fertigung als Meß- und Planungsinstrument für die **Vorgabezeitermittlung, Durchlaufzeitberechnung, Terminierung, Kapazitätsplanung** und **Vor- und Nachkalkulation.**

Ebenso kann hiermit die Gestaltung des Arbeitsplatzes überprüft werden. Beispielsweise liegen die einzelnen Teile bei der Montage des hinteren Halsloches am Modell **Jeany** nicht griffgünstig. Das heißt, die Wege, die beim Nehmen, Positionieren oder Ablegen des hinteren Halslochbeleges und des Rückenteils überbrückt werden müssen, sind zu lang. Hier können über die Zeitmessung Alternativen ermittelt werden, und schließlich kann die beste Anordnung in die Arbeitsmethode übernommen werden.

Weiterhin ist die Zeitmessung wichtige Grundlage für die Entlohnung im **Leistungslohn.**

Die folgende Übersicht zeigt die wichtigsten Zeitermittlungsverfahren, die auf zwei verschiedenen Methoden beruhen:

- Die Methode des Zusammensetzens der Zeiten greift auf zwei Verfahren zurück. Das erste Verfahren, die **S**ysteme **v**orbestimmter **Z**eiten (SvZ), geht auf Frank Bunker Gilbreth zurück. Das zweite Verfahren, das Messen der Zeiten, ist erstmals von Frederick Winslow Taylor angewendet worden. Es ist heute das am häufigsten angewendete Verfahren in der Bekleidungsindustrie. Die Durchführung der Zeitmessung ist vom **REFA-Verband e. V.,** dem Verband für Arbeitsstudien in Darmstadt, vorgegeben.
- Die Anwendung der summarischen Methoden ist in der Bekleidungsindustrie selten anzutreffen.

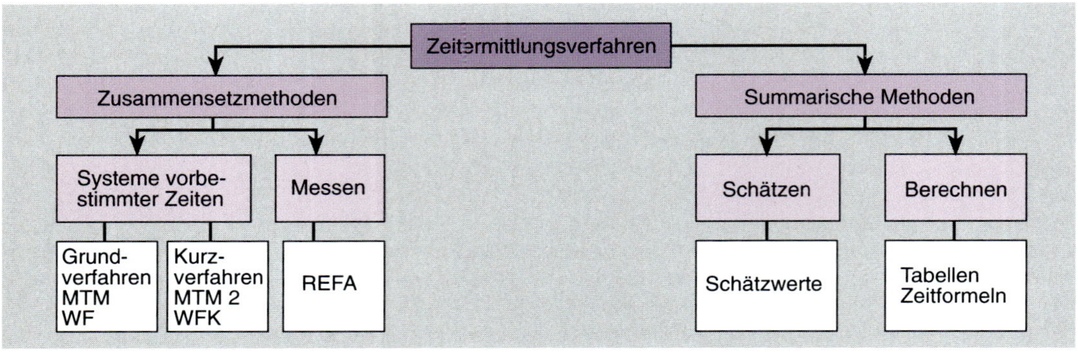

Zusammenfassung der Zeitermittlungsverfahren

In der Bekleidungsindustrie werden heute die Vorgabezeiten für die Vorkalkulation meist über das **REFA-Verfahren** ermittelt und in **Richtzeitkarteien** übernommen.

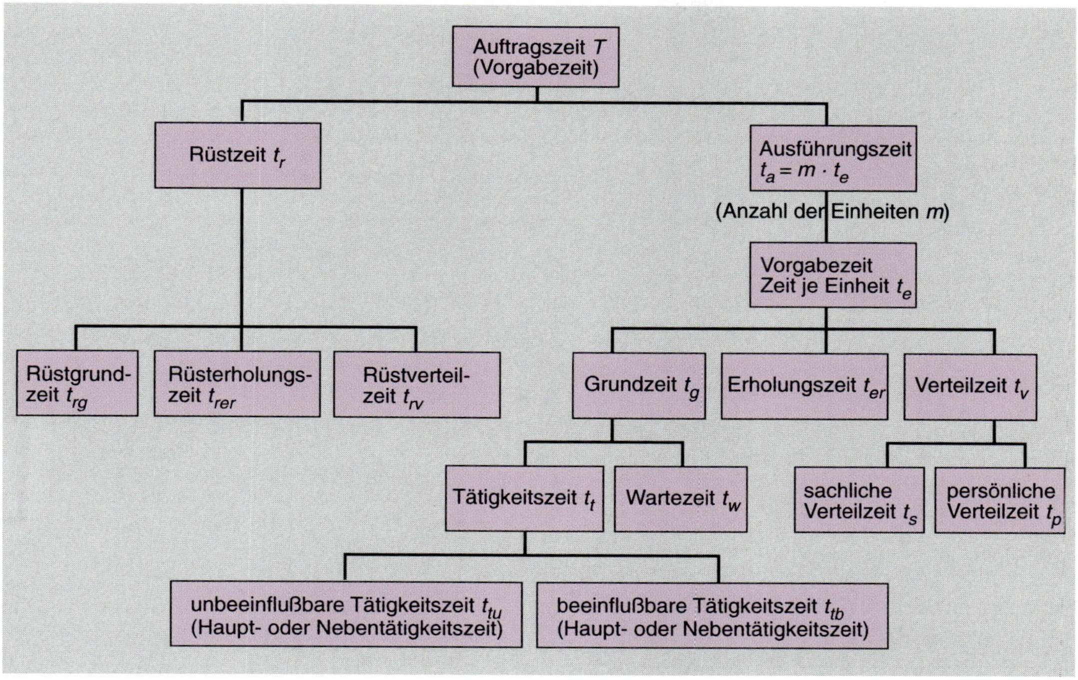

Schema der Zeitarten nach REFA

Zeitarten nach REFA

T **Auftragszeit Vorgabezeit** Zeit, die für die Erledigung eines bestimmten Auftrages vorgegeben ist. Sie schließt alle Rüst-, Ausführungs- und Verteilzeiten ein.

Sie ist diejenige Zeit, die erforderlich ist, um unter genau bestimmten Bedingungen eine Abfolge von Arbeitsschritten auszuführen. Sie wird nach der **REFA-Methoden-Lehre** von Zeitnehmern durch Zeitmessung ermittelt.

Sie stellt eine festgelegte Bearbeitungszeit dar, die sogenannte **„Normalleistung"**. Allgemein wird sie festgelegt als diejenige Arbeitsleistung, die von jedem geeigneten Arbeitnehmer nach hinreichender Übung und Einarbeitung auf Dauer mindestens erbracht werden kann, ohne daß seine Gesundheit und Arbeitsfähigkeit gefährdet wäre. (Manteltarifvertrag MTV § 17.8)

Formel: $T = t_a + t_r$

Beispiel: **Auf 100 Vorderteile je eine Brusttasche steppen.**

t_a **Ausführungszeit** Zeit, die für die Arbeit an allen Einheiten (m) eines Auftrages vorzugeben ist.

Formel: $t_a = t_e \times m$

Beispiel: **100 Brusttaschen aufsteppen.**

Zeitarten nach REFA

t_e	**Zeit je Einheit**	Zeit, die für die Ausführung einer Arbeit je Einheit bei Normalleistung 100% benötigt wird. (Normalzeit, NZ)
	Formel:	$t_e = t_g (NZ) + t_{er} + t_v$
	Beispiel:	**Auf ein Vorderteil eine Brusttasche steppen.**
t_g	**Grundzeit**	Sollzeit für die planmäßige Ausführung eines Auftrages durch den Menschen
	Formel:	$t_g = t_t + t_w$
	Beispiel:	**Vorderteil nehmen, unter dem Nähfuß plazieren, Brusttasche nehmen und auf dem Vorderteil plazieren, Brusttasche aufnähen und Vorderteil ablegen.**
t_t	**Tätigkeitszeit**	Zeiten, die in Haupttätigkeitszeit, Nebentätigkeitszeit zu unterscheiden sind, und Zeiten, die vom Arbeiter teils beeinflußt und teils nicht beeinflußt werden können.
	Beispiel:	**Haupttätigkeitszeit: Brusttasche aufsteppen.** **Nebentätigkeitszeit: Vorderteil und Brusttasche nehmen oder ablegen.** **Beeinflußbare Tätigkeit: Nähgut positionieren.** **Unbeeinflußbare Tätigkeit: Automatenlaufzeit eines Brusttaschenautomaten.**
t_w	**Wartezeit**	Zeiten, in denen der Arbeiter auf das Ende eines vorangegangenen Arbeitsabschnittes wartet.
	Beispiel:	**Warten auf das nächste Bündel in der Fließfertigung.**
t_{er}	**Erholungszeit**	Erholungszeiten sind Zeiten, in denen der Arbeitnehmer keine Arbeitsaufgaben vollziehen muß, sondern die Ermüdung abbauen kann und sich erholt. Erholungszeiten werden auf die Arbeitszeit angerechnet und finanziell entgolten. Von den Erholungszeiten sind die Bedürfniszeiten zu unterscheiden, diese werden zur Verrichtung persönlicher Bedürfnisse während der Arbeitszeit gewährt.
	Beispiel:	**Eine vorgegebene Unterbrechung von 5 Minuten zur Erholung nach körperlicher Arbeit oder nach Kontrollaufgaben.**
t_v	**Verteilzeiten**	Zeiten, die nicht unmittelbar dem Arbeitsfortschritt dienen. Es wird unterschieden zwischen **sachlicher Verteilzeit** = t_s und **persönlicher Verteilzeit** = t_p Diese Zeiten müssen separat in einer Verteilzeitsudie ermittelt werden. Sie sind ein Prozentsatz der Grundzeit. Der Prozentwert wird mit der t_g und der t_{er} zur t_e addiert.
	Formel	$t_v = t_s + t_p$
	Beispiel	**Sachliche Verteilzeiten können Spulenwechsel oder Fadenwechsel sein. Zu den persönliche Verteilzeiten gehört beispielsweise das Aufsuchen der Toilette.**
t_r	**Rüstzeiten**	Zeiten, die der Vorbereitung der auftragsgemäß auszuführenden Arbeit dienen. Sie setzt sich aus einer Rüstgrundzeit (t_{rg}), einer Rüsterholungszeit t_{rer}) und einer Rüstverteilzeit (t_{rv}) zusammen.
	Formel	$t_r = t_{rg} + t_{rer} + t_{rv}$
	Beispiel	**Auftrag für den neuen Arbeitsgang lesen, Maschine einstellen oder Stichzahl bzw. Arbeitsgang programmieren.**

Tabelle der Zeitarten nach REFA

Beurteilung des Leistungsgrades

Die Zeit, die für eine bestimmte Arbeitsaufgabe an einer bestimmten Nähmaschine und mit einer vorgegebenen Arbeitsmethode von einer Näherin benötigt wird, kann sehr unterschiedlich sein. Gleiches gilt für die **Leistung,** die vom Menschen für eine Arbeitsaufgabe unter gleichen technischen Bedingungen erbracht wird. Dies führt für die einzelnen Arbeitsgänge zu unterschiedlichen **Ist-Zeiten,** die nur bedingt als **Soll-Zeiten** für eine Kalkulation oder Planung verwendet werden können. Aus diesem Grund beurteilen erfahrene Arbeitsstudienleute, beispielsweise Zeitnehmer, während der Zeitaufnahme auch die Eignung, den Leistungswillen, die Arbeitsgeschwindigkeit der Näherin. Aber auch welchen Eindruck der Umgang mit den Arbeitsmitteln auf den Zeitnehmer macht, fließt in eine Beurteilung mit ein. Nach REFA soll die Arbeit ein „harmonisch, natürliches und ausgeglichenes Leistungsbild" zeigen, dann entspricht sie der **Normalleistung.**
Das ergibt den **Leistungsgrad L,** der bei der Berechnung für die Vorgabezeit je Einheit als Bezugsleistung zugrunde gelegt werden muß.

$$\mathbf{L = \frac{Ist\text{-}Leistung}{Normalleistung} \times 100\%}$$

Nach dem Betriebsverfassungsgesetz hat der Betriebsrat das Recht, die Ergebnisse zu überprüfen.

Das folgende Beispiel soll die Berechnung des Leistungsgrades verdeutlichen:

Die **Ist-Leistung** der Näherin beträgt 10 Teile pro Minute.
Die maßgebliche **Normalleistung** beträgt ebenfalls 10 Teile pro Minute.

$$L = \frac{10}{10} \times 100\% = \mathbf{100\%}$$

Erarbeitet die Näherin nun nur 8 Teile pro Minute, so beträgt der Leistungsgrad 80%: Sie liegt **unter** der Normalleistung. Produziert sie aber 14 Teile, so ist ihr Leistungsgrad 140% und sie liegt **über** der Normalleistung.

Durchführung einer Zeitaufnahme

Vor einer **Zeitaufnahme** informiert sich der **Zeitnehmer,** ein Sachbearbeiter für Zeitstudien, gründlich über den Arbeitsgang und die Gestaltung des Arbeitsplatzes. Die Näherin sollte geeignet, geübt und voll eingearbeitet sein, ehe an ihrem Arbeitsplatz eine Zeitaufnahme durchgeführt wird. Alle Daten, die während der Zeitaufnahme erhoben werden, müssen mit einem **dokumentenechten Stift** in den **Zeitaufnahmebogen** eingetragen werden.
Auf der Vorderseite des Zeitaufnahmebogens werden die Daten über das **Arbeitssystem** aufgenommen. Dazu gehören das **Arbeitsverfahren** und die **Arbeitsmethode** als Abbildung und als Text, Daten über den **Arbeitsgegenstand,** den **Menschen,** das **Betriebsmittel,** die **Umgebungseinflüsse** und die **Entlohnungsform.**
Auf der Rückseite werden die Ablaufabschnitte des Arbeitsgegenstandes mit den Meßpunkten aufgeführt. Während der Messung werden die Daten notiert und anschließend ausgewertet.

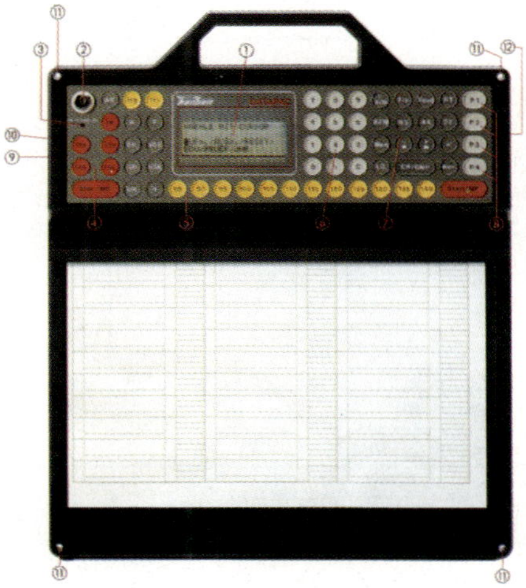

① Display
② Schlüsselschalter
③ Batterie-Kontrolle
④ Zeitarttasten
⑤ Leistungsgradtasten
⑥ Numerische Tasten
⑦ Programmsteuerungstasten
⑧ Arbeitsplatzzuordnung
⑨ Akkuladebuchse
⑩ Drucker- und PC-Anschluß
⑪ Tragegurtbefestigung
⑫ Batteriefach

Gerät für die Zeitaufnahme

Z2	**REFA-Zeitaufnahmebogen** für Abläufe mit Wiederholungen	Ablage-Nr.
		Blatt von Blättern

Arbeitsaufgabe			
Auftrag Nr.	Menge m des Arbeitsauftrages	Abteilung	Kostenstelle
Datum der Zeitaufnahme	Beginn Uhrzeit Menge	Ende Uhrzeit Menge	Dauer

Zusammenstellung der Zeit je Einheit	Zeit in	Herkunft
Grundzeit t_g		
Erholungszeit t_{er} bei z_{er} = %		
Verteilzeit t_v bei z_v = %		
sonstige Zuschläge		
Zeit je Einheit t_{e1}		
$t_{e1}/t_{e100}/t_{e1000}$ in min/h		
Rüstzeit t_r in min/h		

Arbeitsverfahren und Arbeitsmethode

Arbeitsgegenstand (Eingabe)	Benennung	Werkstoff	Zustand bei Eingabe	Zeichn.-Nr.	Werkstoff Nr.	Maße, Formen, Gewichte

Mensch	Name	Personalnummer	m	w	Alter	Dauer der Ausübung ähnlicher Aufgaben	der untersuchten Aufgabe

Betriebsmittel	Benennung, Type	Anzahl	Betriebsmittel-Nr.	Baujahr	technische Daten, Zustand

Umgebungseinflüsse	Entlohnung

Bemerkungen

Qualität des Arbeitsergebnisses

Bearbeiter	geprüft	Datum	gültig ab	bis

Vorderseite eines Zeitaufnahmebogens

Nr.	Ablaufabschnitt und Meßpunkt	Bez.-menge	Einflußgröße	Meßwert, Klasse	Zy / m_z	1	15	$\Sigma L/n$ / $\Sigma t_i/n$	$\bar{L}$ / $\bar{t}_i$	$t = \frac{\bar{L}}{100}\bar{t}_i$	Zeit-art
					L						
					t_i						
					F						
					L						
					t_i						
					F						
					L						
					t_i						
					F						
					L						
					t_i						
					F						
					L						
					t_i						
					F						
					L						
					t_i						
					F						
					L						
					t_i						
					F						
					L						
					t_i						
					F						
					L						
					t_i						
					F						
n =	k =		Summe der Zeiten je Zyklus t_z					Σt_z		Σt	
$\bar{t}_z = \Sigma t_z/n =$	/ =		Spannweite je 5 Zyklen R_z					ΣR_z			
$\bar{R}_z = \Sigma R_z/k =$	/ =		$z = (\bar{R}_z/\bar{t}_z)\ 100\ \% = ($	/							

Nr/Zy	von	bis	Dauer	zusätzliche Ablaufabschnitte

Rückseite eines Zeitaufnahmebogens

Arbeitsgestaltung

Der Begriff der Arbeitsgestaltung ist nach REFA folgendermaßen definiert:

das Schaffen eines aufgabengerechten, optimalen Zusammenwirkens von **arbeitenden Menschen, Betriebsmitteln** und **Arbeitsgegenständen** durch zweckmäßige Organisation von **Arbeitssystemen** unter Beachtung der **menschlichen Leistungsfähigkeit** und **Bedürfnisse.** Im besonderen besteht die Arbeitsgestaltung in der Neuentwicklung oder Verbesserung von **Arbeitsverfahren, Arbeitsmethoden** und **Arbeitsbedingungen,** von Arbeitsplätzen, Maschinen, Werkzeugen, Hilfsmitteln sowie in der ablaufgerechten Gestaltung von Arbeitsgegenständen.

Die Aufgaben der Arbeitsgestaltung betreffen die folgenden Elemente

- **Arbeitsvorgang,**
- **Arbeitsablauf,**
- **Betriebsmittel,**
- **Produkt** und
- **Arbeitsplatz.**

Die **Arbeitsplatzgestaltung** betrifft den Menschen direkt. Die unterschiedlichen Belastungen beispielsweise durch eine ungünstige Gestaltung des Arbeitstisches oder der Arbeitsumgebung während der Arbeit, können zu einer Motivations- und Leistungsminderung führen. Ebenso Lärm, Staub, Hitze, Vibrationen Verletzungsgefahren, aber auch eine ungünstige Sitzhaltung, wirken sich negativ auf die Leistungsbereitschaft aus.
Mit der Gestaltung des Arbeitsplatzes befaßt sich die **Ergonomie.**
Der Begriff Ergonomie ist ein Kunstwort, das sich aus den griechischen Wörtern „ergon", Arbeit oder Tätigkeit, und „nomos", Regel, Ordnung oder Gesetz, zusammensetzt. Nach diesen Wortbedeutungen läßt sich die Ergonomie als diejenige Wissenschaft verstehen, die die Leistungsfähigkeit und Belastbarkeit des menschlichen Körpers unter verschiedenen Arbeitsbedingungen untersucht.

Sie verfolgt dabei zwei Ziele:
1. Die Arbeitsaufgabe und die Arbeitsbedingungen an den Menschen anzupassen.
Diese Forderung nach einer menschengerechten Gestaltung der Arbeit ist im **Betriebsverfassungsgesetz** in den §§ 90 und 91, im **Arbeitssicherheitsgesetz** und in den **Arbeitsstättenverordnungen** generell festgehalten.
2. Die Menschen an die Arbeitsaufgabe anzupassen.
Dies bedeutet, **Erkenntnisse** über die **Entfaltung und Nutzung der Eigenschaften der Menschen** zu sammeln, um die Arbeitsmotivation und Leistungsfähigkeit des Menschen an seinem Arbeitsplatz zu verbessern. Es ist also das Ziel der Ergonomie, bei der Arbeitsgestaltung die Eigenschaften und Bedürfnisse der Menschen unter gleichzeitiger Beachtung wirtschaftlicher Kriterien zu berücksichtigen.

Möglichkeiten der ergonomischen Arbeitsplatzgestaltung

Ein ergonomisch gestalteter Arbeitsplatz erhöht die Konzentration, vermindert Erkrankungen und schiebt die Ermüdungsschwelle hinaus.
Bei der Arbeitsplatzgestaltung kommt es beispielsweise nicht nur auf den richtigen **Stuhl,** sondern auch auf die richtige **Sitzhaltung** an. Besonders der Näharbeitsplatz verleitet durch

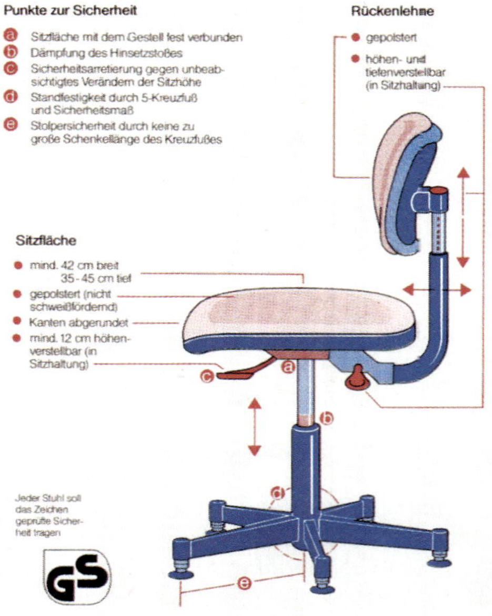

Der richtige Stuhl

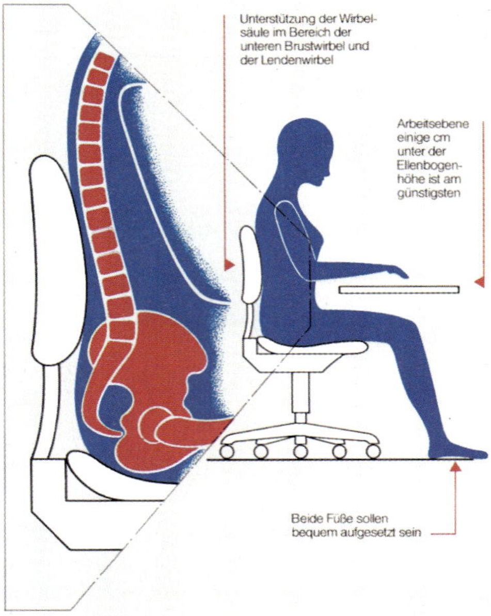

Die richtige Sitzhaltung

die Bauform der Nähmaschine und die Anforderungen an eine genaue Nähgutführung die Näherin dazu, eine gebückte Sitzhaltung einzunehmen. Verspannungen und Rückenbeschwerden sind einige der Folgen. Durch die richtige Sitzhaltung ist auch die geeignete Sehentfernung gegeben, die ungefähr 40 cm zur Nähstelle beträgt. **Steharbeitplätze,** wie sie bei der Nähmaschinenaufstellung und -höhe im Quick-Response-Modell vorgestellt wurden, sollten mit Stehsitzen und Fußentlastungsmatten ausgestattet sein.
Die Abbildung auf Seite 122 zeigt die Einstellung an einem richtigen Stuhl und die richtige Sitzhaltung darauf.
Auch die Lichtverhältnisse am Arbeitsplatz begünstigen gleichmäßig gute Arbeitsergebnisse. Ganz besonders wichtig ist dieser Aspekt bei der Arbeit am Bildschirm. Eine indirekte Beleuchtung begünstigt das blendfreie Arbeiten.

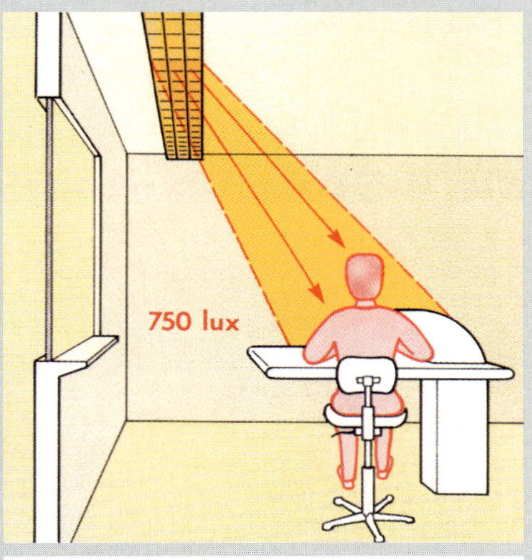

Näharbeitsplatz
- Lichteinfall von links oben
- zusätzliche Einzelplatzbeleuchtung mit Dimmer empfohlen:
  - Halogenglühlampe mit Mattglas
  - vibrationsfreie Befestigung (am Maschinentisch)

Bildschirmarbeitsplatz
- zusätzliche Einzelplatzbeleuchtung möglichst vermeiden
- ergänzende indirekte Beleuchtung empfohlen

Leucheninstallation an verschiedenen Arbeitsplätzen

Sicherheitstechnische Arbeitsplatzgestaltung – Unfallverhütung

Sicherheitstechnische Maßnahmen, wie sie in verschiedenen Vorschriften zur Unfallverhütung vorgegeben sind, bedeuten in erster Linie, Unfälle, die an oder durch technische Arbeitsmittel verursacht werden, zu verhindern.
Verschiedene Vorschriften, wie die **Unfallverhütungsvorschriften** oder **staatliche Arbeitsschutzvorschriften,** verpflichten daher den Unternehmer, dem Arbeitnehmer nur solche Arbeitsmittel zur Verfügung zu stellen, die den allgemeinen **Regeln der Sicherheitstechnik,** der **Arbeitsmedizin** bzw. den gesicherten **arbeitswissenschaftlichen** Erkenntnissen entsprechen.

Da der Unternehmer nicht immer in der Lage ist zu überprüfen, ob die Arbeitsmittel den Vorschriften entsprechen, sind auch die Gerätehersteller durch den Gesetzgeber verpflichtet, nur solche Geräte auf den Markt zu bringen, die den allgemeinen Regeln der Technik bzw. des Arbeitsschutzes entsprechen.

Die Verhütung von Arbeitsunfällen oder Berufskrankheiten haben sich die **Berufsgenossenschaften** zur Hauptaufgabe gemacht. In den Unfallverhütungsvorshriften, die offiziell mit dem Buchstaben VBG abgekürzt werden, formulieren die Berufsgenossenschaften, welche Pflichten die Unternehmer bzw. die Arbeitnehmer erfüllen müssen, um die Arbeits- und Betriebssicherheit zu gewährleisten. Diese Anforderungen haben den Charakter von Mindestanforderungen.
In der Bekleidungsindustrie sind die größten Gefahrenquellen im Arbeitsumfeld, im Arbeitsbereich Legen und Zuschneiden, im Arbeitsbereich Fixieren, im Arbeitsbereich Nähen und Bügeln, bei Transportanlagen und Verpackungsmaschinen zu finden.
Welche Vorschriften dabei im einzelnen zu beachten sind, ist in den entsprechenden Kapiteln aufgeführt.

Arbeitsgestaltung durch die 6-Stufen-Methode

Die **6-Stufen-Methode** wird häufig zur Planung und Gestaltung von Arbeitsplätzen herangezogen. Die Gestaltungsvorschläge dienen dazu, die Ausführungszeit für einen Arbeitsgang zu verringern ohne die Verarbeitungsqualität zu mindern.

Stufe	Arbeitsschritt	Beispiel
Stufe 1	Genaues Ziel setzen	● Fertigungskosten verringern ● Körperliche Belastung vermindern ● Fertigungszeiten reduzieren ● Arbeitsfluß verbessern und ● Betriebsmittel bestmöglichst nutzen
Stufe 2	Aufgabe abgrenzen	**Arbeitsvorgang:** ● Brusttasche auf Vorderteil steppen ● Arbeitsplatz Doppelsteppstichmaschine ● Bündelwagen
Stufe 3	Ideale Lösung suchen	**Vorschläge, z. B.:** ● Verbreiterung der Arbeitsfläche ● Obertransport und Ausgleichsfuß ● automatische Nähfußlüftung
Stufe 4	Daten sammeln und mehrere praktikable Lösungen ermitteln	● Fachliteratur lesen ● Fachmessen besuchen ● Prospekte von Nähmaschinenanbietern begutachten
Stufe 5	Bestmögliche Lösung auswählen	Verschiedene Lösungen testen und die beste Lösung auswählen
Stufe 6	Neue Lösung einführen und kontrollieren	Den Arbeitsplatz umgestalten. Die neue Arbeitsmethode einführen und kontrollieren.

Anforderungsermittlung und Arbeitsbewertung

Durch die Arbeitszeitstudie ist hauptsächlich das Leistungsvermögen der arbeitenden Person bewertet worden. Bei der Arbeitsbewertung wird die Arbeit als solche bewertet, um diese in Lohnsätze umzusetzen. Der Arbeitswert wird also als objektiver Maßstab für

- den **Schwierigkeitsgrad** der Arbeit und
- die **anforderungsgerechte** Entlohnung gesehen.

Die Arbeitsbewertung wird im allgemeinen mit zwei Methoden erreicht:
Die **summarische Methode** ermittelt den Schwierigkeitsgrad der Arbeit durch **Schätzen** der **Gesamtanforderungen,** die die Arbeitsaufgabe stellt. Dabei kann zum einen die Arbeit nach der Rangfolge des Schwierigkeitsgrades gegliedert werden, um danach die **Lohngruppen,** die im Tarifvertrag vereinbart sind, zuzuordnen. Zum anderen kann die Arbeit direkt in einen abgestuften Lohngruppenkatalog eingeordnet werden.

Im **Lohngruppenkatalog** sind die Arbeiten nach den **Tätigkeitsbereichen** Zuschnittarbeiten, Näharbeiten, Bügelarbeiten, allgemeine Arbeiten in der Fertigung und sonstigen Arbeiten eingeteilt und den sieben Lohngruppen zugeordnet.
Zum Beispiel gehören die Näharbeiten zu den Lohngruppen III bis VII und der Arbeitsgang „Vorderteil mit Beleg verstürzen" kann in die Lohngruppe IV eingeordnet werden.
Die komplette Fertigung von Musterteilen in der Musterabteilung gehört dagegen je nach Größe des Musterteiles in die Lohngruppen VI oder VII.

Die **analytischen Methoden** gehen von **Anforderungsarten** aus, deren Kennzeichen die **geistigen, körperlichen** und **seelischen** Qualitäten des Arbeitenden sind. Daher zergliedern sie die Arbeitsaufgabe in einzelne Anforderungsarten.

Fachkenntnis:	Berufsausbildung: Ausbildung zum Bekleidungsschneider Berufserfahrung: mehrjährige Tätigkeit in einem Bekleidungsbetrieb
Geschicklichkeit:	geringe oder hohe Handfertigkeit
Verantwortung:	für den Arbeitsablauf, das Arbeitsergebnis oder für das Personal
Belastung:	körperliche: z. B. Muskelbeanspruchung im Stehen geistige: z. B. Denken, Planen, Konzentration
Umgebungseinflüsse:	Arbeitsbedingungen: z. B. Hitze, Schmutz, Lärm

- Um eine **Arbeitsbewertung** nach diesem Verfahren vornehmen zu können, müssen zuerst das **Arbeitssystem,** also die **Arbeitsaufgabe,** der **Zustand der eingegebenen Arbeitsgegenstände,** aber auch der **Zustand der Ausgabe, der Betriebsmittel, des Arbeitsablaufes** und die bestehenden **Umwelteinflüsse** erfaßt werden. Sofern es notwendig ist, kann auch die Beziehung zu anderen Arbeitssystemen beschrieben werden.
- An diesen ersten Schritt schließt sich die Untersuchung der **Anforderungen** nach den oben beschriebenen Kriterien an.
- Zum Schluß wird jedes Anforderungskriterium mit einer **Bewertungstafel** verglichen. In ihr sind Vergleichsbeispiele, geordnet nach der **Anforderungshöhe,** aufgeführt. Jedes Beispiel ist mit einer betimmten **Rangplatznummer** von 0–100 versehen. Die Bewertungszahl, die auf die Anforderung zutrifft, wird in den Ermittlungsbogen eingetragen.

Da die verschiedenen Anforderungen je nach der Arbeitsaufgabe eine unterschiedliche **Wichtigkeit** für diese haben, werden die Anforderungen gewertet, das heißt gewichtet. Sie geben für diese Arbeitsaufgabe einen bestimmten **Bewertungsfaktor** vor. Jetzt können die Zahlenwerte mit den jeweiligen Faktoren multipliziert werden.
Das Ergebnis dieser Berechnung ist der Wert für eine bestimmte **Anforderungsart.**

In der folgenden Abbildung ist ein solcher **Ermittlungsbogen** beispielhaft aufgeführt.

AE1	REFA-Anforderungsermittlungsbogen

1. Arbeitsbeschreibung

Arbeitssystem

Arbeitsaufgabe, Kurzbeschreibung, Stichwort

Vorderteil mit Beleg verstürzen

Eingabe

Die Vorderteile und Belege befinden sich als Bündel auf je einem Transportwagen.
Die Teile werden einzeln von den Transportwagen genommen.

Ausgabe (Arbeitsergebnisse)

Die Halbfertigteile werden über einen Transportbock gelegt.

Arbeitsmittel/Betriebsmittel

Doppelsteppstichnähmaschine mit Kantenabschneider und Fadenabschneider.

Umgebungseinflüsse

Fertigungsbereich; mäßig starkes Betriebsgeräusch

andere Einflüsse

./.

Arbeitsablauf/Arbeitsablaufschritte bzw. Teilaufgaben

Vorderteilbündel öffnen;
Belegbündel öffnen;
Vorderteil fassen, Beleg fassen und am Nahtanfang übereinanderlegen;
Nähfuß heben und Nähgut in Nähposition bringen,
Nähfuß senken, Maschine in Gang setzen und Nähvorgang durchführen;
Nähvorgang beenden und Fadenabschneider betätigen;
Nähfuß heben und Halbfertigteil nach hinten herausnehmen;
Halbfertigteil nach links über Transportbock ablegen.

REFA-Anforderungsermittlungsbogen

Datum	Unterschrift	Stichwort	Beispiel-Nr.	Ablage-Nr.
	Schrader	./.		Blatt 1 von Blättern

Fortsetzung der Arbeitsbeschreibung

Organisationsbeziehungen

Stellenbezeichnung	Vorderteil mit Beleg verstürzen
Unmittelbar vorgesetzte Stelle	Gruppenleiter
Erhält zusätzlich fachliche Weisungen von	./.
Kontrolle durch	Gruppenleiter
Unterstellte Stellen	./.
Erteilt zusätzlich fachliche Weisungen an	./.
Wird vertreten von	./.
Vertritt	./.
Besondere Befugnisse und Verpflichtungen	./.

2. Anforderungsanalyse	3. Quantifizierung der Anforderungen: REFA-Rang-Platz-Nr.	Gewichtungsfaktor	Anforderungswert
Kenntnisse: *Ausbildung, Erfahrung, Denkfähigkeit*	20	0,7	14
Arbeit nach Anlernzeit beherrschbar			
Geschicklichkeit: *Handfertigkeit, Körpergewandtheit*	60	1,0	60
Geschicktes Führen des Arbeitsgegenstandes erforderlich			
Verantwortung: *für die eigene Arbeit, für die Arbeit anderer und für die Sicherheit anderer*	40	0,6	24
Für die eigene Arbeit verantwortlich			
Geistige Belastung: *Aufmerksamkeit, Denktätigkeit*	60	1,0	60
gesteigerte Aufmerksamkeit			
Muskelmäßige Belastung: *dynamische, statische, einseitige Muskelarbeit*	10	0,5	5
Dynamische Muskelbelastung			
Umgebungseinflüsse: *Klima, Nässe, Öl, Fett, Schmutz, Staub, Gase, Dämpfe, Lärm, Erschütterung, Blendung oder Lichtmangel, hinderliche Schutzkleidung, Erkältungsgefahr, Unfallgefährdung*	40	0,9	36
Mäßiger Betriebslärm			
		Wertzahlsumme	199

Bemerkungen ./.

REFA-Anforderungsermittlungsbogen

Entlohnung

Grundsätzlich beruht die Entlohnung menschlicher Arbeit zum einen auf der Arbeitsbewertung und zum anderen auf der Leistungsbewertung. Die **Arbeitsbewertung** ist meist in den Tarifverträgen festgehalten. Die **Leistungsbewertung** ist direkt an die persönliche Leistung gebunden, die mit der Entlohnungsform gekoppelt ist.

Lohnsysteme umfassen in einem Tarifbereich alle Elemente der Entlohnung, die von einem Arbeitgeber an einen Beschäftigten aufgrund gesetzlicher, kollektiv- oder einzelvertraglicher Regelungen gezahlt werden.

Drei **Entlohnungsformen** lassen sich unterscheiden:

Entlohnungsform	Voraussetzungen	Vorteile	Nachteile
Zeitlohn Lohn, der für einen bestimmten Zeitraum unabhängig von der erbrachten Leistung gezahlt wird. Beispiele: **Stunden-, Wochen- oder Monatslohn**	● Die Mengenleistung ist nicht oder nur sehr schwer bestimmbar. ● Die Zeit ist nicht beeinflußbar. ● Eine Normalleistung ist nicht feststellbar.	● Die Lohnabrechnung ist einfach. ● Der Lohn ist stabil. ● Er ist von Leistungsschwankungen unabhängig.	● Es gibt keine oder wenige Leistungsanreize. ● Ein zusätzlicher Aufwand für Steuerung und Leistungskontrolle ist notwendig
Akkordlohn Lohn, der für eine bestimmte Leistung, unabhängig von dem Zeitraum erbracht wird. Beispiel: **Einzel- und Gruppenakkord**	● Der Arbeitsumfang, die Arbeitsmethode und die Vorgabezeit müssen bestimmbar und nachprüfbar sein. ● Die Zeiten müssen beeinflußbar sein.	● Eine leistungsgemäße und den Leistungsanreiz fördernde Entlohnung ist gegeben. ● Die Vorplanung von Kapazitäten und Terminen ist gegeben.	● Das Akkordrisiko führt zu Lohnschwankungen. ● Der Aufwand für die Zeitermittlung ist relativ hoch.
Prämienlohn Lohn, der für eine besondere Leistung einer Person oder einer Gruppe gezahlt wird. Beispiel: **Jahresprämie**	● Die Kennziffern der Prämienbemessung müssen mindestens teilweise beeinflußbar sein. ● Die Mengenleistung ist gegenüber anderen Kostenfaktoren, wie Qualität oder Materialnutzung, nicht so wichtig.	● Es bieten sich Lohnanreize bei nicht akkordfähiger Arbeit an. ● Kostensenkungen sind möglich.	● Der Aufwand für die Lohnabrechnung ist gegenüber dem Akkordlohn meist höher. ● Betriebsvereinbarungen sind notwendig.

Entlohnungsformen im Überblick

Lohnsysteme und **Fertigungssysteme** sind in der Regel aufeinander abgestimmt. Für den Montagebereich in der Bekleidungsindustrie werden die beschäftigten Arbeitnehmer nach einem Leistungslohn, dem klassischen **Einzelakkord** nach REFA, bewertet.
Die Berechnungsgrundlage für den persönlichen Akkordlohn sind die für den jeweils ausgeführten Arbeitsgang geltende **Vorgabezeit,** die **Lohngruppe** sowie die individuell erreichte **Mengenleistung.**
Die Bewertung des Schwierigkeitsgrades der Arbeitsgänge ist zwischen den Tarifpartnern, den Arbeitgebern und den Gewerkschaften, vereinbart worden. Über den **Lohngruppenkatalog** im Tarifvertrag sind die einzelnen Anforderungen festgelegt. Ingesamt gibt es sieben Lohngruppen.

4.4 Kalkulation

Ziel eines jeden Unternehmens ist es, seine Produkte so kostengünstig wie möglich bei bestmöglicher Qualität des entsprechenden Genres zu produzieren, um konkurrenzfähig zu sein. Gewinne lassen sich aber nur erzielen, wenn die tatsächlichen Kosten gleich oder geringer als die kalkulierten Kosten sind. Eine genaue **Kalkulation** nach **Kostenarten** und **Kostenstellen** für alle **Kostenträger** ist die Grundlage der **Preisgestaltung.**

Bei der Herstellung aller Erzeugnisse in einem Bekleidungsbetrieb enstehen Kosten. Diese Bekleidungserzeugnisse werden als Kostenträger bezeichnet. In unserem Beispiel ist **Jeany** ebenso ein Kostenträger wie auch die anderen Blusen und Bekleidungsstücke.

Die Kosten für die Herstellung setzen sich aus verschiedenen Kostenarten zusammen. Zu ihnen gehören die

- **Materialkosten,** beipielsweise der Stoff und die Knöpfe für die Bluse,
- **Arbeitskosten,** beispielsweise Löhne der Näherinnen und Gehälter der Designer und Directricen,
- **Kapitalkosten,** beispielsweise Zinsen für Kredite und Abschreibungen der Maschinen,
- **Kosten für Fremdleistungen,** beispielsweise Versicherungen, Portokosten und Frachtkosten,
- **Kosten, die gegenüber dem Staat entstehen,** beispielsweise Gewerbesteuer und Gebühren für Straßenreinigungen.

Einige der Kosten können unmittelbar erfaßt und jedem Erzeugnis direkt zugeordnet werden. Dies gilt beispielsweise für die Kosten des Stoffverbrauchs und der Zutaten. Sie ergeben die Materialkosten für die Bluse.

Die **Fertigungseinzelkosten** für die Bluse ergeben sich in der Industrie aus der Vorgabezeit, multipliziert mit dem Lohnfaktor.

Kosten, die nicht direkt erfaßt werden können, müssen mit Hilfe von Verhältniszahlen oder

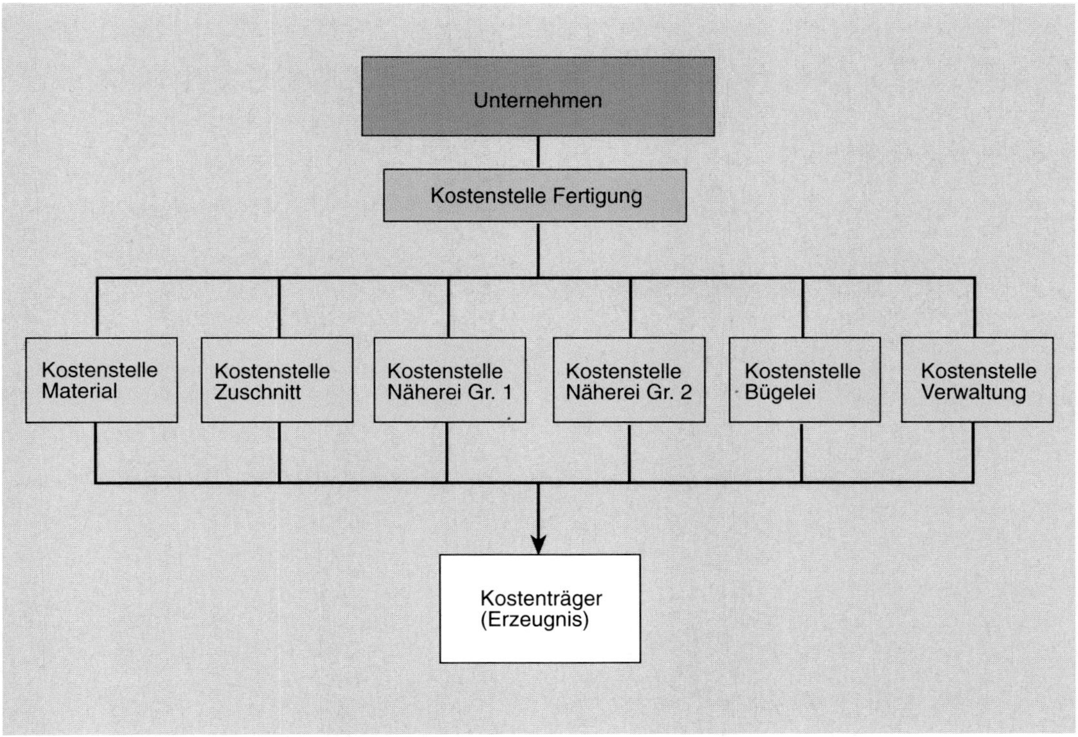

Zuordnung von Kostenstellen und Fertigungsabteilungen

Schlüsselzahlen aus dem Vorjahr ermittelt und den **Einzelkosten** zugeschlagen werden. Diese Kosten werden als **Gemeinkosten** bezeichnet. Zu ihnen zählen beispielsweise Nähgarne, Einlagen, Gehaltskosten in der Arbeitsvorbereitung und Energiekosten.
Des weiteren werden die Kosten bestimmten **Kostenstellen** zugeordnet, deren Einteilung sich von Unternehmen zu Unternehmen unterschiedlich gestaltet.
Beispielsweise sind einer Kostenstelle die **Entwicklungskosten,** einer anderen die **Materialkosten,** bestehend aus Einzel- und Gemeinkosten, zugeordnet.
Die Kostenstelle Fertigung wird in Zuschnitt, Näherei, Bügelei und noch weiter unterteilt.

Weitere Kostenstellen sind die Verwaltung und der Vertrieb.

Weiter werden die Kosten in **fixe** und **variable** Kosten unterteilt.
Fixe Kosten sind gleichbleibende Kosten, die unabhängig von der Anzahl der Beschäftigten oder der zu fertigenden Stückzahl entstehen, beispielsweise als Miete für Geschäftsräume und Zinsen für Fremdkapital.
Variable Kosten sind abhängig von der Anzahl der Beschäftigten oder von den Stückzahlen der Produktion. So entstehen bei mehr Beschäftigten höhere Personalkosten und bei größeren Stückzahlen höhere Energiekosten. Der Anteil der fixen Kosten je Stück wird jedoch geringer.

Kalkulation im Handwerksbetrieb

- **Materialkosten**
  Alle Ausgaben für das Material werden mengen- und wertmäßig erfaßt und addiert.

- **Fertigungskosten**
  Alle Arbeiten an dem Bekleidungsstück werden zeitlich erfaßt und mit den entsprechenden Personalkosten multipliziert.

- **Herstellkosten**
  Sie ergeben sich aus der Addition von Materialkosten und Fertigungskosten.

- **Gemeinkosten**
  Im Handwerk werden alle übrigen Kosten, die sich nicht direkt auf das Werkstück beziehen oder wertmäßig nicht direkt zugeordnet werden können, wie beispielsweise Energie- und Verwaltungskosten, Abschreibungen und Gewerbesteuern, addiert, und ein bestimmter Prozentsatz je Bekleidungsstück wird errechnet. Dieser wird allen Bekleidungsstücken gleichermaßen zugeschlagen.

- **Selbstkosten**
  Sie ergeben sich aus der Addition von Herstellkosten und Gemeinkosten.

- **Zuschlag für Gewinn und Risiko**
  Die Höhe ist beispielsweise abhängig von den Wettbewerbsverhältnissen und dem Image des Betriebes sowie dem Kundenstamm und dem zu fertigenden Genre. Der Zuschlag ist ein bestimmter Prozentsatz der Selbstkosten.

Der Herstellpreis ergibt sich aus den Selbstkosten und dem Zuschlag für Gewinn und Risiko.

- **Steuern**
  Die Mehrwertsteuer, die sich nach dem gültigem Steuersatz richtet, wird zu den Herstellpreisen addiert.

Der Lieferpreis setzt sich aus der Addition von Herstellungspreis und Steuern zusammen.

Kalkulation im industriellen Bekleidungsbetrieb

In einem industriellen Betrieb wird auch mit einer Zuschlagkalkulation gearbeitet. Sie unterteilt nach Einzel- und Gemeinkosten.

Dies bedeutet, jedes Produkt wird mit den Kosten belastet, die es bei der Kostenstelle verursacht.

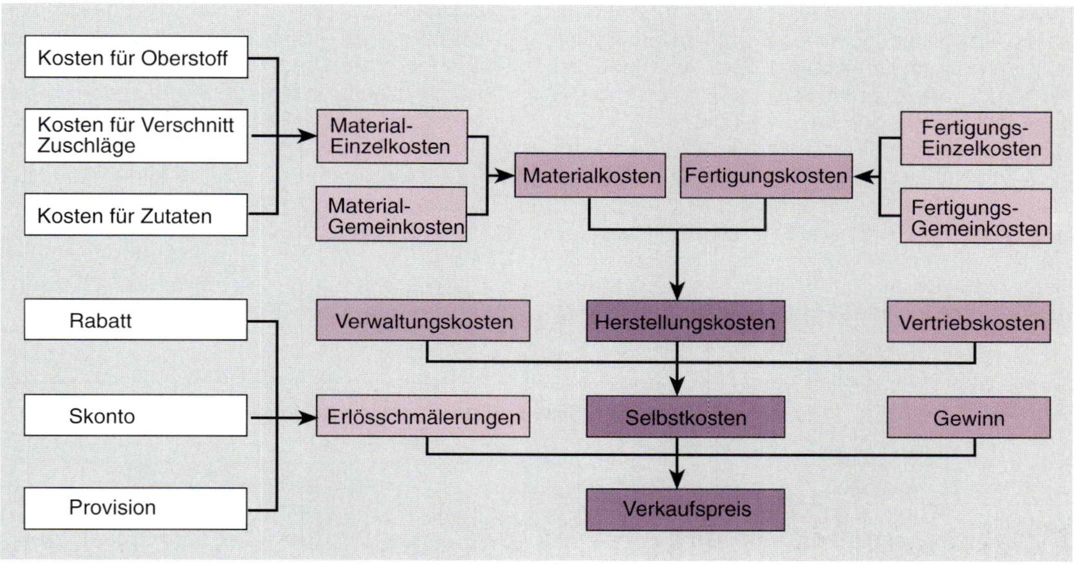

Schema der Kostenrechnung in einem Bekleidungsbetrieb

1	Materialeinzelkosten		24,00 DM	
2	Materialgemeinkosten, 5% von Nr. 1	+	1,20 DM	
3	**Materialkosten**	=		**25,20** DM
4	Fertigungseinzelkosten		29,00 DM	
5	Fertigungsgemeinkosten, 120% von Nr.4	+	34,80 DM	
6	**Fertigungskosten**	=		**63,80** DM
7	Sonderkosten der Fertigung (Modellkosten)			
8	**Herstellkosten**			**89,00** DM
9	Verwaltungsgemeinkosten, 30% von Nr. 8	+	26,70 DM	
10	Vertriebsgemeinkosten, 30% von Nr. 8	+	26,70 DM	
11	Sondereinzelkosten des Vertriebs			
12	**Selbstkosten**	=		**142,40** DM
13	Gewinnzuschlag, 10 % von Nr. 12	+	14,24 DM	
	Vorläufiger Angebotspreis	=		**156,64** DM

Beispiel einer Zuschlagkalkulation

4.5 Betriebliche Informationsverbindung – CIM

Um konkurrenzfähig zu bleiben, müssen die Bekleidungsunternehmen am Standort Bundesrepublik Deutschland eine bessere Qualität der Produkte vorantreiben und neue Anforderungen an die Flexibilität und Produktivität stellen. Rationalisierungsmöglichkeiten in Form von Mechanisierung und Automatisierung sind nicht mehr ausreichend, um den neuen Anforderungen gerecht zu werden. Überzeugende Lösungen sind in Zukunft nur noch mit EDV-gestützten Systemen zu erreichen.

Bisher waren die Systeme eher Insellösungen innerhalb einzelner Abteilungen. Die erzeugten Daten konnten nicht entsprechend dem **Material- und Informationsfluß** an allen Stellen und Arbeitsplätzen zur Verfügung gestellt werden. Standardisierte Schnittstellen, geeignete Netzwerke und gemeinsame Datenbanken, beispielsweise zwischen der Verwaltung und den produzierenden Abteilungen, existierten nicht oder nur in einem begrenzten Umfang.

Die Entwicklung, vollintegrierte Systeme in der betrieblichen Organisation einzusetzen, steht am Anfang. Modellvorstellungen dafür sind aber bereits vorhanden. Eine solche Integration aller Computeranwendungen in einem Betrieb wird als **CIM-Konzept** bezeichnet. Die Abkürzung **CIM** steht für die englischen Begriffe **C**omputer **I**ntegrated **M**anufacturing und heißt übersetzt **computerintegrierte Fertigung.**

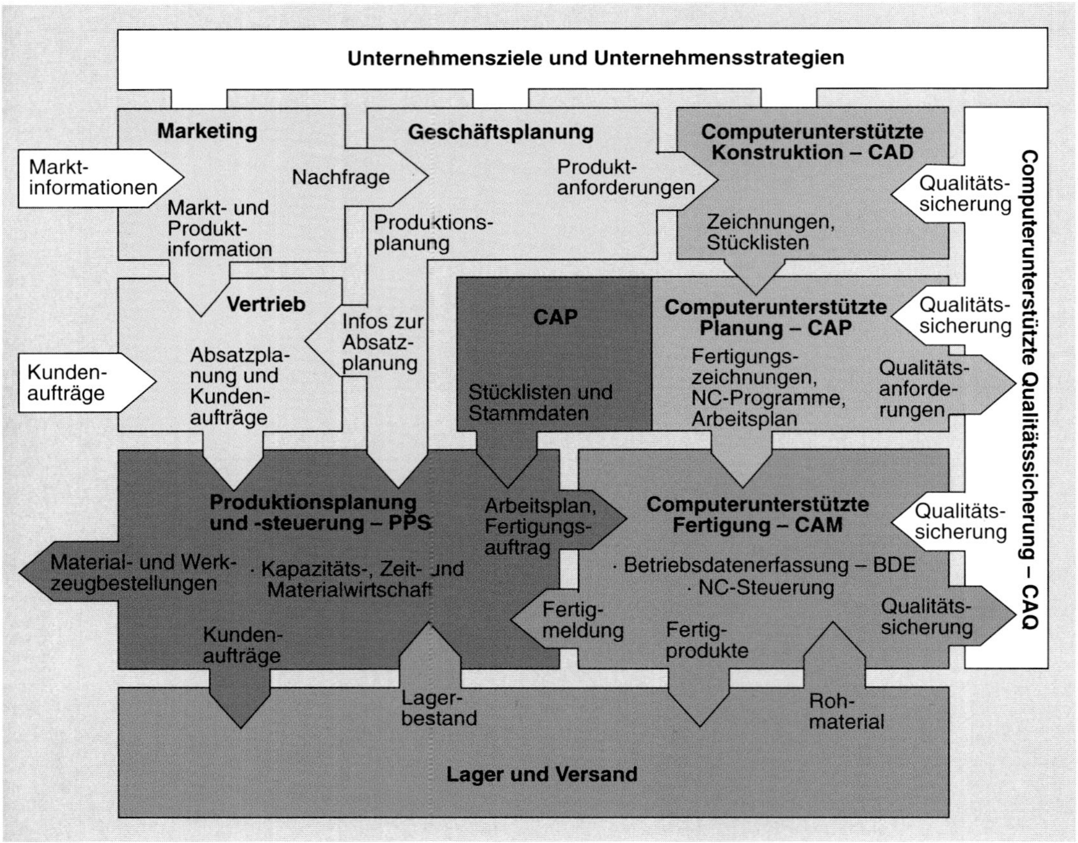

CIM - Konzept in einem Bekleidungsunternehmen

??????????????????????????????

1. Auf welche Weise kann der Aufbau einer Organisation geplant werden? Nennen Sie Beispiele.

2. Vergleichen Sie das Weisungssystem des Bekleidungsunternehmens auf Seite 95 mit dem Weisungssystem in Ihrem Betrieb.

3. Beschreiben Sie die Unterschiede eines Weisungssystems für einen industriellen Bekleidungsbetrieb und einen Handwerksbetrieb.

4. Was bedeuten die Begriffe Aufbauorganisation und Ablauforganisation ?

5. Nennen Sie einige Maßnahmen der Fertigungsplanung und Fertigungssteuerung.

6. Geben Sie die wichtigsten Bestandteile eines Arbeitsplanes an.

7. Worin unterscheiden sich Arbeitsplan und Arbeitsverteilungsplan?

8. Wie wird die Qualitätssicherung in einem Bekleidungsbetrieb sichergestellt?

9. Was bedeutet Arbeitsgestaltung, und welche Bereiche gehören zu ihr?

10. Was bedeutet der Begriff Ergonomie, und mit welchen Aufgaben beschäftigt sie sich?

11. Erklären Sie die Forderung nach einer körpergerechten Arbeitsplatzgestaltung an einem Beispiel.

12. Nennen Sie die Formel für den Leistungsgrad.

13. Erklären Sie den Unterschied zwischen einer summarischen und einer analytischen Arbeitsbewertung.

5 Zuschneiden und Fixieren des Modells

Mit dem Zuschnitt wird begonnen, wenn alle Formulare, Schnittlagenbilder und Schablonen für die Fertigung vorbereitet sind und das Material und die Zutaten bereitliegen. Der Stoff für **Jeany** wird aus dem Warenlager abgerufen und in den Zuschnitt transportiert. Gemäß dem Legeauftrag werden die Lagen übereinandergestapelt. Dem Schnittbild entsprechend werden die einzelnen Schnitteile herausgeschnitten. Die Schnittstapel werden dem Auftrag folgend nach Größen und Farben sortiert und etikettiert. Bevor Jeany's einzelne Schnitteile in die Fertigung einlaufen, werden Kragen und Taschen mit einer Fixiereinlage versehen.

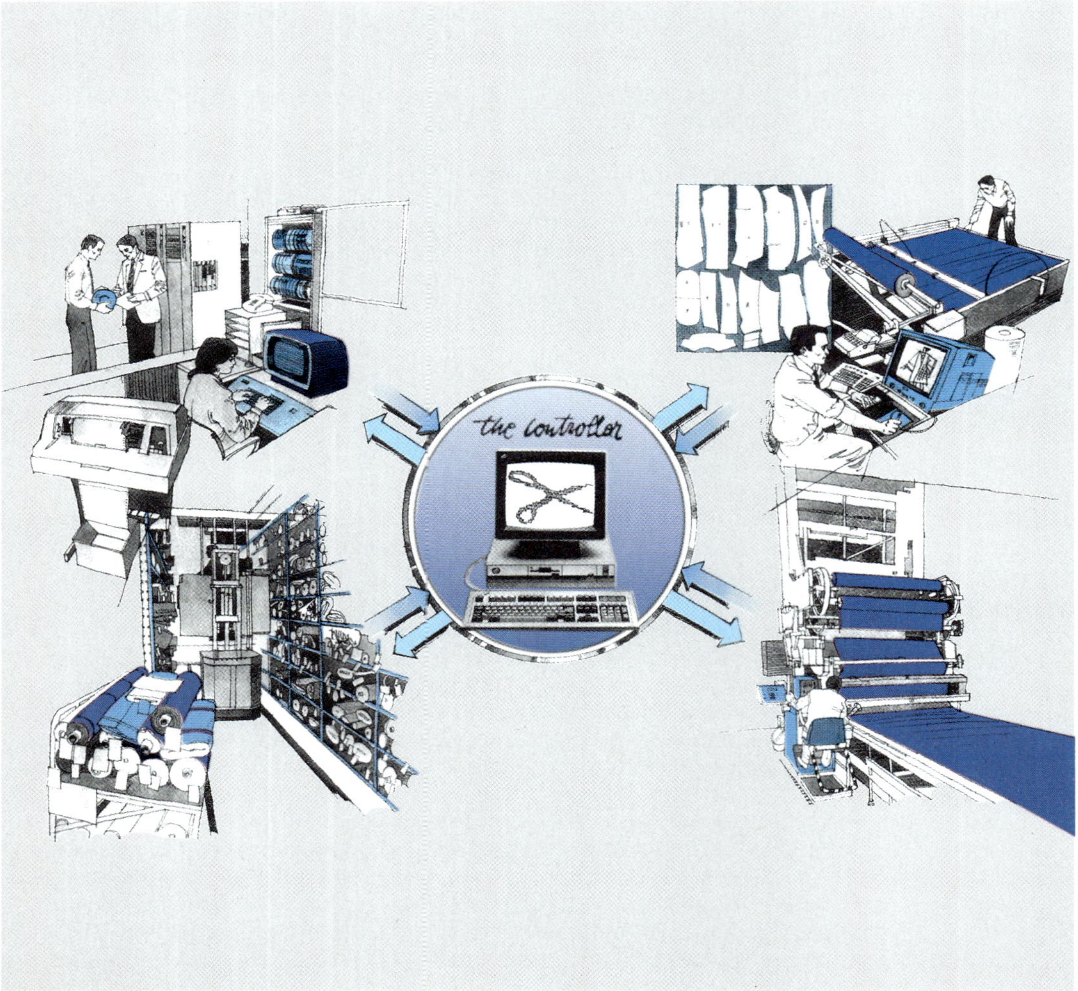

Vernetzungen mit dem Zuschnitt

Schlüsselbegriffe

Fixieren
Der Begriff Fixieren beschreibt in der Bekleidungstechnik ein Verfahren zur Stabilisierung von Schnitteilen durch den Einsatz einer Einlage aus Gewebe, Gewirke oder Vliesstoff. Diese Einlage ist mit dem Oberstoff durch ein geeignetes Klebemittel (Thermokleber = Klebstoff, der sich durch Hitzeeinwirkung verflüssigt) flächig verbunden.

Legeart
Die Legeart beschreibt die Art und Weise, wie die textile Fläche auf dem Legetisch ausgelegt wird. Drei Arten lassen sich prinzipiell unterscheiden: rechts/links, rechts/rechts und zickzack. Welche Legeart für den Zuschnitt des jeweiligen Modells ausgewählt wird, hängt von der Materialart, der Warenaufmachung, der Richtungsorientierung des Materials, der Schnittbildart, der Seriengröße und der Ausstattung des Zuschnitts ab.

Legen
Der Begriff Legen umfaßt als Oberbegriff alle Maschinen und Methoden, mit denen die Ware für den Zuschnitt vorbereitet wird. Im einzelnen gehören dazu: Lagenarten, Legeverfahren, Legemaschinen und Bevorratungs- und Bereitstellungssysteme.
Das Ergebnis ist der Lagenstapel. Seine Höhe kann durch die Lagenzahl oder die Stapelhöhe angegeben werden. Schnittbild und Lagenstapel ergeben dann zusammen den Schnittstapel.

Markieren
Abnäherenden, Taschenansatzpunkte, Zusammensetzpunkte an Nähten, Abnäherbreiten u. ä. an den Schnitteilen eines Modells müssen während oder nach dem Zuschnitt von der Schnittschablone oder Plotterzeichnung exakt auf den Schnittstapel übertragen werden. Die Geräte für diese Arbeit sind entweder für die Markierung in der Schnitteilfläche oder an der Schnittkante geeignet.

Modul
Dieser Begriff, der häufig im Zusammenhang mit der elektronischen Datenverarbeitung verwendet wird, leitet sich aus der englisch / amerikanischen Wortbedeutung ab und meint ein austauschbares, komplexes Teil eines Gerätes oder einer Maschine, das eine geschlossene Funktionseinheit bildet. Beispielsweise sind der Schwarz/weiß-Bildschirm und die Grafikkarte zwei Module eines Computersystems, das gegen eine entsprechende Farbgrafikkarte und einen Farbbildschirm ausgetauscht werden kann.

Produkt-Info
In einem Produkt-Info, der auch Warenpaß genannt wird, sind die Anforderungen, die ein Bekleidungsbetrieb an die Qualität der Ware für die Fertigung einer spezifischen Produktgruppe stellt, festgehalten. Das Unternehmen kauft nur Produkte ein, die solchen Qualitätsanforderungen entsprechen.

Wareneingangsprüfung
In dieser Abteilung des Unternehmens werden angelieferte Waren nach einem firmenspezifischen Prüfkatalog physikalisch/chemisch und visuell beurteilt. Das Ergebnis der Prüfung erhalten verschiedene Abteilungen, z. B. die Einkaufsabteilung für die Lieferantenbewertung und Reklamation fehlerhafter Warenmeter und die Fertigung zur Vorbereitung der Betriebsmittel.
In der physikalischen/chemischen Wareneingangsprüfung wird die Ware z. B. auf Schiebefestigkeit, Nahtschiebefestigkeit, Schrumpfverhalten, Knitterverhalten, Ausbeulneigung, Reinigungs- und Waschbeständigkeit, Farbechtheit und Haftwertprüfung kontrolliert.

In der visuellen Warenprüfung, auch als Warenschau bezeichnet, werden Länge und Breite, Rapportlänge- und breite, Rapport- oder Dessinverzüge, Knoten, Löcher und Farbabweichungen für eine ganze Lieferung oder in einer Stichprobe überprüft.

Zuschneiden
Dieser allgemeine Begriff umfaßt alle im Zuschnitt eines Bekleidungsbetriebes ablaufenden Prozesse und Maschinen. Dazu gehören das Trennen mit Stanzen und das Schneiden mit manuell geführten und computergesteuerten Schneidaggregaten.

5.1 Warenschau

Aufgaben der Warenschau

Der Begriff **„Ware"** umfaßt Oberstoffe mit unterschiedlichen Qualitäten aus Geweben und Maschenwaren, Futterstoffe und Einlagematerialien. Diese verschiedenen Qualitäten werden schon in der Phase der Modellentwicklung auf ihre jeweilige Eignung hin überprüft und in einem **Produkt-Info** beschrieben. Dazu zählen Veredlungs- und Verarbeitungsmerkmale wie z. B. Farbechtheit, Fixierfähigkeit, Rapportlänge und -breite.

Die **Warenschau** dient der Begutachtung der angelieferten Ware. Je nach Genre, Technologiestand und Kapazität wird entweder die komplette Lieferung datentechnisch erfaßt, oder es werden nur einzelne Stichproben gezogen. Die Kontrolle der angelieferten Ware beschränkt sich auf das Erkennen von Garn- und Webfehlern, von Fehlern im Flächenaufbau sowie der unterschiedlichen Warenbreite und des Querverzugs. Diese Fehler, die bei der Garn- und Flächenbildung sowie bei der Ausrüstung entstanden sind, mindern Verarbeitungseigenschaften, Qualität und Gebrauchswert der Ware.

Die Aufmachung der Ware

In welcher **Aufmachung** die Ware angeliefert wird, hängt von den betrieblichen Gegebenheiten der Zulieferbetriebe oder von einer im

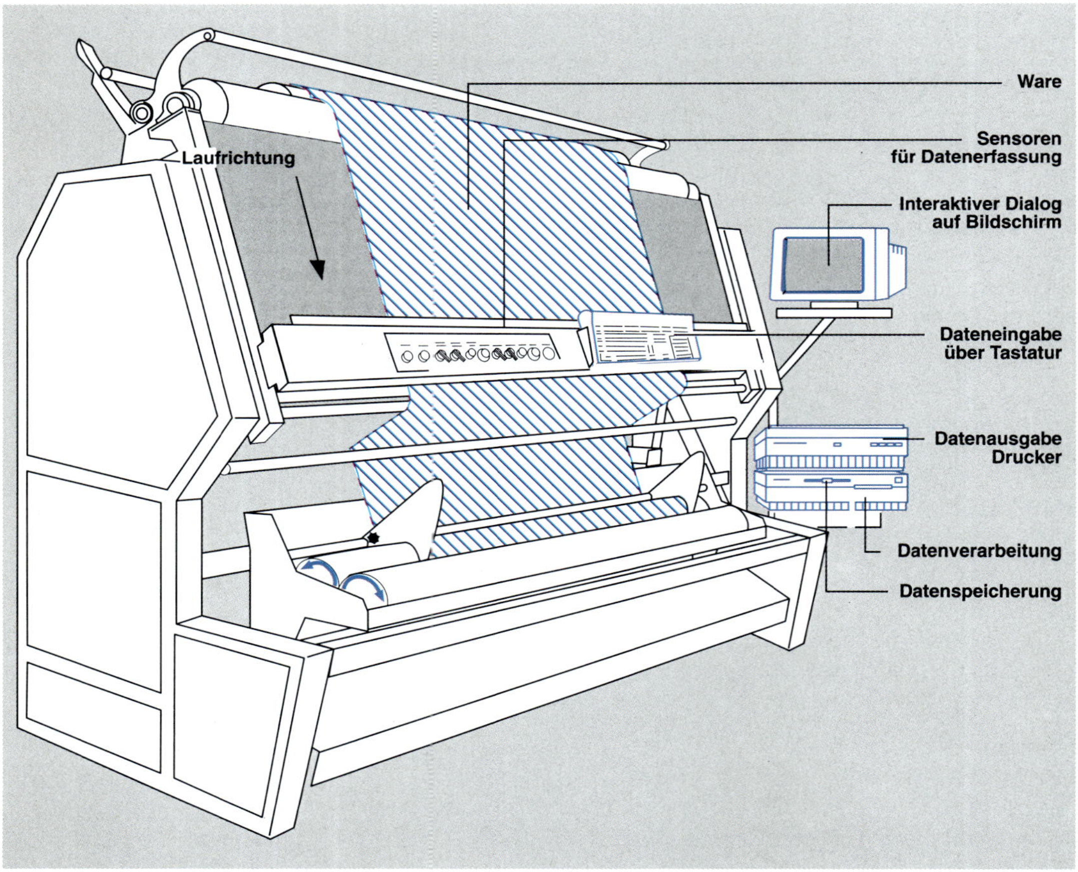

Warenschaumaschine mit Datenerfassung

Auftrag vereinbarten Transportaufmachung ab. Die Ware wird üblicherweise **gerollt, gewickelt** oder **getafelt** angeliefert.
Eine Blusenware aus Baumwolle, wie sie für **Jeany** bestimmt ist, wird z. B. gerollt angeliefert und auch in dieser Aufmachung mit der Legemaschine weiterverarbeitet.

Die Warenschaumaschine
Mit Warenschaumaschinen ist es möglich, die Länge der einzelnen Ballen und mögliche Schwankungen in der Warenbreite zu erfassen. Gleiches gilt für das Erkennen unterschiedlicher Fehler und das Vermessen der Rapporte. Das Erfassen der Informationen kann wahlweise durch menschliche Beobachtung oder mit Hilfe von Sensoren durchgeführt werden. Die Auswertung der Daten kann je nach Automatisierungsgrad der Maschine und auch der nachfolgenden Abteilungen manuell oder computerunterstützt erfolgen. Auch die verschiedenen Artikel, in denen Jeany gefertigt werden soll, ist über eine solche computerunterstützte Warenschaumaschine kontrolliert worden.

Die auf der Warenschaumaschine festgestellte **Nutzlänge** und **-breite** der Ware kann beispielsweise mit dem erstellten Schnittbild verglichen werden und führt gegebenenfalls zu dessen Korrektur.
Je nach **Qualitätsstandard** des Betriebes werden unterschiedliche Fehlertypen erfaßt, um sie beim Legen der Ware zu berücksichtigen. Die rechnergesteuerten Warenschaumaschinen bieten dafür verschiedene Programme an.

Die folgenden **Fehlerarten** werden am häufigsten erfaßt.

- **Garn- und Zwirnfehler**
  (Verdickungen, ungleiche Drehung, Reste)
- **Fehler im Flächenaufbau**
  (Fadenbrüche, Verdickungen, Reste, Webfehler)
- **Fehler in der Ausrüstung**
  (Flecke, Risse, Löcher, Verzüge in der Fläche, Falten, Farbunegalität, Farbverzüge, Druckfehler)
- **Schwankungen** in der Warenbreite

Fehlererkennung und Kennzeichnung

Fehler werden durch unterschiedliche **Kennzeichnungen,** wie Fadeneinzug, Klebestreifen, eingeschossene Plastikmarkierungen, Klebepunkte und Klebeetiketten, an der Fehlerstelle der Warenoberseite oder an der Webkante markiert. Für jeden Fehlertyp stehen verschiedene DIN-Farben zur Verfügung.
Automatische Verfahren lesen (digitalisieren) den Fehler mit einem Taststift ein. Je nach Verfahren wird der Code für die Fehlerart danach über die Tastatur eingegeben oder automatisch zugeordnet. Die Information kann anschließend auf einem Fehleretikett ausgedruckt und auf die Ware geklebt werden.
Für jede Warenrolle eines Artikels, der für das Blusenmodell **Jeany** vorgesehen ist, wird ein **Fehlerprotokoll** erstellt, das neben der Artikel- und Rollennummer Hinweise über die Fehleranzahl pro Fehlerart und das Ausmaß der Fehler in der Ware informiert. Diese Information dient z. B. in der Kalkulation der Berechnung der Anteile von unterschiedlichen Qualitäten (1. Wahl,

Barcodeetikett

2. Wahl, Ausschuß) innerhalb der einzelnen Rollen. Auch für die Beurteilung des Warenlieferanten kann dieses Ergebnis herangezogen werden.
Dieses **Protokoll** kann
- sofort auf dem Monitor abgelesen werden;
- auf einem Formular (Ballenprotokoll, Ballenetikett) ausgedruckt oder
- auf einer Festplatte oder einer Diskette für Tages-, Wochen- und Monatsprotokolle oder lieferantenspezifische Protokolle gespeichert werden.

Zusätzlich wird die einzelne Rolle mit einem Etikett (siehe S. 137) versehen. Zur Unterstützung der automatischen Datenverarbeitung können diese Etiketten auch eine **Barcodeerkennung** (Strichcode mit verschlüsselter Fehlerbeschreibung) besitzen. Ein solcher Barcode kann sich auch direkt auf einer Metallhülse der Warenrolle befinden.

Moderne Legemaschinen sind mit **Sensoren** ausgerüstet, die die Information auf dem Barcodeetikett erkennen können. Damit ist eine elektronische Kontrollmöglichkeit der Daten vor dem Legen gegeben. Sie können auch direkt auf elektronischem Wege (Online) dem Legeautomaten übermittelt werden.

Zusammenfassung und Überblick über die verschiedenen Technologiestufen in der Warenschau

Technologiestufe	Arbeitsgerät	Arbeitsaufgabe	
1	Tisch mit vorgelagerter Rollenmulde. Die Ware wird mit der Hand über den Tisch gezogen.	Längenkontrolle: Breitenkontrolle: Fehlererfassung: Fehlermarkierung: Protokollierung:	manuell manuell visuell manuell manuell
2	Warenschaumaschine mit manuellem Einzug.	Längenkontrolle: Breitenkontrolle: Fehlererfassung: Fehlermarkierung: Protokollierung:	automatisch manuell visuell manuell manuell
3	Warenschaumaschine mit Mikroelektronik.	Längenkontrolle: Breitenkontrolle: Fehlererfassung: Fehlermarkierung: Protokollierung:	automatisch automatisch visuell manuell automatisch
4	Warenschaumaschine mit Mikroelektronik und Vernetzung zu den entsprechenden Datennutzern in Abteilungen des Unternehmens bzw. über Datenfernübertragung zu den Fertigungsbetrieben.	Längenkontrolle: Breitenkontrolle: Fehlererfassung: Fehlermarkierung: Protokollierung:	automatisch automatisch automatisch automatisch automatisch

5.2 Legeverfahren – Legemaschinen

Die Ware kommt meist **gerollt,** seltener **gefaltet** oder **getafelt** aus dem Rohwarenlager. Sie wird nach einer Vorgabe des Schnittbildes in voller Warenbreite, gefaltet bzw. zur Hälfte umgeschlagen oder schlauchförmig, z. B. bei Maschenware, von Hand oder durch Legemaschinen ausgelegt. Die Länge der einzelnen Stoffbahnen, die in diesem Zusammenhang als **Lage** bezeichnet wird, ist abhängig von der eigentlichen **Schnittbildlänge** und dem **Sollanschnitt,** der am Anfang und am Ende hinzugerechnet wird. Sie ergeben zusammen die **Vorgabelänge.** In der Praxis können die kalkulierten Vorgabelängen nicht immer eingehalten werden. Für die Abrechnung der tatsächlich ausgelegten Warenmeter wird im Anschluß an den Legevorgang die **Istlänge** jeder einzelnen Lage addiert.

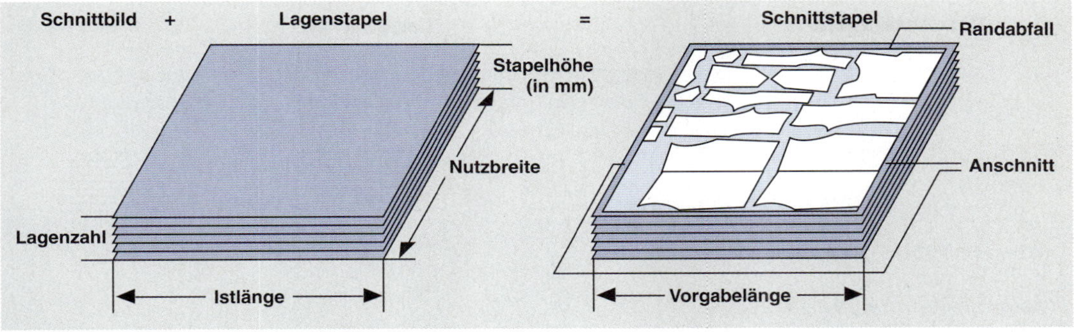

Berechnung der Vorgabelänge und der Nutzbreite

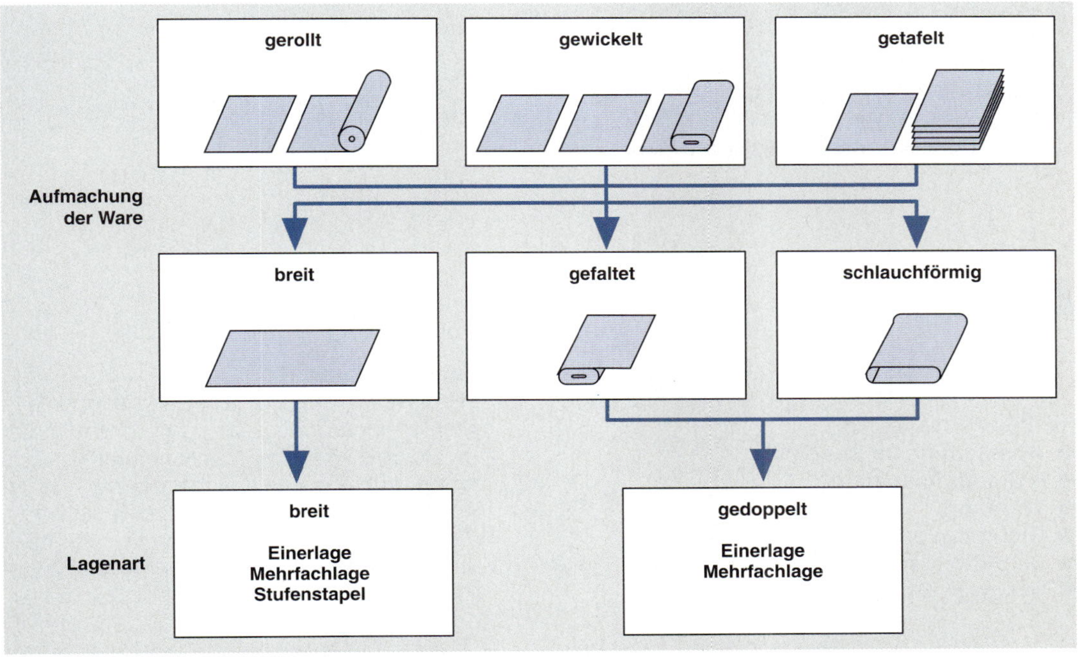

Zusammenhang zwischen Aufmachung der Ware und Lagenarten

Lagenarten

Nach welcher **Lagenart** die Ware auf dem Legetisch vorbereitet wird, hängt von den Aufträgen, das heißt den bestellten Mengen pro Größe und Artikel, ab. Mit Hilfe der **Lagenoptimierung** werden aus diesen Daten Vorgaben für Schnittbild, Lagenart und Lagenhöhe ermittelt. Bei den Lagenarten lassen sich unterscheiden die **Einerlage** (eine Stofflage), die **Mehrfachlage** (mehrere gleich lange Stofflagen übereinandergestapelt) oder aber der **Stufenstapel** (mehrere Stofflagen mit unterschiedlicher Länge übereinandergestapelt).

Zum Beispiel wird für das Erstmuster von **Jeany** in der Musternäherei ein Eingrößenbild als Einerlage zugeschnitten, um die Paßform des Modells zu überprüfen und später einen Kalkulationswert für die Serienfertigung zu erhalten.

Schnittbildarten	Lagenarten: Einerlage	Mehrfachlage	Stufenstapel
Eingrößenbild	●	●	–
Mehrgrößenbild, als Kette	●	●	●
Mehrgrößenbild, verzahnt	●	●	–
Mehrgrößenbild, gemischt	●	●	–

Kombinationsmöglichkeiten von Schnittbildart und Lagenart

Legearten

Nach welcher Art die zu schneidende Ware auf dem Zuschneidetisch ausgelegt wird, hängt von mehreren Kriterien ab:

- **Ausstattung im Zuschnitt,**
- **Warenaufmachung,**
- **Warenart,**
- **Richtungsorientierung der Ware,**
- **Schnittbildart** und
- **Seriengröße.**

Danach lassen sich **drei** Legearten unterscheiden:

- **rechts auf links, RL**
  Bei dieser Legeart liegt die Warenoberseite (rechts) nach oben oder nach unten, immer aber in einer Richtung. Diese Legeart wird als **rechts auf links** gelegt bezeichnet, da im Stapel eine rechte Warenseite auf einer linken Warenseite liegt. Sie ist für breite, das heißt offene Stoffe geeignet und wird häufig bei Waren mit Strich oder bei richtungsorientierter Ware verwendet. Wenn diese Warenart mit einer Legemaschine gelegt wird, erfolgt abwechselnd ein **Legevorgang** und ein **Ma-**

schinenleerlauf. Dieses ist die Legeart, in der die Artikel für **Jeany** gelegt werden.

- **rechts auf rechts, RR**
  Für diese Legeart liegt die rechte Warenseite stets auf der vorher gelegten rechten Warenseite. Diese Legeart heißt **rechts auf rechts** gelegt oder auch **paarweise** bzw. **paarig im Strich** legen und ist für Ware mit Strich oder bei richtungsorientierter Ware geeignet. Der Legevorgang beginnt stets am gleichen Ende des Lagenstapels, so daß genauso wie bei der Legeart RL ein Leerlauf durch den Rücktransport der Maschine erfolgt. Zusätzlich muß vor jeder neuen Lage die Stoffrolle gewendet werden.
- **Zickzack, ZZ**
  Bei dieser Legeart werden die Stoffbahnen am Lagenende nicht abgeschnitten, sondern weiter zickzackförmig endlos übereinandergestapelt. Die Warenoberseite (rechts) liegt in entgegengesetzter Richtung auf der folgenden Warenoberseite (rechts). Diese Legeart wird als **Zickzack** gelegt bezeichnet. Sie ist für breite und neutrale Waren, z. B. Futterstoffe, geeignet.

Die **Legeart** ist nicht nur abhängig vom Material, sondern sie bestimmt auch die **Arbeitsverfahren** beim Legen, die manuell oder maschinell ausgeführt werden.

Arbeitsverfahren	**Legeverfahren**		
	rechts auf links gelegt (RL)	**rechts auf rechts gelegt (RR)**	**zickzack gelegt (ZZ)**
	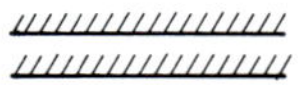	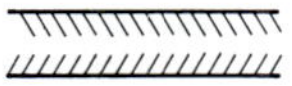	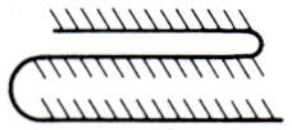
Trennen der einzelnen Lagen	●	●	● mit Zusatzgerät
Legebeginn immer an einer Seite	●	●	-
Wenden der Ware nach jeder Lage	-	●	-
Leerläufe	●	●	-

Zusammenhang zwischen Legeart und Arbeitsverfahren

Fehlerbehandlung

Die **Art** der **Fehlerbehandlung** beim Auslegen der Ware wirkt sich auf die **Qualität** und den **Preis** des **Endproduktes** aus. Je nach Genre sind zeit- und materialaufwendige Verfahren notwendig.

Arten der Fehlerbehandlung

Grundsätzlich lassen sich **zwei** Möglichkeiten der Fehlerbehandlung unterscheiden:

- Die erste Möglichkeit berücksichtigt keine Fehler während des Legevorganges. Erst nach dem Zuschnitt wird das fehlerhafte Teil aussortiert und nachgeschnitten. Partiebedingte Farbabweichungen führen manchmal dennoch zu einer Qualitätsminderung.
- Bei der zweiten Möglichkeit wird der Fehler während des Legevorganges behandelt. Die Lage wird vor oder nach dem Fehler ge-

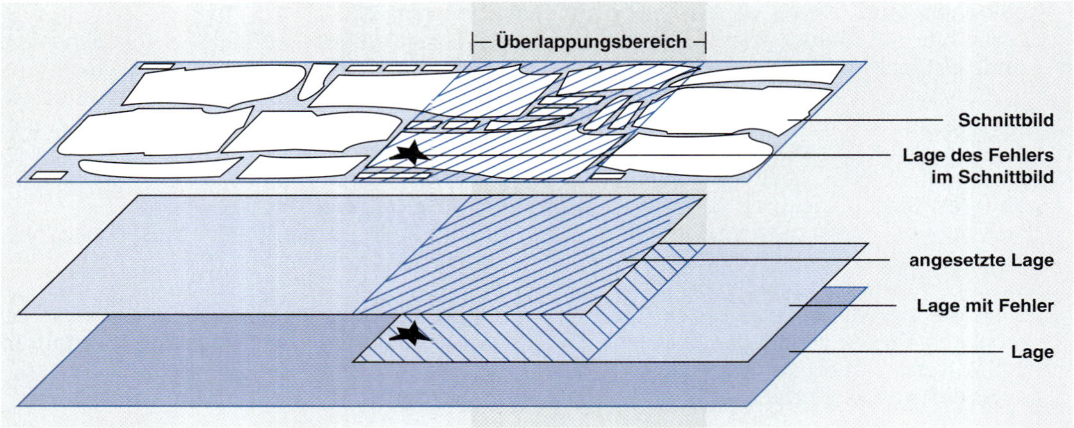

Fehlerbeseitigung durch überlappendes Legen

schnitten. Das größte Schnitteil im Bereich des Fehlers bestimmt die **Überlappungslänge** der neu angesetzten Stofflage. Da das Schnittbild während des Legens zur exakten Bestimmung des Überlappungsbereiches nicht sichtbar ist, müssen Überlappungsreserven mit eingeplant werden. Ein erhöhter Materialverbrauch ist die Folge.
In der obigen Abbildung ist die Überlappung als Schraffur gekennzeichnet.

Da jeder **Fehler** einen **Kostenfaktor** darstellt, werden Verfahren angeboten und laufend verbessert, die den Materialverlust so gering wie möglich halten. Dabei werden die **EDV-gestützten Verfahren,** die eine Verbindung zwischen Schnittbilddaten und Warenschaudaten ermöglichen, in Zukunft verstärkt eingesetzt. Bei diesen Verfahren werden die Fehler mit ihren X-/Y-Koordinaten auf der Warenschaumaschine erfaßt und rechnergestützt an den Zuschnitt weitergegeben. Die Daten aus dem **Schnittauftrag** und die Daten aus dem **Schnittbild des CAD-Systems** werden an der Legemaschine zusammengeführt und dienen zu ihrer Ansteuerung. Bei einem Fehler entscheidet der Rechner, ob dieser herausgeschnitten werden soll oder in der Lage verbleibt.

Legen von Maschenwaren und Stoffen mit Rapport

Karo-, Streifen- sowie Flachstrickwaren werden während des Legevorganges oder nach dem Grobzuschnitt – je nach Genre – rapportgerecht ausgerichtet.

Ausrichten mit optischen Zeigern

Mindestens zwei Strahler, meist Laser, sind über dem Tisch verschiebbar an Schienen befestigt. Sie werfen nach Wunsch Linien oder Punkte auf den Stoff, nach denen dann jede Lage manuell ausgerichtet wird.
Einige Kunden haben **Jeany** in einem Artikel mit Blockstreifen geordert. Diese Ware wird vor dem Zuschnitt am **Ausrichtetisch** mit einem **Laserzeigegerät** streifengenau gelegt.

Aufnadeln der Lagen

Der Stoff wird auf einen Tisch gelegt, dessen Oberfläche aus einer Nadelplatte besteht. Oberflächen mit feststehenden Nadeln werden nach dem Aufnadeln gegengenadelt. Vor dem Transport des Lagenpakets werden die feststehenden Nadeln wieder unter der Tischplatte versenkt. Die Gegennadeln verbleiben während der weiteren Bearbeitung im Lagenpaket. Flexible Nadeln können in beliebiger Anordnung in

Genadelter Lagenstapel

eine gelochte Tischplatte eingesetzt werden. Durch eine stufenlos höhenverstellbare Unterplatte sind die Lagenhöhen beliebig anzupassen. Nach dem Legen werden die Nadeln mit der Hand einzeln aus den Halterungen herausgezogen. Sie verbleiben aber im Lagenpaket.

Der Transport der ausgerichteten Ware sollte über Luftkissentische (Abb. S. 145) erfolgen, damit die einzelnen Lagen verschiebungsfrei bis zum Zuschnitt gelangen. Durch das Umschalten des Luftstroms entsteht ein Sog, der das Lagenpaket während des Zuschnitts festhält.

Legeanlagen

Legeanlagen bestehen aus verschiedenen Anlageneinheiten: **Legetisch, Trennvorrichtung, Vorrichtung** zur **Ballenbevorratung** und zum **Abrollen.**

Ballenbereitstellung, Ballenbevorratung und Abrollvorrichtung

Vor dem eigentlichen Legeprozeß müssen die erforderlichen Rollen gemäß dem **Legeauftrag** aus dem Rohwarenlager abgerufen und in einer bestimmten Reihenfolge für das Auslegen der Lagen bereitgestellt werden.
Art, Aufmachung, Gewicht der Ware und der technische Stand legen die **Transport-** und **Abrollvorrichtungen** fest. Sogenannte Ballenbevorratungssysteme werden mit den Rollen eines oder mehrerer Aufträge bestückt.
Ein manuelles Be- und Entladen eines Ballenbevorratungssystems ist sehr kraft- und zeitaufwendig. Mit Hilfe eines **Flaschen-** oder **Elektrozuges** wird die Ware, die auf **Zentrierstangen**

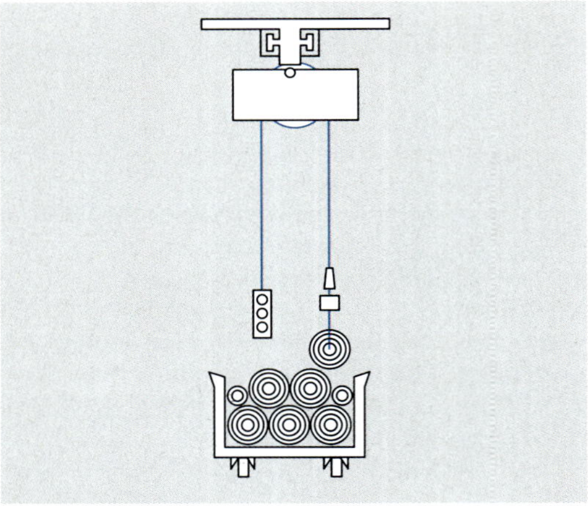

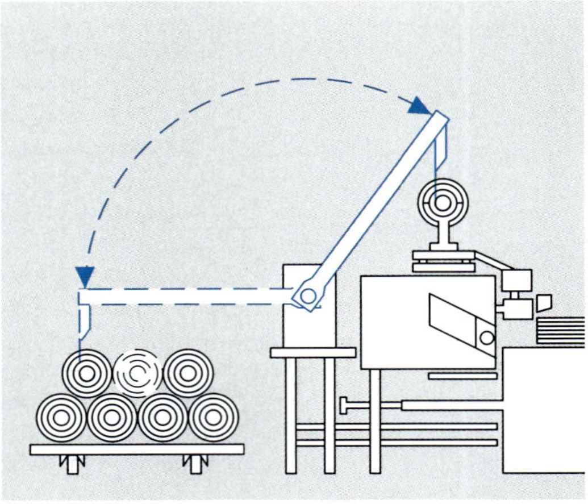

Balleneinhebevorrichtungen

aufgesteckt ist, bei Anlagen ohne Bereitstellungssystem nacheinander in eine Abrollvorrichtung eingehängt. Ballen mit kurzer Lauflänge und/ oder leichterer Ware, z. B. Vlies, können auch von Hand vorgelegt werden.
Um für einen Legeauftrag alle erforderlichen Rollen bereitzustellen, bieten sich verschiedene Varianten der Ballenbevorratung an.
Der **Sammelwagen** ist die einfachste Form der Lagerung in einem **Magazin.** In ihm liegen die Rollen in geordneter oder **beliebiger Reihenfolge** zusammen.
Ein **Paternoster** wird mit den Stoffrollen eines oder mehrerer Aufträge aus dem Lager bestückt. Die einzelnen Rollen werden aus dem Umlaufzug entsprechend dem Legeauftrag in der **vorgegebenen Reihenfolge** direkt an die Stofflegemaschine abgegeben. Ballenreste werden anschließend wieder aufgenommen.

Automatische Ballenbereitstellungssysteme erlauben eine beliebige Einsortierung der Ballen. Voraussetzung für diese Technologie ist die Verknüpfung der Position der Ballendaten in–nerhalb des Ballenbereitstellungssystems mit dem **Legeauftrag** im Programm der **Legemaschine.**

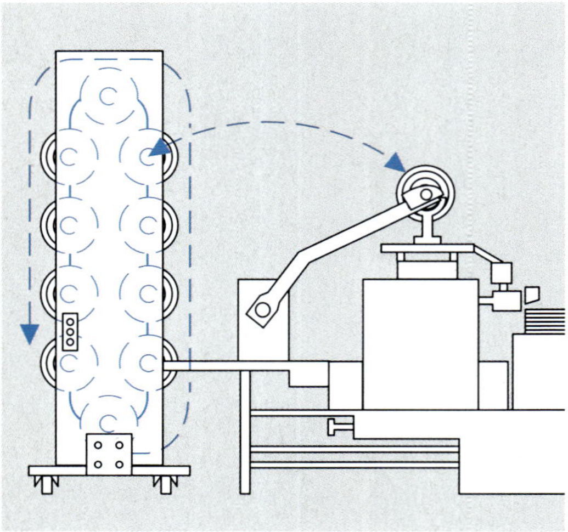

Paternoster

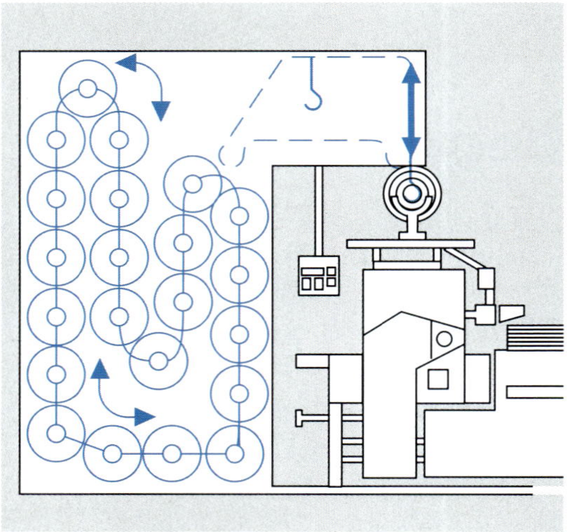

Automatisches Ballenbereitstellungssystem

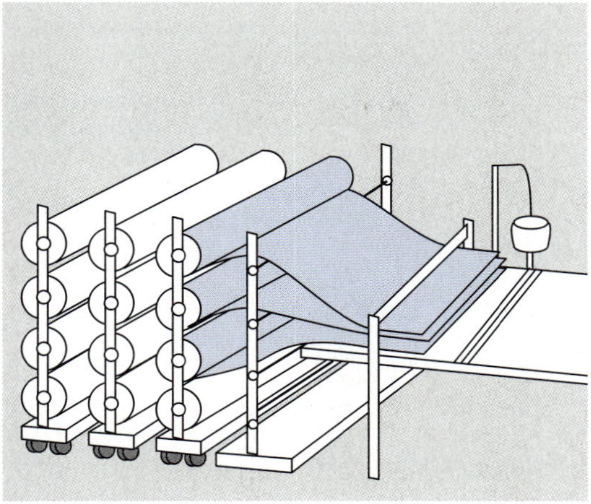

Mehrlagenabzug

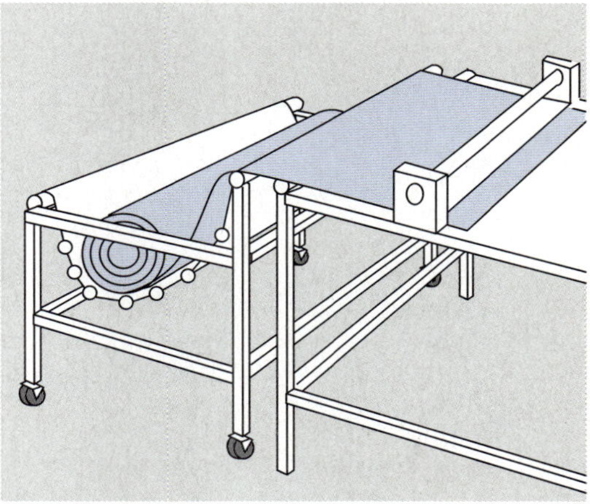

Fahrbare Stoffabwickelmulde

Bei Stoffen für Einlage oder Berufsbekleidung ist auch das **gleichzeitige Abziehen** mehrerer Lagen von verschiedenen Ballen anzutreffen. Stoffballen **ohne Zentrierstangen** werden in Mulden gelegt und transportiert.

Durch einen zusätzlichen Antrieb dieser Mulden wird ein spannungsfreies Legen der Ware ermöglicht. Bei weichen und dehnbaren Stoffen können sonst unerwünschte Walkprozesse und „Bugwellen" auftreten.

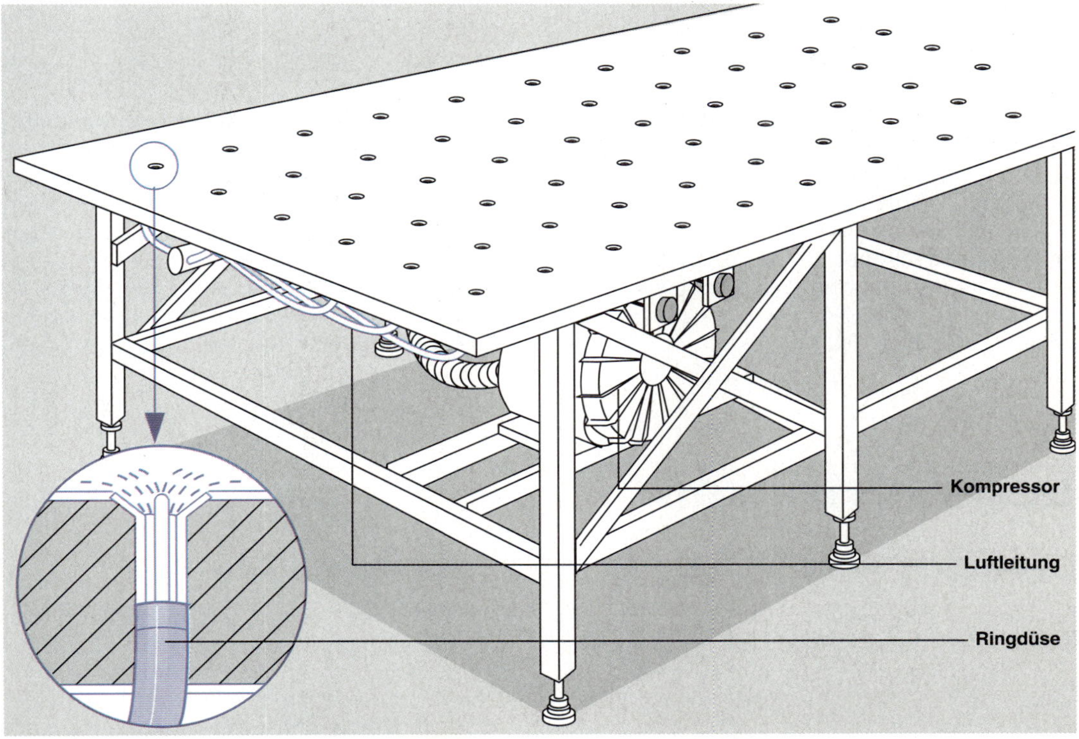

Luftkissen-Fördertisch

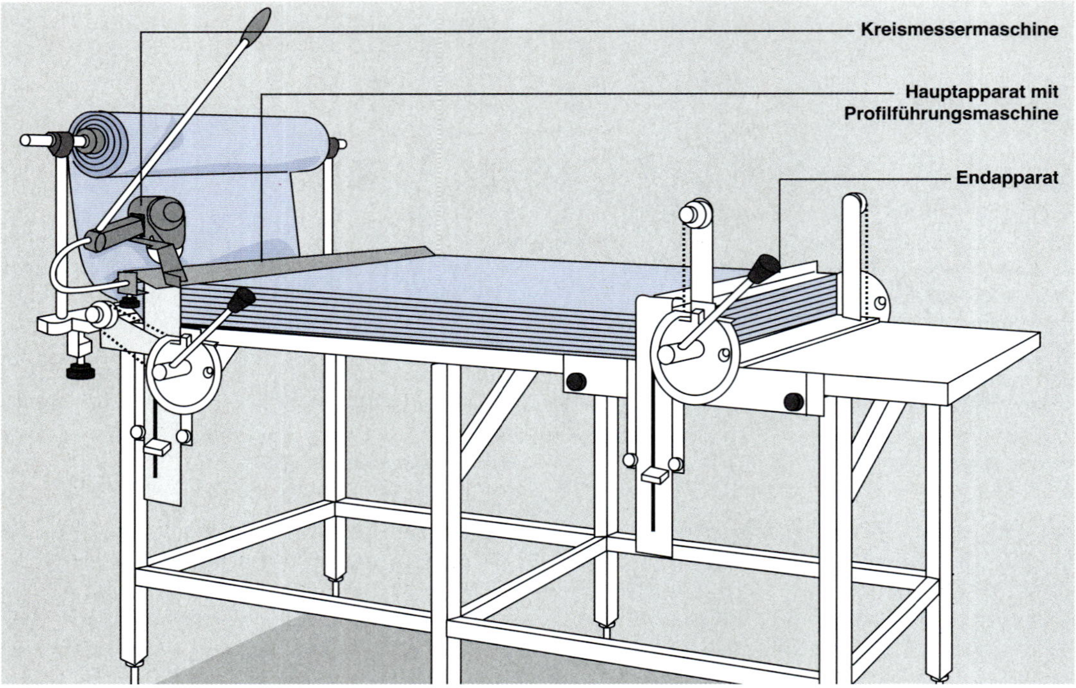

Legetisch mit Klemm- und Abschneidevorrichtung

Legetische

Legetische haben meist eine **glatte Hartholzoberfläche,** die auch beschichtet sein kann, um den Lagenstapel im Zuschnittbereich leichter und spannungsfrei bewegen zu können.

Bei **Luftkissentischen** tritt zusätzlich durch die Öffnungen der Tischplatte ein kontinuierlicher Luftstrom. Auf diese Weise bildet sich ein Luftkissen unter der gestapelten Ware.

Eine **Abrollvorrichtung** und eine **verschiebbare Klemm- und Abschneidevorrichtung** dienen der Arbeitserleichterung beim Legen der einzelnen Lagen. **Stoffklammern** verhindern zusätzlich ein seitliches Verschieben des Lagenstapels.
Beim Einsatz eines fahrbaren Legewagens ist nicht mehr für jeden Legetisch eine eigene Abrollvorrichtung erforderlich.

Legeverfahren

Legen von Hand

Die Stoffbahnen werden von Hand entsprechend einer **Legeanweisung** auf den Legetisch gezogen. Für einen Lagenstapel muß jede Lage kantengleich, verzugsfrei und spannungsfrei gelegt, kontrolliert und eventuell korrigiert werden.

Maschinelles Legen

Die Stoffbahnen werden von einem fahrbaren Wagen abgezogen. Eine angetriebene **Zentrierstange** kann das Abwickeln der Stoffrolle erleichtern. Eine Stoffrolle ohne Zentrierstange, z. B. beim **Muldenantrieb,** kann am Anfang angetrieben werden. Angetriebene Abwicklungen

beugen vor allem dem Verziehen und/oder Längen der Ware vor.
Fotozellen für die Kantenführung, Stoffeinfädelvorrichtung, Mitfahreinrichtung, Warenfehlersuchvorrichtung, Breithalter und Stoffbreitenkontrollvorrichtungen sind weitere Hilfsmittel.

Automatische Legemaschinen

Intern oder extern **programmierbare Legeautomaten** sollen die Lagen optimal legen. Dazu gehören die automatische Stoffrollenwahl, die Längen- und Lagenzahlberechnung, die automatische Fehlererkennung und -behandlung, das Abschneiden und entsprechend der Legeart das Drehen der Ware um 180 Grad für rechts-rechts gelegte Ware.

Förderhilfsmittel oder -einrichtungen

Der fertige Lagenstapel kann direkt auf dem Legetisch zugeschnitten werden, oder er muß vom **Legetisch** zu einem **Zuschneidetisch** befördert werden.
Da sich die Stofflagen nicht verschieben dürfen, kann der Stapel mit einem **untergelegten Papier** transportiert werden.
Förderbänder, kombiniert mit Luftkissentischen, erleichtern diese Arbeit und begünstigen das spannungsfreie Transportieren des Lagenstapels.

Das Aufbringen des Schnittbildes

Je nach dem technischen Standard des Betriebes wird das Schnittbild auf die oberste Stofflage direkt gezeichnet oder ein vorgefertigtes Schnittbild, das in der Schnittabteilung auf Heiß-Siegel-Papier erstellt wurde, aufgebracht.
Bei computergesteuerten Zuschneideverfahren ist das Aufbringen des Schnittbildes nicht erforderlich. Die Daten (siehe S. 82) werden dem Zuschneideautomaten direkt vorgegeben. Kleinschnittbilder dienen in diesem Fall der Kontrolle beim Abräumen der geschnittenen Teile.
In Jeany's Unternehmen wird für den Zuschnitt seit neuestem eine Anlage mit einem **automatischen Etikettierapparat** eingesetzt. Über die CAD-Anlage erhält er die Information der Teilelage im Schnittbild und markiert sie während des Schneidvorganges mit einem Klartext- oder einem **Barcodeetikett.** Diese Technik spart Papier und Plotterkosten und die zugeschnittenen Bündel lassen sich direkt über einen **Barcodeleser** für die **Produktionssteuerung** erfassen.

Legemaschine mit Mitfahreinrichtung

5.3 Zuschneiden und Markieren

Manuell geführte Zuschneidegeräte

Mit dem Begriff **Schneiden** ist hier das Trennen von textilen Fäden und Flächen gemeint. In der Bekleidungstechnik werden die Begriffe **Ausschneiden** und **Zuschneiden** für das Zerteilen des Stoffes in Schnitteile verwendet. Der Begriff **Zuschnitt** kennzeichnet sowohl Tätigkeiten im Zuschneidebereich als auch die Betriebsabteilung. Entsprechend dem Verwendungszweck sind unterschiedliche Formen und Schliffarten der Schneiden und Messer vorteilhaft.

Bauteile der Schere

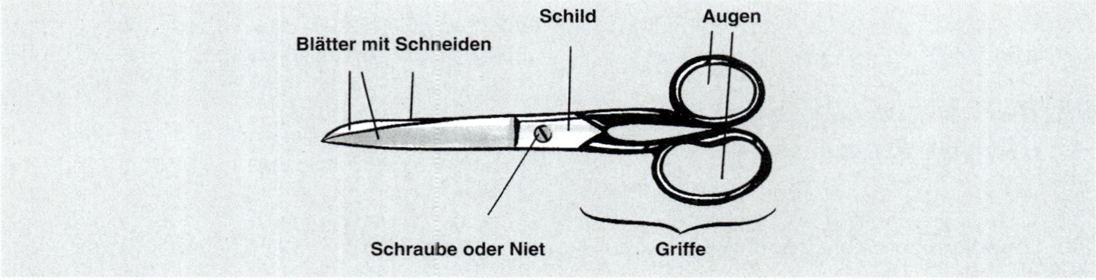

Bauteile der Schere

Verschiedene Werkzeuge für das Schneiden textiler Materialien

Bezeichnung		Funktion
Handschere	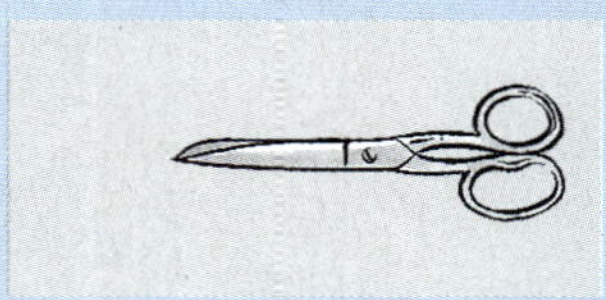	Sie ist vielseitig für allgemeine Schneidarbeiten einsetzbar.
Zuschneideschere		Sie ist groß, schwer und stabil und sowohl zum Schneiden dicker Stoffe als auch für das Zuschneiden von Einzellagen geeignet.
Zackenschere	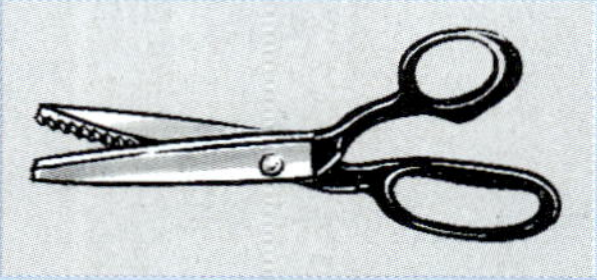	Sie ist zum Versäubern für Zierkanten und weniger fransenden Schnittkanten wie Vlies und Filz bestimmt.

Bezeichnung		Funktion
Einringfadenschere	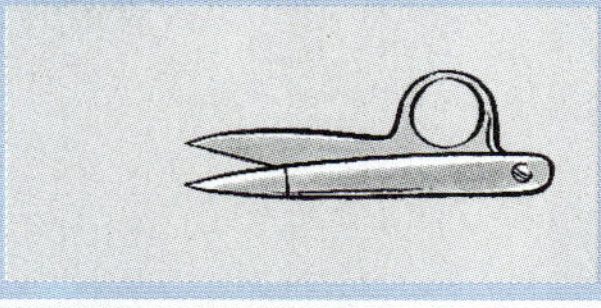	Sie dient zum Fadenabschneiden, dabei öffnen sich die beiden Schneiden durch Federdruck selbständig.
Knopflochschere	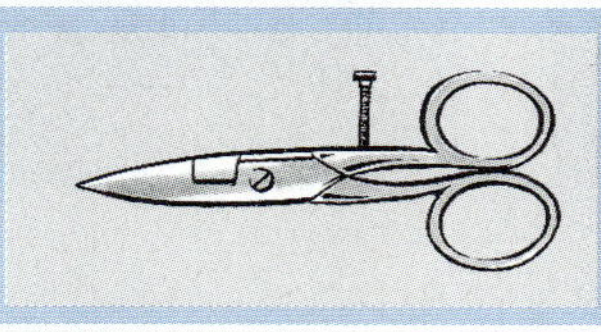	Sie ist mit einer typischen Aussparung an den Schneiden für kurze Einschnitte versehen. Die Schnittlänge ist meist durch eine Schraube einstellbar.
Pfeiltrenner	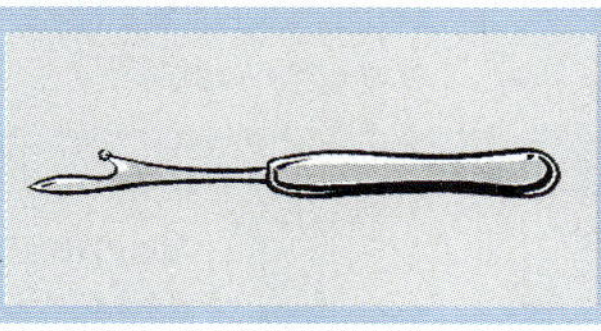	Er dient u. a. zum Auftrennen von Nähten, zum Abtrennen von Knöpfen und zum schiebenden Aufschneiden von Knopflöchern
Lochzange	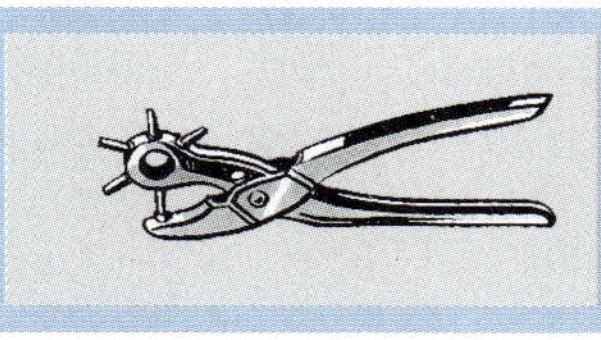	Durch verschiedene Lochpfeifen mit unterschiedlichem Durchmesser ist sie z. B. zum Vorlochen der Stoffe für Nieten geeignet.

Die Werkzeuge zum Trennen müssen vorsichtig gehandhabt werden, da Schneiden und Spitzen verletzen können.

Schneiden mit Schneidemaschinen

Um die Arbeit beim Zuschneiden niedriger Lagen zu erleichtern, wird die Zuschneideschere durch eine **Elektro-Handschere** ersetzt. Der Einsatz bedeutet gegenüber der normalen Handschere eine Kraft-, Zeit- und Lohnkosteneinsparung.
Die **Elektro-Handschneide-** und **Kreismessermaschinen** werden für Einzel- oder Mehrfachlagen mit niedriger Lagenzahl und für den **Grobausschnitt** eingesetzt.
Unabhängig von der **Messerform** – Rundmesser, Vierbogenmesser oder Zehnkantmesser – werden bei dieser Technologie die oberen Lagenstapel immer eher erfaßt als die unteren, was sich besonders bei stark gewölbten Konturen negativ bemerkbar macht.
Die Schnitteile in den einzelnen Lagen verlieren ihre identische Kontur oder Ausformung, und die Vernähbarkeit und Paßform leiden.
Stoßmesser mit ihrer vertikalen Messeranordnung garantieren dagegen durch den senkrechten Schnitt eine gleichmäßige **Schnittqualität** von der oberen bis zur unteren Lage. Die längliche, schmale Messerform bedeutet auch bei engen Konturen und Winkeln keine Beeinträchtigung der **Schneidgenauigkeit.**
Im Unterschied zu den oben beschriebenen handgeführten Messermaschinen wird bei der Technologie des **Bandmessers** das Schneidgut geführt. Dennoch garantieren Spannung, Führung, Schliff und Laufruhe des Bandmessers eine hohe Schnittgenauigkeit und -leistung. Es wird insbesondere für den **Feinausschnitt** grob zugeschnittener Schnitteile eingesetzt

Hohe Schnittstapel werden mit **Schneidemaschinen** unterschiedlicher Bau- und Messerformen schnell und präzise ausgeschnitten. Sie sind in der folgenden Übersicht zusammengefaßt.

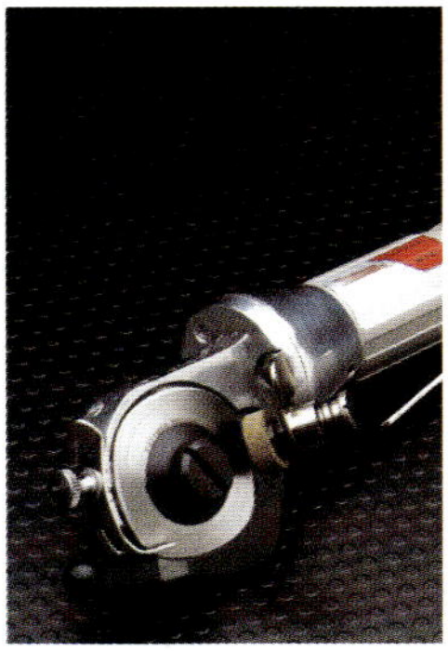

Elektroschere

Kreismesser

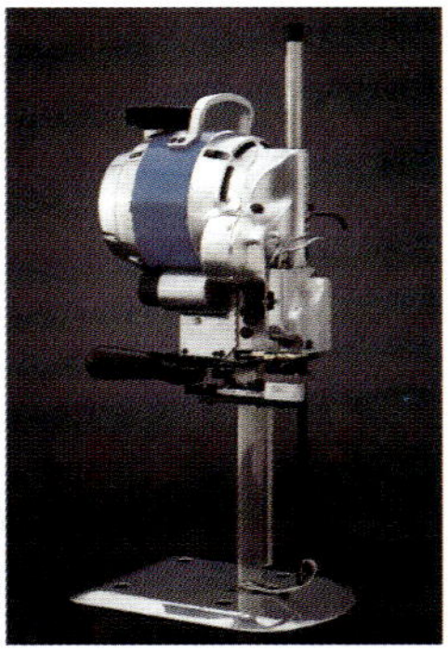

Stoßmesser

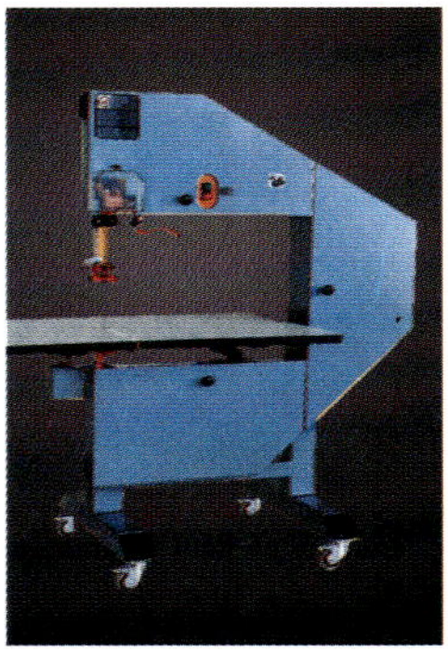

Bandmesser

Einsatzmöglichkeiten	Messerarten			
	Rundmesser		Vertikalmesser/ Stoßmesser	Bandmesser
	Elektroschere	Kreismesser		
Lagenende schneiden	●	●	–	–
Grobschnitt (großzügiges Zerteilen des Schittstapels)	–	geringe Lagenhöhe	●	–
Feinschnitt (genaues Ausschneiden der Schnitteile)	●	–	●	●
Maschinen bewegen (Der Schnittstapel liegt fest)	●	●	●	–
Schnittstapel bewegen (Die Maschine steht fest)	–	–	–	●
Schnitthöhe	1 Lage, bis 1 cm	bis 4 cm	bis 30 cm	bis 30 cm
Antrieb der Schneide	rotierend mit Gegenschneide		vertikal	vertikal umlaufend

Einsatzmöglichkeiten von Schneidaggregaten

Zusatzeinrichtungen und Hilfsmittel

- Die Fußplatten der Rund- und Stoß-/ Vertikalmessermaschinen sind mit **Laufrollen** versehen, damit sie leichter zu bewegen sind.
- Alle Maschinen sind mit **Schleifeinrichtungen** ausgerüstet.
- Die Stoß- / Vertikalmessermaschine kann an einem **Gelenkarm** befestigt sein (**„Servo-Cutter“**). Dadurch benötigt sie einen kleineren Fuß, ist leichter zu bewegen und hat einen sichereren Stand.

Bei einem **Luftkissentisch** wird das Schneidegut fast reibungsfrei auf einem Luftpolster geführt. Durch Düsen, die beispielsweise im **Bandmessertisch** eingelassen sind, wird Druckluft unter das Schnittgut gepreßt.

Damit sich die Lagen des Schnittstapels, insbesondere beim Bandmesser, nicht verschieben, werden sie mit speziellen **Stoffklammern** festgehalten.

Stoffklammern

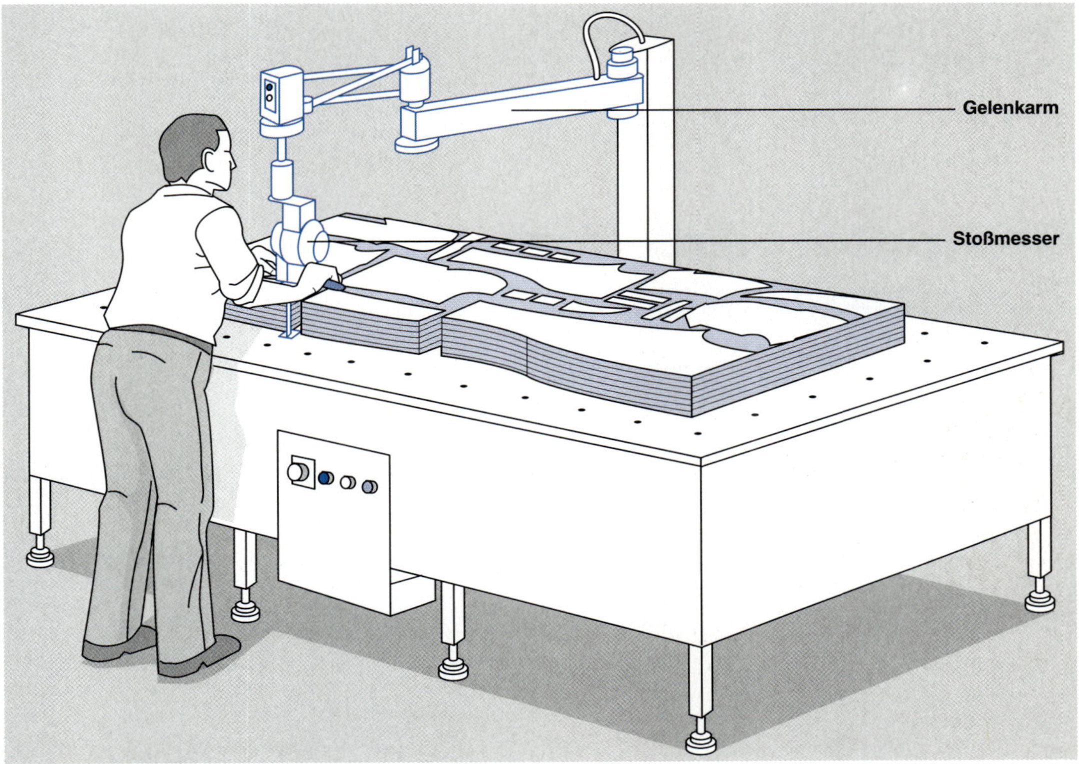

Stoßmesser mit Gelenkarm

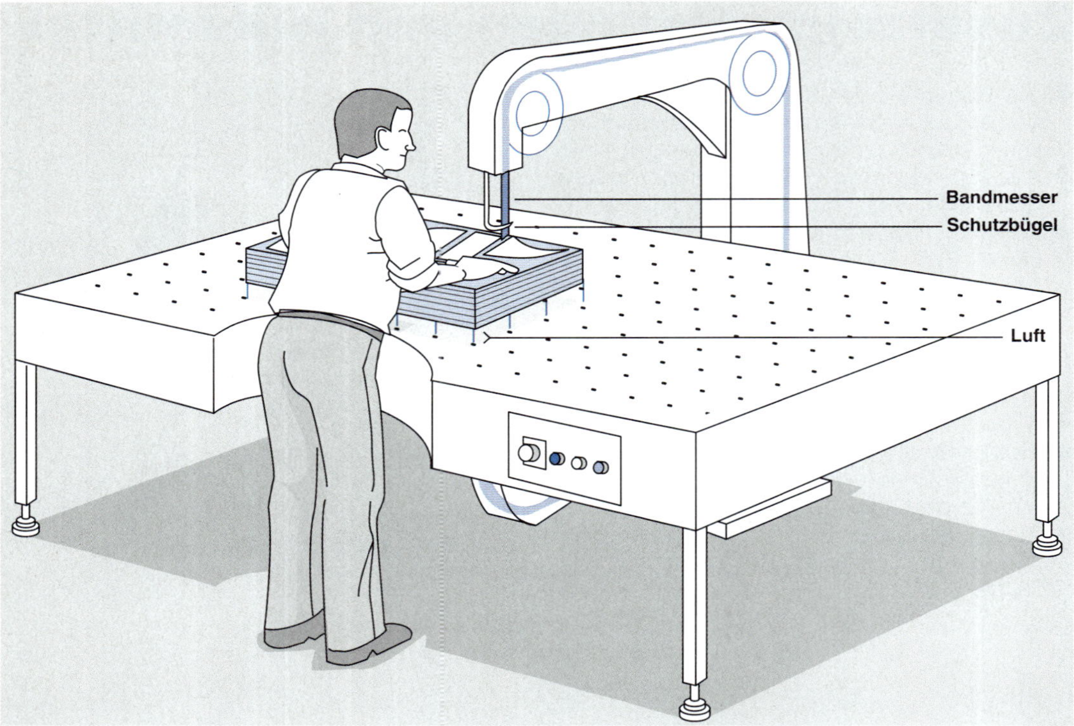

Bandmessertisch mit Luftpolster

Computergesteuerte Zuschneideaggregate

Das manuelle Schneiden mit Stoßmesser, Bandmesser und Rundmesser wird immer häufiger durch Zuschneideautomaten, die sogenannten **Cutter,** ganz oder teilweise ersetzt. Voraussetzung für den Einsatz eines Cutters ist ein mit einer CAD-Anlage gelegtes Schnittbild und ein Übersetzungsprogramm, das die Schnittteilkonturen in einen maschinenlesbaren **Schneideweg** übersetzt. Eine solche **Maschinensteuerung** wird als numerische Steuerung bezeichnet.
Auch die Erstmuster und die Vertreterkollektionen von **Jeany** sind mit dem im Unternehmen installierten Cutter zugeschnitten worden.

Die **numerische Steuerung** (NC- und CNC-Technik) wurde aus der Lochkartensteuerung entwickelt und erstmals durch den Jacquard-Webstuhl bekannt.

Die Begriffe **NC-** und **CNC-Technik** kommen aus dem Englischen, sie bedeuten:

NC	=	**N**umeric **C**ontrolled	=	numerisch gesteuert
CNC	=	**C**omputer **N**umeric **C**ontrolled	=	numerisch gesteuert durch einen Rechner.

Das eigentliche Schneidaggregat eines Cutters ist meistens das **Stichmesser,** aber auch **Wasser-** und **Laserstrahl** werden zum Schneiden von Textilien verwendet.

Der Rechner für die Steuerung

Der Rechner ist mit einem Bildschirm, einer Tastatur, einem Diskettenlaufwerk oder einem Lochstreifenlesegerät ausgestattet.
Er empfängt die Daten des Schnittbildes über eine Diskette oder einen Lochstreifen. Diese Art der Datenübertragung zwischen einem CAD-System und dem Cutter bezeichnet man als **Offline-Verbindung.** Eine direkte Datenleitung wird als **Online-Verbindung** bezeichnet. Die empfangenen Daten werden vom Rechner in Steuerdaten umgesetzt.
In welcher Reihenfolge die Schnitteile voneinander getrennt werden, kann ganz oder teilweise vom Bediener am Schnittbildarbeitsplatz mit Hilfe eines **NC-Optimierungsprogrammes** vorgegeben werden.

Das Steuerpult

Das Steuerpult befindet sich am Cutter und ist direkt mit dem Rechner verbunden. Zu seiner Ausstattung gehören eine **Tastatur** und eine Reihe von Funktionstasten. Über ein Display, eine Flüssigkristallanzeige, wird die laufende Funktion eingeblendet. Die **Schneid-** und **Messergeschwindigkeit** kann am Steuerpult je nach Materialtyp und Lagenhöhe verändert werden.
Weitere Bedienungsfunktionen, wie die Einstellung des **Messerschleifintervalls** oder die **Stofflagenzuführung,** werden ebenfalls damit ausgeführt.

Die Brücke mit Schneidkopf

Welches Schneidmedium in einem Betrieb eingesetzt wird, ist von der **Materialdicke,** der **Lagenhöhe,** der **Materialart** und seinem **Verhalten beim Schneiden** abhängig.
Das beim Zuschneiden allgemein einsetzbare

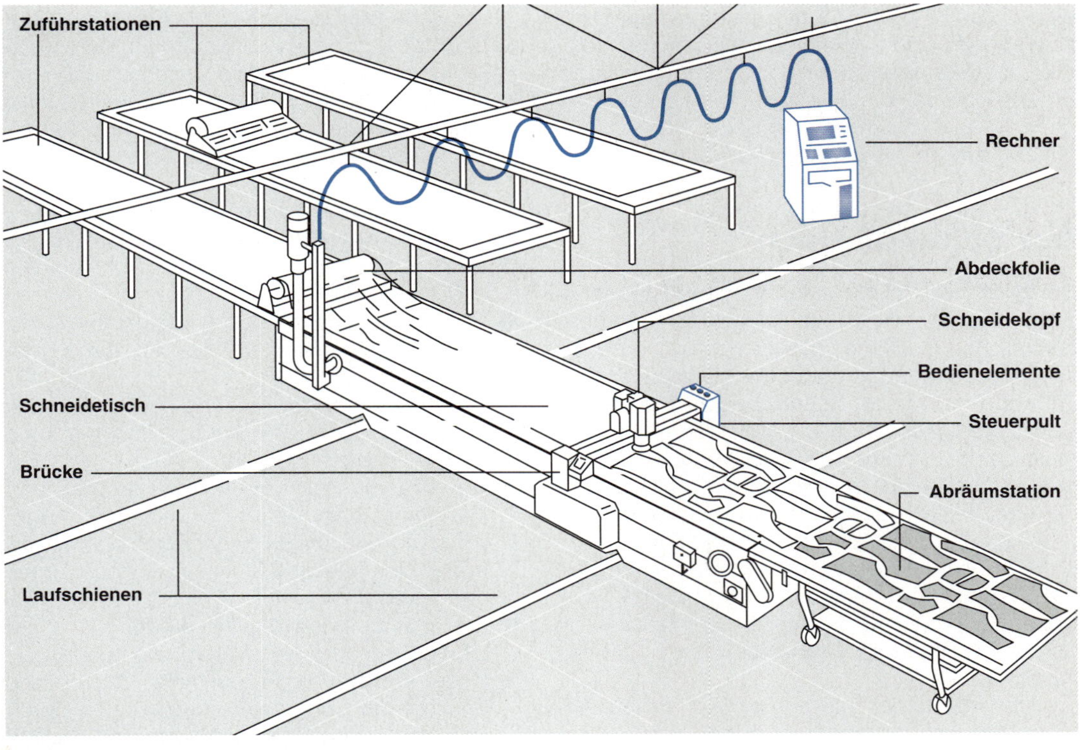

Numerisch gesteuerter Zuschnitt

Schneidwerkzeug ist das **Stichmesser**. Es ist vertikal an der Schneidebrücke befestigt und wird senkrecht in das Material getrieben. Dabei erzeugt es glatte Schnittkanten bis zu einer komprimierten Höhe von ca. 75 mm. Das Stichmesser wird nach Bedarf während des Schneidvorganges geschliffen. Bei einer großen Lagenhöhe kann das Messer durch die auftretenden Kräfte seitlich ausweichen und zu ungenauen Schnittkanten führen. Eine **automatische Ausgleichssteuerung** hält das Messer während des Schneidens über seine ganze Länge senkrecht.
Für Einzellagen können auch Schneidvorrichtungen mit **Rundmesser** eingesetzt werden. Das Material liegt dabei auf einer Schaumgummiunterlage, die das Verschieben verhindert.
Der Zuschnitt mit dem **Laserstrahl,** einem gebündelten Lichstrahl, ist für Einerlagen geeignet, die er mit hoher Geschwindigkeit trennt. Bei Materialien mit einem großen Synthetikanteil besteht die Gefahr des Verschmelzens und Anbräunens der Schnittkanten. Gekühlte Laserröhren schaffen hier begrenzt Abhilfe.
Das Schneiden mit dem **Wasserstrahl,** der aus einer Düse (0,1 bis 0,3 mm Durchmesser) mit zwei- bis dreifacher Schallgeschwindigkeit austritt, ist sehr schnell und zeigt ein sauberes Ergebnis an den Schnittkanten. Er wird überwiegend für den Zuschnitt von Leder und technischen Textilien in Einerlagen verwendet.

Der Schneidetisch

Der Zuschnitt mit Hilfe von computergesteuerten Zuschnittsystemen ist im Vergleich zum herkömmlichen Zuschnitt außerordentlich produktiv, gleichzeitig aber auch sehr platzaufwendig: Während auf dem Schneidetisch mit hoher Geschwindigkeit zugeschnitten wird, müssen gleichzeitig auf weiteren Tischen neue Stapel gelegt und fertig zugeschnittene Stapel abgeräumt werden. Dabei kann entweder der eigentliche Zuschneidetisch auf Schienen zu den übrigen Tischen hin bewegt werden oder umgekehrt. Andere Gestaltungsmöglichkeiten von Lege-, Zuschneidetisch und Abräumstation sind durch die **modulare Bauweise** dieser Technik möglich.
Für das Schneiden mit einem Stichmesser ist unter dem Schnittstapel eine feste oder umlaufende **Borstenmatte** erforderlich. Unterhalb des Schneidetisches sorgt eine **Vakuumvorrichtung** für das Verdichten des Stapels der Stofflagen. Bei mehr als einer Lage wird zusätzlich eine Folie über das Schnittgut gezogen. Während des eigentlichen Ausschneidens wird das Vakuum nur in einem erweiterten Umkreis des Messers aufrechterhalten.
Beim **Rundmesserzuschnitt** ist diese Technik nicht mehr notwendig. Auch die Folie oder das Papier entfallen, was Material- und Energiekosten einspart. Die Schaumgummiunterlage muß jedoch alle drei bis vier Monate ausgewechselt werden.
Beim Wasserstrahlcutter besteht die Unterlage des Schnittstapels aus einer dicken, geschlossenen und „selbstheilenden" **Kautschukfläche.** Die Unterlage des Lasercutters ist **wabenartig.** Ein Unterdruck sorgt für einen stabilen Stofflagenstapel.
Nach dem Schneiden kann das Schnittgut direkt auf einem **Conveyer,** einem Förderband, zur Abräumstation transportiert werden.

Die Abräumstation

Auch wenn das nachträgliche Etikettieren der Schnittstapel durch Zusatzgeräte am Cutter entfallen kann, so müssen die Zuschnitte höherer Lagen weiterhin von Hand in bereitgestellte Wagen oder speziell entwickelte Hängefördersysteme abgeräumt werden (s. Seite 109f.).

Veränderungen durch die Einführung eines rechnergestützten Zuschnitts

- Das Aufbringen eines Papierschnittbildes entfällt.
- Etiketten auf der obersten Lage oder Kleinschnittbilder erleichtern das Abräumen der fertigen Schnittstapel.
- Durch eine bessere Nutzung der Bahnbreiten und einem geringeren Ausschnittverlust kann Material gespart werden.
- Mit Hilfe von Sensoren können rapport- und karogemusterte Stoffe vereinfacht zugeschnitten werden. Sie helfen auch beim Überprüfen des gelegten Stoffes auf Länge, Breite und Verzug hin.
- Die Zuschnittgenauigkeit erhöht sich und führt zu einer störungsfreieren Fertigung.
- Cutter steigern die Produktivität. Das bedeutet, daß die Lohnkosten im Zuschnitt durch Einsparung von Mitarbeitern gesenkt werden können.

5.4 Stanzen

Trennen von Schnitteilen mit Stanzen

Beim Stanzen werden stationäre Messerschneiden, die den Schnitteilen entsprechend geformt sind, in den Stoff gedrückt. Im Vergleich zum Trennen mit anderen Schneidaggregaten ist das Stanzen exakter und schneller. Durch die als **Schnitteil geformte Stanze** entfällt das Aufbringen eines Schnittbildes.
Allerdings ist die **Lagenhöhe** begrenzt, und der Schnittstapel ist durch ein Vakuum nicht zu komprimieren. Die Kosten für die Messeranfertigung sind sehr hoch, deshalb werden überwiegend standardisierte Kleinteile gestanzt. Bei gleichbleibenden Modellen und Artikeln mit größeren Stückzahlen, z. B. bei Berufsbekleidung, wird das komplette Schnittbild ausgestanzt. Auch in der Maschenwaren- und Lederindustrie findet die Stanze große Verwendung.
Messer, die aus **geschmiedetem** Stahl bestehen, haben eine längere Lebensdauer, sind aber aufwendiger anzufertigen und schwer zu handhaben. Kaltgebogene **Federstahl-** bzw. **Bandstahlmesser** (elastische Stahlqualität) können dagegen in den Betrieben selbst angefertigt werden. Bei beiden Messerarten sind zusätzlich Markierungen, beispielsweise für Nahtansatzpunkte, anzubringen.

Geschmiedetes Stanzmesser

Federstahl- bzw. Bandstahlmesser

Der Stanzvorgang

Stanzen von Kleinteilen

Kleinteile wie Kragen, Taschenbeutel, Manschetten usw. werden mit Stanzen, die an einem starren oder schwenkbaren Arm **(Schwenkarmstanze)** befestigt sind, aus dem Stoff herausgetrennt. Der Schnittstapel liegt auf einer Stanzunterlage, die als **Gegenschneide** dient. Eine Druckplatte preßt von oben die Messer in das Material.

Schwenkarmstanze

Stanzanlage für abschnittsweises Stanzen

Schnittbilder aus einem Lagenstapel stanzen

Ganze Schnittbilder können mit der **Brückenstanze** abschnittsweise gestanzt werden. Dabei liegen die Messer entweder **auf** oder **unter** dem Stapel. Die Stanzplatte und der Druckbalken befinden sich übereinander und werden gleichzeitig zusammengedrückt.

Auch mit der **Rotations-** oder **Zylinderstanze** kann ein ganzes Schnittbild gestanzt werden. Hierbei liegen Schnittstapel und Stanzmesser **zwischen** zwei Stanzplatten. Diese werden durch ein rotierendes Walzenpaar befördert und die Messer drücken sich schräg in den Stoff.

Rotationsstanze

In der folgenden Tabelle werden die verschiedenartigen **Stanzen** mit ihren unterschiedlichen **Technologiestufen** und **Arbeitsaufgaben** gegenübergestellt.

Technologiestufe	Arbeitsgerät	Arbeitsaufgabe	
1	Exzenterpresse	Teilegröße:	Kleinteile
		Preß- bzw. Stanzkraft (N):	100
		Vorlage:	Doppellage
		Ausführung:	–
		Führung des Druckarmes:	manuell
2	Schwenkarmstanze	Teilegröße:	Kleinteile
		Preß- bzw. Stanzkraft (N):	8 bis 25
		Vorlage:	Stapel
		Ausführung:	ein Stanzteil, Stanzhub
		Führung des Druckarmes:	manuell
3	Brückenstanze	Teilegröße:	Klein- und Großteile
		Preß- bzw. Stanzkraft (N):	50 bis 100
		Vorlage:	Stapel
		Ausführung:	mehrere Stanzteile, Stanzhub
		Führung des Druckarmes:	automatisch auf Knopfdruck
4	Rotationsschneidemaschine	Teilegröße:	Schnittbild
		Preß- bzw. Stanzkraft (N):	–
		Vorlage:	4 bis 8 Lagen je nach Materialstabilität
		Ausführung:	kontinuierlich
		Führung des Druckarmes:	automatisch
	Durchlaufstanze	Teilegröße:	Schnittbild
		Preß- bzw. Stanzkraft (N):	40–300
		Vorlage:	4 bis 8 Lagen
		Ausführung:	kontinuierlich / zeitweise aussetzend
		Führung des Druckarmes:	automatisch

Technologiestufen des Stanzens

5.5 Markieren

Manuell geführte Markiergeräte

Das Markieren ist ein Vorgang, der **während** oder **nach dem Zuschnitt** an jedem Schnitteil vorgenommen wird. Die Geräte lassen sich je nach **Lage der Markierung** im oder am Schnittteil und der **Material- bzw. Faserart** des Schnittteiles unterscheiden.

Markierungen in der Fläche

Für diese Markierungen verwendet man **Bohr-, Farb-** und **Fadenmarkiergeräte.**

Bohrmarkierungen werden durch eine rotierende Nadel, die durch den Schnittstapel gedrückt wird, erzeugt. Dabei verwendet man für feste Materialien kalte Nadeln und für lockere Stoffe und Maschenstoffe heiße Nadeln. Durch **Hitze** und **Druck** bleibt die Markierung dauerhaft sichtbar.
Bei allen diesen Verfahren soll durch Verdrängen der Fadenlagen der **Fadenbruch** eines Gewebes oder Maschenstoffes vermieden werden.

Farbige Punktmarkierungen werden beim Bohren erzeugt, indem durch eine Hohlnadel Farbstoff auf die einzelnen Stofflagen gelangt.

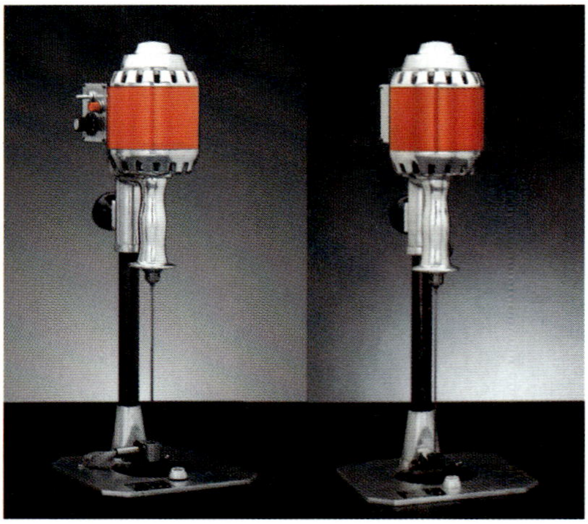

Bohrmarkiergeräte

Fadenmarkierungen sind eine weitere Möglichkeit, innerhalb der Fläche eine Markierung anzubringen. Der Faden wird dabei mit Hilfe eines Fadenmarkierers durch alle Stofflagen gezogen und im Anschluß mit der Hand zwischen den einzelnen Lagen zerschnitten.

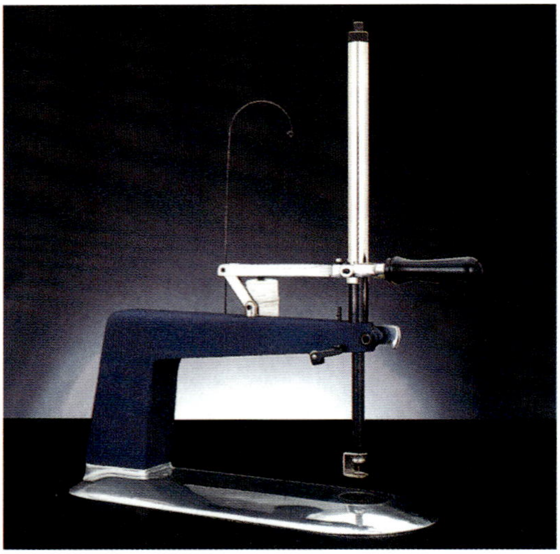

Fadenmarkierung

Bei allen Verfahren beugt eine **Signalunterlegplatte** unter dem Schnittstapel der Beschädigung der Unterlage und einem Abstumpfen der Bohrnadel vor. Zur Anzeige der untersten Lage ertönt ein akustisches Signal.

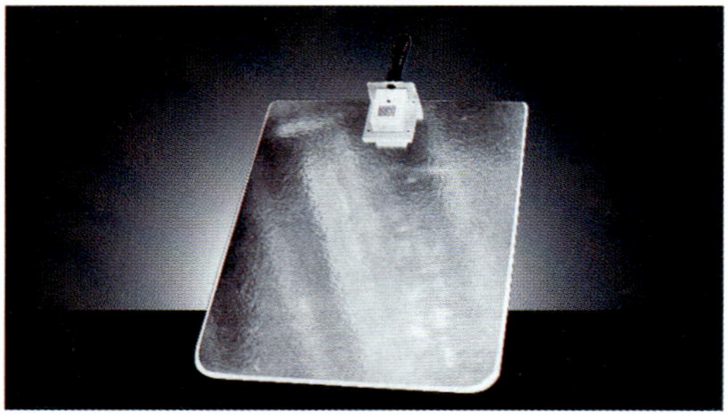

Signalunterlegplatte

Markierungen an der Schnittkante

Markierungen an der **Schnittkante** (Knipse oder Paßzeichen) können während des Ausschneidens der einzelnen Schnitteile mit einem **Stoßmesser** direkt gekennzeichnet werden.
Teile, die zuerst grob zugeschnitten worden sind, werden während des Feinschnittes am **Bandmesser** markiert.
Eine weitere Möglichkeit bieten **Einkerbapparate.** Sie sind durch Muskelkraft oder elektrisch zu bedienen. Mit der Schneide können an der Schnittkante Paßzeichen gleichmäßig tief eingeschnitten werden.

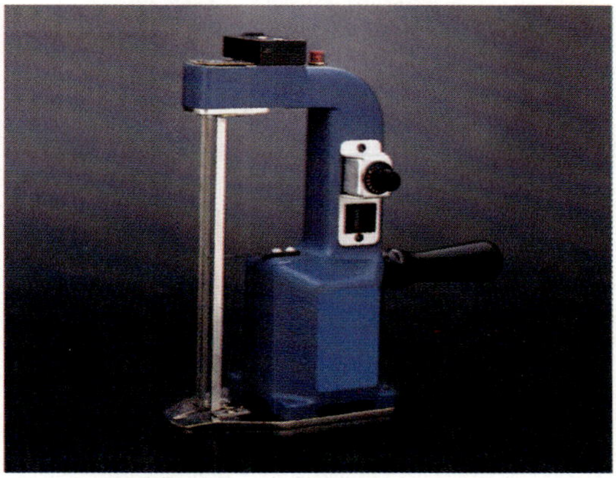

Einkerbapparat

Computergesteuerte Markiereinrichtungen

Beim computergesteuerten Zuschnitt dient eine Bohrvorrichtung am Schneidkopf der Markierung im Schnitteil. Kantenmarkierungen werden während des Schneidprozesses ausgeführt.
Die Information für die korrekte Ausführung der **Markierung** erhält der Cutter aus der CAD-Anlage. Dort hat der Modellmacher oder die Schnittdirectrice bei der Vorbereitung des Schnittes für den Zuschnitt Markierungen, die gebohrt werden sollen, mit einem besonderen Symbol gekennzeichnet.

Im Gegensatz zum manuellen Zuschnitt erfolgt das **Schneiden und Markieren in einem Arbeitsgang.**
Die Knipse und Bohrlöcher für die Taschen an den einzelnen Schnitteilen von **Jeany** werden während des Schneidvorganges mit dem **Cuttermesser** und der **Bohrvorrichtung** hinzugefügt. Nach dem Schneiden sind die Schnitteile dann fertig zum Abräumen und können in die Einrichtung gebracht werden.

Markierungen mit Schablonen

Linien und andere **Markierungen,** beispielsweise für Knöpfe, Taschen und ähnliches, die erst im Fertigungsprozeß benötigt werden, erhalten ihre Kennzeichnung an einem **Anzeichentisch** vor dem entsprechenden Arbeitsgang. Mit Hilfe einer Schablone oder mit Lineal und Zentimetermaß zeichnet der Mitarbeiter bzw. die Mitarbeiterin die Markierung auf die rechte Warenseite.
Die dazu verwendeten **Kreide**stücke und **Anzeichenstifte** erzeugen Markierungen, die leicht zu entfernen sind.

5.6 Fixieren

Das Fixieren von Bekleidungstextilien
Die Form der Kleidungsstücke muß in bestimmten Bereichen durch eine unsichtbare Textilschicht gestützt werden. Das gilt beispielsweise für Armlöcher und Tascheneingriffe aber auch für ganze Vorderteile.
Das dafür verwendete **Einlagematerial** muß so beschaffen sein, daß es die Form unterstützt aber den weichen Griff des Obermaterials nicht beeinträchtigt. Diese Einlagefläche kann ein Gewebe, ein Gewirke oder ein Vlies sein. Das Verbinden dieser textilen Schichten erfolgt über einen **Klebeprozeß,** das **Fixieren.**
Nach dem Umfang der zu fixierenden Fläche unterscheidet man zwischen:
- einer **Kleinteilfixierung** (Kragen, Manschetten, Belege, Taschenpatten) und
- einer **Frontfixierung** (Vorderteil).

Bei **Jeany** werden die Belege für den Ausschnitt und die vordere Kante fixiert.

Der Fixierprozeß

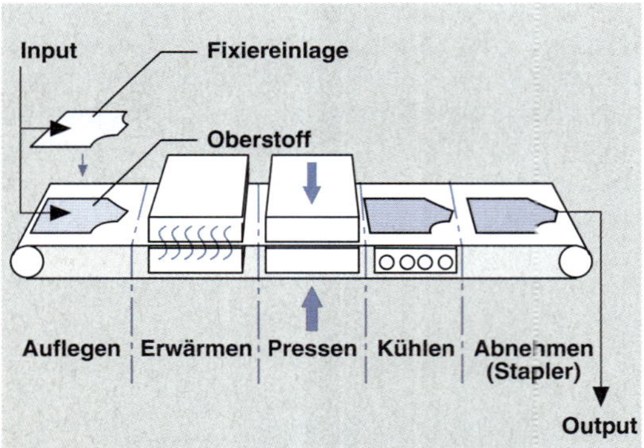

Das Prinzip des Fixierens

Die Fixierparameter **Temperatur** (Hitze), **Druck** und **Zeit** müssen entsprechend der **Fixiereinlage** und der **Oberstoffqualität** aufeinander abgestimmt werden, um ein optimales Verkleben des Oberstoffes mit der Einlage zu erreichen. Falsche Einstellungen führen zu **Durchschlägen** des Klebers auf den Oberstoff, zu ungewollten **Krumpferscheinungen** oder ungenügender **Haftung** der Einlage.

Der Prozeßablauf des Fixierens
Das Schema verdeutlicht den Prozeßablauf beim Fixieren:
Auf- bzw. Einlegen des Oberstoffes und der Fixiereinlage
Erhitzen von Oberstoff und Einlage bis zum Verflüssigen der Klebemasse (Siegeltemperatur)
Pressen des Fixiergutes
Kühlen des Fixiergutes
Abnehmen oder Abstapeln der fixierten Schnitteile

Die Fixierverfahren

Manueller Fixiervorgang
Das Fixieren mit einem **Bügeleisen** ist ein manueller Prozeß, bei dem die Zufuhr des Fixiergutes, die Einstellung der Fixierparameter und das Fixierergebnis von der Arbeitsweise der bedienenden Person abhängt.

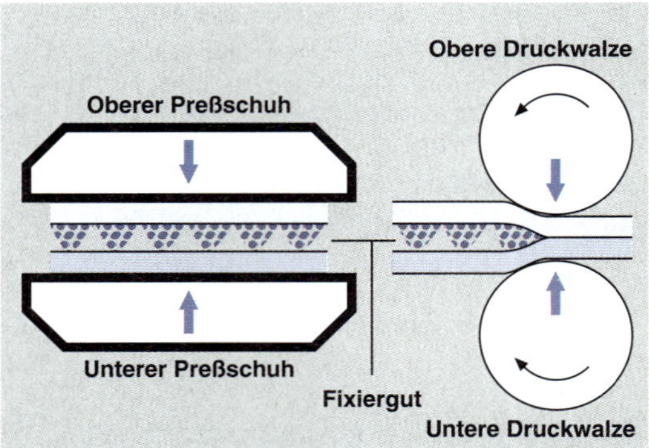

Stationäres und kontinuierliches Pressen

Tischfixierpressen mit aufklappbarem Oberschuh, Tischfixierpressen mit parallel absenkbarem Oberschuh und **Großfixierpressen** mit parallel absenkbarem Oberschuh haben große **Preßplatten,** die wie beim Bügeleisen gleichzeitig Erwärm- und Preßstation sind. Der Fixierprozeß erfolgt durch wechselweises Erwärmen und Pressen. Die Fixierparameter müssen je nach Material neu abgestimmt werden.

Die Auslastung einer solchen Anlage kann durch den Anbau von **Beschickungssystemen,** wie Legerahmen, Doppellegerahmen und Tischlegerahmen und **Abstapelvorrichtungen,** erhöht werden. Dadurch können während des Fixierprozesses die bereits fixierten Teile abgeräumt bzw. kann die Auflage neu bestückt werden. Die Belege für das Modell **Jeany** durchlaufen bei der Kleinserienproduktion für die Vertreterkollektionen gleichfalls eine solche Anlage.

Kontinuierliche Fixierverfahren

Kennzeichnend für das kontinuierliche Fixierverfahren ist eine fortwährende Beschickung und Fixierung.
In diesen geschlossenen Systemen sind die Parameter **Temperatur, Druck** und **Zeit** programmgesteuert. Die Programme werden entweder vom Hersteller angeboten oder vom Anwender in eigener Regie erstellt. Ein **automatisches Überwachungssystem** vergleicht ständig die **Istwerte** mit den **Sollwerten.** Abweichungen können automatisch reguliert oder als Fehler dem Bediener angezeigt werden.

Zwei **Prinzipien** lassen sich unterscheiden:
Das kontinuierliche Fixieren mit **getrennter** Erwärm- und Preßstation ist hauptsächlich für die **Großteilfixierung** geeignet. Verformungen werden durch den geraden Durchlauf der Schnittteile während des Fixierens ausgeschlossen. Bei diesen **Durchlaufpressen** werden die Schnitteile von einem endlosen Förderband durch die Anlage transportiert. Die Heizzone mit den Heiz-Elementen verläuft in einer schwachen **Wellenform,** um einen guten Kontakt zwischen dem Fixiergut und der Heizplatte herzustellen und gleichzeitig eine gewisse Flächenpressung zu erzeugen. Das nachgelagerte **Druckwalzenpaar** übernimmt anschließend den kurzzeitig einwirkenden Preßvorgang.

Das kontinuierliche Fixieren mit **gleichzeitigem** Erwärmen und Pressen ist hauptsächlich für die **Kleinteilfixierung** geeignet. Der Durchmesser der Heiztrommel, die maximale Größe der Schnitteile und die Transportgeschwindigkeit sind so aufeinander abgestimmt, daß die Kleinteile ohne Formveränderung fixiert werden.

Weiterhin lassen sich die Anlagen nach der Zahl und Anordnung der **Beschickungs-** und **Abräumstationen** unterscheiden:

- Anlagen mit **örtlich getrennter Beschikkungs- und Abräumstation.**
- Eine **Rückführeinrichtung** schafft die Voraussetzung für eine **gemeinsame Beschikkungs- und Abräumstation.**

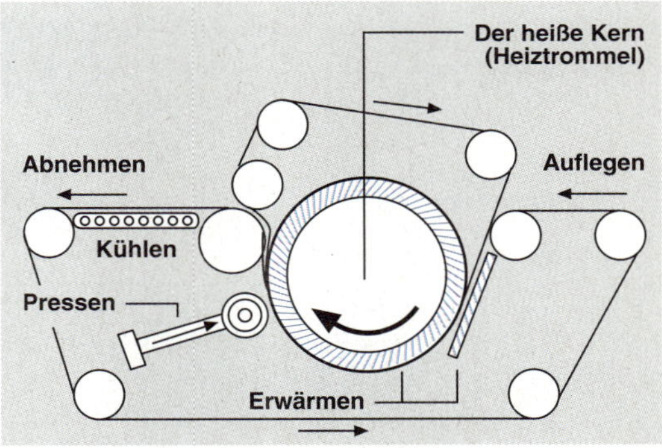

Prinzip: Erwärmen und Pressen gleichzeitig

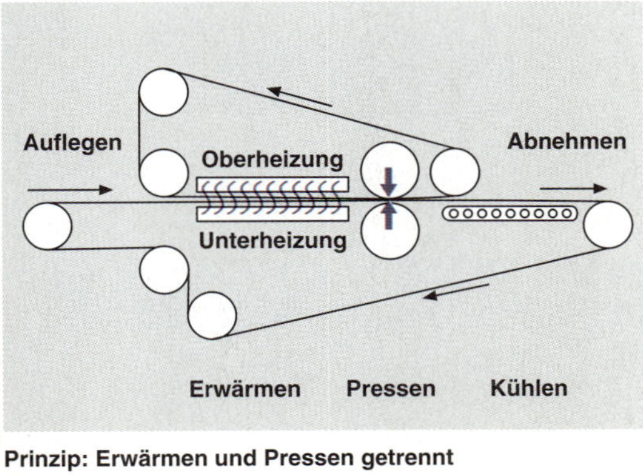

Prinzip: Erwärmen und Pressen getrennt

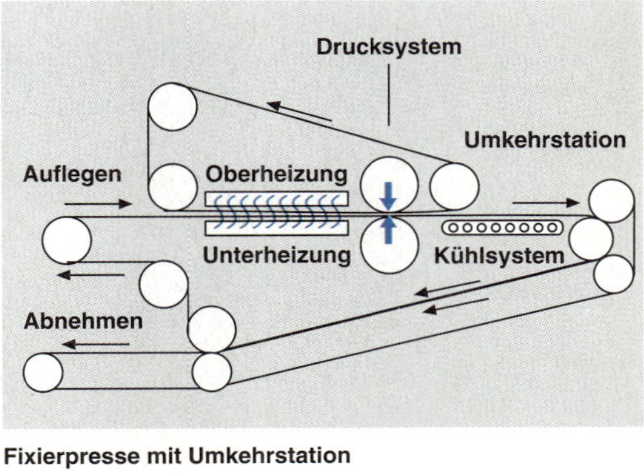

Fixierpresse mit Umkehrstation

Hochfrequenzfixierverfahren

Mußte bei den zuvor genannten Fixierverfahren noch die Wärme von außen durch eine elektrische Widerstandsheizung oder durch eine Infrarotheizung zugeführt werden, so wird bei der **Hochfrequenzfixierung** die Wärme **innerhalb des Fixiergutes** erzeugt.
Neben der Einzelbeschickung der Anlagen kann bei diesen Anlagen auch im Stapel fixiert werden. Dieses Fixierverfahren wird als **Sandwichverfahren** bezeichnet.

Die Vorteile dieses Verfahrens gegenüber den herkömmlichen Verfahren sind folgende:

- Das gleichzeitige Fixieren aller Lagen eines Schnittstapels ist möglich.
- Unterschiedliche Materialien können miteinander und hintereinander fixiert werden.
- Das Material wird durch geringere Temperaturen geschont.
- Die Materialien krumpfen nicht so stark.
- Das Verfahren erzielt bessere Fixierergebnisse (verminderter Durchschlag, beständige Haftung).

Fixieren ist mit einem **hohen Energieverbrauch** verbunden. Durch gute Isoliermaterialien, die die Wärmeabgabe nach außen vermindern, spezielle Heizsysteme, die bei geringer Auslastung die Heizleistung reduzieren können, und mit getrennten Transportbändern kann viel Energie gespart werden. Auch die Belastung für das Bedienpersonal verringert sich.

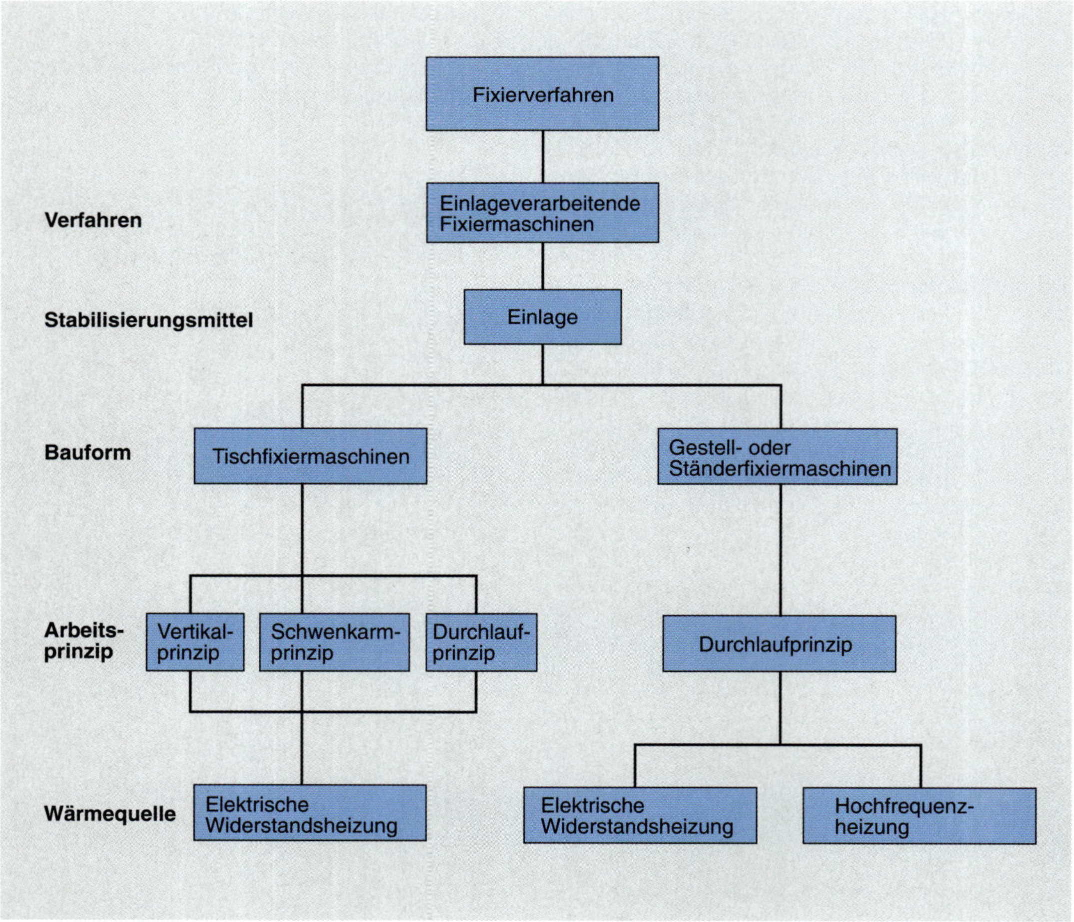

Übersicht Fixierverfahren

5.7 Einrichten

Die Hauptaufgabe dieser Abteilung ist es, die **zugeschnittenen Teile** und **Zutaten** nach Vorgabe des **Arbeitsverteilungsplanes** für einen reibungslosen **Nähprozeß** bereitzustellen. Das Ausmaß der Einrichtungsarbeiten ist von verschiedenen Faktoren abhängig, die von Betrieb zu Betrieb variieren.

Zu ihnen zählen:

- das Produkt,
- die Seriengröße,
- die Festlegung auf Einzel- oder Bündeldurchlauf,
- die Festlegung auf farbsortierte oder bunte Bündel,
- die Organisation des Arbeitsablaufs in der Näherei,
- die eingerichteten Vorratslager in der Näherei und
- die Arbeitsverteilung in der Näherei.

Der **Ort** der Einrichtung ist abhängig von der betrieblichen Organsiation. Er kann direkt hinter dem Zuschnitt angesiedelt sein oder erst nach einer der Vorfertigungsgruppen.

Typische **Aufgaben** der Einrichtung sind beispielsweise das Etikettieren, das Farbsortieren, das Zusammenstellen von **Bündeln** oder das **Vorbereiten von Anzeichenarbeiten.** Auch das Ausfüllen von Lohnabrechnungskarten und das Führen von Arbeitsfortschrittslisten ist bei Organisationsstrukturen ohne computerunterstützte Verfahren eine wichtige Aufgabe der Einrichtung.

Etikettieren

Die Kennzeichnung des Modells, der einzelnen Schnitteile bzw. Bündel, geschieht durch **Etiketten.** Man unterscheidet folgende:

Etiketten mit Auftragsnummer und laufender Nummer werden auf den einzelnen Schnitteilen mit Etikettierzangen, -maschinen oder -automaten angebracht. Ein Verwechseln der Lagenreihenfolge kann in der Fertigung zu Farbabweichungen im Modell führen.

Größen-, Material-, Pflegekennzeichnungen und **Firmenetiketten werden** zusortiert.

Begleitkarten, auch **Laufetiketten** genannt, folgen dem Modell bzw. dem Modellbündel während des gesamten Fertigungsprozesses. Sie enthalten unter anderem verschlüsselte Angaben zu Lieferterminen, Kunden und zu verschiedenen Zutaten.

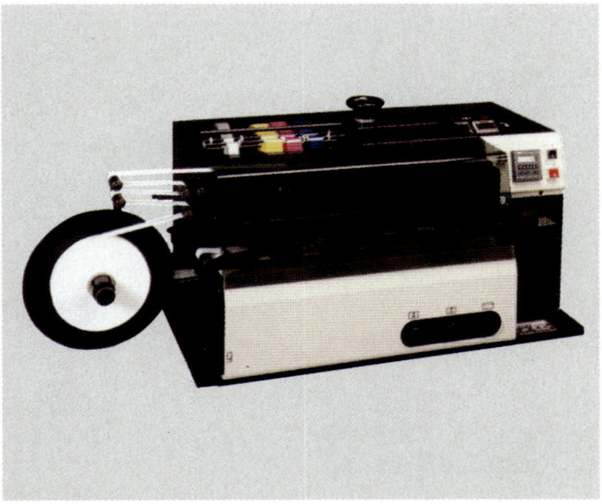

Etikettiermaschine mit Etikett

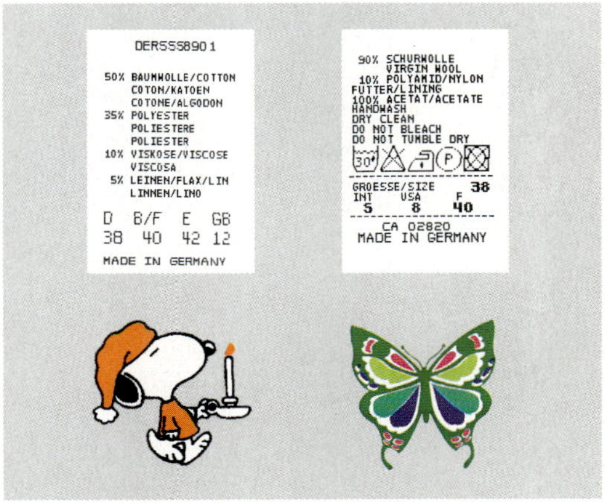

Material- und Firmenetiketten

Sortieren

Die vom Zuschnitt gelieferte Lagenhöhe entspricht selten der **Bündelhöhe,** wie sie in der Fertigung verarbeitet werden kann. Daher muß in der Einrichtung ein Sortiervorgang erfolgen. Die **Sortierkriterien** und die Betriebsmittel sind durch den Arbeitsverteilungsplan und den Stand der Technologie in der Fertigung vorgegeben.
Meistens ist auch ein **Farbsortieren** notwendig, um während der Fertigung häufige Farbwechsel beim Nähen zu vermeiden. Grobgeschnittene Teile, die vor dem **Feinausschnitt** fixiert werden, müssen abwechselnd Oberstoff und Einlage zusortiert bekommen.

Schnitteile in verschiedene Bündelwagen sortiert

Unfallverhütung

Die Textil- und Bekleidungsberufsgenossenschaft hat spezielle Unfallverhütungsvorschriften (Vorschriften der Berufsgenossenschaften, VBG 71) herausgebracht. Sie gelten je nach Art des Betriebsmittels an **allen** Arbeitsplätzen im **Zuschnitt,** in der **Fertigung** und in der **Bügelei.** Dies betrifft einerseits die Maschinen und Werkzeuge, aber auch die Mitarbeiter, die an diesen Betriebsmitteln arbeiten. Sie müssen in der richtigen Handhabung der Maschinen unterwiesen werden und darauf achten, daß Fehler und Mängel sofort dem zuständigen Vorgesetzten mitgeteilt werden, um Unfälle zu vermeiden. Bei den Betriebsmitteln gilt, daß die Gefahrenstellen gesichert und gekennzeichnet sind und daß vorhandene Schutzeinrichtungen nicht wirkungslos gemacht werden können.

An einigen Beispielen soll dies verdeutlicht werden.

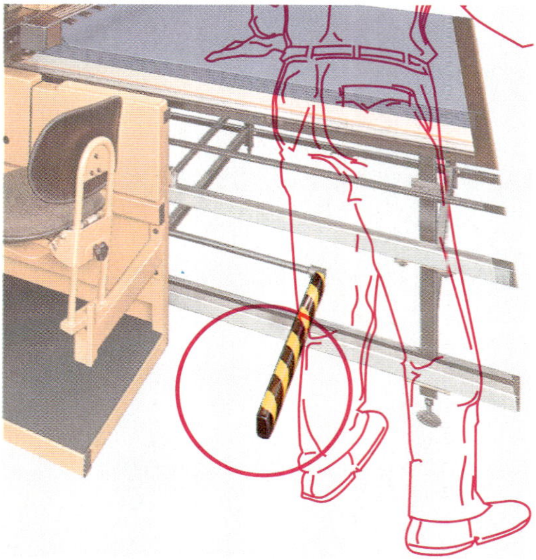

Legemaschine mit Sicherheitsbügel

Für **Legemaschinen** müssen die **Gefahrenstellen** zwischen Laufbahnen und Laufrädern durch Verkleidungen gesichert sein. Quetsch- und Sicherheitsstellen, beispielsweise an Mitfahreinrichtungen von Legemaschinen, müssen durch:

- Abdeckungen,
- Handabweiser oder
- Schutzeinrichtungen mit Annäherungsreaktion, Schaltleisten, Schaltbügel oder berührungslos wirkende Schutzeinrichtungen gesichert sein.

Auch Stoffballenspeicher von Legemaschinen müssen so beschaffen sein, daß **Stoffballen nicht herausfallen** können.

An Maschinen und Werkzeugen im Zuschnitt müssen die Schutzeinrichtungen an der **Messerschneide,** bis auf den zum Schneidevorgang benötigten Teil, mit einer festen **Verkleidung** gesichert sein.

Eine verstellbare Schutzeinrichtung, wie der **Fingerschutz,** sichert die Messerschneide allseitig oberhalb des Schneidgutes ab.
Bei Rund- und Stoßmessermaschinen mit **Gleitfuß** muß dieser leicht beweglich sein sowie auf diesem sicher und standfest abgestellt werden können.
Der **Messerantrieb** muß nach Loslassen des Führungshandgriffs selbsttätig stillgesetzt werden. Durch Wiederanfassen des Führungshandgriffs oder nach Stromausfall darf kein selbsttätiger Messeranlauf möglich sein.
Beim **Schleifvorgang** muß eine **Zweihandschaltung** mit Rückstellkontrolle vorhanden sein.
Zusätzlich sollten bei der Arbeit mit einem Bandmesser **Kettenhandschuhe** getragen werden. Ein so gesichertes Schneidwerkzeug bedeutet bei sachgemäßer Handhabung kein Unfallrisiko.

Die für Stanzen, Bügelmaschinen, -pressen und Fixierpressen im Arbeitsbereich liegenden Gefahrenstellen sind nicht durch konstruktive Maßnahmen zu vermeiden. Es müssen Schutzeinrichtungen ähnlich denen an Legemaschinen vorhanden sein. Zusätzlich ist eine **Beidhandbedienung** ein wirksamer Schutz vor Quetschungen der Hände, beispielsweise zwischen Fixiertisch und bewegter Platte, da nur durch gleichzeitiges Bedienen beider Griffe die Maschine in Gang gesetzt wird.

Die hohen Temperaturen an den Heizplatten und der heiße Dampf der Bügel- und Fixiermaschinen bedeuten eine akute Verbrennungsgefahr. Der Dampf darf daher erst nach dem Verschließen der Arbeitsflächen zugegeben werden.

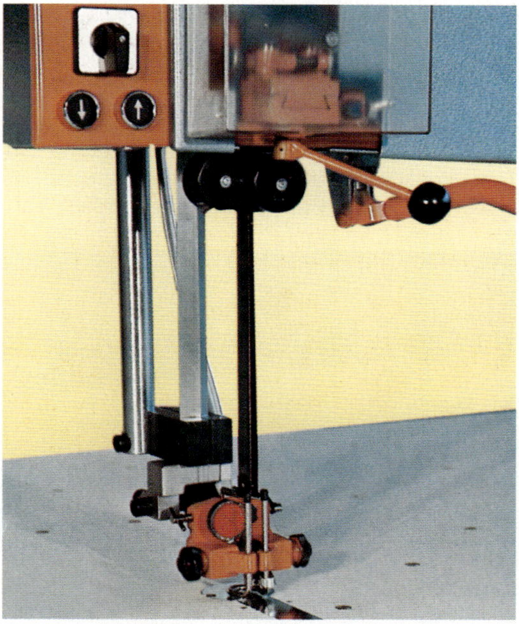

Bandmesser mit Schutzeinrichtungen

? ?

1. Nennen Sie die Fehler, die bei der Warenschau erfaßt werden können.

2. Beschreiben Sie den Zusammenhang von Aufmachung und Lagenart der Ware.

3. Welche Schneidaggregate gibt es, und wofür werden sie eingesetzt?

4. Erläutern Sie die Vor- und Nachteile des Stanzens.

5. Was versteht man unter
- Kleinteilfixierung,
- Frontfixierung?

6. Welche Aufgaben gehören zur Einrichtung?

7. Wie müssen die Messerschneiden an Schneidemaschinen gesichert werden?

8. Weshalb bietet die Zweihandschaltung an Stanzen eine große Sicherheit zur Unfallverhütung?

6 Fertigung des Modells

Jeany durchläuft die einzelnen Näh- und Bügelstationen in gebündelter Form. Die Reihenfolge der Arbeitsgänge und die Anzahl der Teilschritte erfolgen nach dem Arbeitsverteilungsplan. Jeweils zehn Teile gehören zu einem Bündel.
Bei den Vorarbeiten wurden bereits die Einlagen fixiert. In der Fertigung erhält Jeany zuerst die Taschenstickerei durch eine Spezialmaschine. Auch die Blenden am rechten und linken Vorderteil werden mit Spezialmaschinen gefertigt. Für das Aufsteppen der Tasche, das Fertigen der Knopflöcher und das Annähen der Knöpfe verwendet der Betrieb Automaten. Beim Schließen der Seitennähte werden die Etiketten mitgefaßt. Endbügeln und Endkontrolle sind die letzten Stationen der Fertigung. Im Versand kommt Jeany zu den anderen Teilen der Kollektion.

Serienfertigung

Schlüsselbegriffe

Automat
Der Begriff Automat kommt aus dem Griechischen und wird mit Selbstbeweger übersetzt. Gemeint ist eine Maschine mit selbstätig regelndem Arbeitsablauf.
Unter Automatik versteht man eine Vorrichtung, die einen eingeleiteten technischen Vorgang ohne weiteres menschliches Zutun steuert und regelt. So ist der Knopflochautomat eine automatisch arbeitende Näheinrichtung für einzelne, abgeschlossene Nähaufgaben.

Bügeln
Gleichzeitiges Einwirken von Wärme, Druck und Feuchtigkeit in einer bestimmten Zeit, um textile Flächen zu glätten, zu formen oder zu stabilisieren.

Nähen
Das Nähen ist ein Bearbeitungsvorgang, bei dem ein oder mehrere Nähfäden nach bestimmten Regeln der Fadenlegung in oder durch ein Nähgut geführt werden, um Schnittkanten zu versäubern, Nähgutteile zu verbinden, ein Nähgut zu verzieren oder zwei oder mehrere Nähgutteile miteinander zu befestigen.

Nähstich
Eine nach einer Regel einmal ausgeführte Fadenlegung wird als Nähstich bezeichnet.
Der Stich kann ohne Nähgut, auf einem Nähgut oder innerhalb eines Nähgutes sowie durch ein Nähgut hindurch gebildet werden. Der Faden kann den Stich ohne Verschlingung bilden. Er kann mit sich selber oder mit einem oder mehreren anderen Fäden verschlungen sein.

Eine Aneinanderreihung von Stichen eines bestimmten Nähtyps wird als **Nähnaht** bezeichnet.

Handstiche sind manuell mit einer Nähnadel und einem Faden gearbeitete Nähstiche. Einige der ursprünglich nur von Hand aus einem Faden hergestellten Stichtypen werden auch maschinell gebildet, z. B. der Blindstich.

Maschinenstiche sind maschinell an einer Nähmaschine oder einem Automaten gearbeitete Nähstiche.

Eine sich regelmäßig wiederholende Anordnung von Stichen wird als **Nähstichtyp** bezeichnet.

Die Bezeichnungen der verschiedenen Stichtypen sind nach DIN 61400 genormt und serienmäßig in Klassen eingeteilt:
- Klasse 100 Einfachkettenstichtypen
- Klasse 200 Einfachsteppstichtypen (Handstichtypen)
- Klasse 300 Doppelsteppstichtypen
- Klasse 400 Doppelkettenstichtypen
- Klasse 500 Überwendlichkettenstichtypen
- Klasse 600 Überdeckkettenstichtypen

Schweißen
Thermoplastische Textilien oder Folien werden nach dem Erweichen durch Druckeinwirkung dauerhaft zusammengefügt oder mit einem Schweißhilfsmittel verbunden.

Steuerung
Unter dem Begriff des Steuerns versteht man das Bestimmen eines Ablaufes bzw. die Richtung, in der sich etwas bewegen soll. Die Steuerprogramme sind von Menschen festgelegte Arbeitsanweisungen für Automaten.
Bei der Funktionssteuerung bestimmen Schaltbefehle die Art und Zeit von Tätigkeiten, während bei der Wegsteuerung die Wegbefehle die Richtung von Tätigkeiten bestimmen.
Arbeitanweisungen, die als Kurvenscheiben oder Schablonen festgelegt sind, werden als mechanische Steuerungen bezeichnet. Sind Anweisungen auf Programmträgern in Form von Zahlenwerten verschlüsselt gespeichert, spricht man von numerischen Steuerungen.

Teach-in
Der Begriff kommt aus dem Amerikanischen und wurde ursprünglich nur als Protestdiskussion übersetzt. Gemeint ist etwas lehren, hineingeben in eine Gruppe.
Bei der Programmierung im Teach-in-Verfahren wird der Arbeitsablauf zunächst manuell eingegeben und auf einem Programmträger gespeichert.
Der Datenträger ist damit nicht an eine Maschine gebunden, sondern kann gleiche Automaten in Bewegung setzen.

6.1 Manuelles und maschinelles Nähen

Nahtschaubilder

In der Näherei werden die vom Zuschnitt kommenden Einzelteile eines Modells nach einem vorgegebenen Arbeitsablaufplan zum fertigen Erzeugnis zusammengefügt.
Schnitteile können durch verschiedene Nähnahtarten verbunden werden. Ebenso gibt es für die Schnittkantenversäuberung und die Säume mehrere Möglichkeiten der Fertigung. Die Wahl wird zum einen nach optischen Gesichtspunkten getroffen, zum anderen bestimmt das Nähgut die Auswahl. So wird für einen dicken Stoff eine wenig auftragende Naht gewählt. Aber auch der Gebrauchswert der Kleidung spielt eine wichtige Rolle. So müssen die Nahtkanten von Kleidung, die stark beansprucht wird, besser gesichert sein als die bei modischer Oberbekleidung.
In der Bekleidungs- und Wäscheindustrie werden die üblichen Nähnahtarten nach Herstellung und Aufgabe wie folgt unterteilt:

Verbindungsnähte

Sie fügen zwei oder mehr Nähgutteile zusammen und werden auch als **Schließnähte** bezeichnet.

- **Einfache Verbindungsnaht** (mit Stichtyp 101, 202, 209, 301 oder 401): Die Naht kann hinsichtlich der weiteren Bearbeitung nach dem Nähen auch als vorgenähte, ausgebügelte, einseitig oder beidseitig auseinandergesteppte Verbindungsnaht bezeichnet werden. Die Seiten- und Ärmelnähte von **Jeany** werden mit einfachen Verbindungsnähten geschlossen.
- **Überlappungsnaht** (mit Stichtyp 406, 407, 602 oder 605)
- **Stoßnaht** (Kante an Kante, mit Stichtyp 304, 404 oder 501)

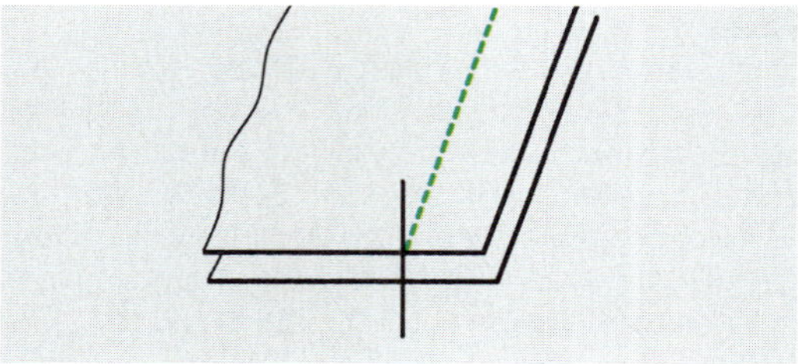

Vorgenähte Verbindungsnaht

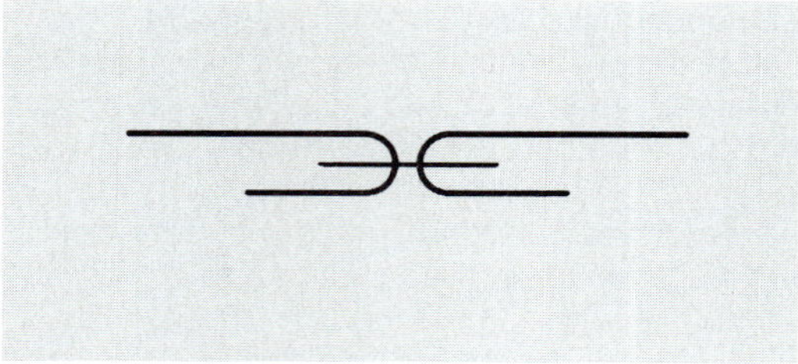

Ausgebügelte Verbindungsnaht

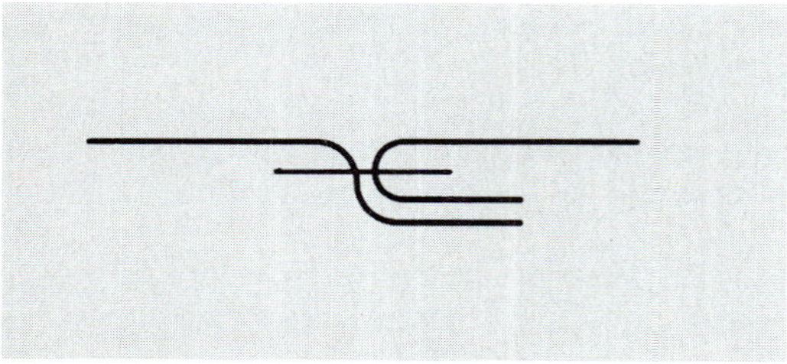

Einseitig umgebügelte Verbindungsnaht

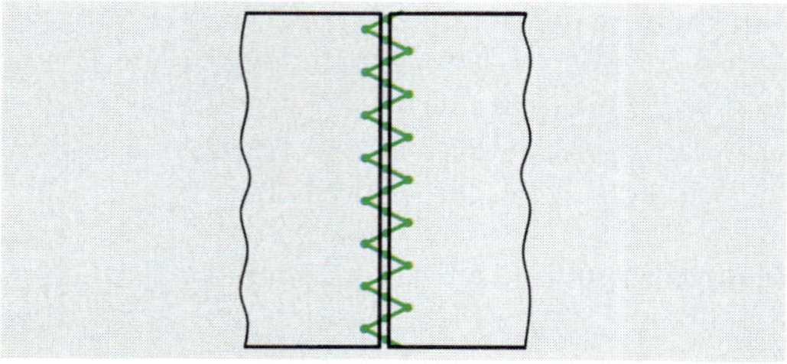

Stoßnaht

Kappnähte

Eine besondere Form der Verbindungsnähte sind die Kappnähte.

- **Einfachkappnaht,** auch übersteppte Verbindungsnaht genannt (mit Stichtyp 309, 406, 2 x 301 oder 2 x 401)
- **Doppelkappnaht** (Stichtypen, s. Einfachkappnaht)
- **Rechts-Links-Doppelnaht** (mit Stichtyp 101, 202, 301 oder 401)

Ein Beleg wird am Halsausschnitt und an den vorderen Kanten von **Jeany** mit einer Rechts-Links-Doppelnaht befestigt.

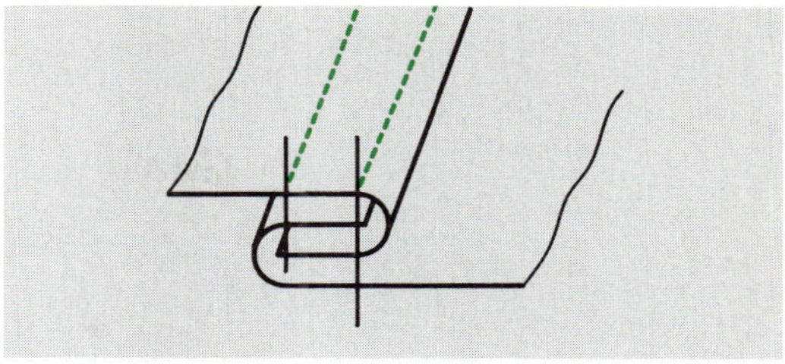

Doppelkappnaht

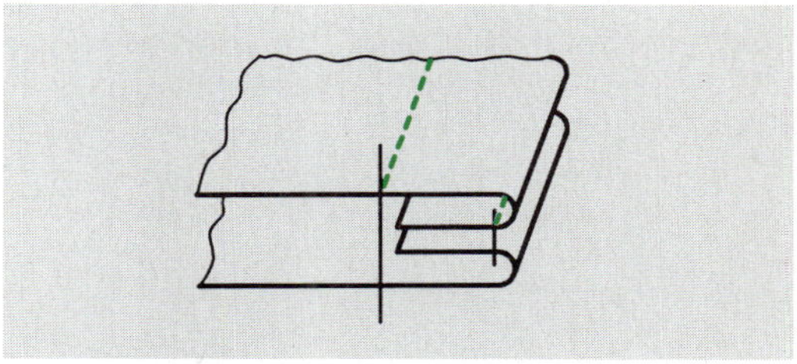

Rechts-Links-Doppelnaht

Versäuberungsnähte

Die Nähgutkanten von textilen Flächengebilden werden mit Versäuberungsnähten gegen Ausfransen gesichert.

- **Überwendlichnaht,** häufig auch als Kettelnaht bezeichnet (mit Stichtyp 304, 404, 503 oder 505). An den Seiten- und Ärmelnähten von **Jeany** werden die Schnittkanten gleichzeitig mit den Verbindungsnähten versäubert, so daß eine Sicherheitsnaht entsteht. Ebenso wird beim Ärmeleinnähen verfahren.
- **Einfaßnaht** (mit Stichtyp 101, 202, 301 oder 401)
  mit ungefaltetem Band
  mit einseitig eingeschlagenem Band
  mit beidseitig eingeschlagenem Band
  mit Kanten-Bordierung
  mit Kanten-Vorstoß (Paspelnaht)

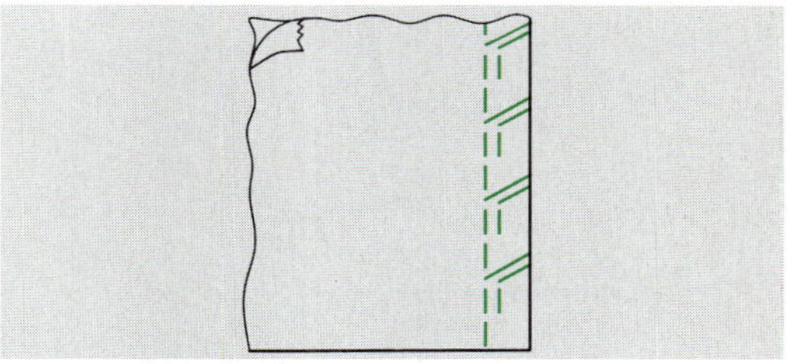

Überwendlichnaht, Aufsicht

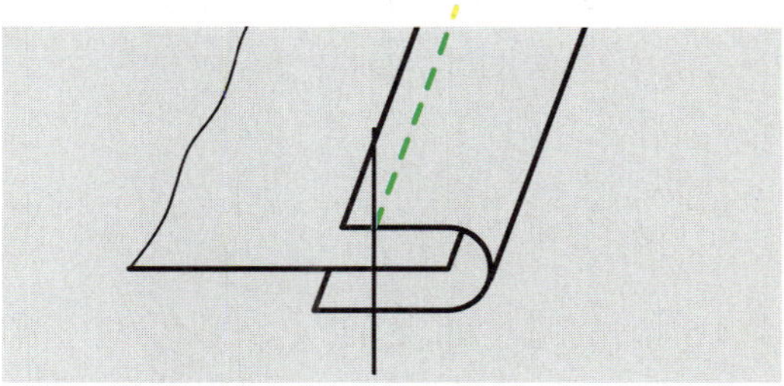

Einfaßnaht mit ungefaltetem Band

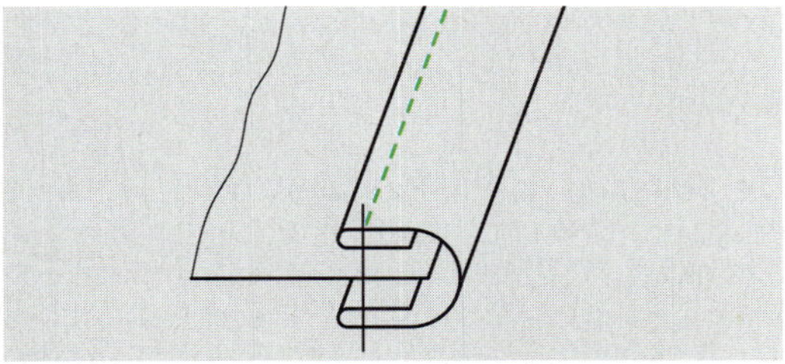

Einfaßnaht mit beidseitig eingeschlagenem Band

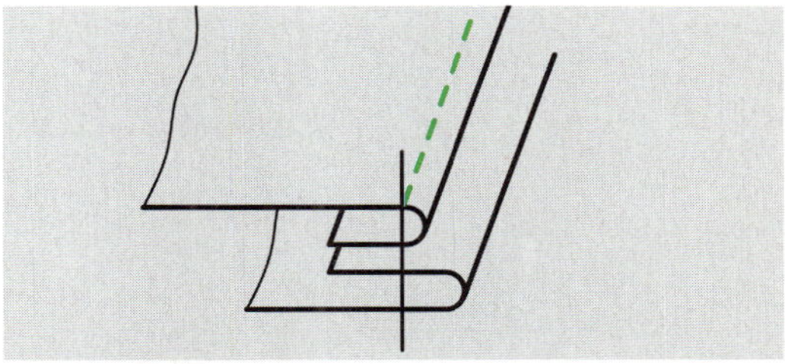

Einfaßnaht mit Kanten-Bordierung

- **Saumnähte**
  Offenkantig umgeschlagener, durchgesteppter Saum (mit Stichtyp 101, 202, 301 oder 401). **Jeany's** Saum wird als Einschlagsaum gefertigt.
  Umgeschlagener, durchgesteppter Saum (Stichtypen s. o.)
  Blindstichsaum (mit Stichtyp 102)
  Rollsaum (d) (Stichtyp s.o.)
  Durchzugssaum (e) (Stichtyp s.o.)

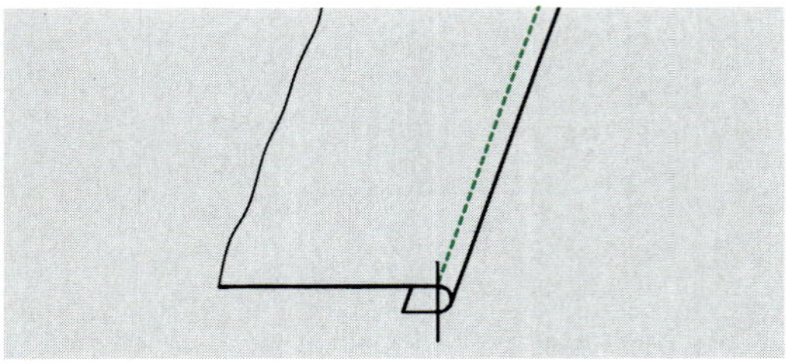

Offenkantig umgeschlagener, durchgesteppter Saum

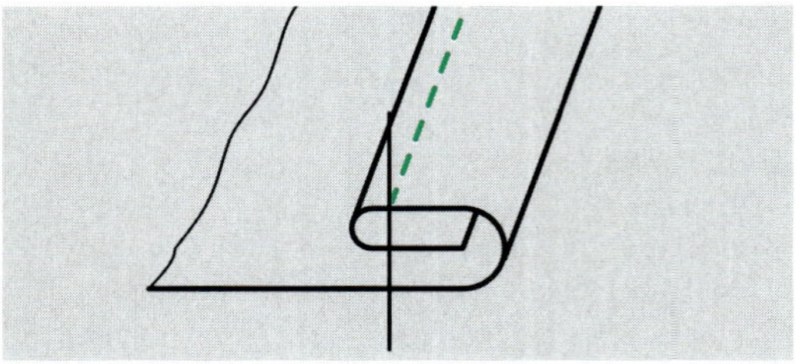

Umgeschlagener, durchgesteppter Saum

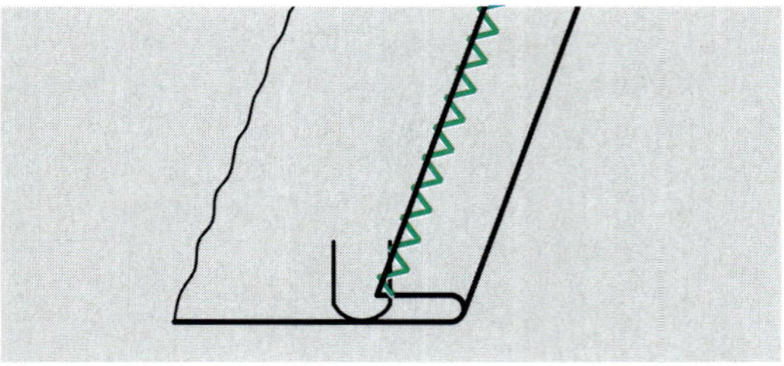

Blindstichsaum

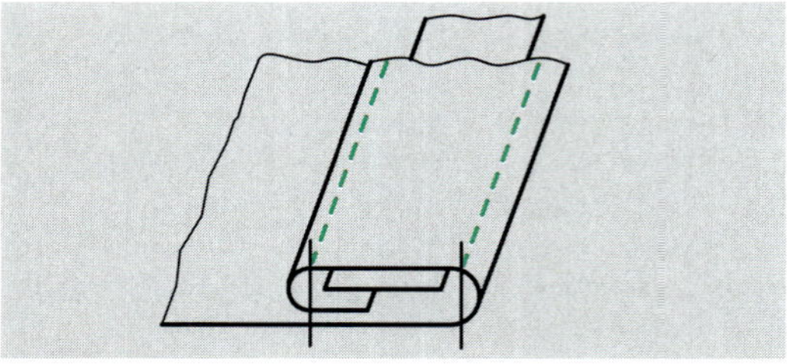

Durchzugssaum

Ziernähte – Ziersteppungen

Sie haben ausschließlich eine zierende oder gleichzeitig auch eine Halte- und Befestigungsfunktion, so beim Absteppen von verstürzten Kanten, Säumen oder Taschen. Die Wirkung wird nicht nur von dem Stichtyp, sondern auch von der Farbe und Stärke des Nähfadens bestimmt.
Beispiele dazu sind die dezente Ziersteppung (Ton in Ton) und die markante Ziersteppung (besonderer Stichtyp oder andersfarbiger Nähfaden).

Die **Biesennaht** entsteht durch schmales Abnähen mit einer Zweinadel-Nähmaschine (mit Stichtyp 309 oder 406).

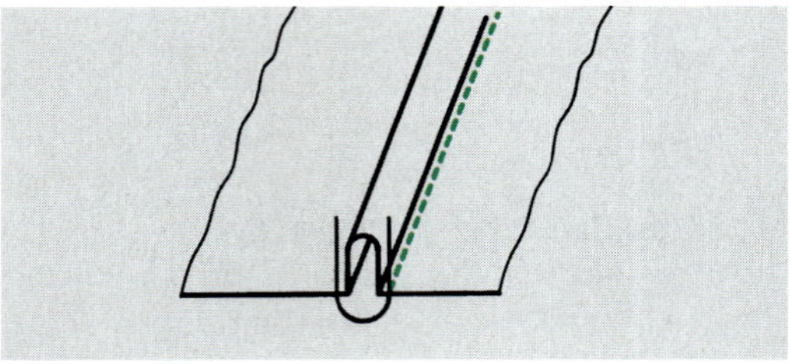

Biesennaht

Befestigungsnähte

Zwei oder mehr Nähgutteile werden bei dieser Nahtart miteinander befestigt.

Die **Staffiernaht** ist eine Naht, mit der Besätze, Kanten oder Saumeinschläge so an den Hauptteilen befestigt werden, daß der Stich an der Außenseite des Oberstoffes nicht sichtbar ist (z. B. mit Stichtyp 102).

Die **Pikiernaht** dient dem Verbinden von Einlagen mit dem Oberstoff, bei der auf der Oberseite des Nähgutes der Nähfaden nicht sichtbar ist. Hierbei wird die ganze Fläche befestigt (mit Stichtyp 102).

Die **Heftnaht,** auch **Reihnaht** genannt, dient dem provisorischen, nicht endgültigen Zusammennähen mehrerer Stoffteile mit großen Stichen und grobem Heftgarn. Diese Naht findet vor Anproben in Handwerksbetrieben Anwendung (mit Stichtyp 209).

Handstiche

Die Nähnahtarten können mit unterschiedlichen Stichtypen gefertigt werden. Dieses ist mit der Hand und mit der Nähmaschine möglich. Die Stiche sind genormt. Einige der manuell zu fertigenden Stiche können auch maschinell gebildet werden, so der Vorstich.
Die Wahl des Stichtypes hängt von der Optik, dem Nähgut, der Nähnahtart und dem Gebrauchswert der Kleidung ab.

Der **Vorstich,** auch **Heftstich** genannt, hat die Typenbezeichnung 209. Der Einstich liegt – in Nährichtung gesehen – vor dem Ausstich. Reih- und Hilfsnähte werden mit diesem Stich gefertigt.

Der **Staffierstich,** auch **Blindstich** genannt, hat die Typenbezeichnung 213 und ist auf der Unterseite des Nähgutes nicht zu sehen. Mit diesem Stich werden nicht offenkantige Ränder, z. B. Säume, angenäht.

Der **Überwendlichstich** hat die Typenbezeichnung 211 und wird gebildet, indem ein Faden mit Vorstichen um eine Schnittkante herumgeführt wird, um diese zu versäubern.

Beim **Schlingstich,** der die Typenbezeichnung 206 hat, wird der Faden mit Vorstichen um eine Schnittkante geführt und dabei an der Schnittkante durch eine Schlinge gezogen. Damit werden Schnittkanten versäubert und Handknopflöcher genäht.

Der **Steppstich,** auch **Rückstich** genannt, hat die Typenbezeichnung 202. Der durch das Nähgut geführte Faden wird wieder zum letzten Stich zurückgeführt. Die damit gefertigten Verbindungs- bzw. Schließnähte sind haltbare, dauerhafte Verbindungen, die sich nicht aufziehen lassen.

Der **Hexenstich** hat die Typennummer 204 und wird, hohl angenäht, auch als **Hohlstich** bezeichnet. Der durch das Nähgut geführte Faden wird an anderer Stelle ein Stück zurückgeführt. Die Stichrichtung liegt über dem Nähgut diagonal zur Nahtlinie. Mit dem Stich werden lose, aber dauerhafte Verbindungen für überdeckende (versäubernde) Nähte, z. B. Blindsäume bei offenkantigen Stofframdern, geschaffen.

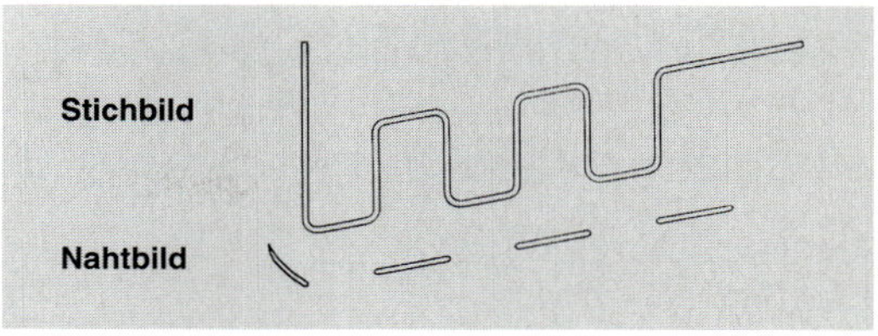

Vorstich

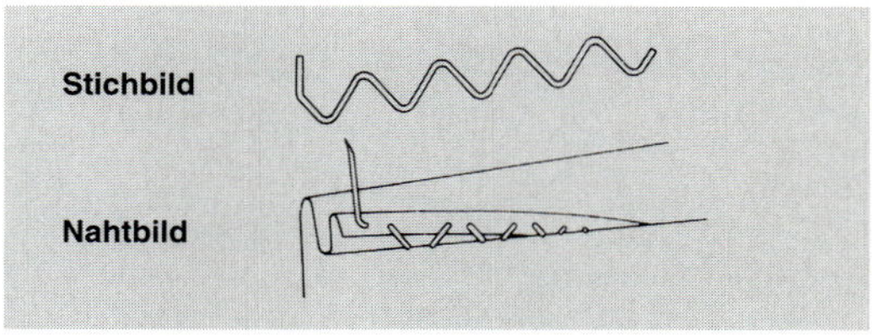

Staffierstich

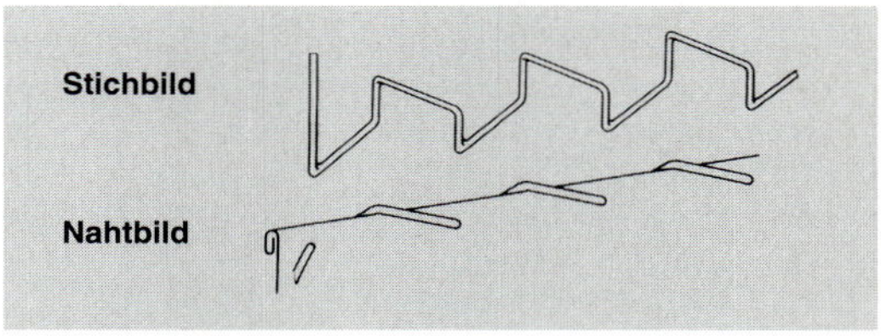

Überwendlichstich

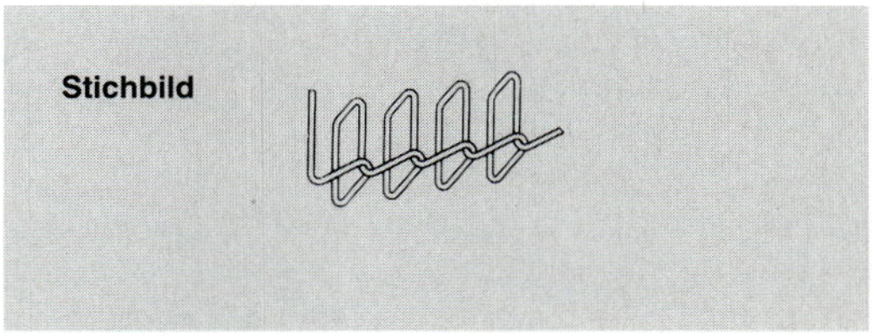

Schlingstich

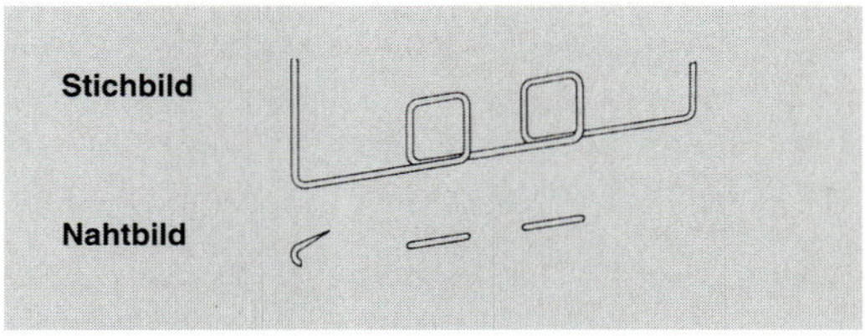

Steppstich

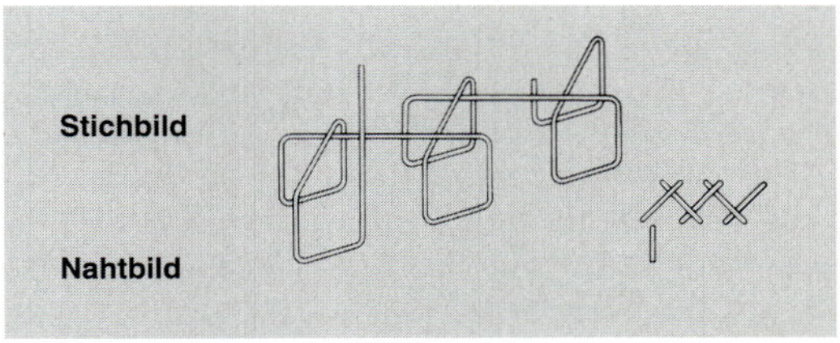

Hexenstich

Maschinenstiche

Aussehen und Verwendung der Doppelsteppstichtypen

Alle Doppelsteppstiche werden mit mindestens zwei Fäden gebildet.
Sie unterscheiden sich nach der Anzahl der Fäden und der Stichrichtung, woraus sich unterschiedliche Einsatzmöglichkeiten ergeben. Der normale Doppelsteppstich hat den geringsten Nähfadenverbrauch aller Maschinenstiche.

Name	Stichtyp	Nahtbild	Aussehen/ Besonderheit	Verwendung
Doppelsteppstich DSST	301	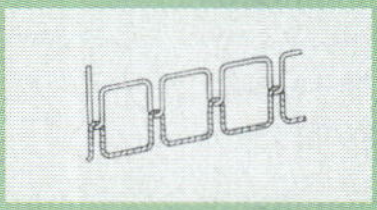	● beide Warenseiten sehen gleich aus ● geringer Nähfadenverbrauch ● geringe Nahtelastizität	● Stoffteile verbinden ● steppen
Zweinadel-DSST	309	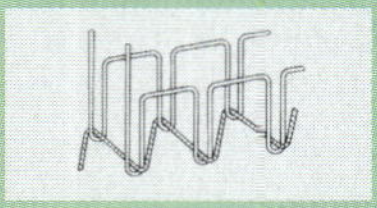	● die Unterseite zeigt kein Steppbild, sondern der Unterfaden verläuft zickzackartig, nur außerhalb des Nähgutes	● doppelreihig steppen Biesen Hosenbund Taschen aufsteppen
Zickzackstich	304	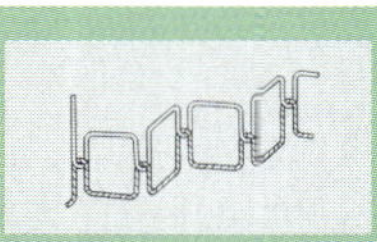	● beide Warenseiten sehen gleich aus ● die Stiche verlaufen schräg zum Nahtverlauf nach rechts und links versetzt	● Verbinden von aneinanderstoßenden Stoffteilen ● Schnittkanten versäubern ● gleichzeitiges Aufnähen und versäubern der Schnittkante ● elastische Nähte, Ziernähte, auch mit Automaten, Knopflöcher und Riegel, Knöpfe annähen
Zweinadel-Zickzackstich	312	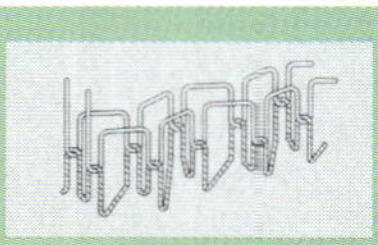	● die Stiche verlaufen schräg zum Nahtverlauf nach rechts und links versetzt, der Unterfaden verläuft zickzackartig nur unterhalb des Nähgutes	● Ziernähte ● elastische Nähte bei Maschen und Miederwaren
Zweimal versetzter Zickzackstich	308	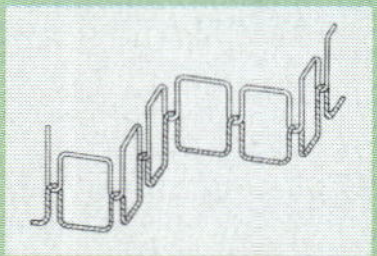		● Ziernähte ● elastische Nähte bei Maschen und Miederwaren

Aussehen und Verwendung der Doppelsteppstichtypen

Aussehen und Verwendung der Kettenstichtypen

Alle Kettenstiche werden durch die Verschlingung von mindestens einem Faden gebildet. Sie ergeben elastische Nähte mit einem hohen Nähfadenverbrauch.

Name	Stichtyp	Nahtbild	Aussehen/ Besonderheit	Verwendung
Einfach-kettenstich	101	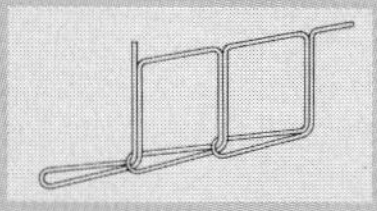	● ein Nadelfaden ● Oberseite: wie Steppstich ● Unterseite: Fadenschlingen ● Stich läßt sich vom Nahtende aufziehen ● hoher Fadenverbrauch ● nicht sehr haltbar	● Heft- und Reihnähte ● Automateneinsatz ● Knopfannähen ● Knopflöcher ● Riegel
Blindstich	103	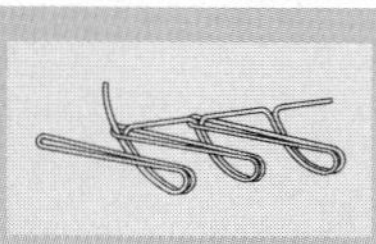	● ein Nadelfaden ● obere Nähgutlage wird nicht vollständig durchdrungen	● Blindstich ● Säumen ● Pikieren ● Staffieren
Doppel-kettenstich DKST	401	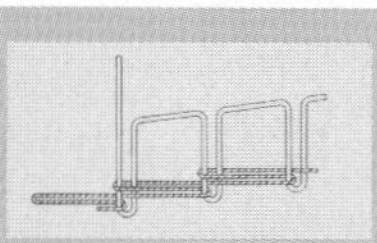	● besteht aus 2 Oberfäden (Nadel- und Greiferfaden) ● Stich läßt sich vom Nahtende aufziehen ● hoher Fadenverbrauch ● nicht sehr haltbar	● Verbindungsnähte an Maschenwaren
Zickzack-DKST	404	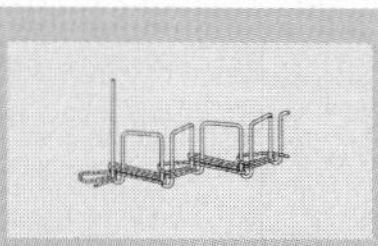	● wie 401 ● Stiche verlaufen schräg zum Nahtverlauf nach rechts und links versetzt	● wie 304 ● besonders elastische Nähte ● Langnahtautomaten ● Konturennäher
Zweinadel-DKST (Zweinadel überdeck-stich)	406	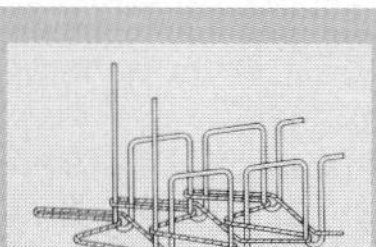	● Oberseite: wie zwei ● parallele Steppstiche ● Unterseite: der Greiferfaden verläuft zickzackartig	● Saum- und Flachnähte an Maschenwaren

Aussehen und Verwendung der Kettenstichtypen

Aussehen und Verwendung der Überwendlichstichtypen

Überwendlichstiche gehören zu den Kettenstichen, die durch Verschlingung von einem oder mehreren Fäden gebildet werden. Bei dem Einfadenüberwendlichstich wird der Faden mit sich selbst verkettet.
Bei Überwendlichstichen aus mehreren Fäden erfolgt die Verkettung mit den anderen Fadensystemen. Die Stiche werden mit mindestens einem Faden um die Nahtkante gebildet. Sie versäubern dadurch die Schnittkanten.
Der Nähfadenverbrauch der elastischen Naht ist sehr hoch.

Name	Stichtyp	Nahtbild	Aussehen/ Besonderheit	Verwendung
Einfadenüberwendlichstich	501	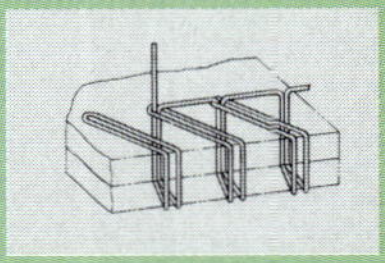	● ein Nadelfaden ● Kettenstich, der um die Nähgutkante gebildet wird (wie alle Überwendlichstiche)	● Schnittkanten versäubern ● Nähgutteile zusammenfügen (Kante an Kante nähen)
Zweifaden überwendlichstich	502	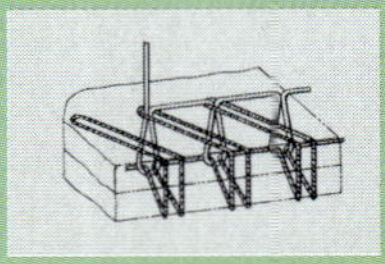	● ein Nadel- und ein Greiferfaden ● Fadenverschlingung im Nähgut (Stichlochbindung)	● Nähgutteile zusammenfügen ● gleichzeitig Schnittkanten versäubern
Zweifaden überwendlichstich	503	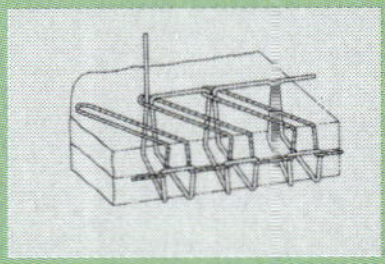	● ein Nadel- und ein Greiferfaden ● Fadenverschlingung an der Nähgutkante (Kantenbildung)	● Schnittkanten versäubern
Dreifadenüberwendlichstich	504	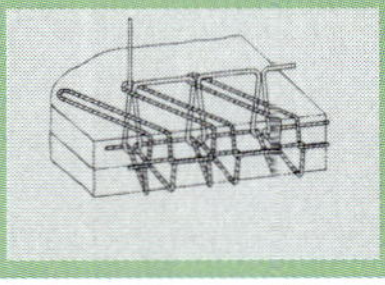	● ein Nadel- und zwei Greiferfäden	● Stoffteile gleichzeitig verbinden und versäubern, bei Maschenware
Vierfadenüberwendlichstich (Imitierter Sicherheits stich)	512	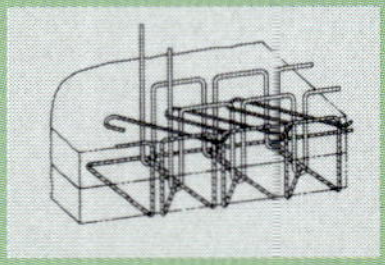	● zwei Nadel- und zwei Greiferfäden ● Oberseite: Steppstich neben Überwendlichstich ● Unterseite: die Greiferfäden erfassen den gesamten Stich	● Nähgutteile zusammenfügen ● gleichzeitig Schnittkanten versäubern, bei Maschenware („Overlock-Naht“)

Aussehen und Verwendung der Überwendlichstichtypen

Besondere Formen der Kettenstiche

Für die Flachnähte an Maschenwaren sind besondere Formen von Kettenstichen entwickelt worden. Sie bestehen aus mindestens drei Fadensystemen, wobei der Legefaden nur oberhalb des Nähgutes geführt wird

Name	Stichtyp	Nahtbild	Aussehen/ Besonderheit	Verwendung
Zweinadel-Doppelkettenstich (-überdeckstich) mit Legefaden	602	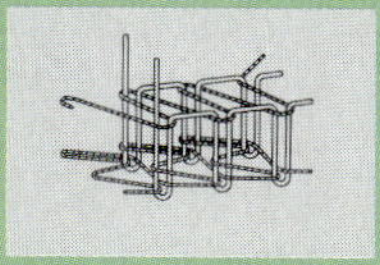	● zwei Nadelfäden ● ein Greiferfaden ● ein Legefaden wird auf der Nahtoberseite mitgeführt und versäubert die Nahtoberseite	● Flachnähte und Säume, insbesondere an Maschenwaren
Dreinadel-Doppelkettenstich (-überdeckstich) mit Legefaden	605	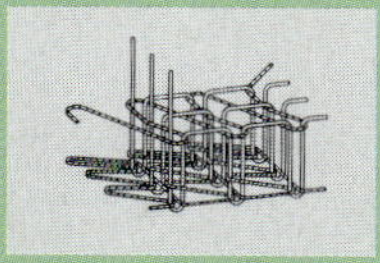	● drei Nadelfäden ● ein Greiferfaden ● ein Legefaden auf der Oberseite	● Flachnähte und Einfaßnähte, insbesondere an Maschenwaren („Interlock-Naht“)

Aussehen und Verwendung der Doppelkettenstichtypen mit Legefaden

Stichkombinationen

Mit Stichkombinationen aus zwei parallelen Doppelsteppstichen (2 x 301) oder zwei parallelen Doppelkettenstichen (2 x 401) können Flachnähte abgesteppt werden. Außerdem können auch verschiedene Stichtypen miteinander kombiniert werden.

Mit dem Doppelsteppstich wird **Jeany's** Saum ab- und die Tasche aufgesteppt. Ihre Seitennähte an dem Oberteil und den Ärmeln werden mit dem Safety-Stich geschlossen. Ebenso wird ihr Ärmel mit dem Safety-Stich eingenäht. Ihr Halsausschnitt, ihre vorderen Kanten und ihre Nähte werden mit zwei parallelen Doppelsteppstichen abgesteppt.

Name	Stichtyp	Nahtbild	Aussehen/ Besonderheit	Verwendung
Safety-Stich (echter Sicherheitsstich)	401. 505	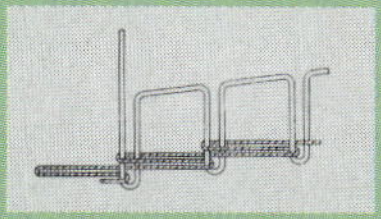 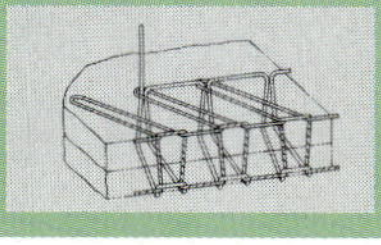	● ein Doppelkettenstich ● parallel ein Dreifaden-überwendlichstich ● gute Nahtsicherheit, da zwei getrennte Fadensysteme	● Verbindungsnähte

Aussehen und Verwendung des Safety-Stichtyps

Handnähnadeln und Handwerkzeuge

Die Bildung der Stiche kann von Hand oder mit der Maschine erfolgen. Handnäharbeiten finden in der industriellen Fertigung nur noch selten Anwendung. Auch in Handwerksbetrieben und Änderungsschneidereien weichen sie dem maschinellen Nähen.

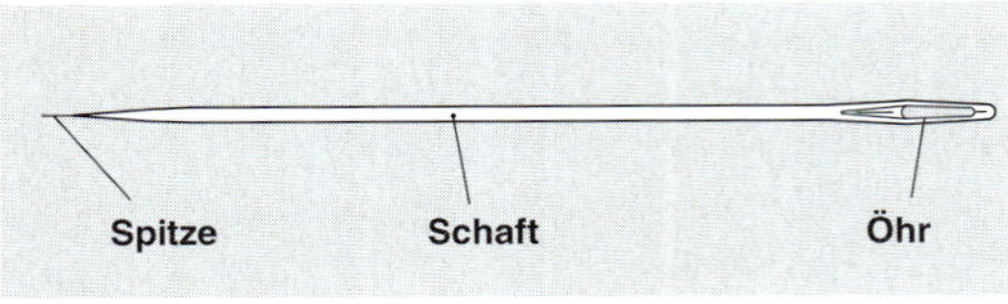

Handnähnadel

Die **Nähnadeln** sind spitz und glatt, aus Stahl hergestellt und vernickelt. Je nach Nähgut, Nähgarn und Nähtechnik gibt es lange, halblange und kurze Nadeln in verschiedenen Stärken.

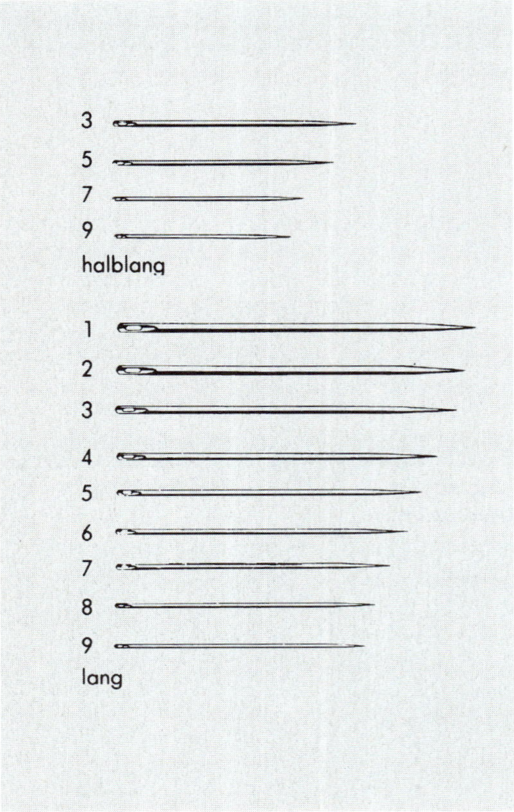

Nadellängen und Stärken

Stecknadeln sind unterschiedlich lang, ohne Kopf, mit kleinem oder großem Kopf aus Glas oder wie die gesamte Nadel aus Stahl, Messing oder Kunststoff.

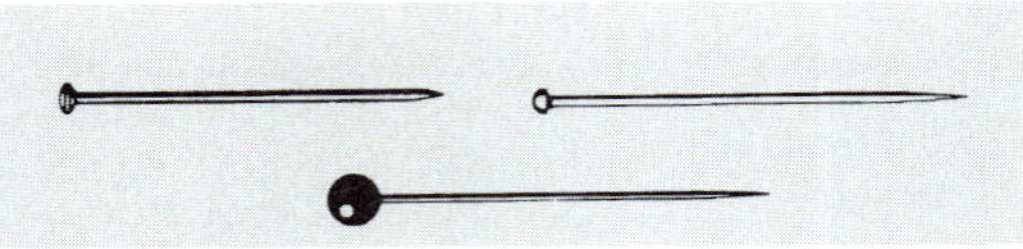

Stecknadeln

Spitze **Stick-** und **Stopfnadeln** werden beim Nähen feinfädiger Stoffe, Nadeln ohne Spitze (Straminnadeln) für grobfädigere Stoffe verwendet.

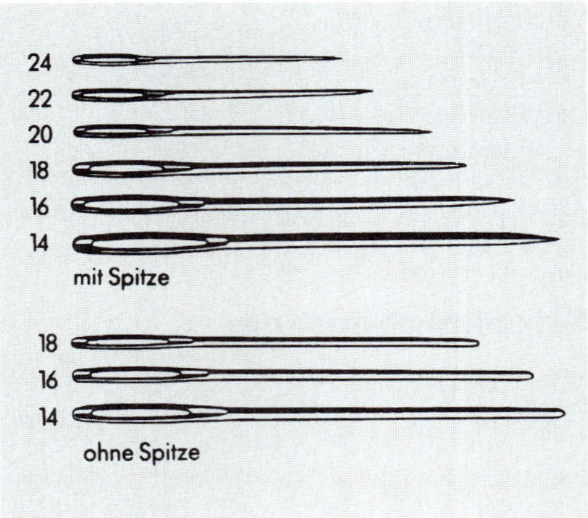

Stick- und Stopfnadeln

Der **Fingerhut** dient dem Schutz des Mittelfingers beim Handnähen. Vertiefungen am Kopf des Fingerhutes und an der Seite des Nähringes verhindern ein Abrutschen der Nadel. Sie werden meist aus Stahl oder Messing hergestellt. Die Größe wird in Millimeter des Durchmessers am unteren Rand angegeben.

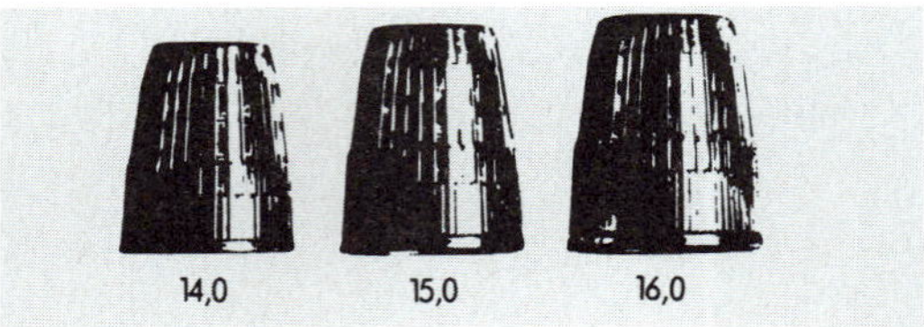

Fingerhüte

Entwicklung der Nähmaschine

Ende des 18.Jahrhunderts erfolgten die ersten Nähversuche auf einer Maschine. Die Nähmaschinennadel war an beiden Seiten spitz und hatte das Öhr in der Mitte. Durch den Stoff wurde sie von Zangen (Eiserne Hand) geführt. Genäht wurde mit einem ca. 45 cm langen Faden, der die Stofflagen mit dem Vorstich verband.

Anfang des 19. Jahrhunderts führte die Entwicklung zur Bildung des Kettenstichs. Dieser wurde mit einer Hakennadel oder mit einem umlaufenden Haken gebildet. Der Haken besaß erstmals ein Öhr an der Spitze.

Bekannt ist, daß Balthasar Krembs um 1800 die erste Kettenstichnähmaschine baute. Der Wiener Schneidermeister Joseph Madersperger und der französische Schneider Bartholomäus Thimmonier entwickelten um 1830 ähnliche Maschinen.

Diese Maschinen veränderten die Schneiderei erheblich, und viele Schneider fürchteten um ihre Arbeitsplätze. Sie lehnten die Maschinen und die damit verbundene Entwicklung der Fertigung ab. Obwohl sie die ersten Maschinen zerschlugen, war die Weiterentwicklung der Nähmaschine nicht aufzuhalten.

Elias Howe entwickelte 1845 in Amerika die erste Doppelsteppstichmaschine, deren Unterfaden auf eine Spule gewickelt wird und in einer Metallhülse, einem Schiffchen, liegt.

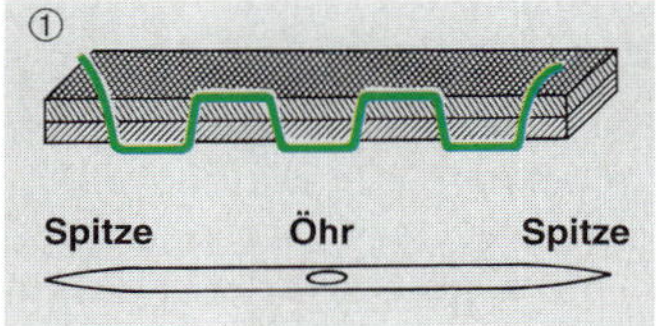

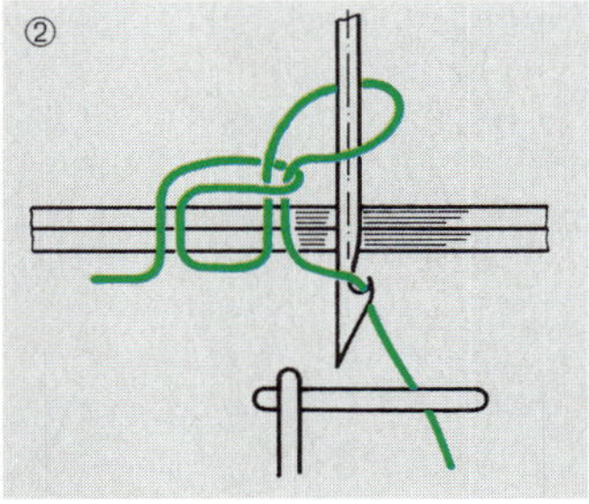

① **Nahtverlauf und Nähmaschinennadel von 1755**

② **Kettenstichbildung durch eine Hakennadel**

③ **Kettenstichbildung mit einem umlaufenden Haken**

④ **Schiffchen, Spule und Nahtverlauf**

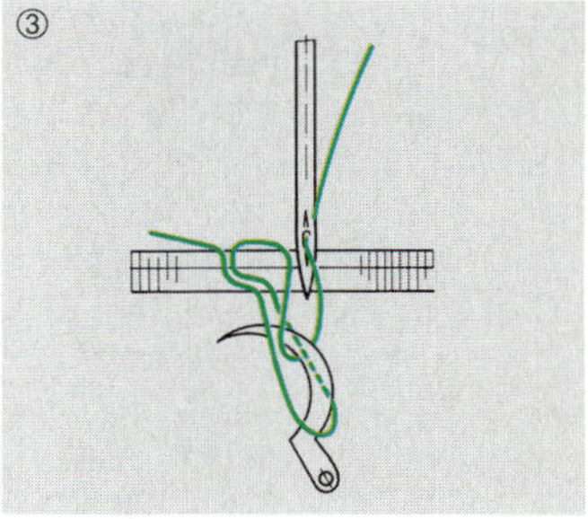

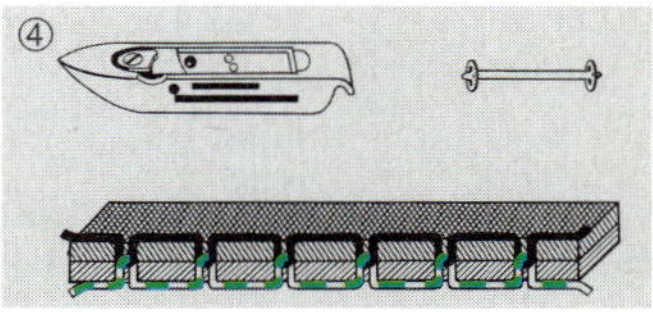

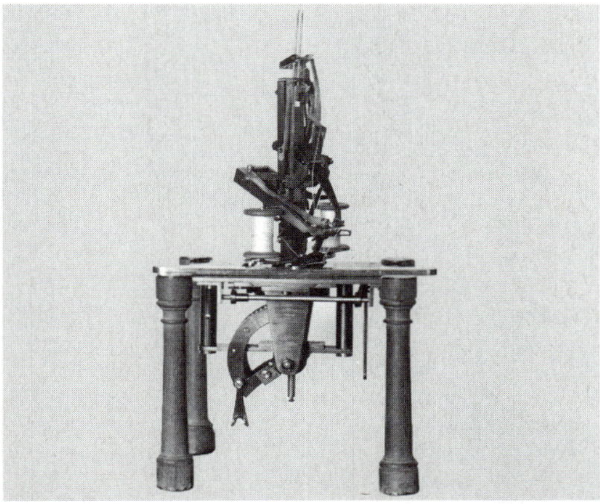

Kettenstichnähmaschine von Mardersberger (1814)

Doppelsteppstichmaschine von Howe (1867)

A. B. Wilson verbesserte 1852 in Amerika die Schiffchennähmaschine von Howe zur Greifernähmaschine, die von Isaak Singer 1852 weiterentwickelt und erstmals in einer größeren Stückzahl produziert wurde. In Deutschland konstruierte Michael Pfaff 1862 seine erste Nähmaschine, die ausschließlich Leder nähte und mit einer Handkurbel angetrieben wurde.
Die Entwicklung des Vorschubs führte zu der heute üblichen Viereckbewegung. Nähmaschinen werden nicht mehr mit einer Handkurbel oder einem Fußpedal, sondern mit einem Elektromotor angetrieben. Programmierbare Nähmaschinen, deren Stichfolgen von einem Mikroprozessor gesteuert werden, werden seit ca. 1980 in der Fertigung eingesetzt.

Industrienähmaschinen haben eine hohe Nähgeschwindigkeit, je nach Maschinen- bzw. Stichtyp bis zu 6000 Stiche in der Minute. Sie werden als **Schnellnäher** bezeichnet.
In Handwerks- und Industriebetrieben bedienen Fachkräfte diese Maschinen manuell. Die Näherin führt mit den Maschinen nur den Stichbildungsprozeß mit dem Vorschub an den Näharbeiten aus.
Zusätzlich angebrachte Führungen erleichtern das Arbeiten der Fachkräfte. An Nähmaschinen mit einer manuellen Materialführung können zwar Näh- und Zusatzfunktionen, wie Positionshilfen, Kantenerkennungen, Nahtverriegelung, Fadenabschneider oder Nähfußlüftung, automatisch in den Ablauf eingebunden werden, Fachkräfte sind für diese Maschinen dennoch erforderlich. **Integrierte Arbeitsplätze** sind dem Einsatzzweck entsprechend mit speziellen Nähköpfen ausgestattet. Zusätzlich sind spezielle Zusatzfunktionen integriert, d. h. eingebaut, die den Nähablauf automatisch ausführen.

Ein weiterer Grad der Automatisieriung ist die **Nähgutsteuerung.** Das Nähgut wird meist manuell eingelegt, und der Automat führt den gesamten Nähprozeß selbsttätig durch. Es wird immer dann von einem **Nähautomaten** gesprochen, wenn das Material im eigentlichen Nähprozeß automatisch bewegt wird.
Ein weiterer Schritt ist die automatische Teilezuführung und -abnahme. Hier werden mehrere Arbeitsgänge miteinander verbunden. Ziel der Automatisierung ist es, ganze Podukte an einer Anlage zu fertigen, ohne daß eine Person erforderlich ist.

Um Kosten zu senken, werden in „Hochlohnländern" wie der Bundesrepublik Deutschland häufig Nähautomaten eingesetzt. Mit zunehmendem Automatisierungsgrad in der Produktionstechnik werden traditionelle handwerkliche Fähigkeiten beim Nähen immer mehr zurückgedrängt. Die Tätigkeit wird sich vermehrt auf kurzfristig erlernbare Bedienerfunktionen erstrecken. Aber es müssen neue, mit dem Automateneinsatz verbundene Anforderungen wie Programmierung, Einstellung, Umrüstung und Überwachung der Maschinen sowie Qualitätskontrolle am Arbeitsplatz erlernt werden.

Zur Zeit beträgt der Automatenanteil ca. 10%. Die Produkte der Bekleidungsindustrie unterliegen einem schnellen modischen Wandel, und die Anzahl der Fertigungsteile je Modell ist geringer geworden. Außerdem sind die Handhabungsfunktionen schwer zu automatisieren.
Beispiele für Produkte, die mit Automaten gefertigt werden können, sind Herrenhemden und Wäsche. Sie unterliegen nur geringen modischen Veränderungen und werden in großen Stückzahlen gefertigt.

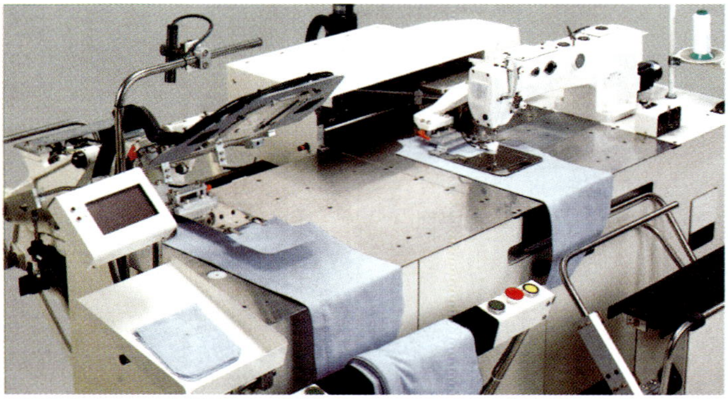

Integrierter Arbeitsplatz

Bauformen der Nähmaschine

Früher war die Nähmaschinenbauform unabhängig von dem Einsatzgebiet. Heute gibt es unterschiedliche Bauformen, die entsprechend den Bedürfnissen der Fertigung entstanden sind.
Die Art des Stichtypes hat keinen Einfluß auf die Bauform.
Alle marktüblichen Nähmaschinen enthalten die Grundbauteile **Kopf, Arm, Ständer, Grund-** und **Stichplatte.** Ihre Gestaltung ist auf die Nähgutführung bei den einzelnen Arbeitsgängen abgestimmt.
Fast alle Nähmaschinen lassen sich einer der sechs Bauformen zuordnen.
Zusätzlich angebrachte Führungen, z. B. der Kantenführer, und Apparate dienen der Arbeitserleichterung.

- **Flachbettnähmaschine**
  Die Stichplatte befindet sich bei der Flachbettnähmaschine in gleicher Höhe mit der Grundplatte. Dadurch entsteht eine große Auflagefläche. An Maschinen dieser Bauform können vielfältige Näharbeiten am flachliegenden Nähgut ausgeführt werden. Sie ist die am häufigsten verwendete Bauform.
  Schnellnäher gehören dieser Bauform an.

- **Sockelnähmaschine**
  Hier befindet sich die Stichplatte auf einer als Sockel verkleinerten Grundplatte. Dadurch ist die Auflagefläche kleiner und läßt mehr Platz für voluminöse Halbfertigprodukte, z. B. Winterjacken. Knopflochmaschinen sind Sockelmaschinen.

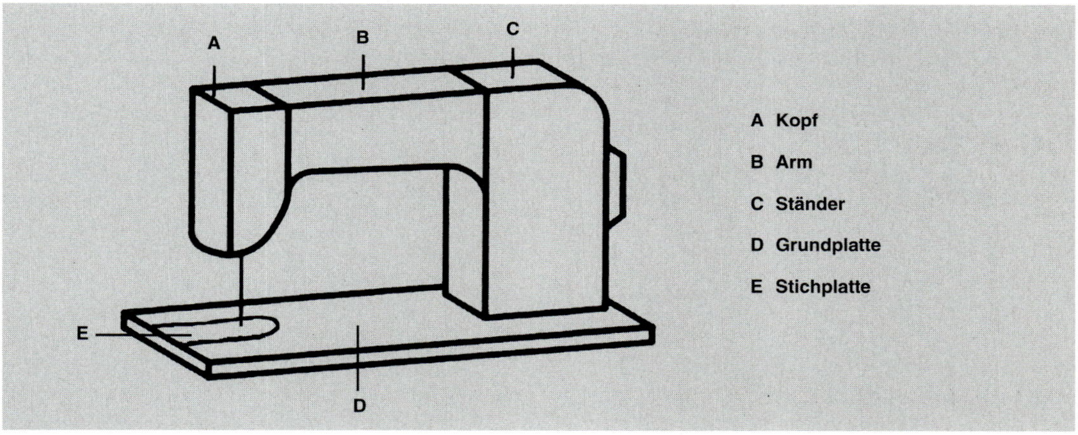

Grundbauteile der Nähmaschine

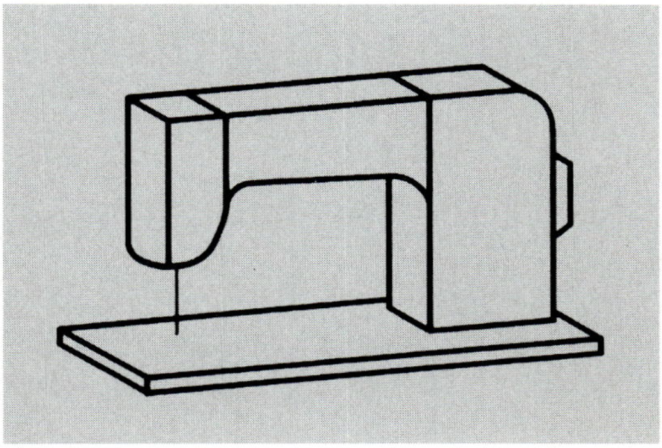

Flachbettnähmaschine

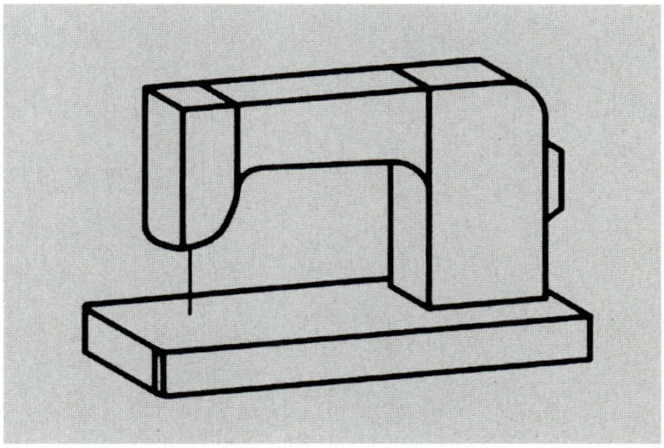

Sockelnähmaschine

● **Säulennähmaschine**
Die Stichplatte befindet sich bei dieser Maschine auf einer Säule. Dadurch ist die Auflagefläche sehr klein. Schwer zugängliche Stellen an Halbfertigprodukten können mit Maschinen dieses Bautyps besser erreicht werden.

● **Freiarmnähmaschine**
Bei der Freiarmmaschine befindet sich die Stichplatte auf einem erhöhten freien Arm. Dadurch ist die Auflagefläche klein, und das Nähgut läßt sich leicht bewegen. Diese Form ist gut geeignet für Riegel, zum Knöpfeannähen und bei Säumen an schlauchförmigen Produkten.

● **Armab- bzw. Armaufwärtsnähmaschine**
Die Stichplatte befindet sich bei dieser Bauform auf einem erhöhten freien Arm, der zusätzlich noch abgewinkelt ist. Dadurch ergibt sich eine lange, schmale Auflagefläche, die besonders zum Steppen enger schlauchförmiger Teile geeignet ist. Je nach Stellung des Transporteurs wird armauf- oder armabwärts genäht.

● **Blocknähmaschine**
Bei der Blocknähmaschine befindet sich die Stichplatte auf einer kleinen Grundplatte. Da es bei dieser Form nur einen sehr kleinen Maschinenarm und einen kleinen Durchgangsraum gibt, erfolgt die Nähgutauflage auf der Stichplatte und rechts davon. Verwendet wird diese Form überwiegend zum Versäubern von Kanten mit Überwendlichstichen.

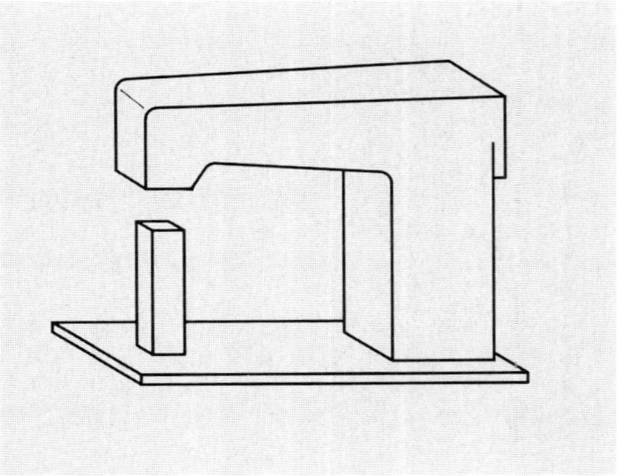

Säulennähmaschine

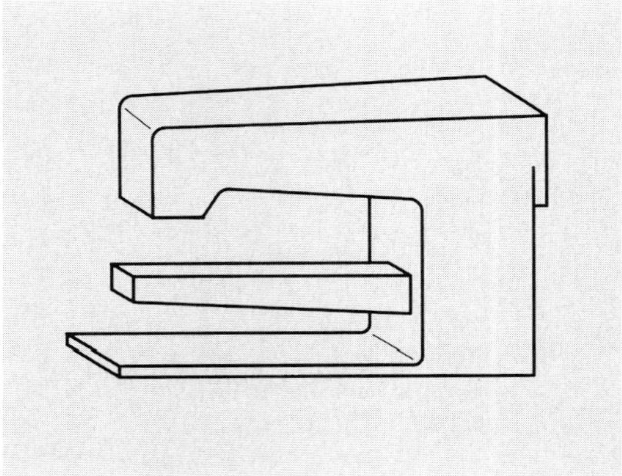

Freiarmnähmaschine

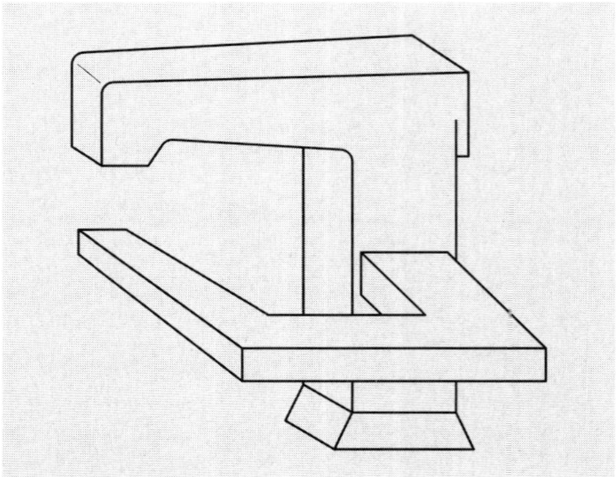

Armab- bzw. Armaufwärtsnähmaschine

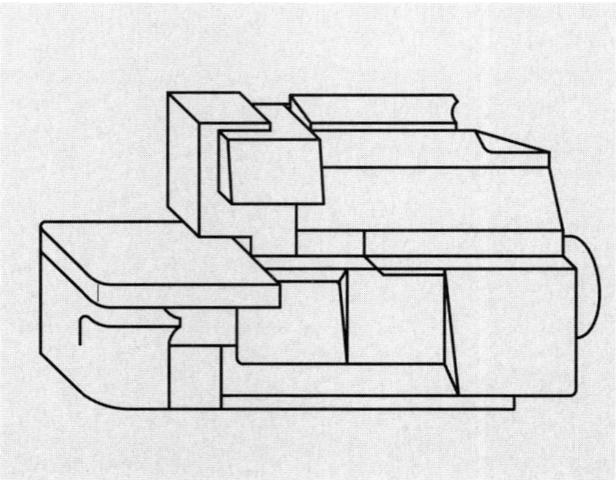

Blocknähmaschine

Nähmaschinenantrieb und Steuerungen

Der Antrieb von Nähmaschinen erfolgt mit unterschiedlichen Elektromotoren. Je nach Einsatzgebiet sind langsame Motoren, z. B. für Haushaltsmaschinen, ausreichend. Die Entwicklung neuer Motoren führte zu immer höheren Stichzahlen pro Minute. Sie führte aber auch dazu, daß bestimmte Maschinenfunktionen, wie die automatische Nahtverriegelung, über den Antrieb gesteuert werden können.

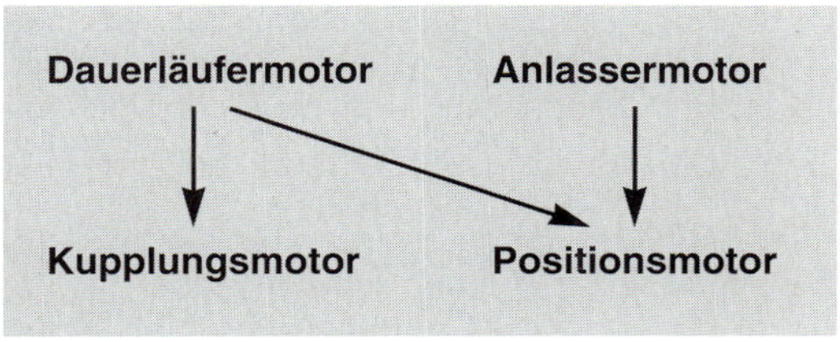

Übersicht der Nähmaschinenantriebe

Der **Dauerläufermotor** läuft nach dem Einschalten mit konstanter, d. h. gleichbleibender Drehzahl. Die Bewegung wird mit einem Antriebsriemen auf das Maschinenoberteil übertragen. Durch die Betätigung des Pedals wird über eine Kupplung das Nähprogramm gestartet. Am Ende des selbsttätig mit gleichlaufender Geschwindigkeit ablaufenden Nähprogramms wird die Maschine automatisch ausgekuppelt. Die meisten Nähautomaten sind wie der Knopflochautomat mit einem Dauerläufermotor ausgestattet.

Es gibt Maschinen, die mit einem **Anlassermotor** ausgerüstet sind. Bei einem Nähstopp ruht der Motor ebenso wie alle Bewegungen der Maschine. Diese Antriebsform ist möglich, weil die Maschine über einen Riemen direkt mit dem Motor verbunden ist. Über eine Tretplatte oder ein Pedal wird der Motor ein- bzw. abgeschaltet und die Motordrehzahl und damit die Nähgeschwindigkeit geregelt. Die meisten Haushaltsnähmaschinen werden mit einem Anlassermotor angetrieben, da seine geringere Leistung ausreicht. Der Motor kann mit Wechselstrom (220 Volt) aus dem haushaltsüblichen Stromnetz betrieben werden.

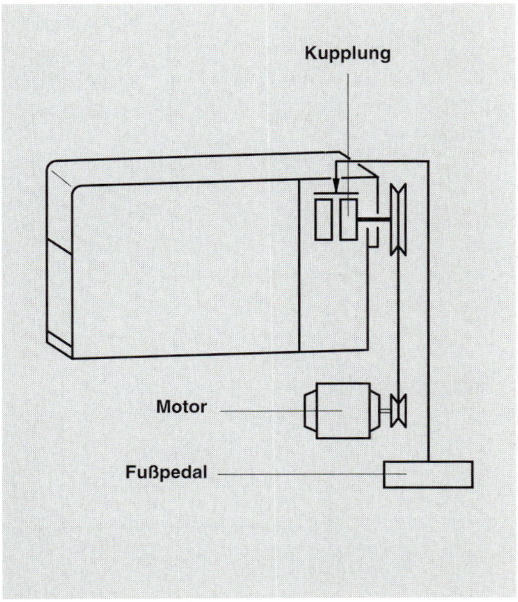

Antrieb mit einem Dauerläufermotor

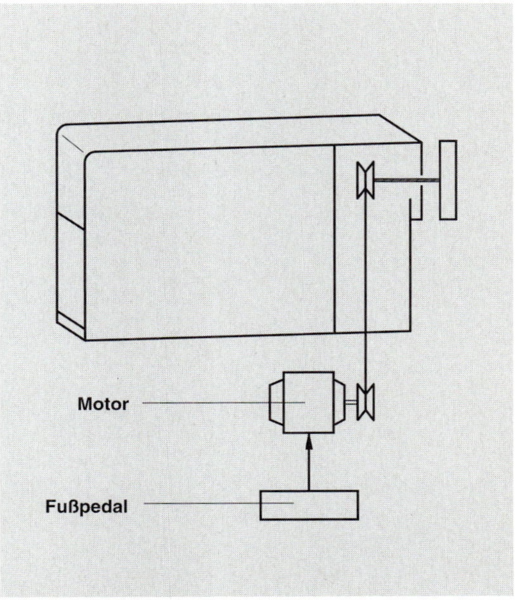

Antrieb mit einem Anlassermotor

Der **Kupplungsmotor** wird vor Beginn der Arbeit eingeschaltet und läuft ohne Unterbrechung mit konstanter Drehzahl. Er hat eine eingebaute mechanisch betätigte Kupplung und Bremse. Die Kupplung besteht aus zwei Reibscheiben, von denen die Antriebsscheibe fest mit der rotierenden, d. h. sich drehenden Motorwelle verbunden ist. Die zweite Scheibe befindet sich auf einer besonderen Welle, die keine feste Verbindung zur Motorwelle hat. Über das Fußpedal erfolgt der Andruck der zweiten Reibscheibe an die mit der Motorwelle rotierende Antriebsscheibe. Durch den unterschiedlichen Andruck kann die Nähgeschwindigkeit gesteuert werden. Wird die Verbindung aufgehoben, bremst die Nähmaschine mit Hilfe einer Bremsscheibe ab. Die meisten Industrienähmaschinen besitzen einen Kupplungsmotor und werden mit Drehstrom (380 Volt) oder Wechselstrom (220 Volt) betrieben.

An Nähmaschinen mit einem **Positionsmotor** können bestimmte Maschinenfunktionen, wie die Nadelpositionierung, über den Antrieb gesteuert werden.

Beim **Elektronik-Stop-Motor** betrifft die elektronische Steuerung den Motor nicht unmittelbar, sondern die Funktion der Kupplung. Der Motor wird mit 220 Volt oder 380 Volt betrieben und läuft ununterbrochen. Die elektronische Steuerung des sogenannten Synchron-Motors oder DC-Motors erfolgt unmittelbar auf die Motortätigkeit selbst. Eine Kupplung ist hier nicht erforderlich. Da die Drehbewegungen über einen Keilriemen direkt auf die Maschine übertragen werden, verhält er sich wie ein Anlassermotor. Dieser Positionsmotor wird mit Gleichstrom, der aus Wechselstrom umgerichtet ist, betrieben. Er ist relativ leise, leicht und klein. Für die Näherin bedeutet das eine geringere Lärmbelastung. Da dieser Motor nur läuft, wenn tatsächlich genäht wird, ist sein Stromverbrauch im Vergleich zu einem herkömmlichen Kupplungsmotor niedriger. Durch eine elektronische Steuereinrichtung kann die Maschine in einer vorbestimmbaren Position (Stellung) angehalten und die Geschwindigkeit reguliert werden. Bei der automatischen Nadelpositionierung bleibt die Nähmaschinennadel nach Beendigung des Nähvorganges in einer vorbestimmten, von der Nähaufgabe abhängigen Stellung selbsttätig stehen. Mit diesem Antrieb können auch der Fadenabschneider, die automatische Nahtverriegelung, die Nahtlängenbestimmung über Stichzählung oder die automatische Presserfußlüftung gesteuert werden.
Die Arbeitsprogramme für die automatischen Nähvorgänge können direkt über ein Bedienfeld, Disketten oder einen angeschlossenen Computer in das Schaltteil an der Nähmaschine eingegeben und gespeichert werden.

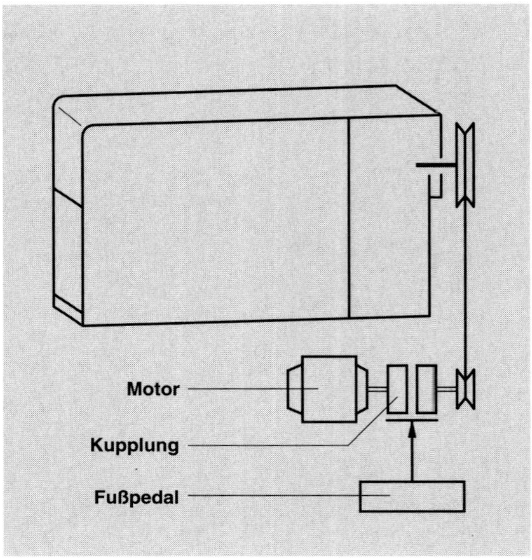

Antrieb mit einem Kupplungsmotor

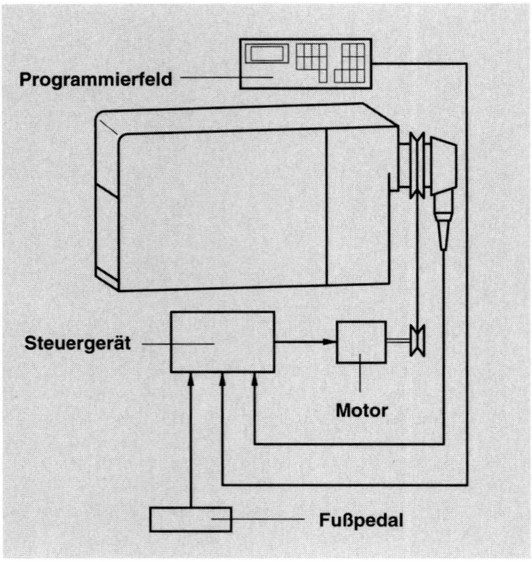

Antrieb mit Positionsmotor und Steuerung

Eine manuelle Nähgutsteuerung erfordert entsprechende Fertigkeiten der nähenden Person. Apparate, wie ein Saumapparat, und Zusatzeinrichtungen erleichtern die Nähgutführung. Diese Aufgabe kann von einem **Nähautomaten** übernommen werden, bei dem über eine Nähgutsteuerung ein automatischer Nähprozeß stattfindet. Das Beschicken der Automaten erfolgt in den meisten Fällen von Hand.

Die Steuerung ist eine Arbeitsanweisung für die Maschine. Damit werden bestimmte Maschinenelemente und/oder das Werkstück selbsttätig in Bewegung gesetzt.

Bei der mechanischen Steuerung wird die Arbeitsanweisung über Kurvenscheiben, Schablonen oder Schienen ausgeführt.

Der Nähvorgang erfolgt bei kurvengesteuerten Nähmaschinen mit Hilfe einer Steuerkurve. Die Form der Steuerscheibe und der Bewegungsablauf der Maschine sind entsprechend der auszuführenden Aufgabe sehr unterschiedlich. Das Prinzip ist jedoch gleich und soll hier am Beispiel des Riegelautomaten aufgezeigt werden.

Kurvengesteuerte Nähmaschinen besitzen grundsätzlich die gleichen Nähelemente wie die Doppelstepp- bzw. Doppelkettenstichmaschinen. Zusätzlich sind eine Steuerungskurvenscheibe und eine Vorrichtung für das Halten des Nähgutes (Klemmfüße) erforderlich. Die Steuerkurvenscheibe ① führt pro Arbeitsgang eine Drehung um 360° aus. Sie wird von der Armwelle angetrieben. Die Schwinge ② kann sich in der Führungsrille bewegen. Dadurch bewegt sie sich nach links bzw. nach rechts. Diese Bewegung überträgt sie mit Hilfe von Verbindungsstangen ③ auf die Grundplatte bzw. Stoffklammer ④, die das Nähgut während der Fertigung führt und transportiert. Das Nähgut wird dabei jeweils um eine bestimmte Länge vor- und zurücktransportiert.

Nach diesem Prinzip arbeiten ebenfalls der Knopfannäh- und der Knopflochautomat. Sie werden auch als **Kurznahtautomaten** bezeichnet.

Die Knöpfe an **Jeany** werden mit einem Automaten angenäht.

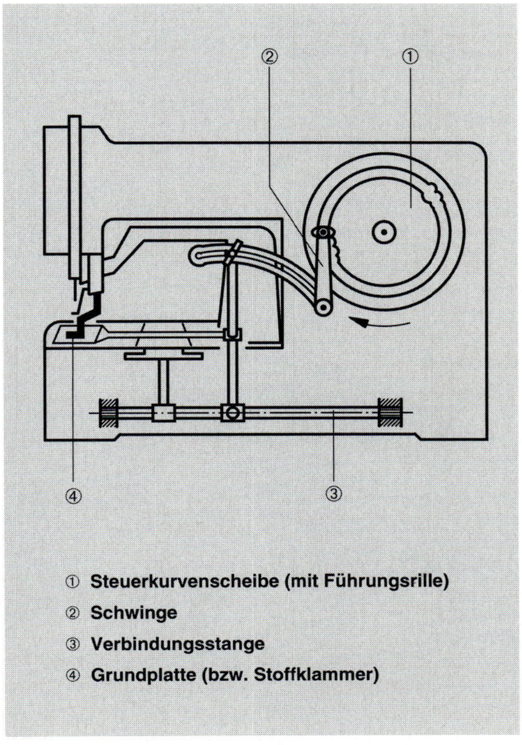

Schema des kurvengesteuerten Riegelautomaten

Knopflochautomat

Für die Schablonen- und Schienensteuerung werden Schablonen, d. h. Nachbildungen der zu fertigenden Werkstücke oder der auszuführenden Näharbeit, angefertigt. Das Nähgut wird in den Rahmen der Schablone eingelegt. Beim Nähvorgang wird der Umriß abgetastet, und ein Hebelgestänge gibt die Bewegungen an den Nähguthalter weiter. Dieser führt die entsprechenden Bewegungen für den Nähguttransport aus.

Ein **Taschenaufnähautomat** faltet das Taschenstück automatisch, näht es an das Werkstück und stapelt die fertigen Teile. Die Bedienungsperson braucht das Blusenvorderteil von **Jeany** nur unter und die Tasche in den Schablonenrahmen zu legen. Die Taschenformvorrichtung ist durch eine einfache Hebelbewegung auszuwechseln.
Ist an Nähmaschinen der Nähablauf mit seinen einzelnen Funktionen programmierbar, ist dazu ein Positionsantrieb erforderlich. Dieser kann die Eingabebefehle im elektronischen Steuergerät der Maschine umsetzen. Das Steuergerät gibt entsprechende Impulse an den Motor, um Drehzahl und Nadelposition zu bestimmen und/oder Zusatzfunktionen auszulösen (siehe Seite 182). Die Programmierung von Maschinenfunktionen, wie Verriegelung oder Presserfußlüftung, erfolgt über Funktionstasten. Als Nahtprogrammierung werden Stichlänge, Mehrweite und Naht- und Riegellänge über eine Stichzählung vorgegeben. An Maschinen, die zusätzlich mit Sensoren ausgestattet sind, werden Informationen über die Lage der Ecken- oder Endkanten eingegeben. Durch automatisch berechnete und angepaßte Stichlängen werden dann die Eck- und Endstichpositionen angefahren.

Memorycard

Die Programmierung erfolgt im **Teach-in-Verfahren,** d. h., der Arbeitsablauf wird zunächst manuell eingegeben und gespeichert. Wiederholungen können so automatisch ablaufen. Die Eingabe kann auch über eine Benutzerführung am Bedienerfeld erfolgen. Nahtprogramme können im Programmspeicher der Maschine oder im Datenspeicher, der „Memorycard“, abgelegt werden. Die **Memorycard** ist eine scheckkartengroße Diskette. Sie wird als Verteilermedium und zur Archivierung genutzt.

Damit sind die bei der Musterkollektion oder in der Arbeitsvorbereitung erstellten Nahtprogramme auf die Produktionsmaschinen übertragbar. Der Näharbeitsplatz kann vom Programmierplatz getrennt werden.

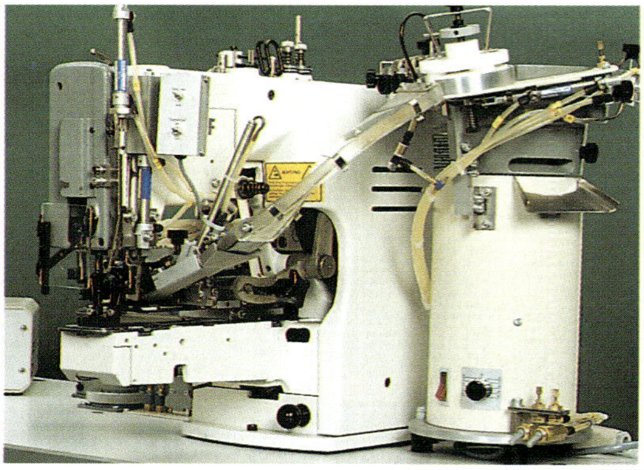

Knopfannähmaschine

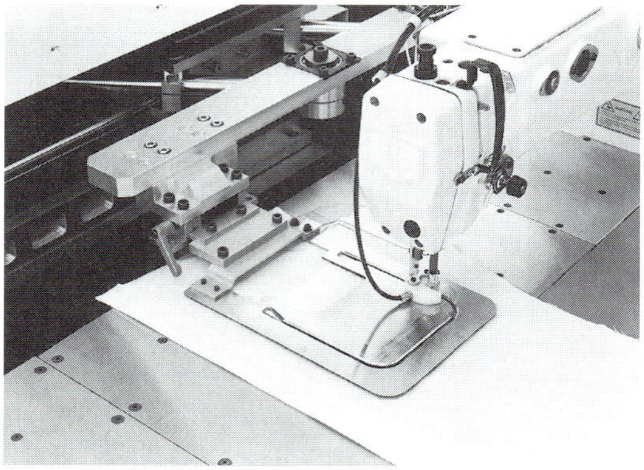

Taschenaufnähautomat

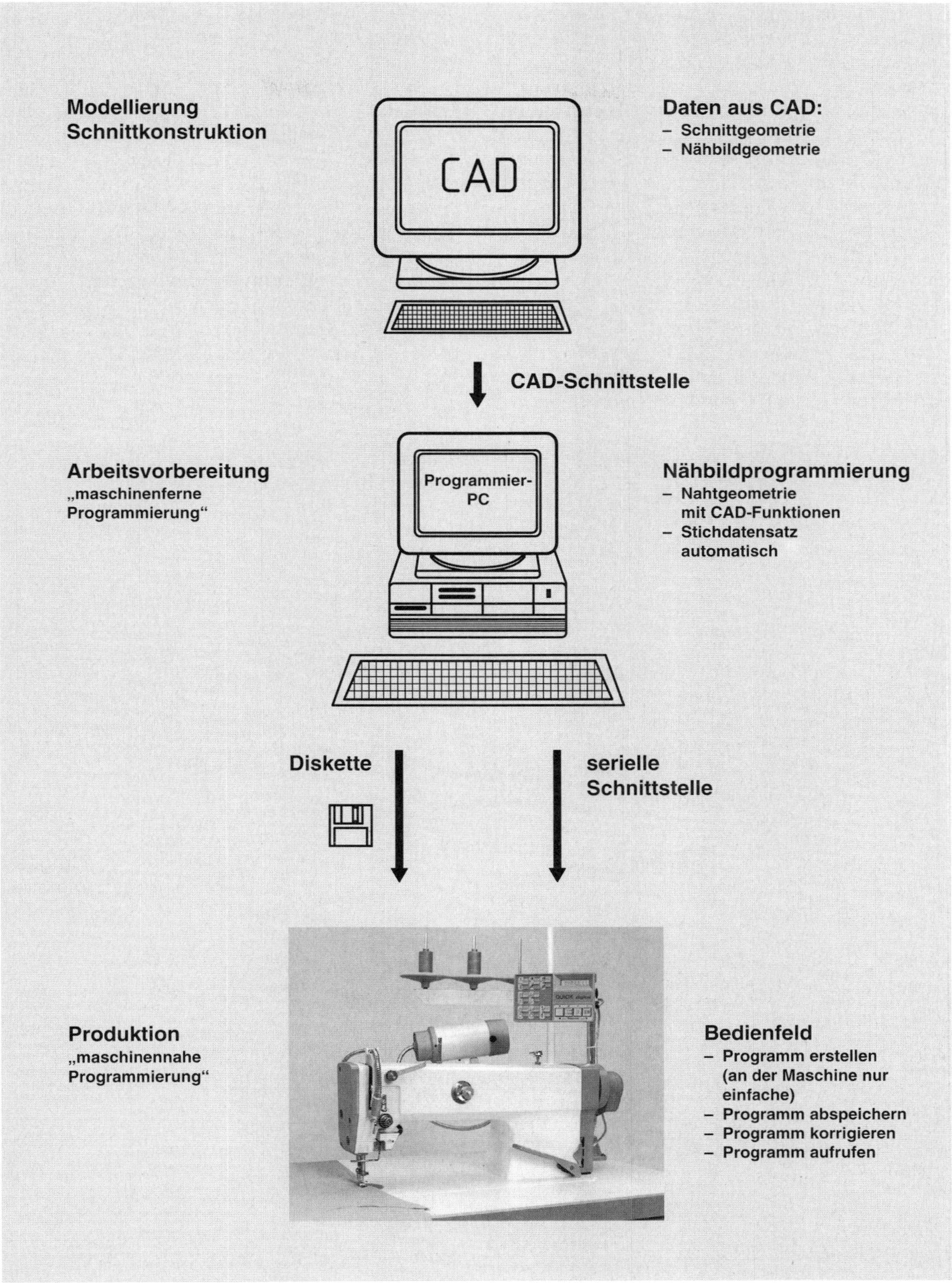

Nähbildprogrammierung (CAD)

Bei der **numerischen Steuerung** kann die Arbeitsanweisung in Form von Zahlenwerten in die Maschine eingegeben, gespeichert und in entsprechende Funktionen umgesetzt werden. Diese Steuerung wird als **NC-Steuerung** (numerical control = zahlenwertgesteuert) bezeichnet. Die **CNC-Steuerung** (computerized numerical control = durch Computer zahlenwertgesteuert) ist durch die Verwendung des Mikrocomputers vielseitiger. Es können mehrere Programme auch direkt an der Maschine, über eine Tastatur, eingegeben werden (siehe S. 152).

Das Muster auf **Jeany's** Brusttasche wird mit einer CNC gesteuerten Nähmaschine gefertigt. Eine Möglichkeiten der Qualitätssicherung ist der Fadenwächter, der die Maschine bei einem Fadenbruch stillsetzt. Zusätzlich überwacht ein Sensor Fehlstiche und die Balance des Sticheinzuges.

An Nähmechanisierungseinrichtungen mit automatischem Nähprozeß und voll- oder teilautomatischer Beschickung können mehrere Arbeitsgänge miteinander verkettet werden. Hierin eingebunden sind Standard- und Spezialnähmaschinen sowie **integrierte Näharbeitsplätze.** Der Personaleinsatz ist von dem Grad der Automatisierung der Handhabungsfunktionen abhängig. Auf **Nähtransferstraßen** werden alle Näh- und Handhabungsvorgänge automatisch ausgeführt. Dazu gehören die Teilezuführung zum Nähautomaten, die Weitergabe an die nächsten Bearbeitungsstationen bis zum Abstapeln der fertigen Teile.

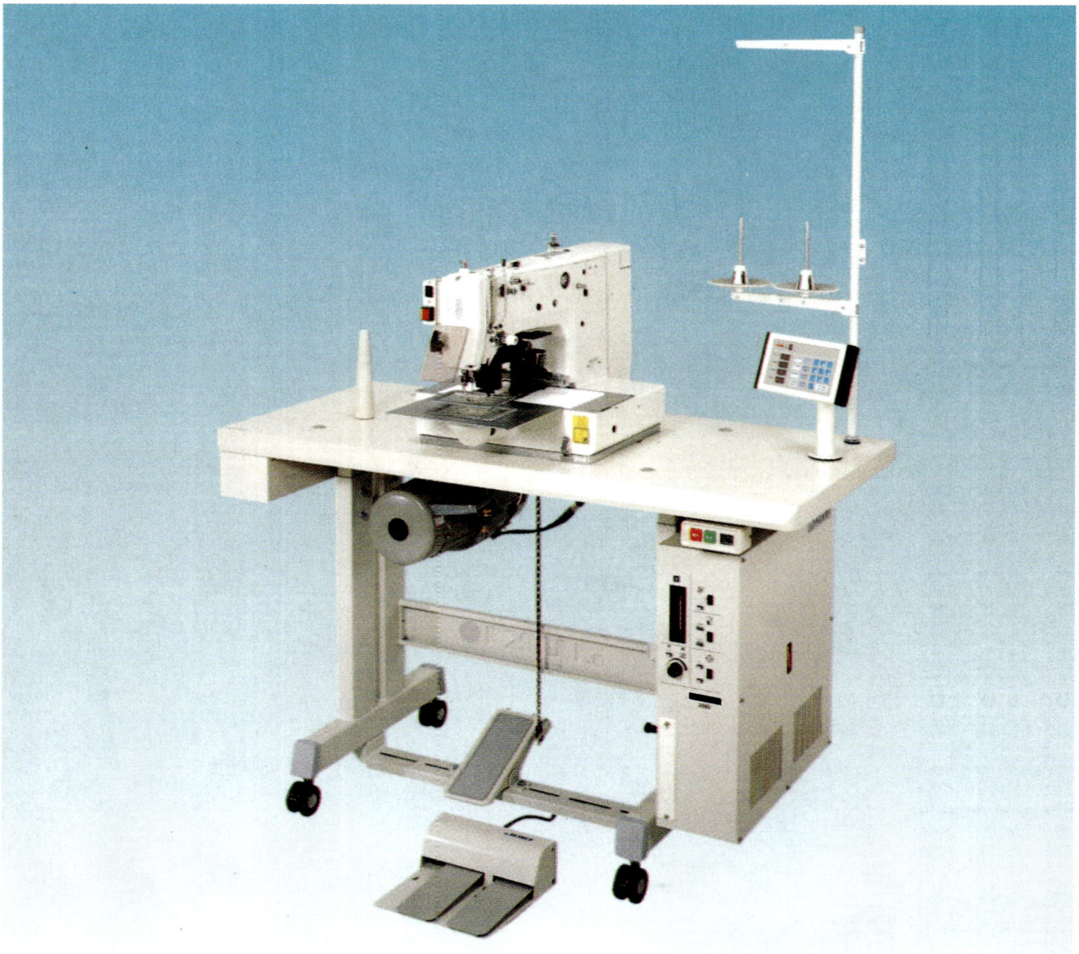

CNC gesteuerte Nähmaschine

Maschinennadeln

Zum maschinellen Nähen sind für die Stichbildung u. a. **Nähmaschinennadeln** erforderlich. Die Aufgabe der Nähmaschinennadel ist es, einen Nähfaden durch das Nähgut zu führen und die Bildung einer Fadenschlinge zu ermöglichen. Die Auswahl der Nadel ist nicht nur abhängig von der Nähgutdicke, sondern auch von der Dicke und Beschaffenheit des Nähfadens.

Der **Kolben** wird in den Nadelhalter der Nadelstange eingesetzt.
Je nach Maschinentyp werden Nadeln mit Rund- oder Flachkolben verwendet.

Für Spezialmaschinen werden Kolben mit gleichem oder geringerem Schaftdurchmesser verwendet. Außerdem gibt es Kolben mit Gewinde.

Am häufigsten werden Nadeln mit geradem **Schaft** verwendet. Einen gebogenen Schaft haben nur Nadeln, die für das Herstellen besonderer Fadenverschlingungen benötigt werden, so für den Blindstich und einige Überwendlichstichtypen.
Die der Greiferspitze abgewandte Seite des Schaftes weist eine **lange Rinne** auf. Sie nimmt den Nähfaden schützend auf, wenn die Nadel in das Nähgut eindringt.
Gleichzeitig gewährleistet sie ein weitgehend reibungsarmes Gleiten des Nähfadens durch das Nähgut.
Dieses ist im Augenblick der Schlingenaufweitung oder des Sticheinzuges erforderlich, insbesondere wenn der Nähfaden einer hohen Beschleunigung unterliegt.
Eine zweite lange Rinne oberhalb der Hohlkehle haben Nadeln für Doppelkettenstichmaschinen.

Die **Hohlkehle** oder statt dessen eine **kurze Rinne** befindet sich oberhalb des Nadelöhres. Sie dient ebenfalls dem Schutz des Nähfadens und der Bildung einer Fadenschleife. Sie ist immer dem Greifer zugewandt, damit dieser die Fadenschleife sicher erfassen kann.

Die **Nadelspitze** durchdringt zuerst das Nähgut. Dabei können die Fäden mit einer Rundspitze (verdrängende Spitze) zur Seite geschoben werden. Mit einer Schneidspitze kann das Nähgut zerteilt werden.

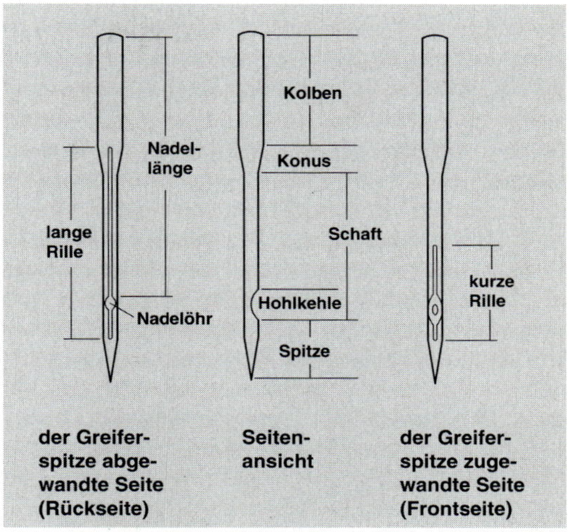

Konstruktionselemente

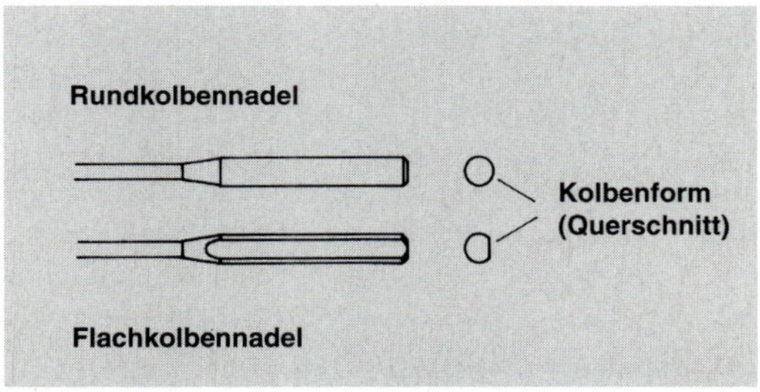

Kolbenformen

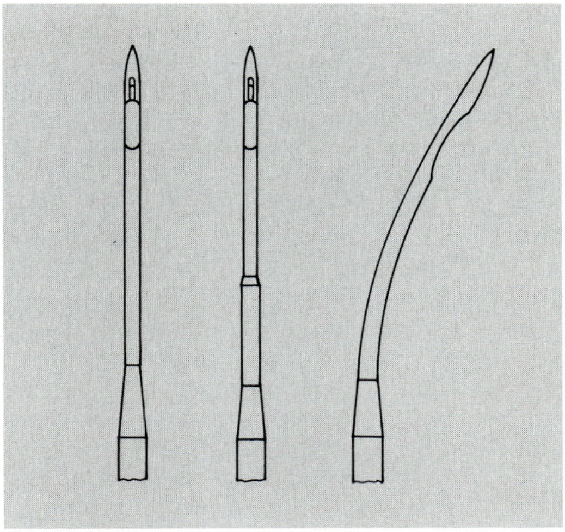

Nadelschaftformen

Nadelspitzenformen			Einsatzgebiete
Rundspitzen Verdrängerspitzen	schlanke Kegelspitze	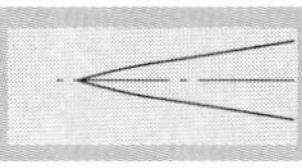	• feinfädige dichte Gewebe • Blindstiche
	normale Kegelspitze	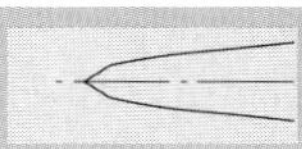	• sie ist die am häufigsten verwendete Form
	stumpfe Kegelspitze	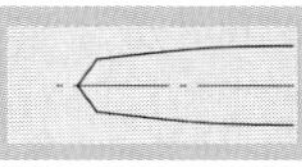	• Knopfannähmaschinen
	kleine Kugelspitze	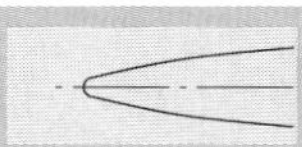	• empfindliches Nähgut, z. B. Maschenware
	mittlere Kugelspitze	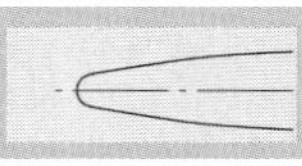	• gröbere Maschenware sowie Nähgut aus Gummi oder Elastomeren
	große Kugelspitze	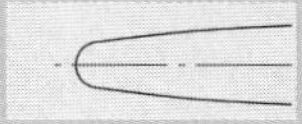	• Nähgut aus Elastikwirkwaren
Schneidspitzen	Spatenspitze	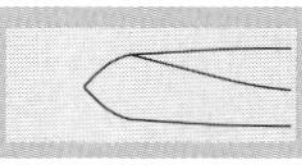	• beschichtete oder kaschierte Flächen
	Dreikantspitze	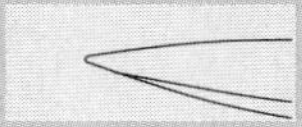	• Folien • Leder

Nadelspitzenformen und Einsatzgebiete

Größenbezeichnung

Der Durchmesser des Schaftes wird oberhalb der Hohlkehle bzw. der kurzen Rinne gemessen. Der in Millimeter gemessene Wert, multipliziert mit 100, ergibt den Schaftdurchmesser als Nummer metrisch (Nm).
So bedeutet Nm 90 einen gemessenen Schaftdurchmesser von 0,90 mm x 100.

Nadeldicke Nm	Nähgut	Baumwollnähzwirn 2 – 6fach (Etikett-Nummern)	Nähseide	Synthetischer Nähzwirn	Sonstige
70	dünn mittel dick	Nr. 70 Nr. 60 Nr. 50	Nm 120/3 Nm 100/3 Nm 80/3	Nm 120/3 Nm 100/3 Nm 80/3	 Baumwollstickgarn Nr. 50/2 Baumwollstickgarn Nr. 40/2
80	dünn mittel dick	Nr. 60 Nr. 50 Nr. 40	Nm 100/3 Nm 70/3 Nm 60/3	Nm 120/3 Nm 100/3 Nm 70/3	 Baumwollstickgarn Nr. 40/2 Kunstseidenstickgarn Nm 75/2 Baumwollstickgarn Nr. 30/2
90	dünn mittel dick	Nr. 50 Nr. 40 Nr. 36	Nm 100/3 Nm 70/3 Nm 60/3	Nm 100/3 Nm 70/3 Nm 60/3	Baumwollstickgarn Nr. 30/2 Kunstseidenstickgarn Nm 60/2 Baumwollstickgarn Nr. 20/2

Nadeldicke – Nähfadendicke

Nähfüße (Stoffdrücker)

Der Nähfuß drückt das Nähgut auf den Transporteur. Der Einsatz der entsprechenden Form ist von der Nähgutart und der Nähaufgabe abhängig.
Für einen reibungslosen Nähgutvorschub werden Nadelstange, Nähfuß, Stichplatte und Transporteur aufeinander abgestimmt.
Starre Nähfüße ergeben beim Nähen über Nähgutverdickungen kürzere sehr feste bzw. längere lockere Stiche. Gelenknähfüße können hier für eine gleichmäßige Stichlänge bei normalem Sticheinzug sorgen.
Um das Verschieben der Nähgutlagen zu verhindern, ist es sinnvoll, daß der Nähfuß mit möglichst wenig Reibungswiderstand über das Nähgut geschoben oder gerollt wird.

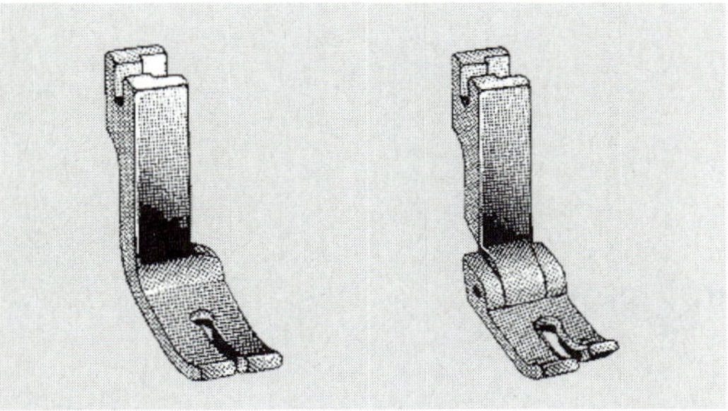

Starrer Presserfuß und gefederter Gelenkausgleichsfuß

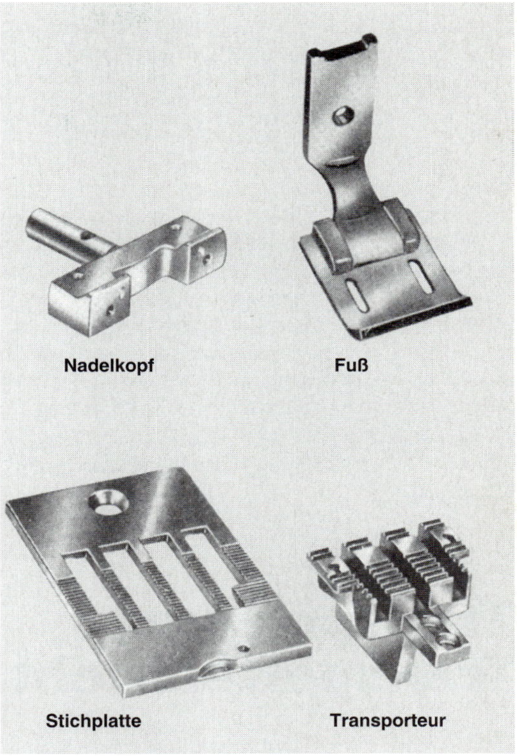

Teile der Transporteinrichtung

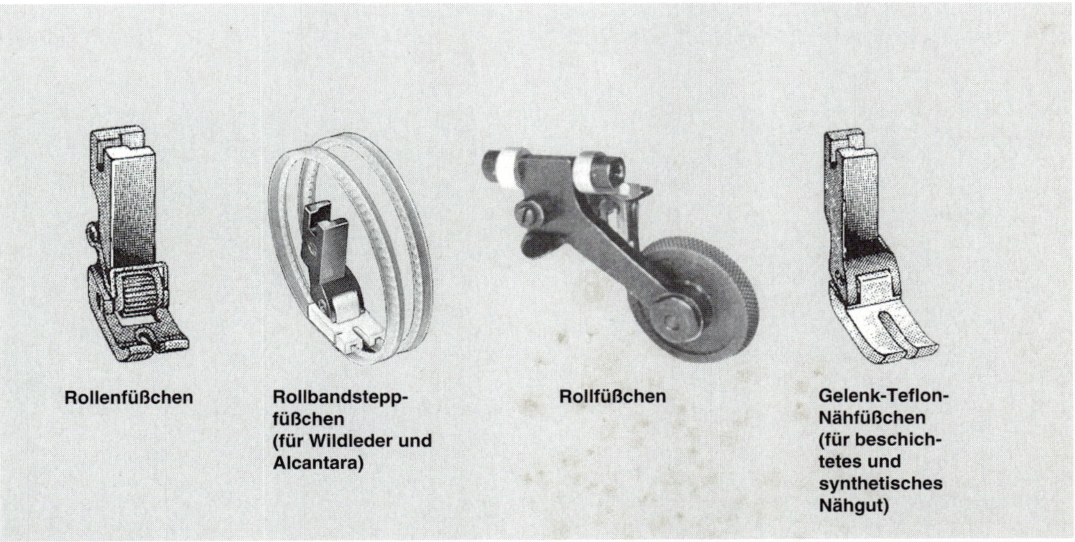

Nähfüßchen

Für spezielle Anwendungsgebiete sind entsprechende Füße entwickelt worden, so zum Einnähen von Reißverschlüssen oder zum Kantenabsteppen.
Nähfüße können auch zwei Funktionen gleichzeitig ausüben. Sie halten den Stoff nieder und transportieren ihn gleichzeitig weiter. Häufig sind diese **Transportfüße** mit einer oder mehreren Transportarten kombiniert.

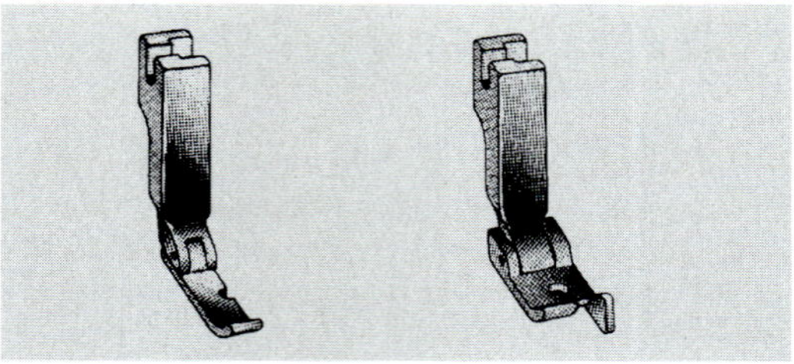

Schmaler Gelenk-Reißverschlußfuß und Nähfuß mit Kantenführung

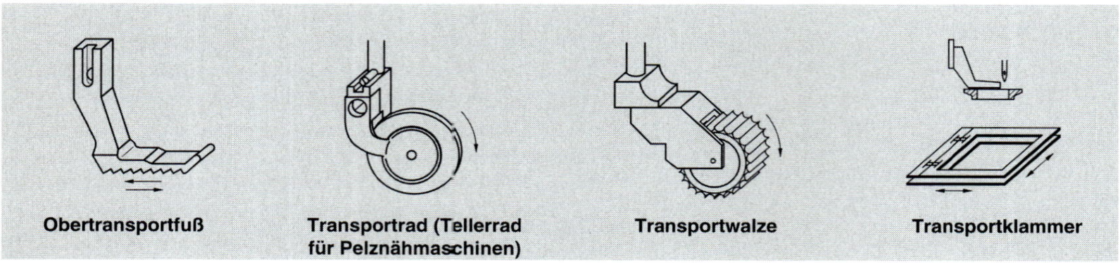

Transportfüße

Transporteure, Transporteinrichtungen

Der Transport des Nähgutes bei der Stichbildung kann durch verschiedene technische Lösungen umgesetzt sein: als Unter- oder als Obertransport, als eine Kombination von beidem oder als spezielle Transportart. Die Wahl des richtigen Transporteurs bzw. die Abstimmung von Transporteur, Material und Naht soll das „berühmte" Nahtkräuseln, das Verschieben der Stofflagen, verhindern.

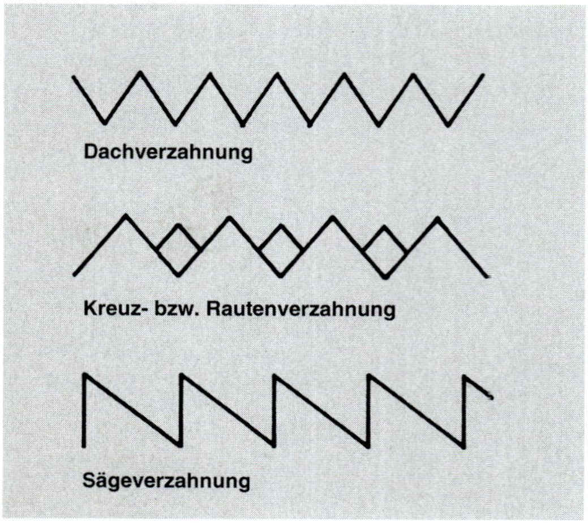

Art der Verzahnung

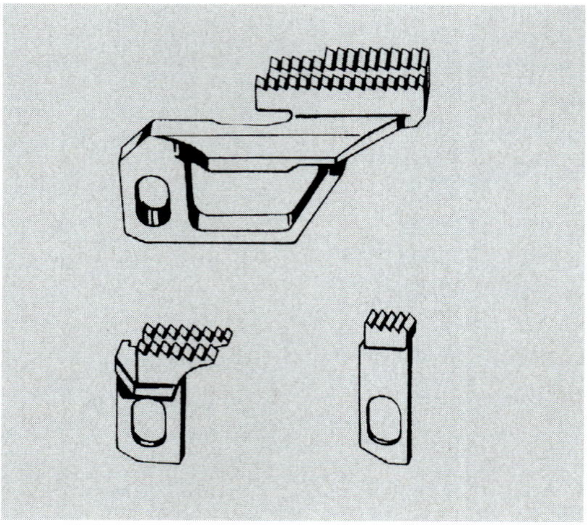

Transporteurformen

Untertransporte

Der **hüpfende Untertransport,** auch **Hüpfertransport** genannt, ist die am häufigsten verwendete Transportart.

Um das Nähgut weiterzuschieben, ist die Oberfläche des Transporteurs verzahnt. Die für alle Stoffe zu verwendenden Transporteure haben eine **Dachverzahnung**. Damit ist ein gleichmäßiger Transport vor- und rückwärts möglich. Für dünne und empfindliche Stoffe ist eine **Kreuzverzahnung**, auch **Rautenverzahnung** genannt, und für schwere harte Stoffe eine **Sägeverzahnung** geeignet.

Nach der Stichbildung tritt der Transporteur aus der Stichplatte heraus ① und schiebt das Nähgut weiter ②. Am Ende der Transportbewegung tritt er unter die Stichplattenoberfläche zurück ③ und bewegt sich rückwärts ④.

Der hüpfende **Differential-Untertransport** erfolgt durch zwei hintereinander angeordnete Transporteure, die wie beim einfachen Untertransport das Nähgut weitertransportieren. Der Transportweg beider Transporteure ist unterschiedlich weit einstellbar. Infolge dieser Differenz kommt es zu einer Kräuselung oder Streckung des Nähgutes. So entsteht bei größerem Vorschub des vorderen Transporteurs ein Kräuseleffekt der unteren Stofflage. Schiebt der hintere Transporteur weiter als der vordere, wird das Nähgut gestreckt. Es entsteht eine Naht von größerer elastischer Dehnbarkeit.

Jeany's Ärmel werden mit dem Differentialtransport eingenäht, da an der Ärmelkugel Weite eingehalten werden muß.

Der kontinuierliche **Rad-Untertransport** erfolgt durch ein sich mit gleicher Geschwindigkeit drehendes Transportrad. Ist der Transport intermittierend, d. h. zeitweilig aussetzend, wird das Nähgut durch ein sich schrittweise drehendes Transportrad weiterbefördert.

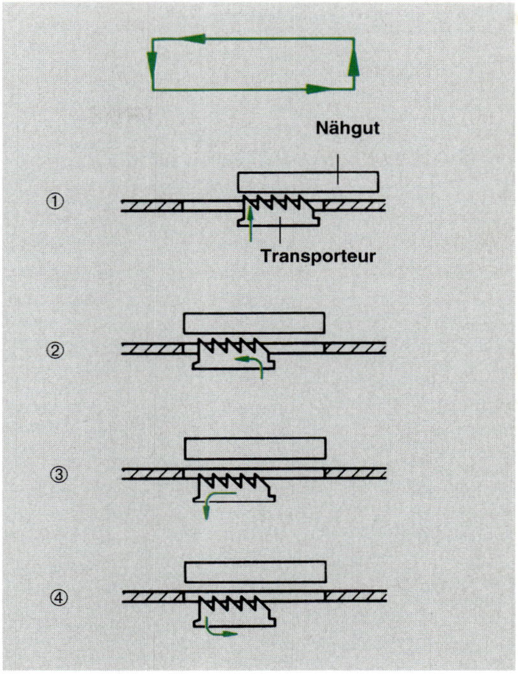

Schema und Bewegungsablauf des Hüpfertransports

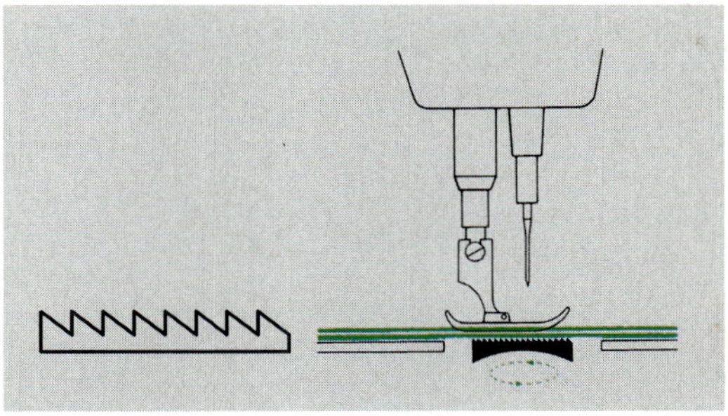

Hüpfertransport

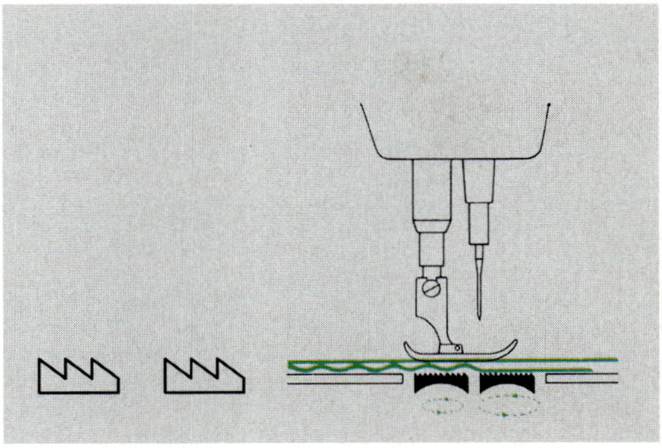

Hüpfender Differential-Untertransport

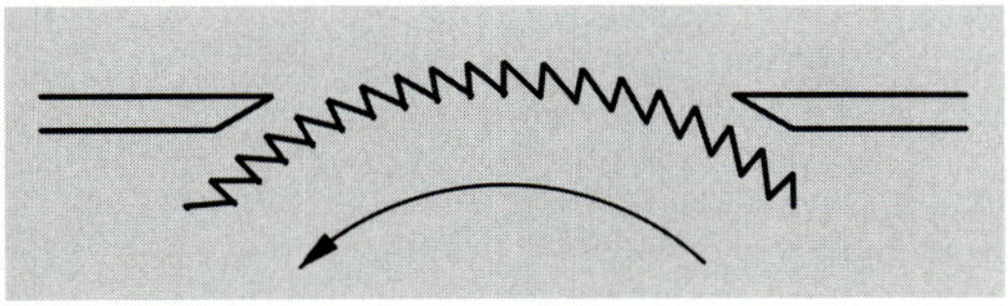

Kontinuierlicher Rad-Untertransport

Obertransporte

Beim **Nadeltransport** bewegt sich die Nadel in Transportrichtung, während sie sich im Nähgut befindet. Beim Transport hält die Nadel das Nähgut verschiebungsfrei fest. Dadurch ergeben sich gleichmäßige Stichlängen, und das Eckennähen wird erleichtert. Der Nadeltransport wird meist mit einem Unter- und/oder Obertransport kombiniert.

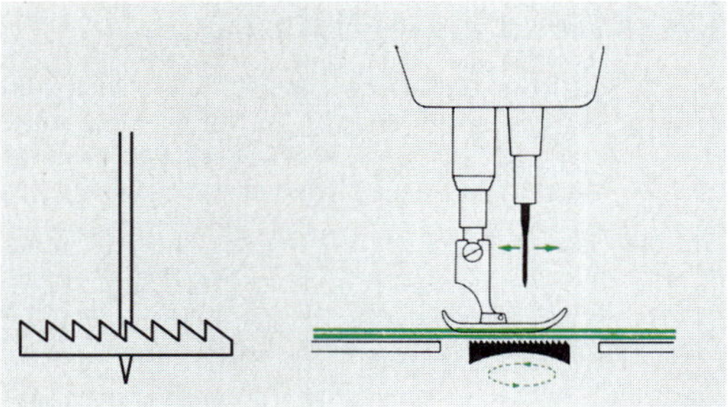

Nadeltransport

Der hüpfende **Obertransport** erfolgt durch den **Transportfuß,** der durch seine hüpfende Bewegung auf das Nähgut niedergeht und durch seine schiebende Bewegung das Nähgut weitertransportiert. Am Ende der Transportbewegung hebt der Transportfuß ab und geht in seine Ausgangsstellung zurück. Wird der Obertransport mit einem Untertransport kombiniert, heißt er **Differential-Obertransport.** So kann mit einem vor der Nadel befindlichem Transportfuß ein Kräuseleffekt der oberen Stofflage erreicht werden. Ein hinter der Nadel befindlicher Transportfuß erleichtert das Anbringen eines Führungsapparates.

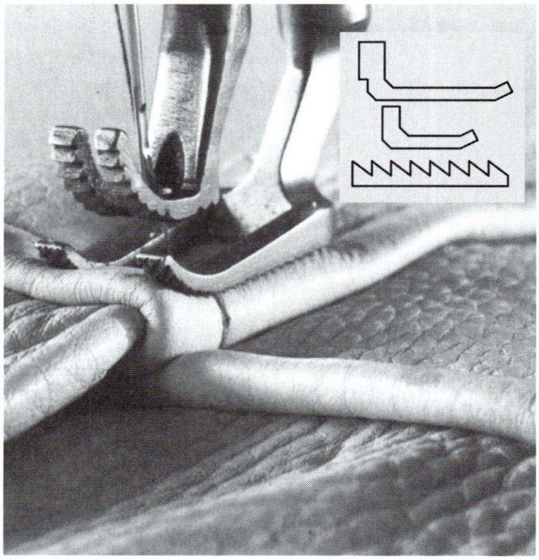

Alternierender Transportfuß

Weiter gibt es den hüpfenden Obertransport mit einem zusätzlichen hüpfenden oder nichthüpfenden Drückerfuß. Dieser wird als **alternierender Transportfuß** bezeichnet, weil die Füße abwechselnd arbeiten. Hierbei wird die Reibung des Nähgutes an der Nähfußsohle während des Transportes aufgehoben. Das Nähgut wird verschiebungsfrei weitertransportiert.

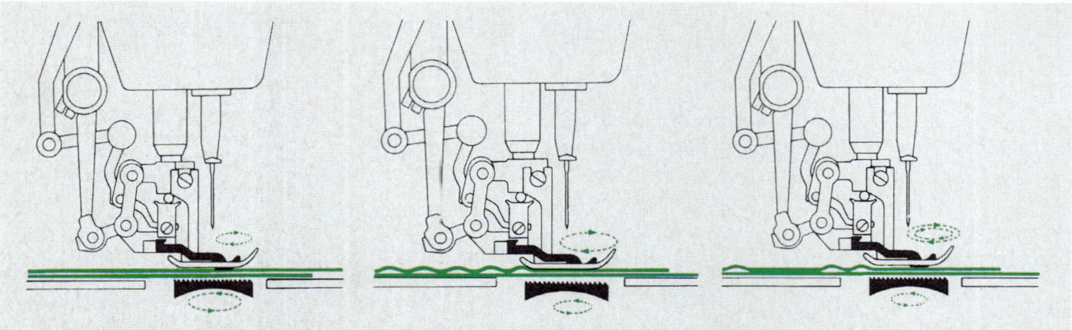

Bei kleinem Obertransportvorschub wird der Oberstoff langsamer transportiert als der Unterstoff, der durch seinen größeren Vorschub eingehalten wird

Durch den großen Obertransport und den sehr kleinen Untertransport wird der Oberstoff schneller transportiert, eingehalten und dadurch gekräuselt

Der veränderliche Obertransport kann abwechselnd auf kleine und auf große Vorschublänge eingestellt werden. Damit kann eine unterbrochene Kräuselung erzielt werden

Obertransport mit Anwendungsmöglichkeiten

Der kontinuierliche **Rad-Obertransport** erfolgt durch ein Transportrad oder mehrere nebeneinander angeordnete gleichförmig angetriebene Transporträder. Sie treten an die Stelle eines Roll- oder Drückerfußes (s. Stoffdrücker S. 189), können aber auch mit einem Drückerfuß gemeinsam auftreten. Der intermittierende Rad-Obertransport erfolgt mit einem schrittweise angetriebenen Transportrad.

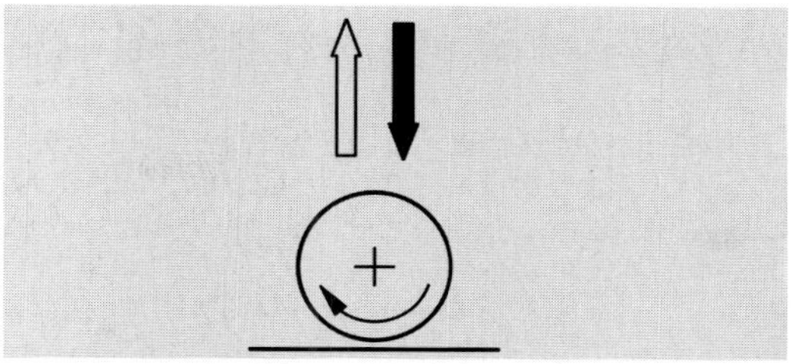

Kontinuierlicher Rad-Obertransport

Der **Walzen-Obertransport,** auch **Pullertransport** genannt, befindet sich außerhalb des üblichen Transportbereiches entweder vor, neben oder hinter der Nadel. Das Nähgut wird mit einer gleichförmigen oder ruckweisen Drehbewegung abgezogen. Meist erfolgt dieser Transport in Verbindung mit dem normalen Untertransport. Er ist besonders für kräuselfreies Nähen langer Nähte geeignet.

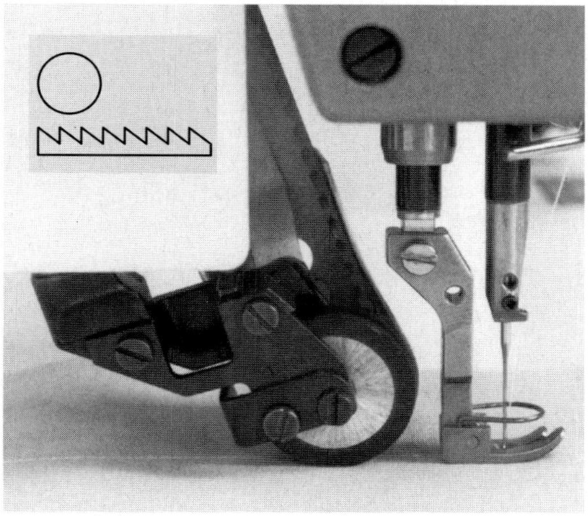

Walzen-Obertransport

Transportkombinationen

Je nach Bedarf können zwei oder mehrere Transportarten in einer Nähmaschine gleichzeitig eingesetzt werden.
Bei einer Kombination von Unter-, Nadel- und Obertransport wird das Nähgut völlig gleichmäßig weitergeschoben. Der Transport ist besonders bei der Verarbeitung von schwerem Nähgut sowie bei Nähgut aus mehreren Stofflagen geeignet.
Die Kombination von Differential-Obertransport mit Differential-Untertransport ermöglicht ein stofflagengleiches Vernähen auch schwieriger Materialien. Zum Kräuseln der oberen oder unteren Stofflage können die Transportwege unterschiedlich eingestellt werden, ebenso um dehnbar-elastische Nähte zu erhalten.

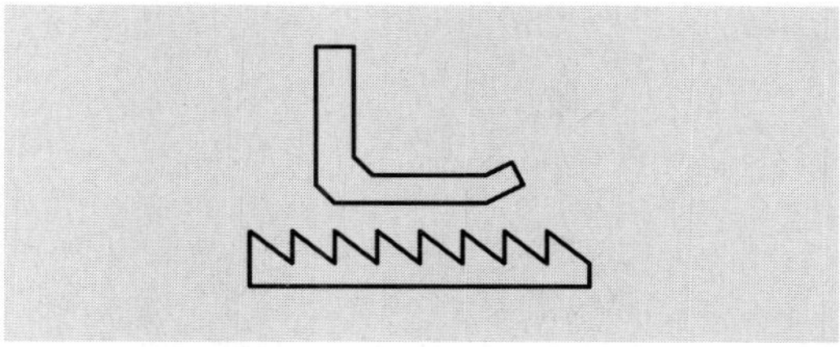

Ober- und Untertransport

Sonstige Transporteinrichtungen

Ein **Stoffschieberahmen** ist eine bewegliche Vorrichtung und wird auch als **Klammertransport** bezeichnet. Das Nähgut ist in einem Rahmen eingespannt. Dieser übernimmt den Nähguttransport und führt es in vorbestimmte Richtungen, so beim Knopfloch-, Riegel- oder Kleinteileautomaten (siehe S. 190).

Beim **Riementransport,** auch **Bandtransport** genannt, unterstützt ein Antriebsriemen hinter dem Stoffdrücker den Nähguttransport. Damit werden Transportkräuselungen bei schwierig zu transportierendem Material vermieden.

Apparate und Zusatzeinrichtungen

Durch die Apparate und Zusatzeinrichtungen werden aus den Standardnähmaschinen **Spezialmaschinen.** Sie werden auch zunehmend in Handwerksbetrieben eingesetzt.

Apparate sind Führungen, die an einer Standardnähmaschine nachträglich angebracht oder gegen bestehende ausgetauscht werden können. Sie erleichtern das Führen des Nähgutes und sichern einen gleichmäßigen Nahtverlauf. Damit können die Maschinen vielseitiger und spezieller eingesetzt werden.

Nähgutführungen	Funktion	Abbildung
Ausschwenkbarer Kantenführer	Diese Führung wird an die Stichplatte angeschraubt und kann beliebig verstellt werden.	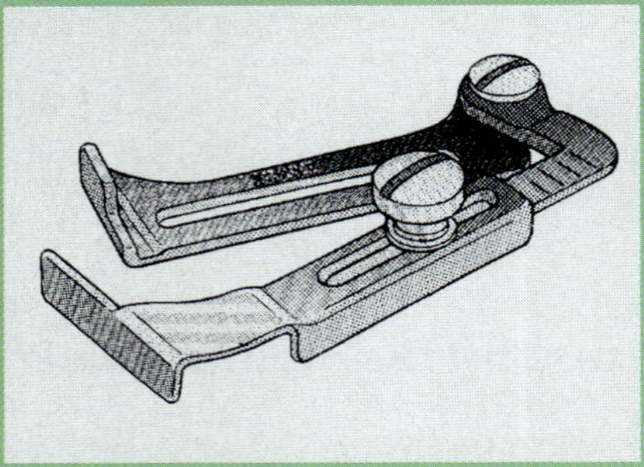
Führungslineal mit Magnethaftung	Führungslineale mit Magnethaftung können auf einer Grundplatte leicht angebracht werden.	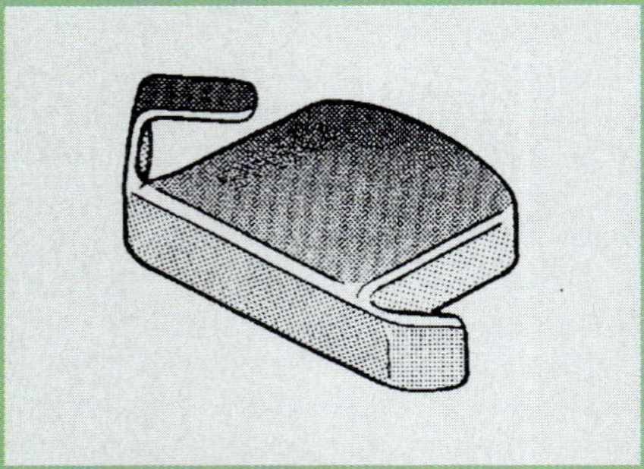
Konturen-Apparat	Mit Hilfe von Konturen-Apparaten können mehrere gerade Nähgutkanten, aber auch Innen- und Außenbögen leicht geführt und zusammengenäht werden.	

Nähgutführungen	Funktion	Abbildung
Reißverschluß-Apparat	Diese Führung eignet sich zum Einnähen des Reißverschlusses mit einer Zweinadel-Maschine.	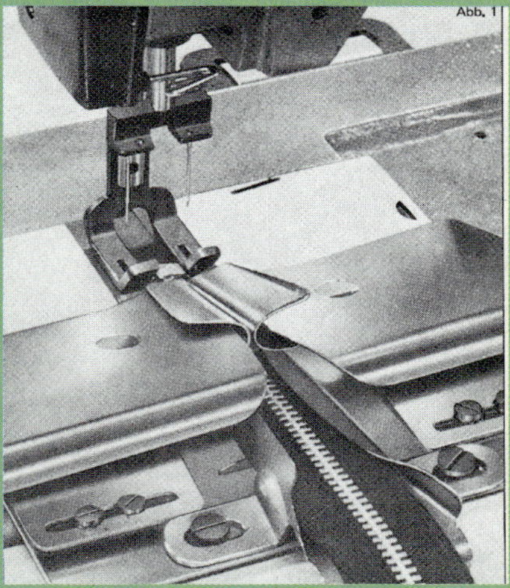
Doppel-Kapp-Apparat	Dieser Apparat führt zwei Nähgutteile so zusammen, daß die Kappnaht in einem Arbeitsgang mit einer Zweinadel-Stepp- oder Kettenstichmaschine abgesteppt werden kann.	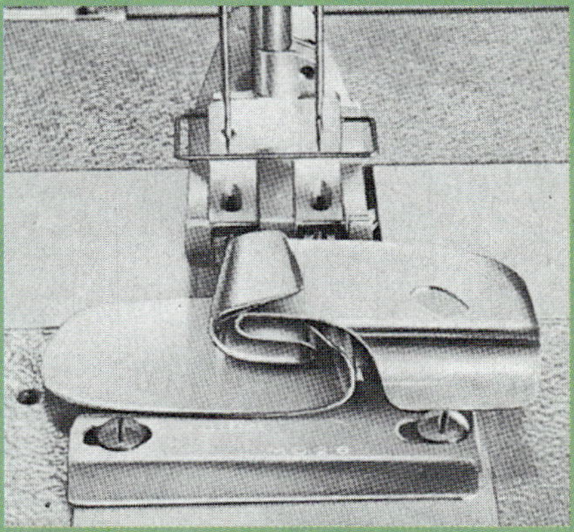
Tütensäumer-Apparat	Mit diesem gefederten Tütensäumer können Säume von 1,6 bis 6,4 mm abgesteppt werden. Auch **Jeany's** Blusensaum wird mit einem Saum-Apparat gefertigt.	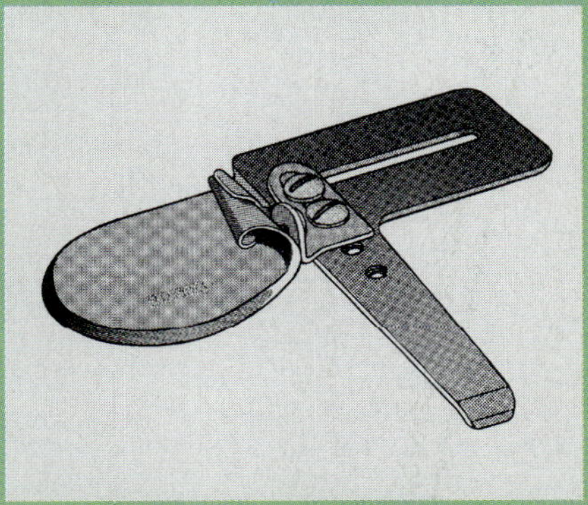

In der folgenden Tabelle sind einige Beispiele für Zusatzeinrichtungen und -funktionen als Symbole dargestellt.

Für diese Zusätze ist ein Positionierantrieb (siehe Seite.182) erforderlich. Sie können nicht nachträglich installiert werden.

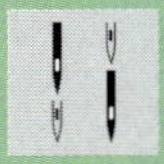

Diese Einrichtung befindet sich an Zweinadel-Maschinen. Jede Nadel rechts und auch links ist einzeln ausschaltbar, um Ecken exakt absteppen zu können.

An einer solchen Maschine befindet sich je ein Fadenabschneider unter und über der Stichplatte.

Der Kantenschneider ist elektromotorisch angetrieben und schneidet parallel zur Nahtlinie die Nähgutkanten gerade. Mit einer Zusatzeinrichtung ist es möglich, zwei Nähgutkanten in Stufen zu schneiden.

An Nähmaschinen mit einer automatischen Nähfußlüftung wird der Nähfuß programmgesteuert vor Beginn der Nähausführung gesenkt und nach Beendigung der Naht gehoben.

An einer solchen Maschine werden Nahtanfang und Nahtende automatisch verriegelt, um die Naht zu sichern.

Die automatische Stichverdichtung ist ebenso eine Möglichkeit der Sicherung von Nahtanfang und Nahtende. Auch können Nahtstreckenlänge und Stichlänge über das Bedienfeld eingegeben werden, damit wird die automatische Stichzählung, z. B. das Absteppen von Ecken, erleichtert.

An dieser Maschine können die Nahtverriegelung, der Fadenabschneider und die Nähfußlüftung durch das Fußpedal betätigt werden.

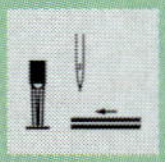

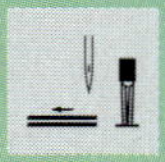

Hier befindet sich eine Reflexlichtschranke an der Maschine. Sie wird so eingestellt, daß der Nähvorgang am Nähgutanfang oder einem anderen vorgewählten Abstand automatisch beginnt. Ebenso sorgt eine am Nähgutende ausgelöste Reflexlichtschranke für einen automatischen Nähstopp. Mit einer Steuerung für einen Sensor, dem die Daten für die Erkennung von Positionen innerhalb eines Nähgutes eingegeben worden sind, können z. B. auch Taschen und Etiketten aufgenäht werden.

Der automatische Fadenwächter schaltet die Maschine sofort ab, wenn ein Faden gerissen oder nicht mehr vorrätig ist.

Dieses Zeichen weist darauf hin, daß die Maschine für eine Schablonensteuerung konstruiert ist.

Diese Maschine arbeitet mit einer Kurvenscheiben-Bahnsteuerung.

CNC

Die Arbeitsgänge an dieser Maschine werden über eine CNC-Bahnsteuerung ausgeführt

Zusatzeinrichtungen und -funktionen

Doppelsteppstichmaschinen

Alle Doppelsteppstichmaschinen arbeiten mit mindestens einem Ober- und einem Spulenfaden.

Durch eine unterschiedliche Anzahl der Fäden und Stichrichtungen ergeben sich verschiedene Stichtypen.

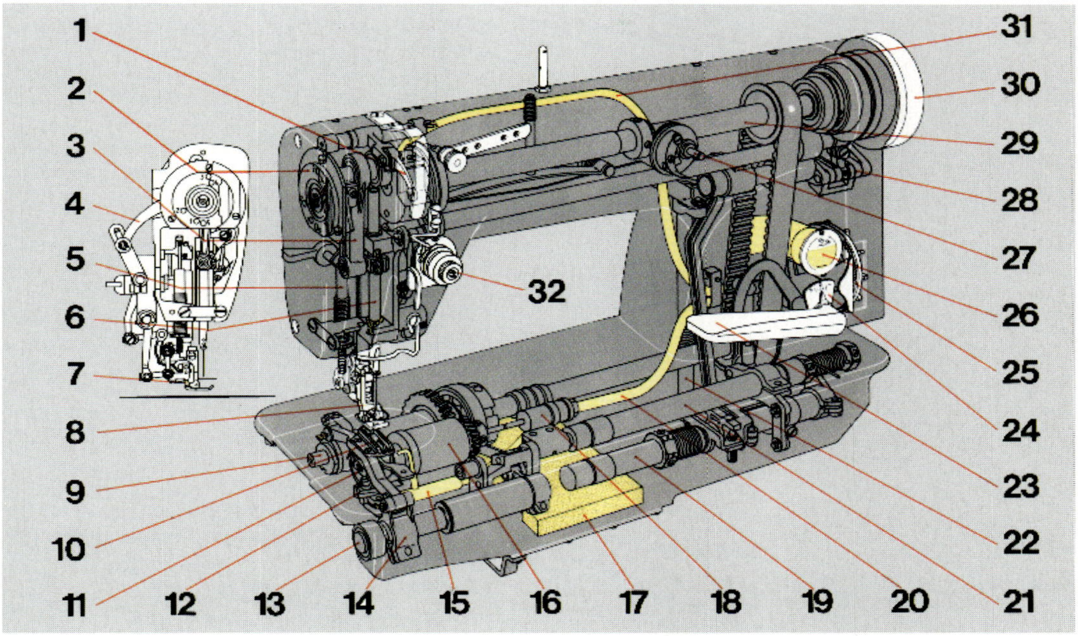

1 Fadenhebel-Aggregat mit wartungsfreien Nadellagern **2** Lagerscheibe mit Einstellbohrungen **3** Nadelstangenantrieb **4** Obertransport-Aggregat **5** Obertransport-Druckregulierung **6** Nadelstangen-Aggregat **7** Obertransporteur **8** Nähfuß **9** Transporteur-Hebewelle **10** Untertransporteur (Stoffschieber) **11** Doppelsteppstichgreifer **12** Kapsellüfter-Aggregat **13** Transporteur-Schiebewelle **14** Transport-Aggregat **15** Greiferschmierung **16** Greifer-Antriebsaggregat **17** Schmierpolster **18** Ölsperrventil **19** Obertransport-Stellwelle **20** Ölleitung (untere) **21** Untertransport-Stellwelle **22** Lüfteraggregat **23** Stich-Umschalttaste **24** Differenzierungs-Anzeige **25** Stichlängen-Einstellrad **26** Ölreservoir **27** Spulenaggregat **28** Obertransportantrieb **29** Antriebswelle (obere) **30** Handrad (Oberteilrad) **31** Ölleitung (obere) **32** Fadenspannungs-Aggregat

Querschnitt einer Doppelsteppstichmaschine

Bewegungsübertragung

Die obere Antriebswelle (29) ist starr mit dem Antriebsrad verbunden. Die untere Antriebswelle ist über einen Zahnriemen mit der oberen so verbunden, so daß beide Wellen sich nur gleich schnell bewegen können. Die Drehbewegung der oberen Welle wird in eine regelmäßig wiederkehrende Auf- und Abwärtsbewegung umgesetzt. Diese Umformung der Drehbewegung geschieht durch den Einsatz von Kurbeln, Exzentern und Pleuelstangen.

Durch die Bewegung der Pleuelstange wird die Bewegung des Fadenhebels (1), der Nadelstange (6) und damit der Nadel bestimmt. Die Drehbewegung des Greifers wird von der Bewegung der Greiferantriebswelle (16), die auch durch den Zahnriemen angetrieben wird, erzeugt. Diese ist wiederum mit der unteren Antriebswelle verbunden. Die Transportbewegung entsteht durch das Zusammenspiel von der Transport-Hubwelle (9) mit der Transporteur-Schubwelle (13).

Fadenverlauf des Ober- und Unterfadens und Funktion der Bauteile

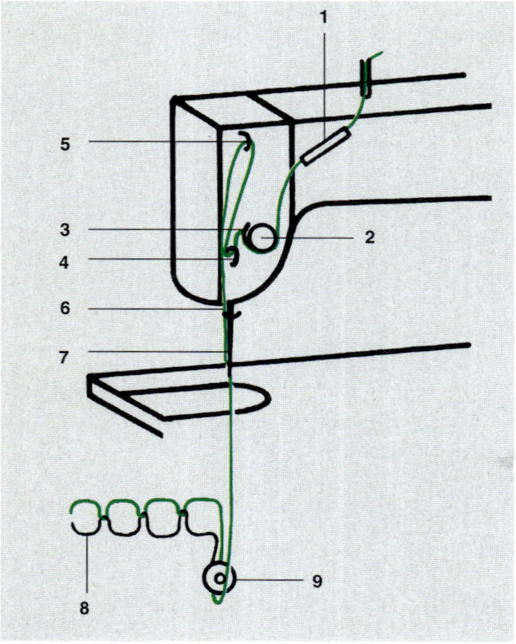

Fadenführung

1 **Fadenführung:** Sie sorgt für einen gleichmäßigen Fadenabzug.
2 **Fadenspannungseinrichtung:** Der Faden wird zwischen zwei Klemmspannscheiben durch Reibung gebremst. Mit einer Regulierschraube kann durch Rechtsdrehung ein größerer Druck auf eine Spannfeder gegeben werden, die den Druck an die Klemmscheiben weitergibt. Umgekehrt führt die Linksdrehung zu einer Lockerung der Fadenspannung.
3 **Fadenanzugsfeder:** Sie hält den Faden stets gespannt, damit dieser sich nicht um die Nadel wickeln oder von der Nadel zerstochen werden kann.
4 **Fadenführung:** Sie lenkt den Faden um.
5 **Fadenhebel:** Er hat die Aufgabe, vor Beginn der Stichbildung die erforderliche Fadenmenge von der Garnrolle abzuziehen. Nach der Fadenverschlingung mit dem Unterfaden nimmt der Fadenhebel die überschüssige Fadenlänge wieder zurück und bildet den Stich so, daß die Verschlingung in der Mitte der Stofflagen liegt.
6 **Fadenführung.**
7 **Nadel:** An der Seite der langen Rille wird der Faden durch das Öhr eingefädelt. Die Nadel führt den Oberfaden durch den Stoff unter die Stichplatte zum
8 **Unterfaden.**
9 **Spule** mit dem Unterfaden befindet sich in einer Spulenkapsel, deren Fadenspannung durch eine Einstellschraube reguliert wird.

Prinzip der Stichbildung

1. Phase: Die Nadel durchdringt das Nähgut.
2. Phase: Nachdem sie die tiefste Stellung erreicht hat und wieder aufwärts bewegt wird, bildet sich an der kurzen Rille eine Fadenschlinge, da der Faden durch die Reibung zwischen Faden und Stoff gebremst wird. (Beschreibung der Nähmaschinennadel S. 187)
3. Phase: Der Greifer hat jetzt die Aufgabe, mit seiner Spitze die Oberfadenschlinge zu ergreifen.
4. Phase: Mit der weiteren Drehung des Greifers wird die Oberfadenschleife vergrößert und um die Unterfadenspule und damit auch um den Unterfaden herumgeführt.
5. Phase: Der Greifer dreht sich so weit, bis die Oberfadenschleife abrutscht.
6. Phase: Der Fadenhebel zieht den Oberfaden so weit in das Nähgut ein, bis die Verschlingung in der Mitte liegt. Danach erfolgt der Nähguttransport.

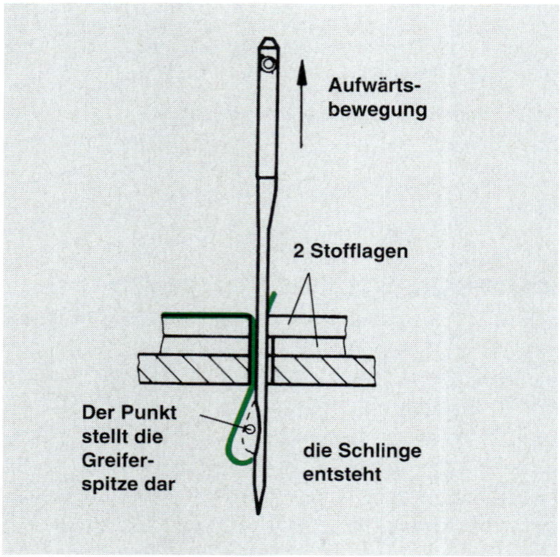

Schlingenbildung des Oberfadens

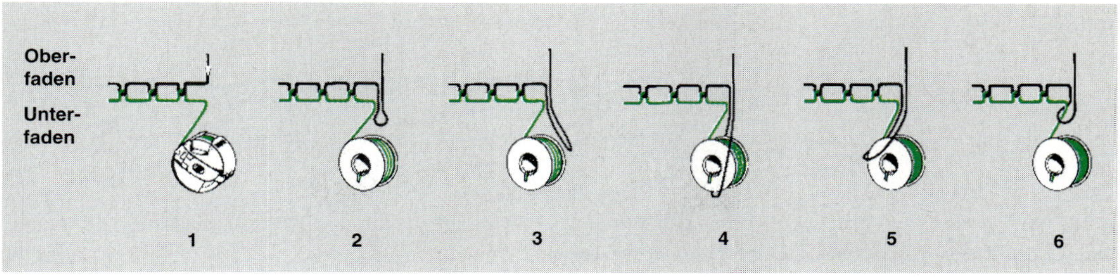

Prinzip der Stichbildung

Es gibt zwei verschiedene Greiferarten. Der **Zentralspulengreifer** wird auch als oszillierender, d. h. schwingender Greifer bezeichnet. Weitere Benennungen sind Zentralspulenschiffchen und CB-Schiffchen (engl. Bezeichnung „Central Bobbin Shuttle").
Er setzt sich aus den folgenden Teilen zusammen:

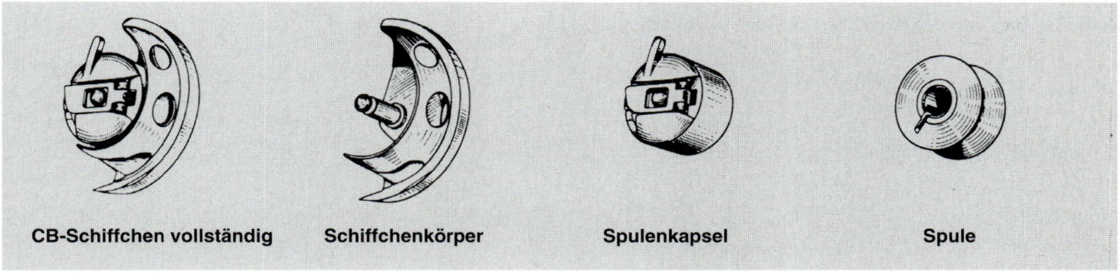

Teile des Zentralspulengreifers

Der **Umlaufgreifer** wird als **Vertikalumlaufgreifer** bezeichnet, wenn die Greiferantriebswelle vertikal, d.h. senkrecht gelagert ist. Er heißt **Horizontalumlaufgreifer,** wenn die Welle horizontal, d. h. waagerecht gelagert ist. Sie bestehen aus den folgenden Teilen:

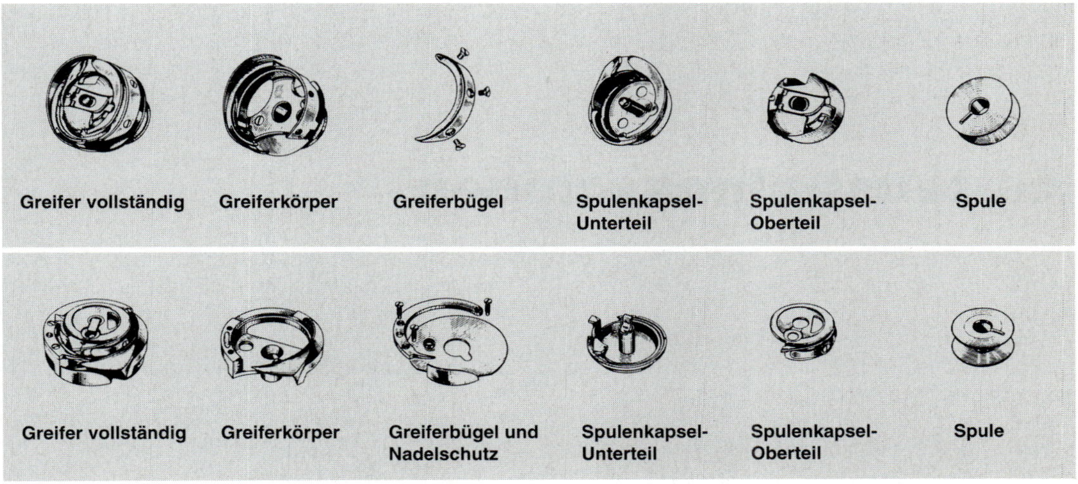

Teile des Vertikal- und des Horizontalumlaufgreifers

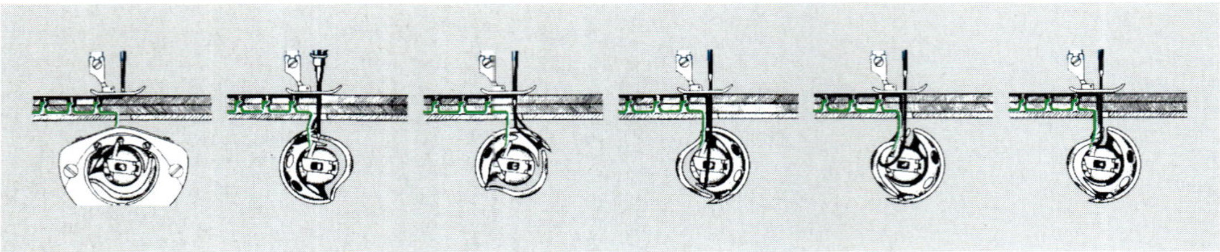

Bildung des Doppelsteppstiches mit dem Zentralspulengreifer

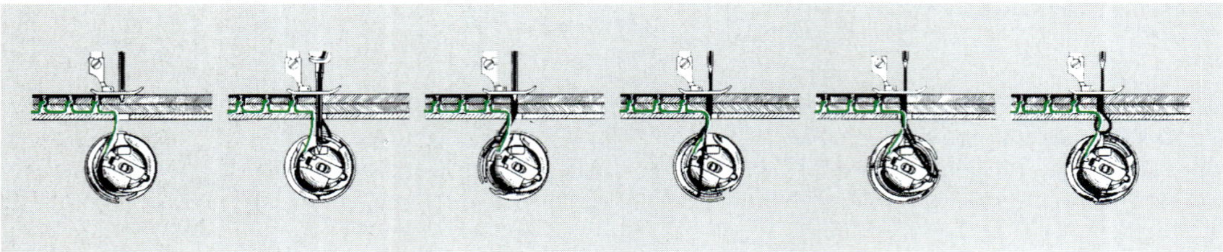

Bildung des Doppelsteppstiches mit dem Horizontalumlaufgreifer

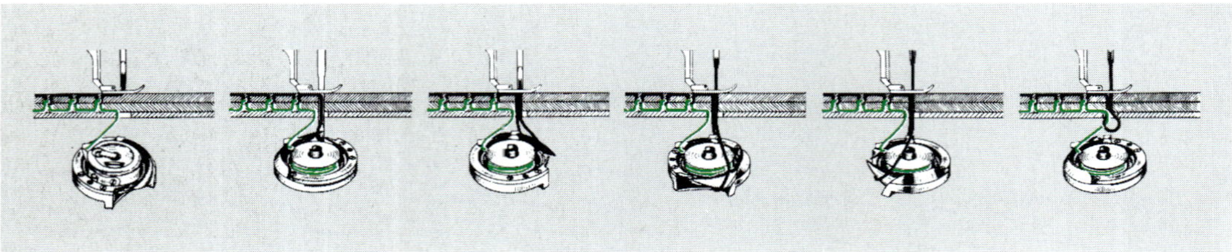

Bildung des Doppelsteppstiches mit dem Vertikalumlaufgreifer

Die unterschiedliche Arbeitsweise zwischen Zentralspulengreifer und Umlaufgreifer besteht darin, daß der Zentralspulengreifer nach dem Abrutschen der Schlinge in die Ausgangsposition zurückkehrt. Der Umlaufgreifer führt dagegen eine Leerrunde aus. Der Vorteil des Umlaufgreifers gegenüber dem Zentralspulengreifer liegt darin, daß er leiser, erschütterungsfreier und schneller ist. Bei Industrienähmaschinen kann damit eine Nähgeschwindigkeit von 6000 Stichen/min erreicht werden. Mit dem Zentralspulengreifer ist dagegen nur eine Geschwindigkeit bis zu 2000 Stichen/min zu erreichen. Durch seine einfachere und robustere Bauform ist er für das Nähen von dickem Nähgut und für das Nähen mit dickeren Fäden sehr geeignet.

Kettenstichmaschinen

Alle Kettenstichmaschinen arbeiten durch die Verschlingung von mindestens einem Oberfaden .

Die Einfach- und die Doppelkettenstichmaschinen unterscheiden sich in ihrer Bauform nicht von den Doppelsteppstichmaschinen. Die Fadenspannung befindet sich am Arm der Maschine. Auch die Maschinenteile sind vergleichbar. Da kein Spulenfaden erforderlich ist, entfallen Spule, Spulenkapsel und Spulapparat.

Die Überwendlichmaschinen weisen eine Blockform auf, da die Stiche um die Nahtkante herum gebildet werden.

Die **Einfachkettenstichmaschine** arbeitet mit nur einem Faden, dem Nadelfaden. Jede Fadenschlinge wird von der nachfolgenden Fadenschlinge desselben Fadens verriegelt.

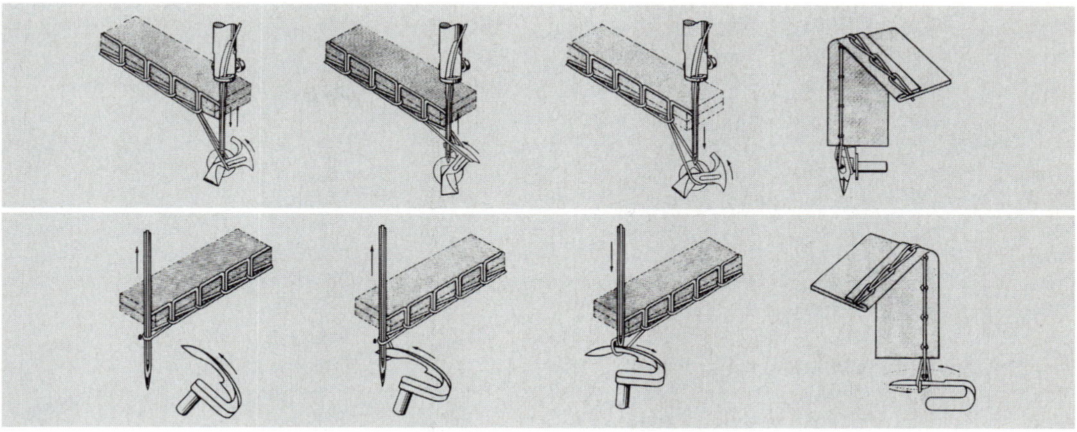

Stichbildung des Einfachkettenstichs mit dem umlaufenden und schwingenden Greifer

Die **Stichbildung** kann in drei Phasen eingeteilt werden:

1. Phase: Die Nadel durchdringt das Nähgut und sticht in die alte Fadenschleife ein. Nachdem sie die tiefste Stellung erreicht hat, geht sie nach oben. Ebenso wie bei der Doppelsteppstichnadel bildet sich eine zur Seite stehende Fadenschlinge aus.

2. Phase: Die Nadelfadenschleife wird von der Greiferspitze erfaßt. Während sich die Nadel nach oben bewegt, hält der Greifer die Fadenschleife fest.
Dadurch kann die alte Fadenschlinge auf die vom Greifer gehaltene neue Schleife rutschen. Die Fadenverkettung auf der Nähgutunterseite für den vorherigen Stich wird damit abgeschlossen.

3. Phase: Nachdem durch den Nähguttransport die vom Greifer gehaltene Fadenschleife vergrößert worden ist, sticht die von oben kommende Nadel in die Fadenschleife ein. Der Greifer kann in seine Ausgangsposition zurückgehen.

Es gibt zwei Ausführungen des Einfachkettenstichgreifers, den **umlaufenden** und den **schwingenden Greifer,** die aber in ihrer Arbeitsweise vergleichbar sind.

Eine besondere Ausführung des Einfachkettenstichs ist der **Blindstich.** Er dient dazu, zwei oder mehrere Stofflagen zu verbinden, ohne daß die Einstiche auf der Nähgutoberseite zu sehen sind. Durch eine gebogene Nadel wird erreicht, daß das Gewebe nur teilweise durchstochen wird. (Nadelformen, siehe Seite 187).

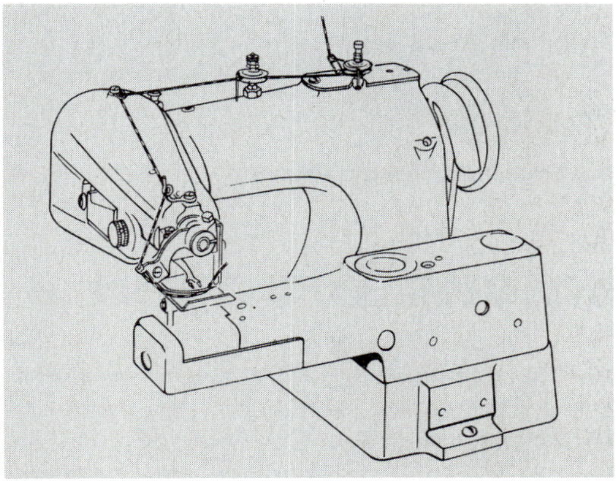

Einfadenblindstichmaschine

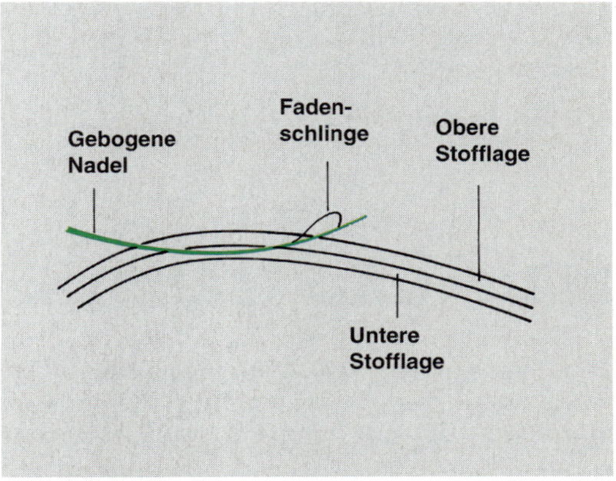

Prinzip des Blindstichnähens

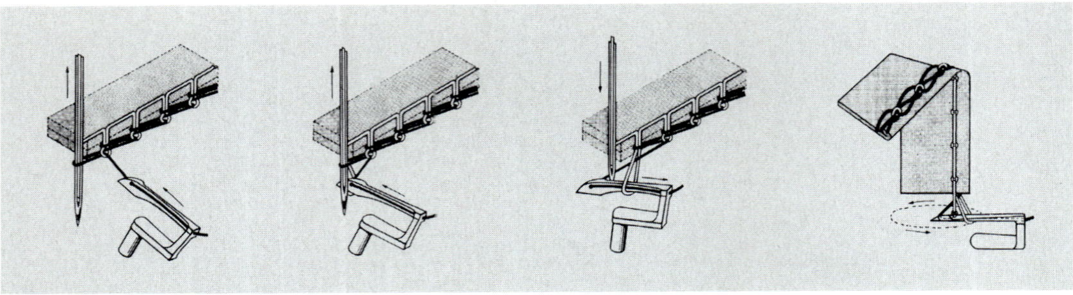

Stichbildung des Doppelkettenstichs

Die **Doppelkettenstichmaschine** arbeitet mit einem zusätzlichen Faden, der als Greiferfaden wirksam ist. Dafür ist eine weitere Fadenspannung erforderlich, die sich auch am Arm der Maschine befindet. Eine Abdeckung für den Greiferfaden befindet sich in der Grundplatte.

Die **Stichbildung** des Doppelkettenstichs erfolgt nach dem gleichen Prinzip wie beim Einfachkettenstich. Jedoch wird der Nadelfaden von dem Greiferfaden gehalten.

Die **Überwendlichmaschinen** sind Kettenstichmaschinen in Blockform. Überwendlichkettenstiche werden um die Nahtkanten gebildet, dadurch ist eine Nähgutauflage unterhalb des Armes nicht erforderlich.

Die **Fadenführung** der Überwendlichmaschine erfolgt nach dem gleichen Prinzip wie die der Doppelkettenstichmaschine.

Ebenso erfolgt die **Stichbildung** der Überwendlichstiche nach dem gleichen Prinzip wie die der Kettenstiche.

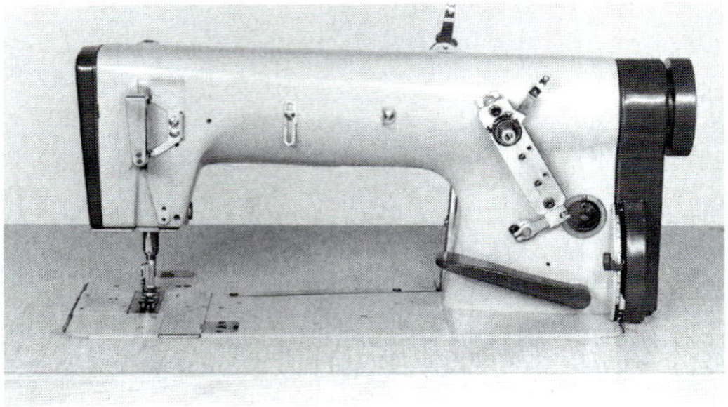

Doppelkettenstichmaschine

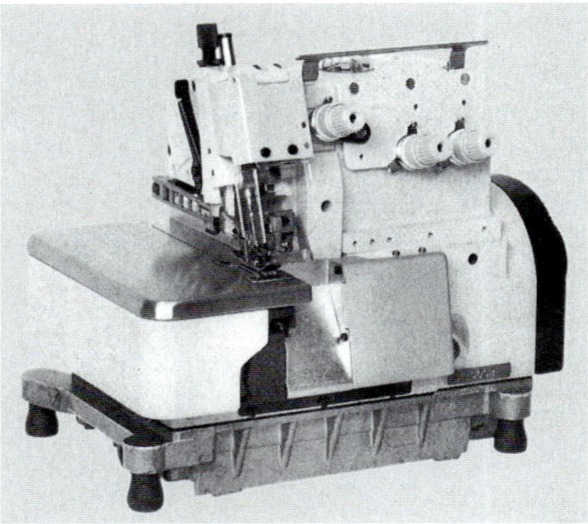

Dreifädige Überwendlichmaschine

Näh- und Nähmaschinenstörungen

Die meisten Ursachen der im folgenden aufgeführten Störungen können sofort behoben werden. Dabei müssen die Anweisungen der Hersteller beachtet werden, insbesondere ist die Maschine vorher auszuschalten.

Bei maschinenbedingten Störungen, deren Ursache nicht sofort erkennbar ist, muß eine entsprechende Fachkraft verständigt werden, ebenso bei Störungen im Ablauf von programmgesteuerten Nähmaschinen.

Mangelhaftes Nahtbild

- Fadenspannung regulieren

  Beispiel: Doppelsteppstich

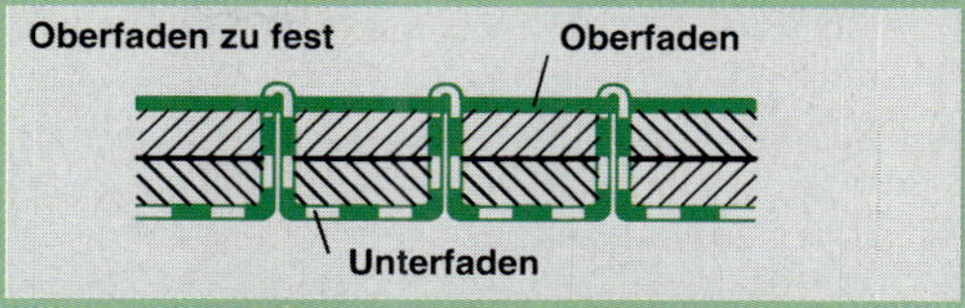

Fadenverschlingung auf der Nähgutoberseite

- Oberfadenspannung lockern bzw. Unterfadenspannung erhöhen

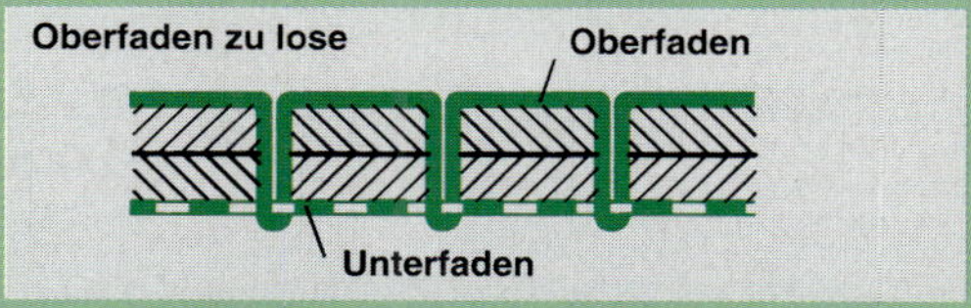

Fadenverschlingung auf der Nähgutunterseite

- Oberfadenspannung erhöhen bzw. Unterfadenspannung lockern
- unterschiedliche Fadenarten und -stärken aneinander anpassen
- Nahtkräuseln durch dicke Nähfäden oder zu hohe Fadenspannung durch dünnere Fäden vermeiden oder Ober- und Unter- bzw. Greiferfadenspannung lockern
- ungleichmäßige oder geknotete Fäden durch eine neue Garnrolle ersetzen
- ungleichmäßig aufgespulten Unterfaden neu aufspulen
- verbogene, falsch eingesetzte Nadel oder falsches Nadelsystem auswechseln bzw. neu einsetzen
- bei zu schwachem, lockerem oder ungeeignetem Füßchendruck sowie schlechtem Nähguttransport den Druck verstärken, das Füßchen festschrauben oder wechseln

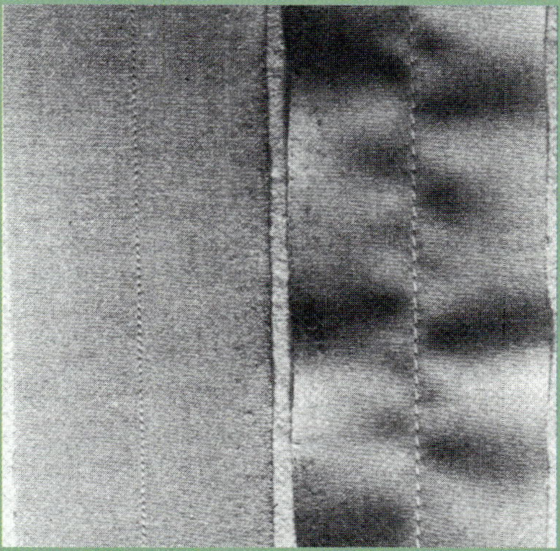

Nahtkräuseln

Nahtgutbeschädigung

- zu dicke Nadel bzw. ungeeignete Nadelspitze gegen geeignete auswechseln
- ist die Oberfläche der Nadel beschädigt oder mit Fadenresten verklebt, weil bei hoher Nähgeschwindigkeit die Nadel heiß wurde und der synthetische Nähfaden oder die Nähgutfäden geschmolzen sind,
- die Nadel gegen eine neue oder eine teflonbeschichtete auswechseln
- wenn vorhanden, die Nadelkühlung einschalten oder
- langsamer nähen
- sind die Zähne des Transporteurs zu scharf, ihn von einer entsprechenden Fachkraft auswechseln lassen

Fehlstiche

- Nadel gegen angegebenes Nadelsystem oder andere Nadelstärke auswechseln
- Nadel neu einsetzen – bis zum Anschlag – und die kurze Rille der Greiferspitze zuwenden
- verbogene Nadel auswechseln
- falsch eingefädelte Ober-, Unter- bzw. Greiferfäden neu einfädeln
- falsche Greifereinstellung durch eine entsprechende Fachkraft regulieren lassen
- bei unterschiedlich dicken Stofflagen das Füßchen wechseln
- zu stark gezwirnte Fäden auswechseln
- Spulenkapsel neu auf den Greiferstift einsetzen und einrasten lassen

Fadenbruch

- Ober-, Unter- bzw. Greiferfadenspannung regulieren oder neu – entsprechend der Anleitung – einfädeln
- zu dicke, knotige Fäden oder Fäden mit geringer Festigkeit gegen dünnere bzw. besser geeignete Nähfäden austauschen
- beim beschädigten Stichloch die Stichplatte austauschen
- Fadenreste in der Greiferbahn müssen evtl. durch eine geeignete Fachkraft entfernt werden
- Nadel neu einsetzen
- krumme Nadel oder Nadel mit scharfkantigem Öhr auswechseln
- schmelzen die synthetischen Fäden oder ist die Nadel bei synthetischem Nähgut durch die Reibungshitze verklebt,
- die Nadel gegen eine neue oder eine teflonbeschichtete auswechseln
- wenn vorhanden, die Nadelkühlung einschalten oder
- langsamer nähen
- einen beschädigten Greifer durch eine Fachkraft auswechseln lassen

Nadelbruch

- verbogene oder falsch eingesetzte Nadel auswechseln und richtig einsetzen
- stärkere oder Spezialnadel wählen, wenn die Nadel im Verhältnis zum Nähgut und zum Faden zu fein ist oder feineren Faden wählen
- Oberfadenspannung lockern und Unter- bzw. Greiferfadenspannung entsprechend regulieren
- neue Nadel einsetzen, wenn durch gezogenes Nähgut die Nadel auf die Stichplatte gestoßen ist, und das Nähgut ohne Zug führen
- Spulenkapsel neu einsetzen und einrasten lassen
- falsches Nadelsystem gegen vorgeschriebenes austauschen

Mangelhafter Nähguttransport

- verschmutzten Transporteur säubern
- zu geringen Nähfußdruck nach Anweisung regulieren
- Transporteur mit abgenutzter Transporteurverzahnung durch eine Fachkraft austauschen lassen
- falsch eingestellten Transporteur durch eine Fachkraft regulieren lassen
- bei zu glattem Nähfuß einen Spezialnähfuß oder, wenn möglich, eine andere Transportart wählen

Geräuschvoller oder schwerer Gang der Maschine

- verschmutzte oder eingeklemmte Fadenreste in der Greiferbahn evtl. durch eine Fachkraft reinigen bzw. Fadenreste entfernen lassen
- bei fehlender Schmierung oder Ölverlust nach Anweisung ölen bzw. die Ursache des Ölverlustes durch eine Fachkraft beheben lassen

Wartung und Pflege der Nähmaschinen

Für einen störungsfreien Fertigungsablauf sind Wartung und Pflege der Nähmaschinen durch nähende und technische Fachkräfte erforderlich. Die Häufigkeit der Störung ist abhängig von dem Maschinentyp, der Laufzeit der Maschine und dem zu verarbeitenden Nähgut. Um Störungen im vorhinein zu verhindern, sind die speziellen Reinigungshinweise zu beachten.

Grundsätzlich muß die Maschine vorher ausgestellt und, wenn möglich, die Stromzufuhr unterbrochen werden. Insbesondere Flusen, Nähstaub, Fadenreste und Schmutz müssen entfernt werden. Dazu ist ein Schraubenzieher erforderlich, um verdeckt liegende Maschinenteile, z. B. unter der Stichplatte, zu reinigen. Mit einem Pinsel werden außerdem Schnittabfälle in der Umgebung und im Inneren des Greifers beseitigt. Besonders bei Maschinen mit Stoffbeschneideeinrichtungen müssen der Transporteur und die Stichplatte häufig gesäubert werden. Aber auch zwischen den Spannungsscheiben der Oberfadenspannung bzw. Greiferfadenspannung ist die Funktionstüchtigkeit oft zu überprüfen. Zusätzlich ist eine Pinzette erforderlich, um eingeklemmte Fadenreste herauszulösen. Ein Holzstäbchen ist sinnvoll, um schwierig zu erreichende Maschinenteile zu säubern, wenn eine Pinselreinigung nicht möglich ist. Mit einem weichen, nicht fusselnden Putztuch können die äußeren Flächen der Maschine abgewischt werden. Eine Reinigung mit Preßluft ist schnell, effektiv und sollte nach der täglichen Arbeit erfolgen.

Ein regelmäßiges Ölen ist erforderlich, um die Reibung zu verringern, die an den Gleit- und Lagerstellen der beweglichen Maschinenteile entsteht. Dadurch bekommt die Maschine einen leichten Lauf, ihre Lebensdauer wird verlängert, und Störungen können weitgehend vermieden werden. Für alle Maschinen, die manuell geölt werden müssen, gibt es Pläne für das Schmiersystem, die genau angeben, welche Stellen zu ölen sind. Obwohl viele Nähmaschinen und Automaten mit einer wartungsfreien Ölversorgung ausgestattet sind, sind eine Kontrolle und ein gelegentliches Nachfüllen des Vorratsbehälters erforderlich.

Von einer Fachkraft müssen Justierarbeiten ausgeführt werden, z. B. nach einem Nadelbruch.

Außer Greiferantrieb werden alle Lagerstellen des Maschinenoberteiles durch eine zentrale Öldochtschmierung aus dem Ölvorratsbehälter versorgt.
Die Wartung der mit Öl zu versorgenden Teile beschränkt sich deshalb auf folgende Punkte:
a) Prüfen und Nachfüllen des Ölvorratsbehälters (1) bis zur Strichmarkierung „Maximum". Der Ölstand darf nicht unter die Strichmarke „Minimum" absinken.
b) Prüfen und Nachfüllen des Ölvorrates für die Greiferschmierung.

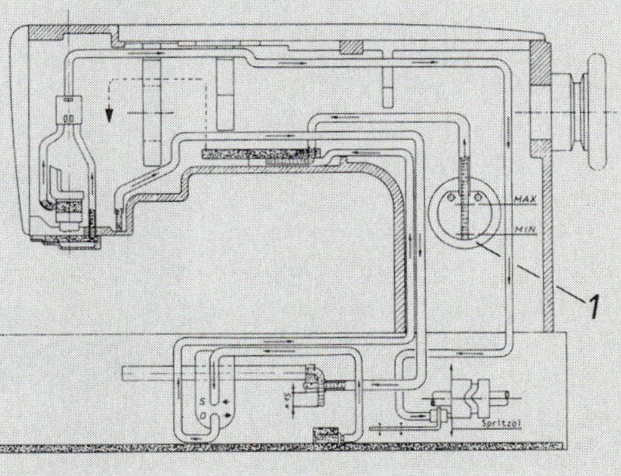

Anweisung zum Ölen einer Doppelsteppstichmaschine

6.2 Schweißen

Thermoplastische Chemiefaserstoffe können durch Erwärmung miteinander verbunden werden. Polyester, Polyamid oder PVC-beschichtete Stoffe werden zusammengefügt, oder die Stoffe werden mit einem PVC-Band verschweißt.

Die Werkstoffe werden mit Wärme und/oder Kraft ohne oder mit einem Schweißzusatz vereinigt. Schweißhilfsstoffe wie Pasten, Pulver oder Gase ermöglichen oder erleichtern den Vorgang. Diese Verbindungsstellen werden punktuell oder linienförmig erwärmt und beim Zusammendrücken durch Verschmelzung miteinander verbunden. Ein Vorteil liegt darin, daß der Stoff nicht durch die Nähstiche beschädigt wird. Die Nachteile, wie geringere Festigkeit und Elastizität der Verbindungen und höhere Kosten, überwiegen jedoch. Deshalb gibt es in der Bekleidungs- und Wäscheindustrie nur wenige Einsatzmöglichkeiten, z. B. beim Schweißen statt Vernähen von Kleinteilen wie Kragen oder Manschetten, bei der Herstellung von Knopflöchern, beim Schweißen gerader Nähte von Kitteln oder beim Einschweißen von Etiketten.

Verschweißautomat

6.3 Bügeln und Pressen

Nachdem Näharbeiten an einem Bekleidungsstück ausgeführt sind, kann es zwischengebügelt werden, oder es wird erst nach der Fertigstellung zum Endbügeln in die Bügelei transportiert.
Jeany's Nähte werden nach dem Schließen ausgebügelt. Nachdem alle Arbeitsgänge in der Näherei abgeschlossen sind, wird sie fertiggebügelt.
Das zu bügelnde Material bestimmt die **Bügeltechniken.** Zum einen ist das von der Materialzusammensetzung abhängig. So wird zum Beispiel Baumwolle mit größerer Hitze gebügelt als Wolle, und für Synthetics ist Feuchtigkeit ohne Bedeutung. Zum anderen bestimmen Bindung, Veredlung und Ausrüstung des Materials das Bügelverhalten. So erfordert eine Maschenware eine andere Bügeltechnik als ein Samtgewebe, das nur von links auf einer Nadelspitzendecke gedämpft werden sollte.

Die **Bügelfaktoren** Hitze, Druck, Feuchtigkeit und Zeit sind von der Materialzusammensetzung ebenso abhängig wie vom Bügelzweck.

Der Bügelzweck bestimmt das **Bügelverfahren.**
Das **Glätten** ist die Beseitigung unerwünschter Knitterfalten.

Das **Flachpressen** wird angewendet, um Brüche, Kanten, Säume, Nähte und Abnäher aus-, um-, flach- oder einzubügeln.

Das **Abdämpfen** ist sinnvoll, um einem zu trocken und mit zu großem Druck gebügelten Stoff den **Bügelglanz** zu nehmen oder um einem Einlaufen des Stoffes vorzubeugen.
Das **Formbügeln,** auch **Dressieren** genannt, bedeutet das Dehnen und Stauchen (Einbügeln) der Oberstoff-Schnitteile an bestimmten, von der Schnittkonstruktion vorgegebenen Positionen, so für Wölbungen im Brust- und Schulterbereich.

Das **Zwischenbügeln** erfolgt während der Produktion an Halbfertigteilen. Zu den Bügelarbeiten, die für die Weiterverarbeitung notwendig sind, gehören das Ausbügeln von Nähten, das Festbügeln (Flachbügeln) von Kanten, Fassons, Säumen, Schlitzen, Vorderteilen, Kragen sowie das vorgezogene Endbügeln von Ärmeln und anderen Produktionsteilen.

Das **Finishbügeln** ist das auslieferungsreife Endbügeln der Teile, auch **Abbügeln** oder **Fertigbügeln** genannt, das nach dem Nähprozeß in der Bügelei erfolgt.

Handbügeln

Zum Handbügeln gehören elektrische **Bügeleisen** mit und ohne Temperaturregelung, sowie Dampfbügeleisen. Damit wird auf Flächen- und Formtischen mit und ohne Absaugung gearbeitet.
Das **Elektrobügeleisen** mit Temperaturregler besteht aus einem handgerecht geformten Griff aus wärmeisolierendem Material, wie Kunststoff, Holz oder Kork, und aus einer Bügelsohle aus Metall. Diese überträgt die im Bügeleisen elektrisch erzeugte Hitze auf den Stoff. Die Form der Sohle ist abhängig vom Einsatzgebiet. Eine besonders spitze Sohle wird benötigt, um in Ecken zu bügeln, eine breite Form zum großflächigen Bügeln oder eine schmale Form zum Nahtausbügeln.

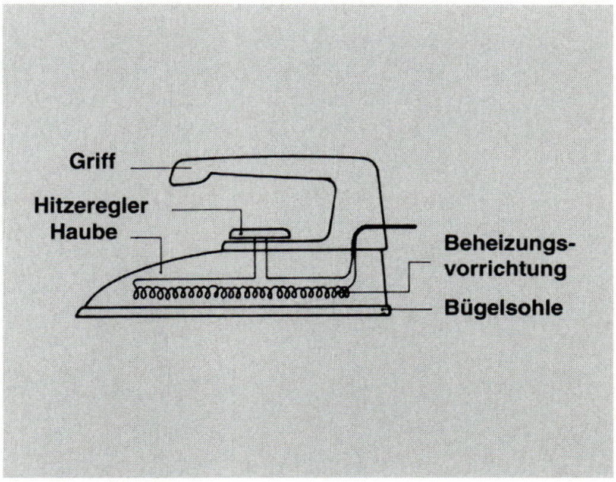

Elektrobügeleisen

Eine hohe Gleitfähigkeit der Sohle ist für das Bügelergebnis besonders wichtig.
Die Temperaturreglung und -steuerung des Elektrobügeleisens kann direkt am Bügeleisen über einen mechanischen Thermostaten mit einer Einstellschraube und einer Kontrollampe erfolgen. Die gewünschte Temperatur wird nach einer Skala eingestellt, auf der entweder Rohstoffe und/oder die internationalen Symbole der Pflegekennzeichnung und/oder Temperaturwerte aufgeführt sind.

Eine andere Möglichkeit der Temperatursteuerung besteht aus einer vom Bügeleisen getrennten elektronischen Steuereinrichtung. Diese sorgt für eine sehr genaue Einhaltung des vorgewählten Temperaturbereiches. Die Temperatur kann mit Hilfe einer Skala eingestellt oder als Zahlenwert eingegeben werden. Wird die tatsächliche Temperatur zusätzlich angezeigt, ist ein Temperaturvergleich jederzeit möglich.

Beim **Dampfbügeleisen** kommt zur Hitze noch die Einwirkung von zusätzlicher Feuchtigkeit in Form von Dampf auf das Bügelgut hinzu. Der Bügelfaktor Druck ist hierbei kaum erforderlich. Beim Niederdruck-Dampfbügler wird der Dampf im Eisen selbst erzeugt. Das eingeführte Wasser wird innerhalb des Bügeleisens in Dampfkanälen erhitzt und tritt als Dampf durch die Austrittsöffnungen der Bügelsohle.

Beim **Hochdruck-Dampfbügler** wird der Dampf mit Hilfe eines Dampferzeugers durch einen Schlauch in das Eisen hineingepreßt. Die Temperaturwahl kann über eine Tastatur eingegeben werden. Die elektronische Steuerung sorgt für eine gleichmäßige Dampfversorgung.

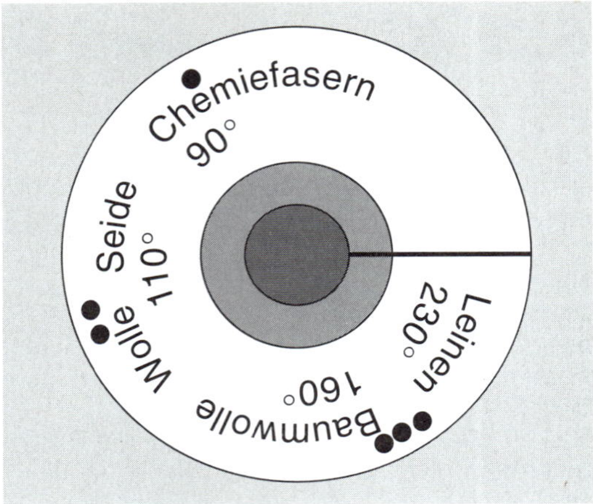

Einstellskala

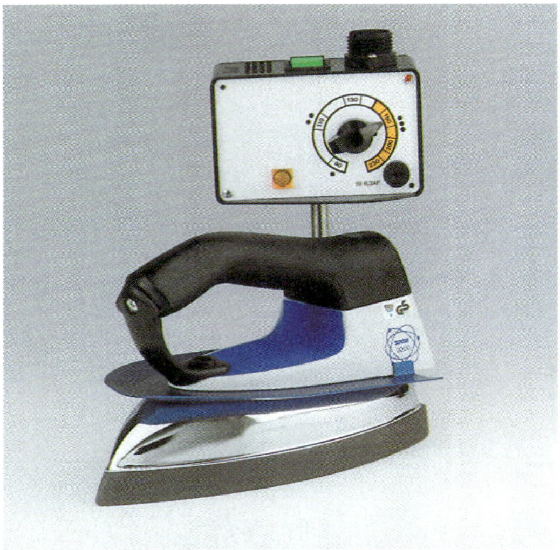
Elektrobügeleisen mit Thermostatregelung

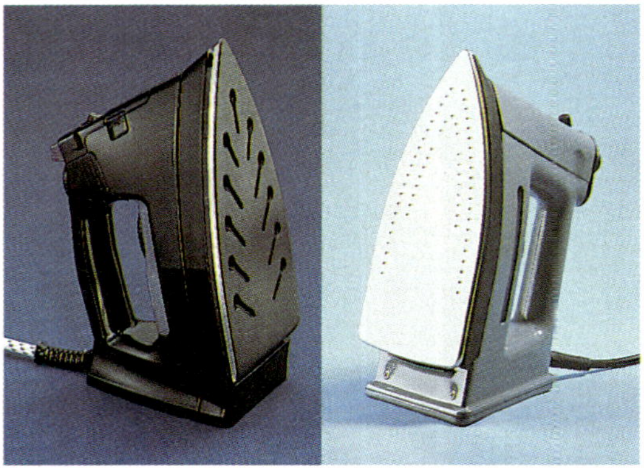
Bügelsohlen

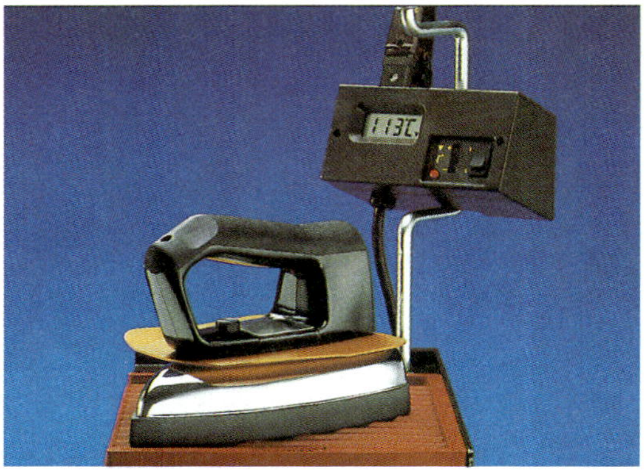
Dampfbügeleisen mit elektronischer Steuerung

Hilfsmittel zum Handbügeln

Der Arbeitsplatz besteht aus einem Bügelbrett mit einem Bügeleisen. In der Abbildung ist ein Absaugtisch dargestellt. Er dient dem schnelleren Abkühlen und der besseren Haftung des Bügelgutes auf dem Bügeltisch. Weiter gehört zu diesem Arbeitsplatz eine Aufhängevorrichtung für das Bügeleisen und eine Ablage für das fertige Bügelgut.

Weitere Hilfsmittel zum Handbügeln sind ein Ärmelbrett, eine spezielle Bügelunterlage und eine Nadelspitzendecke zum Bügeln von Samt. Handbügelkissen und andere Formen wie Eiform oder Achselkissen dienen dem Formbügeln, Kragen- und Kantenhölzer dem Ausbügeln von Nähten. Ein Teflon-Bügelschuh erhöht die Gleitfähigkeit des Bügeleisens. Zum Entfernen von Bügelglanz oder Flusen ist eine Bügelbürste von Nutzen.

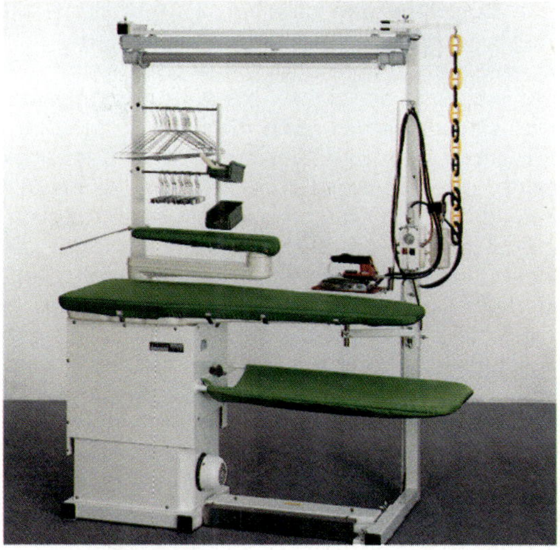

Handbügelarbeitsplatz

Maschinenbügeln

Dazu gehört der Einsatz von handbedienten oder programmgesteuerten Bügelpressen und Dampfbüsten. Zu den Bügelpressen gehören Flach- und Formpressen.

Die **Flachpressen** sind für viele Bügelarbeiten universell einsetzbar.

Die Formplatten bzw. Büsten der **Formpressen** sind konstruktionsmäßig auf die schnittechnische Form des jeweiligen Bügelgutes abgestimmt. Die Form der Platten ist den Arbeitsstücken, wie Ärmeln, Hosenbeinen, Röcken, Jacken usw., genau angepaßt – häufig, wie bei Mänteln, für die rechte und linke Seite getrennt.

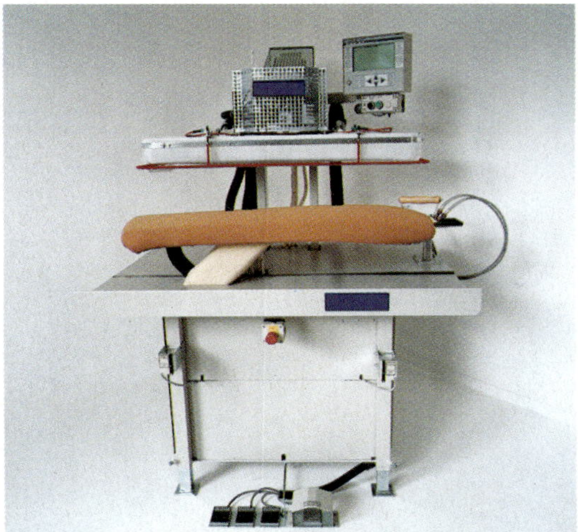

Flachpresse

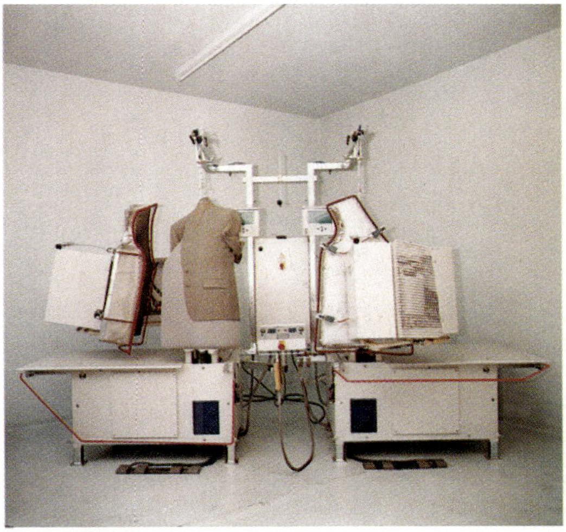

Formpresse

Die **Bügelpressen** arbeiten mit den Bügelfaktoren: Hitze, Dampf, Druck und Zeitdauer. Die bewegliche Ober- und die feststehende Unterplatte sind beheizbar und dampfdurchlässig. Sie sind meist an eine Dampf- und Luftabsauganlage angeschlossen. Der Bügeldruck kann, dem Bügelgut entsprechend, eingestellt werden. Durch stärkeren Druck ist es möglich, die Bügeltemperatur zu senken und/oder die Zeitdauer zu verringern. Dieses ist aus Kosten- und Umweltgründen von großer Bedeutung.
Der gesamte Arbeitsablauf kann bei Bügelmaschinen in allen Einzelheiten gesteuert werden. Hierbei werden alle Funktionen ausgesteuert, nicht nur in der Reihenfolge ihres Ablaufes, etwa Dämpfen, Pressen, Absaugen, sondern auch Zeitdauer und Stärke der Einwirkung.
Durch die Programmierung für unterschiedliche Bügelmaterialien ist ein Materialwechsel unproblematisch, da der entsprechende Ablauf vorher gespeichert wurde und nur abgerufen werden braucht. Programme für über 40 Bügelarbeitsgänge können auf einer **Memorycard** (siehe S. 184) gespeichert werden.

Dampfbüsten werden auch als **Bügelpuppen** bezeichnet. Nachdem das fertige Kleidungsstück auf eine Form gezogen ist, wird es erst mit Dampf und dann mit Heißluft behandelt. Beim Ärmelfinisher wird entsprechend nur der Ärmel geglättet und fertiggebügelt.

Findet das **Finishen** in einem geschlossenem System statt, kann die Wärme wieder zurückgeführt werden. Das hat einerseits den Vorteil, daß die Arbeitsbelastung durch Wärme bei der Bedienung verringert wird, andererseits können durch die Energieeinsparung Kosten gesenkt werden. Energieeinsparung und verringerte Abwärme an die Umwelt sind auch unter Umweltgesichtspunkten von besonderer Bedeutung.

In einem **Tunnelfinisher** durchläuft das auf eine Form gezogene Kleidungsstück entsprechend der Steuerung erst eine Dampfkammer. Im nächsten Abschnitt wird es mit Heißluft behandelt und im folgenden abgekühlt. Es verläßt den Finisher fertig abgekühlt.

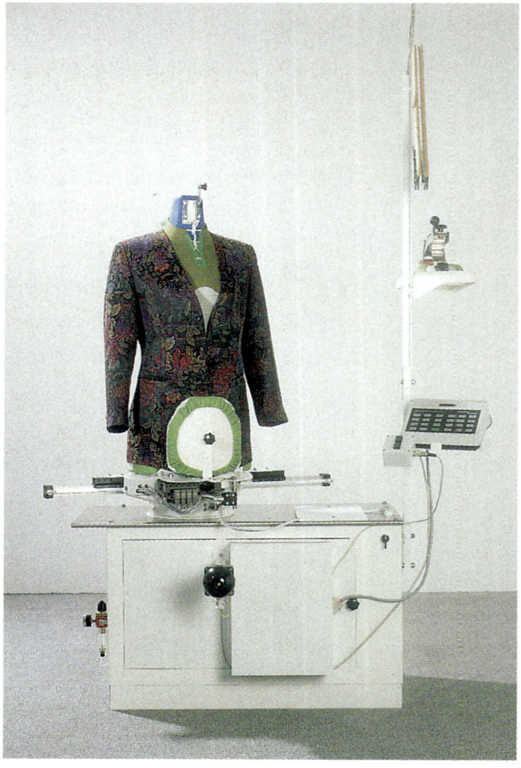

Dampfbüste

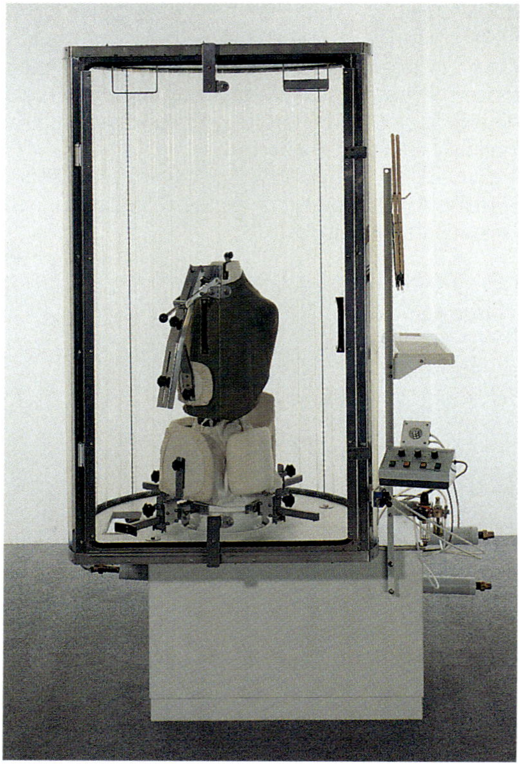

Geschlossene Universalbügelmaschnine

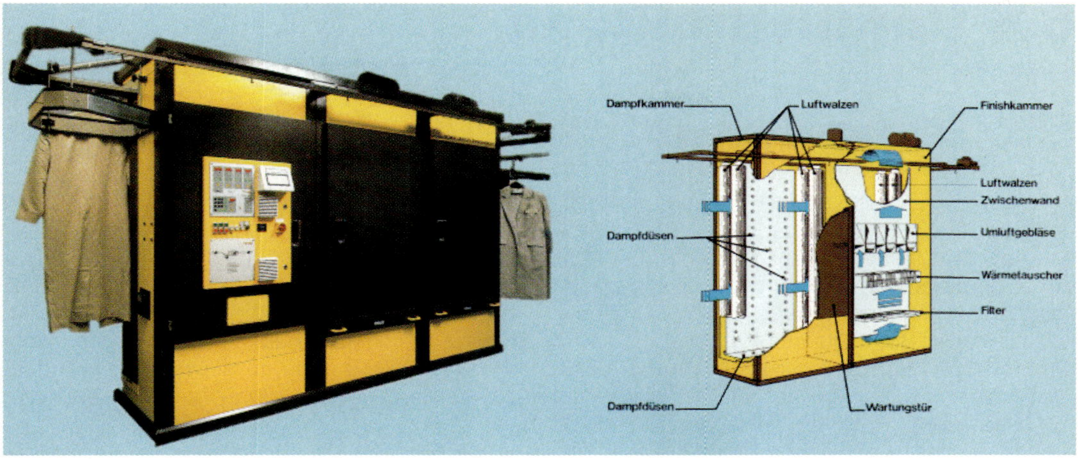

Tunnelfinisher

Werte für Durchlaufgeschwindigkeit, Temperatur, Dampfmenge und Trockenzeit werden, auf das Bügelgut abgestimmt, an die Steuerung gegeben.

Jedem Kleidungsstück bzw. jedem Bündel bei der Bündelfertigung ist ein Laufetikett (siehe S. 163) zugeordnet. Sind diese Daten auf einem Datenträger, einem **Barcode,** gespeichert, kann dieser erheblich mehr Daten aufnehmen, als auf einem Formular möglich ist. So können die speziellen Daten zum Finishen mit einem Handscanner, aber auch maschinell gelesen werden. Kleiderbügel werden mit einem Barcode-Clip oder -Etikett versehen.

Die Daten gehen zu dem Steuerungsteil der Anlage, und jedes Kleidungsstück wird mit den dem Material entsprechend eingesetzten Bügelfaktoren endbehandelt. Die Anlage arbeitet vollautomatisch, so daß nur eine Kontrolle erforderlich ist.

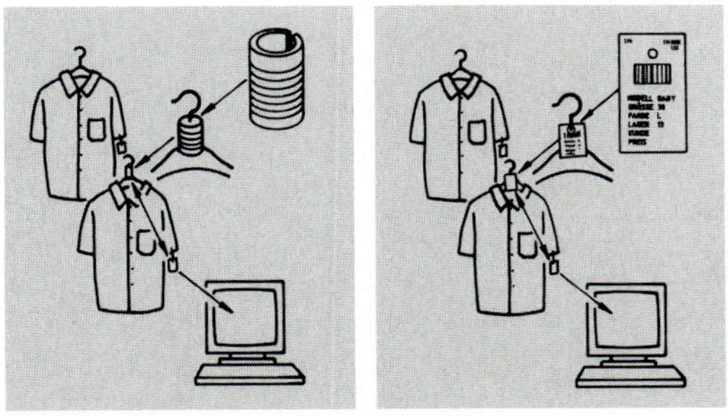

Barcode-Clip- bzw. -Etiketten-System

Jeany's Weg durch den Betrieb führt durch eine solche Anlage, bevor sie zur Endkontrolle kommt. Wird dort kein Mangel festgestellt, leitet das Barcode-System sie ins Lager, wo **Jeany** dann darauf wartet, abgeholt zu werden. Es wird nicht viel Zeit vergehen, bis sie sich einer möglichen Trägerin zeigen kann.

Vollautomatische Finish-Station

6.4 Unfallverhütung

Sicherheitsmaßnahmen im Betrieb

Zur Sicherung gegen Unfälle müssen in allen Betrieben mit großer Sorgfalt vielfältige Maßnahmen getroffen werden. Die vom Gesetzgeber geforderten Einrichtungen sind in der gesetzlichen Unfallversicherung und in Veröffentlichungen der Berufsgenossenschaften zusammengefaßt.

Die gesetzlich vorgeschriebenen Schutzeinrichtungen an den Maschinen werden vom Unternehmer automatisch beim Einkauf mitbestellt und beim Aufstellen montiert. Jede Maschine erhält mit der Betriebsanleitung auch spezielle Vorschriften zur Unfallverhütung.

Grundsätzlich sind alle Maschinen, soweit es ihre Funktion zuläßt, durch Schutzverkleidung gegen Unfälle abgesichert. Das betrifft vor allem die sich bewegenden Teile wie Antriebswelle mit Antriebsscheiben und Riemen (Keilriemenschutz).

Nähmaschinen haben am Nähfuß einen **Fingerschutz.** Trotzdem muß darauf geachtet werden, daß die Hände nie zu nahe an den Nähfuß herangeführt werden, etwa um den Nähgutvorschub zu regeln oder um die Nähgutweite zu verteilen. Wenn die Unterstützung des Nähgutvorschubes nötig ist, wird das Nähgut mit einem Hilfsmittel unter den Nähfuß geschoben. Spezialmaschinen haben weitere Schutzeinrichtungen, z. B. eine ausschwenkbare Augenschutzklappe bei Knopfannähmaschinen.

Weitere Informationen enthält die Unfallverhütungsvorschrift für Lege-, Zuschneide- und Nähmaschinen (VBG 71), speziell der § 25 und der § 30. Eine Broschüre ist bei den Berufsgenossenschaften erhältlich.

Bei Bügelanlagen sind die Schutzeinrichtungen in der Regel so mit den Maschinen gekoppelt, daß sie wirksam werden, sobald die Hände der Bedienung in die Gefahrenzone geraten. Viele Maschinen sind so eingerichtet, daß sich beide Hände außerhalb der Gefahrenzone befinden müssen, bevor die Maschine startet.
Die Unfallverhütungsvorschrift für die Bügelei (VBG 67) gibt weitere Hinweise zur Unfallvermeidung.

Unfallverhütung durch den Arbeitnehmer

Vom Arbeitnehmer selbst kann viel zur Vermeidung von Unfällen beigetragen werden; vor allem muß er unbedingt die Sicherheitsvorschriften des Betriebes beachten und befolgen, auch wenn sie unbequem sind. Diese Vorschriften beziehen sich auf das allgemeine Verhalten im Betrieb (siehe S. 123) und auf den Umgang mit den Maschinen.
Um Augenverletzungen durch splitternde Teile an einem Knopfannähautomaten zu vermeiden, muß auf die korrekte Einstellung des Augenschutzes geachtet werden, oder es ist eine Schutzbrille zu tragen. Auf die richtige und funktionsgerechte Stellung des Fingerabweisers (Fingerschutz) ist zu achten, um Fingerverletzungen durch die Nadel zu verhindern.

Maschinen dürfen erst gerüstet, gereinigt und gewartet werden, wenn sie ausgeschaltet und völlig zum Stillstand gekommen sind. Wenn möglich, ist die Stromzufuhr ganz zu unterbrechen, um Finger- und Handverletzungen bei Reparatur-, Reinigungs- und Rüstarbeiten zu vermeiden.

Verletzungen durch Nähhilfsmittel sind zu verhindern, wenn Scheren und Nadeln nach dem Gebrauch ordnungsgemäß zurückgelegt werden.
Bei Bügelmaschinen besteht eine Verbrennungsgefahr durch austretenden Dampf. Deshalb sollte der Dampf erst zugeführt werden, wenn die Anlage geschlossen ist. Verbrennungen sowie Finger- und Handquetschungen an Bügelpressen sind zu vermeiden, wenn nach dem Einleiten des Schließvorganges das Nähgut nicht mehr berührt wird. Eine **Zweihandschaltung** sollte grundsätzlich nur von einer Person bedient werden.

? ?

1. Erklären Sie den Unterschied zwischen Einfachkettenstich und Doppelkettenstich im Hinblick auf
   a) Stichbild,
   b) Haltbarkeit der Naht,
   c) Elastizität der Naht,
   d) Nähfadenverbrauch,
   e) Einsatzgebiete.

2. Nennen Sie verschiedene Bauformen der Nähmaschine und deren Einsatz.

3. Mit welchen Motoren werden Nähmaschinen angetrieben, und wodurch unterscheiden sie sich?

4. Was ist unter einem „Kurznahtautomaten" zu verstehen, und welche Automaten zählen dazu?

5. Benennen Sie die Konstruktionselemente der Nähmaschinennadel, und geben Sie an, was beim Einsetzen der Nadel zu beachten ist.

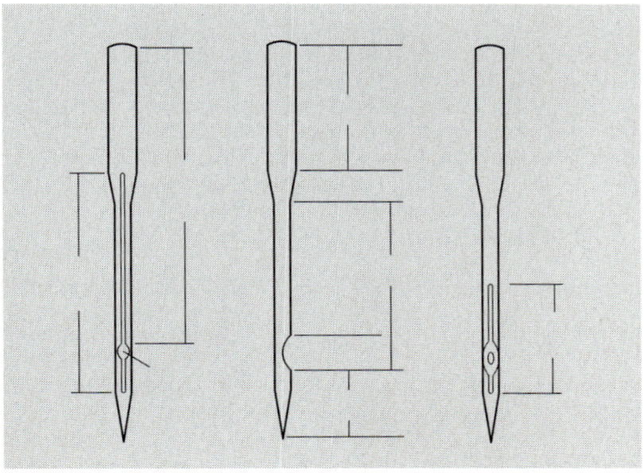

6. Beschreiben Sie die Teile einer Transporteinrichtung und ihre Funktion.

7. Welche Apparate können zur Arbeitserleichterung an Nähmaschinen angebracht werden, und welche Aufgaben erfüllen sie?

8. Wodurch kann das „Nahtkräuseln" verhindert werden?

9. Beschreiben Sie den Unterschied zwischen einem Elektro- und einem Dampfbügeleisen.

10. Welche Arten von Bügelmaschinen lassen sich unterscheiden?

Weiterführende und verwendete Fachliteratur – eine Auswahl

Fachbücher

Altenhofen, H., **Baumgarten,** W., **Lemke,** J., **Schmermbeck,** M.: Optimierungskonzept für die Prototypenfertigung, Bd. 92, Eigenverlag der Forschungsgemeinschaft Bekleidungsindustrie, Köln 1993

Baas, M., **Bieletzki,** F., **Gerhards,** S., **Klappert,** A., **Werminghaus,** H.-P.: Qualitätsförderung in der Bekleidungsindustrie, Bd. 90, Eigenverlag der Forschungsgemeinschaft Bekleidungsindustrie, Köln 1993

Bundesinstitut für Berufsbildungsforschung (Hrsg.): Grundlehrgang Nähen für die Bekleidungsindustrie und das Bekleidungshandwerk, Berlin 1983

ders.: Zuschneiden und Einrichten, Berlin 1976

ders.: Betriebsorganisation und Arbeitsvorbereitung in der Bekleidungsindustrie, Beuth Verlag, Berlin 1977

ders.: Erzeugnisgestaltung und Verarbeitungstechnik in der Bekleidungsindustrie, Berlin 1978

ders.: Bügeln und Fixieren in der Bekleidungsindustrie, Berlin 1980

Erndt, A., **Krumbiegel,** S.: Die Zuschneiderei – von Wareneingang bis Einrichterei – technologische und organisatorische Möglichkeiten, Bd. 72 Eigenverlag der Forschungsgemeinschaft Bekleidungsindustrie, Köln 1989

Hofer, Alfons: Textil- und Modelexikon, 6. Aufl. Deutscher Fachverlag Frankfurt 1988

Schierbaum, Wilfried, (Hrsg.): Bekleidungslexikon, 3. erw. Auflage, Schiele & Schön, Berlin 1993

Schierbaum, Wilfried, (Hrsg.): Jahrbuch für die Bekleidungsindustrie, Schiele & Schön, Berlin

Schierbaum, Wilfried, (Hrsg.): Tabellenbuch für die Bekleidungsindustrie, 3. Aufl., Schiele & Schön, Berlin 1990

Schmermbeck, M., **Struthoff** Chr.: Anforderungen an ein integriertes Arbeitsplanungssystem für die Bekleidungsindustrie, Bd. 95, Eigenverlag der Forschungsgemeinschaft Bekleidungsindustrie, Köln 1993

Verein dt. Ingenieure, (Hrsg.): Handbuch der Arbeitsgestaltung und Arbeitsorganisation, VDI-Verlag, Düsseldorf 1980

Textil- und Bekleidungs-Berufsgenossenschaft (Hrsg:): Wissen bringt Sicherheit; 5. Aufl., Augsburg, 1990

Fachzeitschriften

Bekleidung WEAR, Das Branchenmagazin, Verlag RBDV Düsseldorf · Leipzig

Damen-Rundschau, Fachzeitschrift, Rundschau Verlag München

Herren-Rundschau, Fachzeitschrift, Rundschau Verlag München

Verwendete Normblätter

DIN 61400 Nähmaschinen, Nähstichtypen
DIN 61711 Aufmachung von textilen Flächengebilden
DIN 61516 T1, T2 Körper-Kennmaße für Bekleidungsstücke
DIN 61517 Körper-Sekundärmaße für die Konstruktion von Herren- und Damenoberbekleidung
DIN 61527 Größenbezeichnung von Bekleidungsstücken für Kinder und Jugendliche
DIN 44300 T1, T4, T9 Informationsverarbeitung
DIN 44310 Gliederung der Informationstechnik
DIN 66234 T6 Bildschirmarbeitsplätze. Gestaltung des Arbeitsplatzes

Bildquellenverzeichnis

AEG Haushaltgeräte AG, Nürnberg, S. 208/1; assyst Gesellschaft für Automatisierung, Software und Systeme mbH, Kirchheim, S. 65, 86, 87; Bekleidung + Wäsche, RBDV-Verlag, Düsseldorf, S. 16 aus Heft 2/89, S. 112 aus Heft 14/1985, Autor Dipl.-Ing. H. P. Werminghaus; Bekleidung/Wear, RBDV-Verlag, Düsseldorf, S. 25/2 aus Heft 6/1994, S. 166 aus Heft 7/1994, S. 185/1 aus Heft 20/1992, Autor Paul Reinheimer, S. 206 aus Heft 10/1994; Bekleidungsphysiologisches Institut Hohenstein e. V., Bönningheim, S. 62, 68, Beuth Verlag GmbH, Berlin, S. 171, 172, 173, 174, 175, Bittner, Franz U., Kelkheim, S. 151/1; Brisay Maschinen GmbH, Aschaffenburg, S. 209/1/3; Bullmer Spezialmaschinen GmbH, Mehrstetten, S. 158/3; Bundesverband Bekleidungsindustrie e. V., Köln, S. 122, 123; Busche, Konrad GmbH & Co. KG, Stuttgart, S. 178, 189, 190/1/2/4, 194, 195; Data Part EDV Vertrieb GmbH, Hamburg, S. 43, Dennison Software GmbH, Oberasbach, S. 134; Deutsches Museum, S. 177/2/4; Dürkopp Adler AG, Bielefeld, S. 164/1, 196, 205; Eastman Export Corportion, Buffalo/N. Y., S. 150, 158/1/2, 159; Forschungsgemeinschaft Bekleidungsindustrie e. V., Köln, S. 100; Fujitsu Mikroelektronik GmbH, Dreieich-Buchschlag, 184/1; GGT Gerber Garment Technology GmbH/Microdynamics GmbH, München, S. 67/1, 73, 153; Grünwald, Manfred, Krefeld, S. 67/2/3; Gütermann & Co., Gutach-Breisgau S. 203; Hanhart Adolf GmbH & Co. KG, Villingen- Schwenningen, S. 119; Investronica Deutschland, München, S. 77/2, Jil Sander AG, Hamburg, S. 10; Juki (Europe) GmbH, Hamburg, S. 108, 184/2, 186; Koppermann Computersysteme GmbH, Baierbrunn bei München, S. 25/2; KURIS Kraus u. Reichert GmbH & Co. KG, Fellbach, S. 147, 164/2; MAJ Logistik Systeme GmbH, Mörfelden-Walldorf, 211/2; Müller & Sohn, Rundschauverlag, München, S. 61/2, 62, 70; NedGraphics BV, Utrecht, S. 23; Niemann, Otto C. J., Borgholzhausen, S. 58, 59, 60, 61/1; NORMBAU Maschinenfabrik, Stein bei Nürnberg, S. 209/2, 210; Paxar Deutschland GmbH, Löhne, S. 163; Pfaff G.m. Aktiengesellschaft, Kaiserslautern, S. 183/2, 184/1, 185, 191, 192, 193, 197, 199, 200, 201/1/2, 202; Prym Consumer GmbH & Co. KG, Stolberg, 176/2/3/4/5; Sanct J. AG, Pirmasens, S. 155, 156/3; Scheres-Koch: „Grund- und Fachwissen Bekleidung, Betrieb und Arbeit", Hamburg, S. 95, 129, 131; Schiele & Schön Fachverlag GmbH, Berlin, S. 160, 161, 201/3; Schönenberger Systeme GmbH, Landsberg/Lech, S. 109, 110; Spiegel-Verlag Rudolf Augstein GmbH & Co. KG, Hamburg, S. 7, 9; SUSSMANN Jennewein Bekleidungstechnik GmbH, Mörfelden-Walldorf, S. 208/4, 211/1/3; SWISS FASHION, Zürich, S. 57; Veit GmbH & Co., Landsberg am Lech, S. 208/3, 211/4; WASTEMA W. Steinhauser GmbH & Co. KG, Veringenstadt, S. 165; Weis, W., München, aus „Qualitätssicherung in der Bekleidungsindustrie", S. 72; Winkens Katrin, Mönchengladbach, S. 95/1.

Hegemann: S. 17, 18, 26, 27, 28, 29, 30, 31, 32, 33, 34, 35, 36, 37, 38, 39, 40, 41, 42, 45, 46, 47, 48, 50, 58, 59, 60, 61/1, 63, 64, 65/1/2, 69, 72, 103, 148, 149.
Kleiber: S. 16, 24, 43, 61/2, 62, 66, 68, 70, 71, 76, 79, 81, 82/1/3, 83, 84, 85, 88, 105/1, 113, 136, 139, 142, 143, 144, 145, 146, 151/2, 152, 153, 160, 161, 164/2.
Peters: S. 7, 9, 19, 20, 62, 73/2, 74, 89,95, 96, 97, 100, 101, 105, 106, 111, 112, 114, 115, 116, 117, 120, 121, 129, 131, 162.
REFA-Verband für Arbeitsstudien und Betriebsorganisation, S. 98, 99, 101, 111, 116, 117, 118, 120, 121, 126, 127.

Dank an die Firmen Jobis Bekleidungswerke KG, Bielefeld und Lamod, Fabrik für Damenoberbekleidung GmbH, Delmenhorst.

Sachwortverzeichnis